KB212250

성경의 눈으로 본 첨단의학과 의료

성경의 눈으로 본 첨단의학과 의료

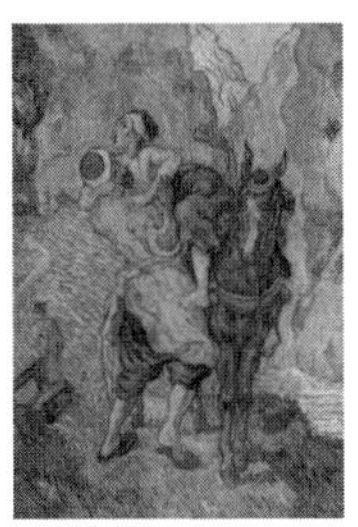

아바서원

추천사

2003년에 초판이 발간된 이 책이 10여 년의 세월이 흐른 뒤에 새로운 제목과 장정으로, 또 새로운 내용이 추가되고 더 말끔하게 손질되어 나온다는 소식을 듣고 기쁘게 추천사를 쓰게 되었다. 당시만 해도 많은 의사들과 의학도들에게 가뭄에 단비와 같은 귀한 자료로 다가왔었는데, 새로운 세대에게도 그에 못지않은 영향력을 미치리라고 생각한다. 본인이 저자를 처음 만난 것은 1980년대 말 한국누가회(CMF)에서 나오는 정기간행물 「누가들의 세계」에 실린 한 편의 글을 통해서였다. 그때까지는 전혀 알지 못하였는데, 그 글을 통하여 이분이 얼마나 많은 책을 읽고 있고, 얼마나 깊은 생각을 하고 있으며, 얼마나 신실한 믿음을 갖고 있는지 혼자 깊이 감탄했던 것이 기억난다. 그 후 30여 년 동안 가까이에서 뵈며 늘 큰 가르침을 받아왔다. 이 책에는 저자의 그런 특징을 고스란히 담겨 있다.

이번에 추천사를 의뢰 받고 이 책을 다시 읽고 나니 세 가지 특징이 두드러지게 떠올랐다.

첫째, 이 책은 매우 도전적이다. 우리가 인식을 하든 못하든, 그래서 인정을 하든 안하든, 이 시대 사람들의 생각과 행동의 근본적 토대가 되고 있는 '유물론적 인본주의'에 대하여 근본적인 질문을 던지고 있다. 그로 인하여 발생하는 정치, 경제, 사회, 의료 영역에서의 많은 혼란과 오류, 그리고 인간의 더 큰 고통에 대하여 이 책은 매우 조용한 어조로,

그러나 매우 강경하게 질문을 던지며 논쟁을 한다. 이것은 이미 우리가 너무도 당연하게 받아들이고 살아가는 전제들과 가정들에 대한 낯선 질문이고 낯선 논쟁이다. 그러나 조금만 더 생각해 보면, 우리가 반드시 수행해야 할 근본적 성찰임을 알게 된다. 때문에 우리는 이 책에 몰입하게 된다.

둘째, 이 책은 매우 현장적이다. 저자는 '놀랍게도'(?) 임상 현장에서 평생을 살아온 내과 전문의이다. 그는 추상적이고 이론적으로 글을 쓰는 학자로서 이 책의 내용을 집필하지 않았다. 수많은 암 환자들과 보호자들의 주치의로서 치열한 병원 현장 속에서 일하면서 품게 된 질문에 정직하게 답해 보려고 진지한 성찰을 끊임없이 했다. 그리고 아프리카에 의료선교사로 나가 한국보다 더 극한적인 어려움 속에 있는 수많은 환자들 곁에서 이론과 논리가 아닌 '인간에게 실제로 필요한 근본적인 의료관과 세계관' 을 탐구해 낸 결과가 바로 이 책이다. 그 현장성이 이 책에 더 큰 힘을 실어준다.

셋째, 이 책은 매우 기독교적이다. 본서는 의료윤리나 생명윤리에 국한된 책이 아니다. 오히려 '생명 그 자체에 대한 깊은 성찰' 을 담고 있는 책이다. 이런 의미에서 생명의 근원을 거슬러 올라가 만나려 한다. 저자에게 그것은 기독교이고, 기독교의 하나님이다. 근본적인 가치에 대해 성찰하려면 종교를 벗어나는 것이 사실상 불가능하다. 이런 면에서 이 책은 매우 직설적으로 기독교적인 내용을 다룬다. 그러나 독자들에게 그것을 믿고 받아들이라고 일방적으로 강요하지 않는다. 저자는 가장 정직하고, 가장 학술적이고, 가장 성찰적으로 기독교 신앙에서 이야기하는 생명, 생명윤리, 의료윤리를 다루고 있다. 그래서 기독교 신앙이 없는 독자에게도 매력적으로 다가가리라 믿는다.

이 책은 한국 기독교계는 물론이고 의료윤리, 생명윤리를 공부하고 생각하는 모든 사람에게 가장 먼저 추천하고 싶은 중요한 책 중의 하나이다. 저자는 공부하는 학생들을 위해 장별로 토론할 수 있는 자료까지 제공하는 친절을 베풀었다. 생각하는 법을 배워야 할 학생들에게는 매우 유용한 자료들이다. 아무쪼록 이 책을 통해 기독교인은 성경적 세계관에 입각해 의학을 공부하고 의료를 수행한다는 게 무슨 뜻인지를 깊이 이해하게 되고, 이 분야에 몸담은 많은 사람들은 현대의학과 의료의 중요한 이슈들을 근본적인 차원에서 다시 생각하게 되기를 기대한다. 아울러 저자에게는 앞으로도 동시대인들과 의료계에 더 많은 가르침을 주시길 부탁드리고 싶다.

2014년 3월

전우택(연세의대 교수, 한국누가회 이사장)

다시 쓴 서문

이 책은 원래 '의료, 세계관이 결정한다'라는 제목으로 2003년에 한국누가회를 통해 출간되었다. 이후 생명공학이라는 블루오션의 주가가 상종가를 치고 있던 2005년에 황우석 사건이 터졌다. 당시에 양식 있는 의료인들의 의견은 힘을 발휘하기 어려웠고, 용감하게 제 몫을 감당했던 PD 수첩의 방송인들은 생명의 위협을 느껴야 했을 만큼 다수는 황우석의 편이었다. 의료적 측면에서 획기적인 기여를 할 것이며, 경제적인 측면에서 황금알을 낳는 거위가 될 것이라는 섣부른 기대에 애국주의가 연합하여 지나치게 순진한 낙관으로 세뇌된 때문이었다. 최근 들어 정부가 추진하는 의료의 민영화 과정도 한 국가의 정부가 최후까지 지켜야 할 공공성의 포기라는 관점에서, 그리고 건강권마저도 신자유주의 경제체제에 의해 잠식되어 간다는 관점에서 보면 심각한 우려를 표명하지 않을 수 없다. 우리나라에서 벌어진 의료 영역에서의 이런 굵직한 사안들의 변화는 사실 혁명적인 일이다. 이것이 개정판을 생각했던 이유이다.

그러나 비록 의료의 각론에서 다양한 변화가 있었다 해도 결국은 원론의 토대를 확고히 하는 일이 중요하다는 것이 첫 번째 책의 초점이었고, 이 점이 변할 수는 없다는 생각에 이르렀다. 그러던 중 지난 번 책에 쓴 서문을 읽어보게 되었다. 거기에는 우리 자녀들의 이야기가 그 책을 쓰게 된 동인으로 소개되어 있었다. 어린아이들을 키우다 보면 때로 아이들의 천진한 말이나 행동 속에서 우리가 흔히 간과하며 지내던 인생의

귀중한 가치나 의미를 발견하는 경험을 하곤 하지 않은가? 그중 딸아이 이야기는 우리 부부가 전문의가 되고 나서 사준 피아노가 들어오던 날의 에피소드였다. 이런 내용이었다.

> 내 아내와 내가 전문의가 된 것은 첫아이인 딸이 네 살이 되기 전이었다. 나는 군복무 중이었지만 아내는 어느 종합병원에서 전문의 생활을 시작했고, 처음 받은 월급은 수련의 때에 비하면 꽤 많았다. 그 덕에 우리는 딸아이를 위해 피아노를 살 수 있었다. 피아노가 도착한 날, 우리는 딸아이에게 피아노를 조심스럽게 다루도록 장황하게 이야기했다. 비싼 것임을 주지시키면서…. 순진한 눈망울로 한참을 듣고 있던 딸아이가 아내와 내 얼굴을 번갈아 보더니, 알았다는 듯한 표정과 섭섭한 표정이 뒤섞인 얼굴로 "음… 이 피아노가 나보다 더 비싸?"라고 하는 것이었다.

나는 35여 년 동안 우리나라와 아프리카에서 의사로 일해 왔고, 깊은 연구를 한 것은 아니지만 세계 여러 나라를 방문하며 다양한 모습의 의료를 눈여겨볼 기회가 있었다. 영국이나 캐나다, 이와 대비되는 미국 등 선진국가들의 서로 다른 자본주의 대 사회주의 의료 체계, 가난한 아프리카 나라들이나 방글라데시, 캄보디아와 같은 나라들의 의료 문제, 공산권에서 붕괴된 우크라이나나 카자흐스탄, 몽골의 의료 체계, 그리고 북한과 같은 공산권 의료 체계 등 다양한 국가를 방문할 때마다 그곳의 의료 체제와 문제에 대해 나름대로 깊은 관심을 가져왔다. 그런데 그때마다 이제는 내과의사가 된 딸아이가 어려서 했던 말이 생각났고, 이는 '목적과 수단', '절대가치와 상대가치'의 관점에서 사물을 판단하도록 해주었고 지금도 나를 따라다니며 의료의 토대에 대한 준거 틀을 생각하게 해주고 있다. 절대적인 가치가 상대적인 가치에 밀리고, 목적과 수단이 뒤바뀐 채 그런 줄도 모르고 살고 있는 오늘날의 분주한 세상에서, 그리고 의료 기술의 발달에 따라 연일 예상치 못한 문제들이 불거져 나오는 의료윤리의 혼돈 속에서, 정책에 따라 휘둘려야 하는 우리나라의 의료 현실에서, 늘 나에게 먼저 목적과 수단이 무엇인지를 구별하게 하고 우선순위로 중요한 것이 무엇인지를 먼저 생각하게 하는 경종으로 들려오곤 하는 것이다.

또 하나의 에피소드가 있다. 어느 날 초등학교를 다니던 우리 아들이 "엄마, 나는 아빠의 정자와 엄마의 난자로 만들어졌지요?" 하는 것이었다. 문득 이 아이가 학교에서 오로지 유물론적인 배경의 소위 과학이라는 것을 배우고 있다는 생각이 들었고, 아들의 말은 나의 청소년 시절을 회상하게 했다. 나에게는 진화론적이며 유물론적인 생물학이 유일한 진리인 것처럼 배우며 인생의 허무함과 무의미함을 느꼈던 청소년기가 있었다. 당시 교회에 다니는 학생들을 비아냥거리기를 즐기던 생물 선생님에게서 우리는 무한한 우연의 축적으로 생성된 인간의 생물학적 현상 이외에는 다른 요소를 배울 수 없었다. 이 생물학은 교회에서 듣는 창조론적 인간 이해와 일치하지 않음은 물론 학교에서 국민윤리 시간에 듣는 인문학적 인간 이해와도 일치하지 않고 혼란만을 주었다. 의과대학을 다닐 때에도 우리는 생물학적 결정론을 신봉하는 의학교육을 받아왔고 정신과 영역도 마찬가지였다. 생물학적 결정론이라는 골리앗 같은 존재는 진정으로 생명이 무엇인지를 설명할 수 없게 만들어 버렸다. 나는 성경적 세계관을 가진 사람으로서 우리 아이들에게 생명의 고귀한 의미가 단순히 정자와 난자의 만남이라는 생물학적 현상 이상의 것임을 말해 주고 싶었다.

이 책을 쓰게 된 동기는 아이들의 말에 영감을 받아 목적과 수단이 전도되지 않은 의료에 대해 말하고자 했던 것이다. 생명을 우리가 무엇이라고 정의하고 또 믿느냐에 따라 의료도 결정된다는 사실을 보여주려고 했다. 우리 삶의 모든 영역이 그렇듯 의료도 우리의 유전자라 할 수 있는 세계관의 표현형이다. 프랜시스 쉐퍼(Francis A. Schaeffer) 박사의 말처럼 어떤 시대의 역사에 대한 평가는 궁극적으로 그 시대가 생명을 어떻게 취급했는가에 의해 판단되어야 한다. 그리고 이 일과 관련해 우리 의료인들이 감당할 몫이 큰 시대에 우리는 살고 있다.

이것은 10여 년 만에 내는 개정판이기에 큰 변화는 아니지만 약간의 변화가 있다. 우선 12장으로 나열되어 있었던 것을 전문가의 조언에 따라 크게 4부로 나누고 각 장의 순서도 이에 따라 재배치했다. 여기에 첨단의학과 의료윤리의 흐름의 변화를 반영하기 위해 새로 쓴 서론, '바빌론의 포로가 된 그리스도인의 생명윤리'를 추가하였다. 내용면에서는 초판에 있던 오류를 모두 교정하고 본문을 약간 손질했지만 큰 변화를 준 것은 아니다. 이 책의 목적이 의료의 각론에 있는 것이 아니고 의료에서 궁극적인 토대가 되는 세계관과 생명의 본질을 다루기 위한 것이었기 때문이다.

그렇다. 결국 이제껏도 그랬지만 앞으로도 세계관이 문제이다. 중립은 없다. 중립이라는 말은 무신론자들이 스스로를 그렇게 부르는 말일 뿐 사실은 무신론이라는 세계관을 행동으로 옮기면서 그 의도를 위장하기 위한 상투어일 뿐이다. 어느 누구든 자신의 세계관을 가지게 마련이다. 그리고 그 세계관에 따라 자신의 행동과 열매가 결정되는 것이다. 세계관적 전제가 다르면 결론은 당연히 다를 수밖에 없다는 말이다. 선지자

엘리야가 이미 2,800여 년 전에 이스라엘 백성들을 향해 던진 질문은 오늘날 의료 사회에도 똑같은 무게를 가지고 적용될 수 있는 도전임에 틀림없다. “너희가 어느 때까지 두 사이에서 머뭇머뭇하려 하느냐 여호와가 만일 하나님이면 그를 좇고 바알이 하나님이면 그를 좇을지니라”(왕상 18:21).

아무쪼록 이 책이 골로새서 3장 10절의 말씀처럼 의료의 영역에서 “새 사람을 입어 창조자의 형상을 좇아 지식에까지 새롭게 하심을 받는 자”가 되는 일에 도움이 되었으면 하는 것이 나의 조그만 바람이다.

감사의 말

'거인의 어깨 위에 서서 거인보다 더 멀리 본 난쟁이' 라는 말이 있다. 우리는 누구나 난쟁이들이고, 누구나 자기만의 거인들이 있다. 일일이 다 언급할 수는 없지만 이 책을 쓰기까지 난쟁이의 시야를 넓혀주기 위해 어깨를 빌려주신 내 인생의 거인들에게 감사드린다. 그중에는 한국에 바치신 전 생애를 통해 의료의 성경적 적용을 몸소 보여주신 외과의사 설대위(D. J. Seel) 선교사님이 있다. 그분은 나를 암전문의로 키우셨을 뿐 아니라 아프리카 선교사로 나가도록 하는 면에서도 나의 거인이셨다. 의학적 지식뿐 아니라 고결한 삶도 보여주신 주보선(D. B. Chu) 선교사님, 애양원에서 섬기다가 한국의 기독의사들에게 일을 넘겨주고 조용히 케냐의 키쿠유로 떠나신 도성래(S. C. Topple) 선교사님도 빼놓을 수 없는 내 인생의 거인들이다. 밴쿠버기독교세계관대학원(VIEW)의 양승훈 교수는 생명윤리를 강의할 수 있도록 배려해 줌으로써 이 책을 집필할 필요성과 당위성을 제공해 주었다. 의사로서 나의 고향 같은 한국누가회의 동료들과 간사님들도 집필을 위해 생각을 정리하는 데 귀중한 동역자들이 되어 주었다. 이밖에도 여기에 모두 나열할 수 없는 많은 분들에게 나는 빚을 지고 있다. 어떤 작은 일이라도 혼자 이룰 수 있는 것은 없다.

여기에 꼭 빼놓을 수 없는 분들이 있다. 의사인 내 손을 거쳐 죽음을 넘어간 환우들이다. 극심한 고통을 뒤로 하고 안식에 들어간 암 병동의 환우들, 호스피스의 돌봄 아래 무척 아름다운 임종을 맞이한 환우도 있다. 아프리카 시골 병원의 초라한 입원실에서 못 다한 인생을 마감하며 슬픈 눈을 다 감지 못한 채 죽어간 에이즈 환자인 젊은 여인, 콜레라 때문에 탈수가 심하여 간호사의 무릎에서 축 쳐진 채 꺼져가듯 숨을 거둔 르완다 난민촌의 어린아이, 더 나아가 굶주림으로 죽어가며 부자 그리스도인인 나에게 부끄러움을 안겨준 수많은 아이들… 이들은 어떤 형태로든 '우리 인간은 죽음을 기억해야 할 존재'(memento mori)라는 라틴 경구를 잊지 않게 해주고 의료인으로서의 삶에 진지함을 더해 준 스승들이요 동료 인간들이다. 이들에게 감사드린다.

구체적으로 이 책을 쓰는 데 가장 중요한 동역자는 내 아내였다. 산부인과 의사로서 낙태를 하려고 내원한 산모들을 설득하기 위해 많은 시간을 소모하며 자칫 지워져 버릴지도 모를 생명이 빛을 볼 수 있게 하려고 애써 설득하고, 그렇게 해서 탄생한 한 생명 때문에 기뻐하던 아내의 모습은 이 책을 쓰는 과정에서 원동력이 되었다. 그래서 의과대학 시절부터 지금까지 내 삶의 모든 영역에서 친구로 늘 곁에 있어준 아내에게 이 책을 바친다.

우리 두 자녀는 이미 성인이 되었고 우리를 할아버지와 할머니로 만들어 버렸지만 이 책을 쓰는 데 귀중한 자극을 주었다. 그들은 우리가 아프리카에서 일하는 것에 기꺼이 동의해 주었고 청소년기에 쉽지만은 않았을 그들의 몫을 훌륭히 감당해 주었다. 우리 부부의 양가 부모님들은 우리가 의사가 되기까지 묵묵히 뒷바라지해 주셨고 아프리카로 떠날 때에도 격려해 주신 분들이다. 우리는 가정이란 언약의 처소 안에서 생명이 고양되도록 지어진 하나님의 형상들이다.

이 개정판을 출판하도록 배려해 주신 아바서원의 홍병룡 선생님께, 그리고 우리나라 최초로 협동조합 형태의 기독교 출판사를 설립하고 출판을 위해 수고하시는 아바서원의 모든 분께 감사드린다. 또한 문서 사역을 통해 한국 기독 지성사회를 깨우쳐 주신 원이삼(Wesley Wentworth) 선교사님이 이 책의 출판을 격려해 주신 데 대해 참으로 감사드린다. 마지막으로 한국누가회를 통해 오랫동안 동료로 함께 일하는 기쁨을 누렸고 기꺼이 추천의 말을 써주신 전우택 이사장님께 진심으로 감사드리고 싶다.

2014년 3월

김민철

차례

제3부 의료와 성경

제4부 거듭난 의료

서론

바빌론의 포로가 된 그리스도인의 생명윤리

20세기는 핵을 다룰 수 있는 기술과 컴퓨터의 발달을 두 정점으로 하는 물리학의 시대였다. 컴퓨터의 발달로 21세기에 들어섬과 동시에 인간 게놈 프로젝트(HGP: human genome project)를 조기에 완성할 수 있게 되었다. 그 결과 21세기의 화두는 단연 '생명공학'이 되었으며, 이것이 블루오션이 되리라는 기대감으로 21세기를 열었다.

하지만 맨 먼저 우리 국민이 목도한 것은 '황우석 스캔들'이었다. 황우석 사건에 대해서는 "자전거를 끌고 에베레스트 산 밑에 도착해서 정상을 정복했다고 한다"는 프랑스 언론 보도가 이미 그 기술 수준을 단적으로 표현했지만, 황우석이 "'헬싱키 선언'이 있는 줄도 몰랐다. 왜 우리가 헬싱키를 따라가야 하느냐?"라고 한 텔레비전 인터뷰의 내용은 국제 사회가 합의하여 선언한 '인간을 대상으로 하는 의학 연구에서의 윤리원칙' 마저 깡그리 무시해 버린 것이었다. 이로써 그것이 마치 우리나라 과학자들의 윤리 수준인 것처럼 만천하에 비쳐졌고, 우리에게 부끄러운 기억으로 남게 되었다. 황 박사는 교묘한 애국주의와 부의 창출 그리고 환자들의 애타는 심정을 이용하여 국민 여론을 호도해 갔다. 최근에는 그가 미국 부자들의 개를 복제해서 돈을 벌기도 하고 이종교배에 성공했다는 소식도 들린다. 이종교배는 창조 원리를 거스르는 일이고, 아직 어느 나라에서도 이를 허락하지 않고 있다.

그러나 생명 조작 기술이 앞으로 보편화되어 누구나 돈만 있으면 이 기술을 이용할 수 있게 된다면, "누구를 위해 어떤 생명을 희생시켜 장기를 복제할 것인가?"라는 질문은 이미 기술의 문제를 떠나 인간 생명의 진정한 가치에 관한 형이상학적이고 윤리적인 정신분열증적 혼란과 직면하게 될 것이다. 자본이 주인이 된 신자유주의가 전 세계를 주도해 가는 세상에서 생명공학이 상업성과 연합하여 윤리의식을 결여한 채 기술적으로 질주할 때 어떤 결과가 올 것인지에 대한 불안감을 떨치지 못하고 있는 것이 지금의 현실이다.

'생명공학', '생명 자본'이라는 말?

오늘날은 '생명공학'이라는 말이 매우 익숙한 세상이 되었지만, 본래 공학이라는 단어 앞에는 기술로 빼고 더하고 변형시켜 조작할 수 있는 대상, 이를테면 금속, 자원, 기계, 원자력, 전기, 전자 그리고 컴퓨터, 나노 등이 놓이게 된다. 이런 맥락에서 볼 때, 우리가 사용하는 생명공학이라는 말은 생명을 마음대로 빼고 더하고 변형해 조작할 수 있는 대상으로 여긴다는 뜻이 된다. 따라서 생명공학이라는 말이 통용되려면 기술로 조작할 수 있는 물질적인 부분, 특히 DNA로 환원되는 인간의 물질적인 요소만을 생명으로 전제해야 한다. 즉, 영적·정신적·인격적인 부분들은 생명이라는 개념에서 밖으로 밀려난 것을 의미한다고 볼 수 있다.

생명마저도 마음대로 조작하고 가공하여 제품화할 수 있다고 여기는 세계관적 근거는 무엇일까? 그것은 쉐퍼의 말을 빌리면 '유물론적 무신론'에서 온 것이다. 더 나아가 요즘에는 '생명 자본'이라는 말이 심심치 않게 들려온다. 생명공학이라는 단어를 수용한다면 당연한 귀결일 것이다. 생명은 조작될 수 없고 자본 논리의 이용 대상이 되어서는 안 된다고 믿는 자들은 어쩌면 다니엘처럼 이 시대의 바빌론 포로 신세가 된 사람일 수 있을 것이다.

생명, 절대가치인가 상대가치인가?

독립된 학문으로서의 생명윤리는 기독교 신학자들에 의해 시작되었다. 그러나 이들의 생명윤리에 대한 문제 인식과 예지적인 개입에도 불구하고 유물론적이고 인본주의적인 세계관에 근거한 윤리적 판단들이 절대가치인 생명가치를 꾸준히 상대화시켜 왔다. 생명윤리의 문제는 예나 지금이나 본질적으로 어떤 세계관을 가지고 생명을 정의하느냐에 따라 그 윤리적 판단에서 차이를 보이게 된다. 즉, 생명에 대해 절대가치를 인정하느냐, 상대가치로 받아들이느냐 하는 점이 모든 생명윤리 이슈의 판단에 기본이 된다.

의학 기술이 발달하면서 수많은 생명윤리 이슈들이 제기되고 있지만, 예나 지금이나 그 윤리적 판단기준은 '생명가치를 어떻게 보느냐' 하는 관점에서 출발한다. 낙태, 영아유기, 안락사 등에 대한 논쟁의 실례는 이미 고대로부터 존재해 왔다. 다만 시대마다 좀 다른 얼굴을 하고 나타날 뿐이다. 예를 들어 낙태에 대한 입장을 보면, 피타고라스학파나 히포크라테스는 생명을 해하는 낙태를 철저히 반대한 반면, 스토아학파, 견유학파 그리고 플라톤주의자들은 인구 조절의 한 방편으로 낙태를 허용하였고, 국가 질서와 통치를 위해 낙태가 필수적이라고도 생각했다. 로마가 기독교를 핍박할 때도 로마인들이 유기한 영아들을 데려와 키운 사람들은 초대 기독교인들이었다.

이러한 낙태 현상은 초음파가 보급된 1980년대에 들어서면서 '여아 선택 낙태'로 얼굴을 바꾸었고, 그 결과가 성비(性比) 붕괴로 나타났다. 의학의 발달이 유교적 가치인 남아 선호 사상을 쉽게 실현시켜 준 결과였다. 고대로부터 제기되어 온 낙태와 같은 주제와는 달리, 첨단기술이 발달하면서 제기된 이슈인 '황우석 사건'의 경우는 이것이 우리나라를 앞으로 먹여 살릴 기술이라는 실용적 판단에 동의한 국민도 상당수 있었다. 그러나 이와 같은 첨단의 이슈들에 대한 입장도 결국 생명가치를 절대가치로 인정하느냐 상대가치로 보느냐에 달린 것이다. 생명의 절대가치를 상대화하면 남의 생명을 희생하는 것을 전제로 수행되는 연구도 내 이익을 위해서는 가능하다는 논리적 귀결이 뒤따른다.

C. S. 루이스는 이렇게 말했다. "소위 자연을 지배한다는 인간의 힘은 어떤 사람들이 자연을 도구로 삼아 다른 사람들을 지배하는 데 사용하는 힘이라는 것이 판명된다."[1)]

의학 기술 발달과 생명윤리 이슈의 변천

이렇듯 의학 기술 발달은 새로운 얼굴을 한 윤리적인 이슈들을 만들어

냈다. 생명윤리학자 나이젤 캐머런에 의하면, 생명윤리 이슈는 의학 기술 발달에 따라 다음과 같이 크게 세 단계로 변천해 왔다.[2] 즉, 생명을 제거(taking life)하는 단계에서 생명을 제조(making life)하는 단계를 거쳐 생명 조작(faking life)의 시대로 접어들었다는 것이다.

첫 번째 단계는 낙태와 안락사, 영아 살해, 뇌사 등에 관한 논쟁으로서 불가피하다고 판단되는 경우에 생명을 제거해도 좋은가 하는 윤리적 이슈들이다. 초음파의 의료적 사용이 보편화되면서 여아 낙태가 가능해졌고, 양수검사를 통해 산전 진단이 가능해지자 선별 낙태도 가능해졌다. 불가피한 낙태 허용은 미끄러운 경사를 타고 내려와 영아 살해, 안락사 등을 정당화하고 있다.

우리나라는 정부 차원에서 경제적 성취를 위해 생명가치를 상대화하고, 맬더스 이론[3]에 기초한 잘못된 인구조절 정책을 강제 시행하면서 낙태를 조장했고, 해마다 150만 명이 넘는 생명이 이 정책의 비호 속에서 개인의 편의성을 위해 죽어갔다. 지금 우리나라가 겪고 있는 성비 불균형과 노동력 부족 현상은 이 정책의 결과이기도 하다. 가정을 이루지 못하는 한국 남성을 위해 외국인 여성이 결혼 이주를 하게 되었고, 생산성 유지를 위한 외국인 노동자의 유입이 불가피해졌으며, 노인 부양에 먹구름이 끼게 된 것이다. 생명가치를 상대화해서 잘살아보겠다는 어떤 결정도 결국은 부메랑으로 돌아오는 수많은 예를 역사는 보여준다.

두 번째 단계는 생명 제조와 관련된 윤리인데, 체외수정을 통한 시험관 아기, 줄기세포 논란 그리고 인간복제와 같은 이슈들이 여기에 해당한다. 그러나 아이 없는 가정에 아이를 선물한다는 고상한 목적으로 위장하여 정당화되는 이 과정에도 카스(Leon R. Kass)가 말한 바와 같은 '고상한 형태의 식인 행위'[4]가 존재한다. 자궁 착상 가능성을 높이기 위해 다수의 수정란을 주입하고 많은 태아가 자궁에 착상되었을 때 원하는 태아만을 남기고 다른 생명들을 선택적으로 살해하는 것이 의료라는 이름으로 시행되고 있다. 여기에 '냉동배아' 라는 이름으로 존재하다가 폐기되거나 실험 목적으로 제공되는 생명도 '고상한 식인 행위'의 희생자들이다.

인체의 부품을 제조하기 위한 기술로서 복제 연구는 그 과정만이 비윤리적인 것이 아니다. 누구의 생명을 희생시켜서 누구에게 장기를 마련해준다는 것인지 윤리적 성찰이 반드시 필요한 것이다. 더 나아가 복제를 통해 영원을 성취하겠다는 사이비 종교의 오용 가능성마저도 나타나고 있는 현실은 물론 이 기술을 이용하여 돈을 추구하는 맘몬 신을 숭배하는 존재가 인간들이라는 사실도 염두에 두어야 할 것이다. 인간은 언제든지 이 세상에서 스스로 하나님 역할을 하고자 하는 바벨 무의식을 가진 존재이다.

세 번째 단계는 생명 조작에 관한 이슈인데, 최근 유전자 조작을 통한 인간의 신체적·정신적 영역까지 조작하고 대체하는 기술의 연구가 활발해지고 있다. 예를 들면 나노기술과 인공지능 개발을 통해 인간을 조작하여 대체하고 개조하여 향상시키고자 하는 연구이다. 군사용 목적의 메모리칩을 뇌신경 세포와 연결하는 연구가 미국에서 진행되고 있다. 즉, 생물체의 신경과 실리콘의 조합으로 생물체의 행동과 기억력, 지능을 향상시키려는 것이다. 질병의 극복이나 치명적인 기능 회복과 같은 원래적인 치료 차원의 연구는 곧바로 외모 성형이나 근육강화와 같은 해부학적인 증진뿐 아니라 지능지수(IQ)나 인성변화를 통해 인간의 능력을 극대화하려는 노력에 더욱 박차를 가하고 있다.

물론 유전자 질환의 경우 고장 난 유전자를 켜거나 꺼주는 방법들을 응용하거나, 암을 일으키는 유전자 구조를 밝힘으로써 그에 상응하는 유전자나 단백질 디자인을 통해 그 기능이나 단백질의 수용체를 조절할 수 있는 표적 치료제를 연구 개발하기도 하는 등 긍정적인 응용도 진일보하고 있다. 그러나 이 기술을 이용한 치료제 개발 영역에서 보여주는, 전쟁이라 할 만한 특허 경쟁 등 다국적 기업들의 행태를 볼 때 순진하게 결론내리기에는 그리 단순한 문제가 아니다.

나아가 리프만(Abby Lippman)은 유전공학 기술이 결코 중립적이 아니라고 강조한다.[5] 그는 이 기술을 수행한다는 것이 곧 어떤 주체나 객체 또는 이들 사이의 관계에 대한 사고방식에 영향을 미치는 가치를 표현한다고 한다. 결국 인간은 자신을 창조자로 승격시키기 위해 스스로를 탈인간화하고 아이러니하게도 자신을 제조된 물건으로 전락시키고 있다.

여기에 자본이 만나면

의약품 개발도 어떤 한계를 드러내게 된다. 이런 유전자 조작 기술이 자본과 만나면 목적이 바뀌고 방향성을 상실한다. 신자유주의 경제체제에서 자본에 의해 드라이브가 걸린 유전공학 연구들이 인류를 위한 공공의 이익에 기여할 것이라는 바람은 순진한 생각이다. 공공의 이익보다는 오히려 자본의 이익에 충실해지는 것이다.

다국적 기업이 개발하여 특허권을 가지고 있는 표적 치료제들의 문제는 치료 효과에 대한 평가에도 있지만 더 큰 문제는 감당하기 어려운 약값이다. 그 한 예로 악성흑색종에 쓰는 '이필리무맵'(Ipilimumab, Yervoy®)이라는 약을 들 수 있다. 이 약제는 세포독성 T임파구의 기능을 회복시켜서 암세포를 다시 공격하게 만드는 약제이다. 네 명 중 한 명 이내에서 효과를 보이는 이 약제를 사용한 4기의 악성흑색종 실험군 환자의 경우, 중간 생존 기간이 10개월 정도로 연장되었지만 약제 자체의 부작용으로 14명(2.1%)이 사망하였고, 실험군 환자의 반수가량은 중증의 심각한 부작용에 시달려야 했다. 그런데 이 약으로 한 코스의 치료를 받는 데 드는 약값은 12만 달러를 웃돌았다. 이 약은 미국 식품의약국(FDA)의 승인을 받았다. 다국적 기업들이 이익이 되지 않는 값싼 치료제 생산을 꺼리게 되는 것은 당연한 수순이다.

유전자에 대한 특허권도 마찬가지다. 엄밀한 의미에서 이것은 특허를 줄 만큼 창조성을 발휘한 연구도 아니다. 아직 기능을 알지 못한 채 실험실에서 유전자(cDNA) 서열과 일부 기능을 알아내어 특허를 갖게 되면, 비싼 특허권 때문에 이 유전자의 다른 중요한 기능을 알아내는 연구에 장벽을 만들기도 한다. 더구나 이런 첨단기술들은 득과 실을 따져보거나 미처 그 결과가 어떻게 드러날지 확인하기도 전에 사용부터 하도록 강요하는 특징을 갖고 있다.

유럽 개혁교회가 오늘날의 우상으로 선언한 바와 같이, 신자유주의라는 흐름 안에서 가장 강력하게 인간을 지배하는 우상은 의료계에서마저도 '맘몬 신'임을 부인할 수 없다.

되돌아올 수 없는 강을 건너다

데니스 챔버랜드는 DNA 조작 기술을 시행할 수 있는 효소(DNA Polymerase)가 발견되고 기법(PCR: polymerase chain reaction)이 개발된 시점에서 이렇게 말했다. "오직 한 가지 확실한 사실이 있다. 우리는 생명에 대한 지식의 강을 이미 건너버렸으며, 이제 우리는 이 강을 다시 되돌아올 수 없다는 사실이다."[6] 그 후로 수많은 발견들과 유전자 조작 기법 개발이 뒤따랐지만 앞으로 어떤 기술이 개발될지 예측할 수 없다. 그리고 그 기술의 득과 실 또는 해악을 미처 파악기도 전에 사용하게 함으로써 그 결과로 예상되는 생명윤리의 난해한 문제들을 예측할 수 없는 시대에 살고 있다.

그러나 아무리 시대가 변하고 의학 기술이 발전한다 해도 생명윤리 영역에서 생명의 절대가치에 대한 믿음은 흔들릴 수 없는 기초이다. 그런데 우리는 이 절대가치가 무시되고 정치권력에 의해서든, 개인의 욕심이나 수익 추구를 최우선순위에 두는 기업에 의해서든 발전이라는 이데올로기적 우상을 위해, 그리고 한 국가의 종족주의나 한 가정의 우수 종족 보존을 위한 우생학적 선택을 위해, 심지어는 체면과 같은 상대가치를 위해 무수한 생명들이 희생되는 세상에 살고 있다. 마치 생명가치의 바빌론 유수와 같은 사건을 연상하게 한다.

그러나 바빌론에서는 다니엘과 세 명의 친구들이 죽음의 위협 앞에서도 상대적인 것을 위해 하나님의 절대적인 뜻을 저버리지 않았던 것처럼, 오늘을 사는 기독교인들도 바빌론 유수된 절대가치, 생명을 지키는 일에 뜻과 힘을 모아야 할 것이다. 즉, 하나님이 자신의 형상으로 창조하시고, 이를 회복시키기 위해 독생자 예수를 보내실 만큼 사랑하신 생명을 지키는 일에 침묵해서는 안 될 것이다. 생명윤리의 문제는 결국 우리가 "생명을 무엇이라고 여기느냐?"에 대한 대답을 주는 세계관의 문제로 귀결된다.

제1부
의료는 가치중립적인가?

1장

세계관과 의료

최고의 세월이요,
또한 최악의 세월이었다.
지혜와 우둔의 시대요,
신앙과 불신앙의 기간이요,
광명과 암흑의 계절이요,
희망의 봄이요,
절망의 겨울이기도 했다.
우리 앞에는 온갖 것들이 갖추어져 있었고,
또한 우리 앞에는 아무것도 갖추어져 있지 않았다.
모두가 천당으로 곧장 연결될 것들이었으며,
모두가 지옥으로 곧장 떨어질 것들이었다.
—찰스 디킨스, 『두 도시 이야기』

조그만 사물에 대한 예민성,
중대한 사물에 대한 무감각은
인간의 기묘한 전도(顚倒)를 드러낸다.
—파스칼

1. 신발이 발에게 명령하는 세상

의과대학에 다닐 때 과목마다 배정되어 있는 학점에 약간의 불만이 있었다. 두개골은 뇌를 담기 위해 존재하는 것으로, 두개골의 기능에 비해 뇌의 기능은 얼마나 중요하고 복잡 다양한지 모른다. 그러나 막상 학점 배정을 보면 뇌를 보호하기 위한 구조인 두개골해부학(skull anatomy)이 뇌의 기능을 배우는 뇌생리학(brain physiology)보다 더 많은 비중을 차지하고 있었다. 물론 두개골 구조의 중요성을 이해하지 못하는 것은 아니며, 더구나 학점 배정을 바꿔야 한다고 주장하려는 의도도 아니지만, 어쩐지 정말 중요한 것에 대한 순서가 뒤바뀐 듯한 느낌이 들었다.

군에 입대하면 훈련에 들어가기 전에 군화를 지급한다. 상당수의 군의관 후보생들이 군화가 잘 맞지 않아 낑낑대고 있었다. 이것을 본 구대장이 큰 소리로 외친다. "군화가 잘 맞지 않는 후보생들은 발을 군화에 맞춰라!" 군의관 교육이 시작되면, 전시와 평시 응급치료의 우선순위가 다름을 주지시킨다. 즉, 전시에는 중상으로 전투에 다시 투입하기 어려운 부상자보다 경상환자를 먼저 치료해야 한다는 것이다. 전쟁이라는 목적이 절대가치일 때는 생명을 구하는 문제에 대해 평소와는 전혀 다른 반대의 결정을 하도록 유도하는 것이다.

유능한 외과의사로서 평생을 한국에서 헌신한 설대위 선교사는 『상처 받은 세상, 상처 받은 치유자들: 의료 선교의 도전과 위기』(*Challenges and Crisis in Missionary Medicine*)라는 책을 쓴 바 있다. 그런데 이 책에 서문을 쓴 로빈슨(H. W. Robinson)은 선교병원에서 본질과 수단이 전도된 데 대해 다음과 같이 말하고 있다.

> "어처구니없게도 많은 그리스도인들은 여러 나라에 건강함을 전해 주는 일과 하나님의 이름으로 그 나라에 서구의 과학기술과 기술자들을 파견하는 일이 같다고 생각하고 있다. 예수 그리스도는 자신의 병원에서 실종되어 버렸다. 그리스도를 섬기는 자들이 세운 바로 그 병원에서

무수한 압력에 의해 그리스도는 내몰리고 있다. 의학은 남아 있으되 성스러운 임무는 사라져 간다. … 어느 사역에서나 아주 쉽게 신발이 발에게 어떤 식으로 자라야 된다고 말하는 것을 볼 수 있다. 설상가상으로 이미 절단되고 없는 발을 위해 훌륭하고 정교한 신발을 만드느라 얼마나 많은 노력이 허비되는가."[1)]

이 자리에서 의과대학의 커리큘럼이나 군의 부조리함이나 선교병원의 본질을 논하자는 것은 아니다. 우리는 본질과 수단이 뒤바뀐 채로 사는데 익숙해져 버린 세상에서 살고 있다는 말을 하려는 것이다. 진정한 성경적 세계관이 부재하는 세상에 존재하는 의료도 예외는 아니다. 목적이 되어야 할 생명과 수단이어야 할 의술의 우선순위가 뒤바뀐 가치체계 속에서 오늘날의 의료에 만연된 증상들을 보면 중병을 앓고 있음에 틀림없다. 실로 한 시대의 세계관은 그 시대의 삶의 영역 구석구석까지 영향을 미치고 있으며, 의료의 영역도 예외가 아니기 때문이다.

2. 세계관의 변화 없는 복음화

1994년 9월부터 11월에 걸쳐서 나는 자이레(지금의 콩고)의 고마 시외곽에서 난민들을 위한 응급 구호 의료를 경험했다. 니라공고라는 활화산 등성이에 1백만 명에 이르는 르완다의 후투족 난민들이 처절한 생존의 터를 마련하고 있었는데, 여기는 생명의 가치라는 말이 무색할 만큼 쉽사리 죽음을 대할 수 있는 곳이었다. 이미 지난 3개월 동안의 분쟁으로 후투족과 투치족 사이에 1백만 명에 이르는 사람들이 학살되는 현대판 홀로코스트가 벌어졌고, 난민 행렬에 낀 사람들 중에서도 5만 명은 오염된 물을 마시고 콜레라로 죽은 뒤였다. 그런데 여기서 일하는 동안 나를 당혹스럽게 만든 것은 그들 당사자인 후투족과 투치족 가운데 스스로를 세례 받은 기독교인이라고 말하는 인구가 거의 90%(가톨릭 50% 이상, 개신교 30% 이상)에 이른다는 사실이었다. 무엇을 위해 예수께서 피를 흘리신 것인가? 기독교 진리의 가장 핵심이 되는 화목하게 하는 십자가의 도(골 1:20, 엡 2:12-16, 고후 5:18)가 이들에게는 전혀 능력을 발휘하지 못했던 것인가? '세계관의 변화 없는 복음화'라는 말이 가능한가? 이러한 심각한 질문이 떠나지 않았던 가슴 아픈 체험이었다.

그 뒤 의료윤리에 대한 성경적인 입장을 정리하면서 당시 느꼈던 당혹스러움을 다시 경험할 수 있었다. 이런 홀로코스트가 실은 오늘날 소위 기독교 국가로 분류되는 나라들에서 벌어지고 있으며, 의료와 깊은 연관이 있다는 사실을 깨달았기 때문이다. 전 세계에 수십만 명의 선교사를 파송하고 있는 나라 미국에서 의사가 생명을 죽이는 낙태를 '로 대 웨이드' 사건(Roe vs Wade, 1973년)의 대법원 판결을 통해 합법화하였고, 합법적으로 의사의 손에 의해 죽어가는 태아의 수는 해마다 1백만 명을 넘는다. 청교도들이 성경에 손을 얹고 성경적 세계관으로 시작한 나라에서 이런 대량 학살을 권리로서 합법화하는 동안 기독교적 세계관은 어떤 영향을 줄 수도 없었다는 말인가?[2] 미국의 경우 르완다에서 던졌던 질문을 조금 변형하여 "세속화한 기독교적 세계관이 지배하는 나라도 기독교 국가로 분류할 수 있는가?"라는 질문을 제기할 수 있다.

의료 현장에서 이런 문제를 심각하게 인식한 의료인 중 하나가 페인(F. Ed Payne)이다. 그는 의료의 종교성에 대해 누구보다도 심각하게 지적하고 있는 의료 현장의 그리스도인이다. 페인은 간과되고 있는 에이즈

(AIDS: 후천성면역결핍증)의 도덕적 측면, 건전한 의료 행위가 되어버린 낙태 문제 그리고 정신과 환자에게 주는 무책임한 면책권에 대한 문제들을 화두로 해 어떻게 해서 의료 전반의 흐름이 반기독교적·반성경적이 되었는지 정확하게 본질을 지적하고 있다.[3)]

폐인이 제기한 예들이 의료에서 일상적으로 일어나는 일은 물론 아니지만, 이런 일들은 현대 의료의 단면이자 우리 시대 선진국들의 문화의 열매를 단적으로 보여준다. 자세히 살펴보면, 현대의학 전반에 무신론적 진화론과 세속적 인도주의가 보편화되어 일관되게 적용되고 있는 것을 볼 수 있다. 이와 같은 흐름은 우연한 것이 아니다. 이것은 필연적으로 그 시대 세계관의 반영이며, 동시대 의료의 본질에도 동일한 세계관에서 파생된 '주의'(-ism)들이 자리 잡게 된 결과이다. 쉐퍼의 말처럼 "역사와 문화에는 어떤 흐름이 있는데 이 흐름은 사람들의 사고에 뿌리를 두고 있으며 그 손과 입을 통해 외부 세계로 흘러나오게 된다. 즉, 사람들이 가지고 있는 사고의 전제가 기본적인 세계관을 형성하여 자신의 삶과 세상을 보고 판단하는 창을 형성하고 모든 가치와 행동을 결정하는 것이다."[4)]

의료의 방향과 의술의 모습도 필연적으로 이런 세계관의 반영이다. 오늘날 의료는 영적·도덕적으로 자기 결정적 존재인 인간을 단순히 유물론적 인간관에 근거한 의료의 대상으로 전락시킴으로써 빌라도처럼 손만 씻으면(마 27:24) 그 결과에 대해 책임이 없는 것처럼 착각하는 우를 범하고 있지는 않은가?

3. 원론을 배제한 각론

이 책의 목적은 생명윤리 논의에서 어느덧 밀려나 버린 본질, 즉 생명에 대한 원칙들을 회복시키는 데 기여하려 함이다. 따라서 많은 의료윤리 저서들처럼 의료에서 이슈가 되는 각론으로부터 출발하지 않을 것이며, 거기에 많은 지면을 할애하지 않으려고 한다. 그것은 내가 르완다 난민 진료를 위해 12인승 세스나 비행기를 타고 콩고의 고마를 향하던 중 중간 급유를 위해 우간다의 엔테베 공항에 내렸을 때 스치고 지나간 생각 때문이다. 엔테베 공항에서 성공적으로 수행된 이스라엘 특공대의 인질 구출 작전은 잘 알려진 사실이다. 이스라엘 비행기가 무슬림들에 의해 공중 납치되었을 때, 이스라엘 특공대는 협상 대신 특공대를 파견해 구출 작전을 성공시켰던 것이다. 엔테베 공항은 세계에서 두 번째로 크다는 빅토리아 호수에 둘러싸여 있어 공항 관제탑에서 보면 한눈에 사방을 관측할 수 있었다. 즉, 어느 방향에서 비행기가 들어오든지 쉽게 눈에 띄어 공항의 경비에 아주 용이한 지리적 요건을 갖추고 있었다. 이스라엘 특공대는 이렇게 쉽게 발각될 수 있는 공항을 기습하여 인질 구출 작전을 성공시킬 수 있었던 것이다. 그러나 미국은 이란에 억류된 인질을 구하기 위해 특공대원을 파견했지만 실패한 적이 있다. 어떤 기자는 이 두 작전의 성공과 실패의 원인을 양국 사이에 특공대원을 훈련시킨 방법의 차이에서 찾았다고 한다. 즉, 이스라엘은 상황에 대처하는 원리를 가르쳐 어떤 상황에 대해서도 응용할 수 있는 능력을 길렀고, 미국은 예상 가능한 많은 상황을 설정하여 모형을 만들어 훈련을 했다고 한다. 이스라엘 대원들은 상황에 따라 원리를 응용하는 작전을 펼쳐 성공한 반면 미국의 경우에는 훈련해 본 적이 없는 예상치 않았던 상황, 즉 사막에서의 먼지바람을 만나자 대처할 방법을 찾지 못해 실패하고 말았다는 것이다.

이 기자의 평가가 얼마나 정확한지는 알 수 없으나 생명윤리 부분도 마찬가지라는 생각이 든다. 오늘날 이루어지는 의료윤리의 각론에 대한 토론은 원리를 떠나 어떤 상황에서나 가능한 기술을 출발점으로 삼고 있음을 부인할 수 없다. 일부 기독교인이나 기독의료인들도 이런 문제의 논의를 하나님의 생명 창조 원리에서 시작하지 않고 세속적 기술이나 가치관의 기초 위에서, 특히 상황을 최우선시하여 극단적 상황이 본질인 원리를 결정하게 하는 논의에 휘말려 있다는 인상을 지울 수 없다.

의학의 발달에 따라 의료윤리에는 늘 새로운 문제들이 등장하는 것처럼 보인다. 그러나 과연 의료윤리에 본질적으로 새로운 문제가 등장하고 있는가? 나는 그렇지 않다고 본다. 아무리 새로운 옷을 입고 등장하는 문제라도 그 본질을 바라보면 히포크라테스 당시의 윤리 문제와 하등 다를 바가 없다. 당시에도 생명가치를 중시하여 낙태를 반대하는 히포크라테스와 피타고라스가 있었는가 하면, 플라톤이나 아리스토텔레스처럼 정치적인 목적이나 어떤 다른 고상한 가치를 추구하여 인구 조절을 위해 낙태를 인정하는 철학자들도 있었다.[5] 의료에 반영되는 세계관의 차이가 의학의 발달에 따라 새로운 옷을 입고 반복되어 등장할 따름이다.

4. 원론이 되는 절대가치가 있다

따라서 나는 성경적 세계관으로 의료를 수행하고자 할 때 필요한 전제들을 확실히 하려고 한다. 즉, 의료와 관련하여 절대가치가 있음을 전제로 하고자 한다. 성경에서 하나님이 이 세상을 창조하실 때 가장 중요한 가치를 부여한 대상은 '생명'과 '가정'이라 할 수 있다. 인간의 생명은 하나님의 형상을 따라 지음 받았으며(창 1:26-27) 피조물 중 유일하게 인간의 생명을 창조하실 때만은 말씀뿐만 아니라 직접 흙으로 빚는 동작과 코에 생기를 불어넣는 수고를 하셨음을 알 수 있다(창 2:7). 그 후 곧 아담이 "뼈 중의 뼈요 살 중의 살"이라 칭하는 여자를 만드시고, 하나님은 "남자가 부모를 떠나 그의 아내와 합하여 둘이 한 몸을 이룰지로다"라고 직접 명령을 하셨다(창 2:18-24). 즉, 인간의 생명과 가정(결혼)은 이 세상의 피조계에서 가장 귀한 가치를 지니도록 하나님이 직접 창조하시거나 제정하신 것이다. 비록 오늘날 결혼이나 가정의 파괴가 법적 절차에 의해 손쉬운 일이 되어버려 우리나라에서도 세 가정 가운데 한 가정이 이혼하는 상황이 되어버렸지만, 이 땅에 사는 동안 인류가 마지막까지 지켜야 할 가장 귀중한 가치가 있다면 그것은 곧 생명과 가정이다.

그러나 오늘날 낙태의 편의를 위해, 태아 연구의 편의를 위해, 연속선상에 있는 한 생명의 어떤 일정 기간을 임의로 지정해 "원시선이 나타나기 전 14일까지의 배아는 인간이 아니다"라는 정의를 과학이라는 옷을 입혀 만들어 내기도 했다. 사실 이런 정의는 필요에 따라 수시로 변해왔다. 일반인들이 미처 알아차리기도 전에 생명의 절대가치를 지켜야 할 의학이 수많은 태아를 죽음으로 몰아넣고 배아의 희생을 정당화하는 데 앞장서는 극단의 상황논리로 치닫고 있다. 의사들이 텔레비전 토론 프로그램에 나와, '폐기될' 냉동배아라는 말도 서슴지 않고 사용하는 것을 쉽게 볼 수 있는 세상이 되었다. 그러나 한편으로 CNN과 TIME의 공동 여론조사 결과는 오히려 일반인들이 절대가치에 대한 입장을 아직 견지하고 있음을 보여주고 있다. 즉, "인간을 복제한다는 것이 좋은 아이디어인가 나쁜 아이디어인가?"라는 질문에 대해 90%가 "나쁜 아이디어"라고 응답했고, 69%의 응답자가 "신의 뜻에 어긋난다"고 대답했다.[6)]

우리나라에서 동성애 논쟁이 본격화되기 전인 1997년, 내가 일하던 병원의 100주년을 기념하는 다큐멘터리 자료를 모으러 미국을 여행하던 중 같은 병원에서 함께 근무하던 남자 직원과 호텔에 투숙하게 되었다. 우리는 한국 사람들이 흔히 하던 것처럼 침대 두 개가 있는 방을 함께 쓸 생각이었다. 그러나 호텔 프런트의 여직원이 침대가 하나 있는 방을 원하는지 두 개 있는 방을 원하는지 되물어 왔다. 동성애 문제에서 앞서가던 미국에서는 남자 둘이 한 방을 달라고 하면 으레 이런 질문을 하는 것이 예의였던 것이다. 그로부터 몇 년 뒤 공부를 위해 캐나다에 체류하는 동안 의료보험 신청을 위해 신청 서류를 작성하려고 보니 배우자를 쓰는 난에 '배우자는 동성도 가함'이라는 문구가 적혀 있음을 보고 의아해 하면서 이 문제에 대한 변화 속도를 느낀 바 있다.

서구의 개인주의는 에이즈의 만연뿐 아니라 가정의 파괴와 왜곡을 가져오는 동성애를 정당한 것으로 인정하고 오히려 이를 비정상으로 여기는 사람들을 압박하고 있다.[7)] 여기에 첨단이라고 자랑하는 불임 의료는 동성의 부부가 된 이들에게 아이를 만들어 주고 있으며, 이와 같은 서비스는 상업성이 보장되는 한 계속될 것이다. 더 나아가 체세포를 복제하는 형태의 최첨단기술로 아기를 만들어 주려는 연구도 진행되고 있다고 한다. 결혼이나 가정의 가치는 지극히 상대화되고 있으며 오늘날 첨단의료는 이를 위한 시녀가 되고 있다. 어떻게 해서 첨단의료의 힘을 빌려 절대가치라고 할 수 있는 생명과 가정의 모습을 왜곡하는 일이 가능하게 되었을까?

5. 의료의 멜로드라마화
: 상황과 황금(배금주의)이 원리를 지배한다

지난 33년을 의료인으로 살아오면서 의료윤리에서 이슈가 된 논의들을 관심 있게 살펴본 나는 이와 같은 질문에 대해 의외로 간단하게 대답할 수 있다는 사실을 발견했다. 그것은 상황이 원리를 지배하도록 방치해 둔 탓이라는 것이다. 문제의 접근을 극단의 예외적 상황에서부터 시작하여 이것을 드라마화하여 전달함으로써 관심의 방향을 돌려놓으면 본질이 되는 원리에 대해서는 무관심해지게 되며 진실을 알았을 때 느낄 수 있는 두려움도 없어지게 된다는 것이다. 그 다음에는 슬그머니 원리를 바꾸어도 알아차리지 못하고 방치하게 된다는 것이다. 쉐퍼는 이를 '사탕발림'이라고 불렀다. 한 걸음 더 나아가 누군가가 죽음을 선택하려는 목적으로, 즉 생명의 원칙을 죽음의 원칙으로 대치하기 위해 항상 법의 힘을 교묘하게 이용한다고 했다.[8] 일반적으로 사람들은 법적으로 옳으면 다 옳다고 믿기 때문이다.

이해를 돕기 위해 예를 들어보자. 어떤 환자가 말기 암으로 투병을 하고 있다. 환자의 고통이 너무 심한 가운데 이 환자를 사랑하는 가족들은 그 고통을 덜어주기 위해 안락사를 결정하는데, 이 과정을 묘사하면서 눈물겨운 드라마를 삽입한다. 결국 이를 지켜본 사람들은 안락사가 사랑의 행위라고 안이하게 받아들인다. 이렇게 해서 안락사가 법적으로 인정이 되면 자신의 의사와 관계없이 '인도적'이라는 이름 아래 그리고 '합법적'으로 죽어야 하는 사람이 생기게 된다.

실제로 의료윤리의 세속화에 선도자 역할을 한 상황윤리학자 플레처(Joseph Fletcher)는 이런 환자를 적극적으로 안락사시키지 않는 것은

‘어처구니없는’(ridiculous) 일이라고 했다.[9] 그런데 여기서 그가 예로 든 질병은 그야말로 어처구니없게도 뇌 주사(brain scan) 사진으로 볼 때, 암이 뇌에 전이된 환자였다. 이런 환자는 불행하고 고통스러우니 살 가치가 없다는 것이다. 그러나 실은 뇌에 암이 전이되었다고 해도 증상이 없는 환자도 많고 의학적으로 다양한 치료 대안이 있어서 고통을 줄여줄 수 있을 뿐만 아니라 삶의 질을 증진시키고 생명을 어느 정도 연장시키는 것도 가능하다. 더구나 가족이나 인간관계 속에서 인생의 마지막 시간이 서로에게 소중한 가치를 남기는 경우가 얼마나 많은가? 그러나 플레처의 주장대로라면 이런 ‘희망이 없는 비참한’ 환자를 안락사시키지 않는 것은 어처구니없는 일이다.

그는 낙태 허용의 논리를 펼 때에도 정신병원에서 정신분열증 환자에게 강간을 당해서 임신한 경우라든가, 열세 살 된 여아가 세 명의 딸을 낳은 경우와 같은 극단적인 예를 들고 나온다.[10] 정신병자나 어린 소녀가 어떻게 임신을 감당할 수 있을 것인지를 비극적 결말로 멜로드라마화하여 인도적 입장이라는 이름으로 제기함으로써 낙태 허용이 불가항력적이라는 주장을 관철시킨다. 그 뒤에는 여권 운동가를 동원하여 여자들의 인권이 태아에 의해 침해된다는 내용의 멜로드라마를 통해 인도적 선처를 호소한 뒤, 이것은 여성의 천부적 기본권임을 주장한다. 사람들이 이 멜로드라마에 빠져서 정말 중요한 것이 무엇인지 판단하지 못하고 있을 때 이미 법정을 통해 단지 편의를 위한 낙태가 합법적으로 허용되어 버리고 마는 것이다.[11]

무뇌아의 부모들이 겪는 인간적인 비참함을 부각시켜 무뇌아를 낙태시키거나 영아 살해를 법적으로 허용하고 나면 무뇌아의 장기 사용을 합법화하려고 든다. 이 단계를 통과하고 나면 좀 더 좋은 장기를 얻기 위해, 더 나아가 살아 있는 동안에도 자유롭게 장기를 추출할 수 있도록 하는 법 개정으로 이어진다. 미국의사협회의 윤리법사위원회는 살아 있는 무뇌아로부터의 이식을 위한 장기 추출에 대해 1988년에는 불가능하다고 한 결정을 1994년에 번복하고 윤리적으로 가능하다고 발표했다. 1995년에는 미국 의회의 압력에 굴복하여 다시 불가능하다고 번복하였지만 이와 같은 미끄러운 경사는 오늘날의 의료를 점점 세속화하고 인간의 존엄성 파괴를 가속화시키고 있다.[12)]

교통사고로 하나밖에 없는 아들을 잃은 부모가 천신만고 끝에 이 아이의 세포로부터 유전자를 찾아내고 발달된 복제기술로 아들을 복제해서 행복한 가정을 회복하게 되었다는 식의 이야기는 감정에 호소해서 극적 감동을 주는 영화로 만들 수 있을 것이다.

자신의 사랑하는 충견이 늙어 죽게 되자 이를 안타까워한 주인이 복제 연구를 위해 350만 달러를 기부한 일이 있다. 몇십 센트밖에 하지 않는 비타민 A 영양제가 없어 눈이 머는 아이가 아프리카에만 수십만 명에 이르고, 1년에 12-15달러면 충분한 약값을 감당하지 못해 4천에서 5천만 명에 이르는 간질환자들 중 80%가 정상적인 생활을 하지 못하고 있는 세상이지만, 충견과 인간 사이의 사랑을 주제로 이 이야기를 영화로 만들어 내면 감동적인 명화가 될 수 있고, 이것은 곧 개의 죽음을 앞에 두고 이를 복제하는 것을 온정적으로 바라보게 할 수도 있을 것이다. '의료의 멜로드라마화'는 외형적으로는 생명가치를 존중하는 메시지를 담고 있는 듯이 보이지만, 그 결과는 전혀 그렇지 않다. 단순히 드라마로 그치지 않고, 무의식적으로 객관성을 상실한 안목을 갖도록 하거나 원리에 무감각해진 채 의료 문제를 바라보도록 영향을 미칠 수 있기 때문이다.

멜로드라마는 어떤 특수 상황에서의 목적 달성을 위해 이에 앞서는 윤리적인 원리나 절대가치를 무시할 수 있는 힘을 지니고 있다. 더 나아가 특수 상황들의 멜로드라마화는 무슨 기술이 되었든지 기술의 발전에 윤리적 정당성을 부여하는 힘이 있다. 더구나 오늘날처럼 다원주의적이고 진리의 절대성이 부정되는 포스트모던 사회에서는 이런 일이 더욱 용이하게 가속화될 수 있고 설사 찬반 논쟁을 한다고 해도 본질적 논의보다는 그 기술의 실용성 여부와 그 기술이 가지는 위험성이 수용할 만한지에 초점이 맞춰지는 것이 보통이다.

더 나아가 한 생명 또는 소수의 생명을 구하기 위해서라는 명분을 내세워 연구를 계속하기에 적합하도록 '생명'을 다시 정의하기도 한다. 즉, 연구의 비윤리성에 대한 면죄부를 받기 위해 과학이라는 이름을 빌려 생물학적 관점에서만 생명을 정의하고 이에 대한 전문적 지식이 없는 일반인들을 기만하며, 이 정의를 근거로 윤리적 부담 없이 수행하는 실험들을 통해 수많은 생명들을 희생시키고 있는 것이다. 그러나 이런 연구는 소수의 기득권층을 위한 연구일 뿐 아니라, 인간은 평등하지 않고 차별될 수 있다는 전제 위에서 수행되는 것이다. 인간을 복제하는 목적이 어떤 병든 사람을 불행에서 구해 주기 위한 인도적인 것임을 강조하곤 하지만, 실은 그 예상되는 경비로 볼 때 극소수의 부자 나라에서 극소수의 부자들을 위해 사용하게 될 것은 자명하다. 일반인들은 그 배후에서 얼마나 많은 생명과 인간의 존엄성이 파괴되고 있는지 그리고 그것이 연구자들의 호기심과 부자들의 욕구를 충족시켜 주기 위한 것인지 잘 알 수 없는 것이다. 이런 일들이 일어나게 된 것은 인도주의적으로 호소할 만한 예외적인 멜로드라마를 기점으로 논의를 시작하여 감정에 호소하는 인도주의자들의 전술에 휘말리게 된 결과이다. 감정에 호소된 멜로드라마는 결국 이성적으로도 절대가치와 절대원리들을 포기하도록 탈감각시켜 버리는 무서운 힘을 발휘하는 것이다.

사실 더 무서운 것은 신자유주의 경제체제 속에서 이를 몰아가는 배후 세력이다. 즉, 맘몬을 숭배하며 황금을 좇는 배금주의(또는 상업주의)인 것이다. 생명공학 산업을 21세기의 황금 알을 낳는 거위로 여기고 있으며, 정부의 적극적 지원 아래 아직 효율성이 입증되지도 않은 'DNA 칩'과 같은 바이오 벤처 기업들이 우후죽순으로 일어나고 있다. 인간 유전자 지도를 만들면서 내세웠던 인간의 고통을 감소시킨다는 목적이나 의지는 온데간데없고, 유전공학을 발전시킨 당위성이요 동기인 인도주의적 목표와 순수성이 얼마나 급속히 상업화되는지를 보여주고 있을 뿐이다. 매스컴을 통해 접하는 '바이오 벤처 산업의 육성'이라는 제목의 뉴스들은 여기에 오로지 경쟁적인 상업성만 남아 있음을 부인하기 어렵게 한다. 이처럼 원리를 조용히 변형시키는 의료의 멜로드라마화와 변형된 원리를 응용하여 실행시키는 배금주의는 둘도 없는 동지이다.

6. "중립은 없다. 너희는 생명을 무엇이라고 믿느냐?"
: 의료윤리의 전제를 위한 궁극적 질문

의료윤리는 윤리학자들 사이에 응용규범윤리학으로 구분된다.[13] 그러나 이 책은 그런 논의를 위해 쓴 책이 아니다. 더구나 이와 같은 범주들이 꼭 정확한 기준을 가지고 구분해 적용할 수 있는 것도 아니다.[14] 또한 이론규범윤리학에서 '이론적 정당화를 통해 도덕적으로 옳고 그름에 대한 하나의 이론'이 확립되었다고 해서 그것을 곧바로 응용규범윤리인 의료윤리에 적용하는 것이 옳다고 할 수도 없다. '이론적 정당화'라는 이성적인 논리 전개를 통해 비윤리를 윤리적으로 만들어서 응용윤리학에 적용하기를 강요하는 예를 수없이 보아왔기 때문이다. 오늘날 의료는 가히 이론규범윤리학을 앞서 가고 있어 수시로 예기치 못한 문제들을 제기함으로써 윤리학자들을 당황시키고 있으며, 대부분 이런 이슈는 첨단의료의 발달과 연관된 문제들이다. 따라서 아직 문제 인식도 못하고 있는 이론규범윤리학이 의료에 응용원리를 제공하기보다는 역으로 의료가 이론규범윤리학에 자신의 행위를 뒷받침할 이론적 응용규범윤리학적 정당화를 요구하는 상황이 많아졌다. 더구나 첨단의료는 일반 윤리학자들이 잘 이해하기 어려운 부분이 많은 반면, 이를 옹호하는 입장의 학자들은 첨단의학을 발달시키고 있는 의학자들로부터 쉽게 편향적인 정보를 제공받을 수 있어 옹호하는 이론을 먼저 전개하기에 용이한 것이다.

나는 의료윤리학자를 분류할 때 단순화하여 원리로부터 출발하느냐 각론으로부터 출발하느냐에 따라 크게 두 부류로 나누는 프레임(John M. Frame)의 분류가 기독교적 입장에서 오히려 타당하다고 생각한다.[15] 기독교 의료윤리학자라 할지라도 성경적 원리를 출발점으로 삼느냐, 의료윤리 문제의 각론들을 논의의 출발점으로 삼느냐에 따라 나눌 수 있는데, 프레임에 의하면 일반적으로 전자는 복음주의적 입장을 견지하고 있고 후자는 자유주의적이고 세속적인 경향을 띠고 있다고 한다. 즉, 상황을 출발점으로 삼고 중시하는 입장의 대부분은 후자 쪽에서 나왔는데, 성경을 아예 인용하지 않거나 인용한다 하더라도 광범한 의미의 원리, 즉 사랑, 정의, 인간의 존엄성 등 막연한 개념으로서만 응용하고 있다. 프레임은 전자의 예로 자신을 비롯하여 페인, 데이비스(John Jefferson Davis), 카이저(Walter Kaiser), 러시두니(Rousas Rushdoony) 등을 들고 있고, 후자의 예로 비첨(Tom Beauchamp), 차일드리스(James Childress), 구스타프슨(James Gustafson), 플레처, 파인버그(Joel Feinberg), 비치(Robert Veatch) 등을 들고 있다.

어쨌든 윤리학을 공부함으로써 다양한 관점들을 이해할 수 있게 될지는 모르지만 윤리학을 공부한다고 윤리적이 되는 것은 아니다. 오히려 윤리학의 다양한 이론은 다원주의적 진리관과 윤리관으로 인도할 위험성을 안고 있다. 기술윤리학을 공부하려면 중립이어야 한다는 명분으로 어떤 세계관이나 믿음을 버리고 현상을 바라보도록 주문 받을 것이다.

그러나 중립은 없다. 이 세상에는 유신론자와 무신론자가 있을 뿐이다. 무신론을 그들은 중립이라고 부르고 유신론은 편견을 가졌다고 말할 뿐이다. 궁극적으로 우리의 선택은 의료의 영역에서 어떤 믿음을 가질 것인가에 있다. 길론(Rannan Gillon)의 말처럼 우리 각자는 자신의 윤리적 준거의 틀을 선택해야 한다. 생명은 무엇이며 인간의 인간됨이란 무엇인가에 대한 전제가 곧 그 기본 틀이 되는 것이다. 그래서 이 책의 출발점은 오히려 단순할지 모른다. 즉, 생명 의료윤리는 그 논의가 어떤 것이든 궁극적으로 **생명의 기원, 생명의 시작, 생명의 질, 그리고 생명의 종말**의 네 영역에 속한 이슈들에 대해 우리의 믿음이 무엇이라고 답하며 어디로 인도하는가 하는 것이기 때문이다. 물론 어떤 이슈는 위의 네 영역이 중복되거나 복합적이기도 할 것이다. 그러나 그 이슈가 어디에 속한 것이든 결국 차이를 만드는 것은 우리의 믿음이요 세계관이다. 즉, 이 네 가지 생명의 영역에 대해 우리가 어떤 믿음에 근거한 세계관을 견지하느냐에 따라 윤리적 대답도 달라질 것이다. 더 좁혀서 정확하게 말하면 우리가 '생명을 무엇이라고 믿느냐'에 달려 있다는 뜻이다.

이 책이 성경적 세계관에 기초하고 있다는 말은 의료가 지켜야 할 절대가치와 원리가 존재한다고 전제하고, 이 전제의 근거를 성경에 두고 성경적 세계관의 원리에 대해 논의할 것이라는 의미이다. 한편 세계관이 그에 상응하는 의료를 낳으며 당대의 의료를 지배한다는 전제를 성경적으로, 그리고 역사적으로 첨단의학의 흐름을 통해 추적할 것이다. 또한 어떤 절대가치를 지닌 본질을 지키기 위해서는 원리로부터 각론으로 접근해야 한다는 전제를 의료적 측면에서 확인해 나갈 것이다.

이 책을 쓴 목적은, 소극적으로는 성경적 세계관을 가지고 의료를 수행해야 할 기독교인들이 성경적 세계관으로 의료를 바라보기도 전에 세속적 세계관에 먼저 노출되거나 오염되는 것으로부터 보호되기를 바라는 것이며, 적극적으로는 기독의료인들이 총론적 원리에 충실함으로써, 즉 원리로부터 시작하여 이를 의료에 적용함으로써 성경적 의료의 본질적인 모습을 회복하는 데 도움을 주려는 것이다. 우리가 그리스도의 제자 된 의료인으로서 하나님의 형상들을 섬기고 예수께서 가르치신 사랑을 행하는 진정한 제자들이 되기를 원한다면, 바울이 말한 것처럼 사랑에 바탕을 둔 우리의 의료도 지식과 깊은 통찰력으로 최선의 의료를 분별하고 시행하여 순결하고 흠 없이 의로운 열매를 맺기를 소원하여야 할 것이다.[16)]

7. 그래도 회색 지대는 있다

나는 의료인으로서 오직 성경의 권위를 믿고 그 원리에 충실하기만 하면 난해한 의료 문제가 생기지 않는다고 주장하려는 것은 아니다. 풀기 어려운 다른 문제가 가득한 이 세상에서 의료 문제도 예외는 아니며, 이런 문제들이 있다는 것은 인간의 유한성을 반영해 준다. 윤리적이면서도 의료 효과나 영향에 대해 더 많은 지식과 경험이 있는 의료인들은 비의료인 윤리학자들보다 더 심각한 난관에 봉착할지도 모른다. 예를 들면 비첨과 그의 동료들이 쓴 『건강과 인간의 가치』(*Health and Human Value*)라는 책은 사이케빅(Joseph Saikewicz)이라는 67세 노인의 치료 여부를 놓고 논의하는 것으로 시작한다.[17] 그는 불치의 백혈병을 앓고 있다. 이 사람의 생명을 연장하기 위해 매우 고통스러운 치료인 항암제를 투여할 것인가? 문제는 환자의 정신 연령이 두세 살 정도 수준이어서 자신이 화학 요법을 받을 것인지 말 것인지 판단할 능력이 없다는 것이다. "환자 스스로 치료 여부를 결정할 수 없을 때 고통이 수반되는 치료를 시행하는 것은 윤리적인가?"라는 논의를 하기 위한 사례였다.

그런데 의료인의 입장에서 볼 때, 더구나 항암요법을 전문으로 한 내가 볼 때는 저자들의 논의에 잘못된 전제가 있다는 사실을 발견할 수 있었다. 즉, 항암제 치료는 고통스럽지만 생명을 연장할 수 있는 수단이라는 확신을 가지고 논의를 전개하고 있는 것이다. 비의료인 윤리학자의 입장에서는 이렇게 의료적인 부분을 단순화하여 변수를 줄일 수 있을지도 모른다. 그러나 의사 입장에서 보면 항암제 치료는 생명을 단축할 수도 있고 삶의 질을 형편없이 저하시켜 버릴 수도 있다. 이 가능성도 무시하지 못할 만큼 높은 편이다. 그래서 각각의 항암요법에는 그 치료 효과와 더불어 합병증과 치사율도 함께 소개되는 것이다. 따라서 '의료 효과의 불확실함을 얼마나 이해하고 있는가'라는 변수가 더해지면 의료인의 윤리적 고민은 비의료인 윤리학자들의 그것보다 더 광범위해지고 깊어질 수 있으며, 따라서 의료윤리에서의 회색 지대는 더 넓어질 수도 있다는 말이다. 임상 인체실험의 경우나 첨단의 유전자 치료와 같은 것을 적용하는 경우에도 마찬가지로 비의료인 윤리학자보다 이 시도들의 본질을 더 잘 이해하고 있는 의료인에게 윤리적 회색 지대는 더 넓어질 수밖에 없을 것이다.

그런데도 나는 성경적 원리에서 출발하자고 주장하는 바이다. 훗날 하나님 앞에 섰을 때, 우리의 유한성으로 인해 해결하지 못한 회색 지대 때문에 우리의 책임을 물으시지는 않을 것이다. 오히려 너무나 명확하게 제시된 원리를 무시한 채 시행한 우리의 의료 행위에 대해 책임을 물으실 것이다. 그리고 지금 우리가 우리의 유한성 때문에 회색 지대로 인식하고 끌어안고 고민하는 의료의 문제들에 대해서도 "우리가 지금은 거울로 보는 것같이 희미하나 그때에는 얼굴과 얼굴을 대하여 볼 것이요 지금은 내가 부분적으로 아나 그때에는 주께서 나를 아신 것같이 내가 온전히 알리라"(고전 13:12)고 한 바울의 말이 적용되어 온전하게 드러나는 날이 올 것이다.

■■■ 사례연구

베이비 엠(Baby M) 이야기[18)]

–출산 vs 생산(procreation vs production, begotten or made)

1986년, 메리(Mary)라는 여인은 윌리엄(William)과 엘리자베스 스턴(Elizabeth Stern) 부부와 계약을 맺었다. 부인의 문제로 아이가 없던 이 부부는 남편 윌리엄의 정자와 부인이 아닌 다른 여자의 난자를 이용해 시험관 아기를 시도하고, 제3의 여인인 메리의 자궁을 빌려서 아이를 낳기로 하는 계약이었다. 출산 후 메리가 아이에 대한 권리를 포기하는 것은 물론이고 임신 중에도 어머니로서 태아와 연대감을 형성하려는 시도를 하지 않겠다는 조건이 따랐다. 임신 중 담배와 술도 금하기로 되어 있었다. 보수는 미화 2만 달러였고 여기에 의료비는 따로 지불하기로 했다. 윌리엄이 요구하면 양수검사를 해야 하고, 경우에 따라서는 낙태하기로 하는 조항도 포함되어 있었다. 그리하여 베이비 엠이 탄생하였다.

그러나 막상 아이를 낳고 나자 메리는 아이를 양도하는 것을 거부했다. 이 사건은 재판으로 이어졌으며 뉴저지 법정은 이 계약 관계를 인정해 주고 메리의 패소를 선언했다. 그러나 상급 법원의 재판에서는 어머니로서 메리의 권리를 인정하여 정기적인 방문을 허락하였다.

이 경우 실제 난자를 제공한 어머니와 자궁을 제공한 어머니, 그리고 아이를 키우는 어머니와 정자를 제공한 아버지까지 모두 네 사람의 부모가 가능하다. 여기에 정자까지 다른 사람의 것을 이용한다면 다섯 사람의 부모가 가능하다.

법원이 한 일은 이 일의 옳고 그름을 가려준 것이 아니라 현행법에 따라 계약의 유효성 여부만을 판정한 것이다.

1) 이 실화에서 아이 없는 부부의 삭막한 인생을 멜로드라마화하여 보자.

그 결과 온갖 수단을 동원하여 아이를 갖게 되는데, 이 과정에서 전도된 가치와 수단이 무엇인지 논의해 보자.

2) 생명의 탄생과 가정에 대해 본래 하나님이 부여하신 의미에 대해 생각해 보고 이 실화에서 어떤 점들이 거기에서 벗어났는지를 논의해 보자.

2장

의료는 가치중립적인가?

유전공학 기술 자체는 중립이라는 생각은 … 순진한 것이다. 유전공학을 '수행한다'는 것은 어떤 주체나 객체 또는 이들 사이의 관계에 대한 사고방식에 영향을 미치는 가치를 표현하는 것이다.
—아비 리프만

주술과 종교가 의료와 얼마나 밀접하게 유착되어 있었던지 로마 제국 사회에 많은 복합적인 전통들이 있었지만 종교화한 의료보다 더 강력한 것은 없었다.
—J. 스카보로

'의학(의술)이 가치중립적이어야 한다'는 믿음은 자연과학이 발달하면서 '과학은 가치중립적'이라는 전제에 의해 받아들여지고 있다. 그리고 '의료나 의료인이 가치중립적이어야 한다'는 믿음은 심리분석에서 감정이입이나 가치체계에 영향력을 주는 일을 배제해야 하고 상담자가 자신의 가치관으로 판단해서는 안 된다는 전제와 '환자의 자율권' 보장이라는 전제에 의해 비판 없이 받아들여지고 있는 것이 오늘의 현실이다.[1)]

이 장에서는 먼저 어떤 시대 또는 어떤 공간을 지배하던 세계관 혹은 종교성이 역사적으로 의료와 어떤 연관성을 갖고 또 의료를 통해 표현되었는지를 살펴보겠다. 그리고 첨단의학이 뉴에이지 의료(new age medicine)와 어떤 연관성을 지니는지를 살펴본 뒤에 마지막으로 오늘날 의료의 유가치성(value ladenness)에 대해 고찰하면서 의학과 의술의 가치중립성이 가능한 것인지 그리고 바람직한지에 대해 재고해 보고자 한다.

1. 의료의 중립성 여부

1) 역사적 고찰

역사적 기록이 남아 있는 최초의 의사는 BC 3000년경에 살았던 이집트의 임호테프(Imhotep)로 사람들은 그를 신으로 숭배했다고 한다.[2] 당시에는 질병을 악령이 든 것으로 간주해 제사장이 주문과 마법으로 악령을 쫓아냄으로써 치료를 했다. 즉, 고대 이집트의 의료는 당시 이집트의 많은 신들이 다스리던 세계의 세계관을 반영하고 있다.

이런 전통은 고대 그리스에서도 찾아볼 수 있는데, BC 1200년경의 치유의 신 아스클레피오스(Asclepios)는 치유의 기적을 행한 의사로 알려져 있다. 아스클레피오스 신전에 환자가 오면 최면술과 약으로 잠을 재운 뒤 환자가 꿈에 아스클레피오스를 만나면 치료가 된다고 믿었다.[3]

로마 시대에는 그리스의 종교적 의술의 영향으로 치유의 신인 아스클레피오스를 로마의 신으로 받아들이게 되며, 이 신전은 흑해 지역을 포함하여 이집트, 아프리카, 스페인 등 로마의 정복지 어디에나 세워졌다. 로마 시대의 의료는 마술, 미신 등과 깊은 연관을 가지고 있었는데, 이에 대해 스카보로는 "주술과 종교가 의료와 얼마나 밀접하게 유착되어 있었던지 로마 제국 사회에 많은 복합적인 전통들이 있었지만 종교화한 의료보다 더 강력한 것은 없었다"고 했다.[4] 의료에 그리스나 로마의 신화에 근거한 세계관이 치유의 신으로 반영되고, 이것이 아스클레피오스 신전에서 행해지는 종교 행위로 연결되었던 것이다.

물론 이집트나 그리스, 로마에서 질병을 신과 무관한 것으로 보려는 움직임이 있었으며, 이에 선구자인 히포크라테스는 그런 의미에서 의학의 시조로 일컬어진다. 비록 그리스인들이 의료에 대한 과학적이고 합리적인 접근을 주도한 문명을 일으켰지만, 거기서도 미신과 주술이 만연해 있었고 그리스적 세계관 안에서조차도 합리성과 종교성은 끊임없이 연결되어 있었던 것이다.[5] 중세에 이르기까지 이러한 전통은 계속되었다. 이때까지도 의학은 아리스토텔레스의 『영혼론』(*De Anima*)이 교과서로 쓰이는 등 철학과 심리학의 범주를 벗어나지 못하고 고대의 연장선상에 있었다.[6]

중세에는 일반 의술과 종교적 치유가 공존하고 있었는데, 예를 들면 영국에서 순례자들을 위한 병원 중 가장 큰 베리(Bury)에서는 종교적인 기적에 의한 치유와 의술에 의한 치유가 구별 없이 시행되었으나 하나님의 능력에 의한 치유에 더 관심을 가졌다. 한편 영국의 성직자들은 내과의사와 외과의사의 역할을 한 것으로 나타나 있다.[7] 중세 후기에는 이런 형태의 치료 신전이 많이 세워졌고, 교회에서 순례자들이나 노인, 나환자 등의 만성병 환자를 위해 세운 병원에서는 의사는 아니지만 수도승이나 성직자들이 의료를 겸하는 것이 일반적이었다.[8]

유대교에서는 탈무드에서 건강과 위생, 의료에 대한 상당한 지식을 얻었으며, 중세 때까지도 상당수의 랍비들이 의사를 겸했다.[9]

초기 근대 유럽에서는 마법사가 의료를 행하는 일이 흔히 있었으므로 환자들은 의사를 찾기 전에 마법사를 찾아가는 일이 흔했던 것으로 알려져 있다.[10]

과학 혁명을 거쳐 종교의 입지가 줄어든 현대에 이르러서도 지구상에는 인도나 중국을 비롯한 아시아, 대부분의 아프리카 대륙에 사는 종족들, 중남미 등 인구가 많은 지역을 고려한다면 일부 도시 지역을 제외하고는 과학적 의술의 혜택을 받고 사는 인구보다 미신과 주술적 요소가 뒤섞인 의술을 이용하는 사람들이 훨씬 많다고 할 수 있다. 이런 곳에서는 형태는 다르지만 의술이 종족 종교와 연관되어 종교적 성향을 띠고 시행되는 예들을 쉽게 찾아볼 수 있다. 예를 들면 우간다의 분요로(Bunyoro) 종족은 소수의 점쟁이들(diviners)이 의료 행위를 하는데 이들은 무당의 제사 의식으로 시작하여 신통력 있는 약을 처방하곤 한다.[11] 이와 같은 오지의 종족에게 파송된 선교사들은 이런 이교적이고 주술적인 치료 행위의 문제점들과 싸우면서도, 동시에 이것이 인간의 종교성에 근거한 것으로서 이들의 치료가 정신적이거나 영적인 문제와 연관이 깊은 환자들에게는 그 상황 아래서 효과를 발휘하기도 한다는 사실을 인정하기도 한다. 콩고의 한 선교사는 조심스럽게 전통적 치유자들의 전인적 접근이 선교 의료에서도 필요하다고 말한다.[12] 휴슨(Mariana G. Hewson)은 아프리카에서 6명의 치유자를 만나 조사한 논문에서 이들이 치유 의식과 자연으로부터 얻은 약을 처방하는 것 외에도 질병에 대한 정신적·영적·사회적 배경에 깊이 관여하여 치유 전략을 세우기 때문에 어떤 경우에는 유효하다고 보고하고 있다.[13] 여기서도 의료와 종교적 의식이 밀접하게 관련되어 있음을 알 수 있으며, 비록 방법이 주술적이기도 하고, 심리적인 요인에 의한 질병의 치료에 국한되는 것인지 사탄의 능력에 의한 것인지 구별할 수 없지만, 치료에 대한 효과도 어느 정도 인정하고 있다.

한국에서도 옛날부터 질병의 원인이나 진단 그리고 치료에 귀신이나 샤머니즘이 일정한 역할을 하고 있었다. 한국에서 일했던 초기 의료선교사 잉골드(Mattie Ingold)의 1898-1905년 동안의 일기에 의하면, 당시 우리나라에는 종교적인 관점에서 볼 때 귀신에 대한 믿음과 자연숭배사상이 민간인들의 질병에 대한 이해를 지배하고 있었다. 진료소에 들어오는 사람마다 모든 병은 악령 때문이라고 믿는 경우가 대부분이었다고 기록하고 있다. 예를 들면 한 여자가 자신의 병에 대해 아주 작은 목소리로 속삭이는 것이었다. 잉골드 선교사가 "크게 이야기하세요"라고 말했더니, 그 여자는 "병 귀신이 자기 말을 들으면 더 나빠진다"며 두려워하였다고 한다.[14] 이런 영향은 한국에 아직까지 남아 있어 질병 치료를 위해 굿과 같은 무속 종교 의식행위를 하는 것을 최근까지도 볼 수 있다. 한편으로는 불교의 윤회설이나 질병의 원인으로서 인과응보에 대한 믿음, 그리고 부모에게서 받은 신체를 함부로 자르지 못하게 하던 유교의 가르침이 뒤섞여 있었음을 엿볼 수 있는 다음과 같은 기록들도 있다.

> 1월 2일: 한 어린아이가 머리에 상처가 생겨서 약을 발라주기 위해 머리털을 좀 잘라주었더니 그 어머니가 집에 가져가려고 머리털을 조심스럽게 전부 주워 모으는 것이었다. 만약 머리털을 버리면 그 아이가 죽어서 뱀이 된다고 무서워하였다.
> 12월 14일: "당신은 얼굴이 왜 그렇게 일그러졌습니까?" "내가 태어난 지 21일이 되기 전에 이웃 사람이 병아리를 죽였기 때문입니다."[15]

그뿐만 아니라 오늘날 문명화된 사회에서도 현대의학으로부터 도움을 구할 수 없을 때 종교적 치유 행위에 몸을 맡기는 일은 흔히 볼 수 있는 일이며, 심지어는 모든 질병에 대해 현대의학의 도움을 거부하고 종교적 치유에만 매달리는 광신적인 경우도 있다. 한국에 있는 수많은 기도원들이 종교적인 목적뿐 아니라 치유를 베푸는 장소로 활용되고 있으며, 이 것이 사회 문제가 되기도 한다.

2) 첨단의학의 종교성과 뉴에이지 의학

첨단의학의 과학주의에 대한 신앙에 대해서는 나중에 자세히 살펴보겠지만, 가장 이성적이고 합리적이라는 첨단의학은 과학기술의 힘을 전능한 신으로 삼아 인간의 미래를 보장한다는 믿음에 근거한 종교를 지향하고 있으며, 이를 맹신하는 많은 추종자들을 거느리고 있는 세력이 되었다. 그 이단적 결합의 예 중 하나가 인간복제기술을 가장 먼저 현실화하겠다고 공언하고 추진하고 있는 집단, 곧 라엘(Rael)에 의해 시작된 사이비 종교집단이라 할 수 있다. 이들은 인도주의자들이 원래 주장한 것처럼 인간의 고통 경감을 목적으로 인간복제술을 이용한다는 차원이 아니라, 과학의 힘을 빌려 인류가 영생을 이어갈 수 있다는 종교적 차원의 수단으로 이를 이용하려 하고 있으며, 이를 법적으로 정당화하고 현실화하기 위해 이미 인간복제를 추진할 클로나이드 회사를 설립하여 활발한 활동을 하고 있다.[16)]

한편 이런 과학 만능주의적 첨단의학은 나름대로 장벽에 부딪히게 되는데, 질병 위주의 치료의학의 발달은 의료비의 악순환적 증가를 불러왔고 한편으로 건강을 염려하는 건강한 사람들을 양산하였다. 이 틈새로 폭발적인 인기를 누리며 등장한 것이 소위 대체의학이다. 특히 그 극단인 뉴에이지 의학은 인간을 분석하여 부품으로 나누어 치료를 시도하는 현대의학의 맹점을 이용하여 전인 치유라는 기치를 들고 일어났으며, 그 배후에 동양 종교적 신비주의를 둠으로써 그 자체가 종교성을 지니고 있다. 창시자도 없이 여러 분야에서 동시다발적으로 일어나고 있는 이 운동은 때로는 기독교적 용어로 치장하고 있기도 하지만 근본적으로 그 사상은 힌두교적 범신론과 불교적 윤회설 그리고 진화론적 과학주의에 대한 믿음을 강조하고 있다. 창세기 1장 1절(태초에 하나님이…)로 시작하는 '세계구원을 위한 명상'(1986년 12월 31일 정오에 World Instant of Cooperation에서 전 세계 뉴에이지 운동 센터와 그룹이 공동으로 행함)은 "하나님은 모든 것이고 모든 것은 하나님이다. 나는 세상의 빛이다. 나는 이 혹성 구원을 내 눈앞에 본다"로 이어지고 있다. 이와 같은 뉴에이지 사상 또는 믿음이 의학에도 영향을 미치고 있는데, 그중 중요한 사상 또는 신앙은 다음과 같은 것들이다. 첫째, 당신이 곧 신이라는 범신론적 가르침이다. 이것은 마치 사탄이 최초의 인간에게 하나님처럼 될 수 있다고 유혹했던 것을 연상하게 한다. 둘째는 윤회설이다. 이것은 죽음의 공포로 전율하는 현대인을 안심시켜 줄 만한 주장이기 때문에 불교로부터 도입되어 자연스럽게 받아들여지고 있다. 셋째는 의식훈련 혹은 정신집중훈련(요가, 좌선, 초월명상, 마인드컨트롤)을 통한 잠재력 개발과 적극적인 사고로 번영과 성공을 성취할 수 있다며 고난과 고통이 없는 낙관주의를 가르친다. 넷째는 영매(channelling)라는 의식을 통해 신(사탄)의 세계와 인간의 세계를 연결하여 무아경, 황홀경을 맛봄으로써 삶이 윤택해진다는 것이다. 마녀숭배나 무속, 심령주의도 이것을 이용한다. 다섯째는 이들의 거창한 목표로서 인간의 신격화는 물론 악과 부조리, 불안과 질병과 죽음이 없는 유토피아적 황금시대, 즉 물병자리 시대(age of aquarius)가 도래한다는 것이다. 즉, 하나님 없이 인간이 평등하게 되고 해방되고 자유롭게 된다는 낙관적 인본주의가 그 모습이다. 여섯째로 여기에 교만한 진화론적 과학주의가 합세하고 있다. 진화와 무한한 인간의 잠재력에 대한 믿음은 창조주 하나님을 인정하지 않으며 인간이 궁극적으로 신이 될 수 있다는 결론에 이르게 한다. 이런 인간관, 세계관, 신관에 근거한 뉴에이지 운동이 의료 부분에도 침투하여 이제는 뉴에이지 의학(new age medicine)이라는 기치 아래 적극적으로 그 모습을 드러내고 있다.

오늘날 여기에 매력을 느끼는 사람이 많은 것은 나름대로 이유가 있다. 첫째는, 그동안 서양의학의 발달이 급진전을 이루면서 인간을 전인(whole person)으로 이해하기보다는 기계의 부속처럼 분석하고 연구하고 취급하였다. 따라서 그 방법과 근본사상이 어떻든지 간에 '전인 치유'라는 기치를 든 접근은 일반인들뿐 아니라 기독교적 세계관이 부재한 의사들의 호응을 살 만하였다. 둘째는, 의학이 급성질환(전염병)을 어느 정도 해결할 능력을 가지게 되자, 질병과 사망의 원인이 급성에서 생활방식에 관련한 병(life style related disorder, 음식이나 끽연과 연관된 뇌, 심장 등의 순환기 계통의 질환, 암, 알코올 중독과 약물 남용 등)이나 만성적인 질환으로 옮아가게 되었다는 점이다. 현대에 이르러 가장 큰 관심 대상이면서도(걱정거리로서) 이런 문제 해결에 여의치 못한 현대의학이 질병의 예방보다는 뒤치다꺼리 치료에 급급하자 불안감이 팽배하게 되었다. 이러한 이유로 건강을 지키고 질병을 예방하기 위한 온갖 시도들이 우후죽순처럼 유행하게 되어 대체의학(alternative medicine)으로 발전하거나 뉴에이지 의학을 형성한 것이다.[17] 물론 그중에 몇 가지 중요한 개념들은 새로운 것이 아니라 이미 서양의학 스스로가 약점으로 드러낸 것들이다. 즉, 인간을 부품의 연결체로 보지 않고 전인으로 이해해야 한다는 것이나, 건강의 개념이 단순히 질병이 없는 상태만이 아닌 그 이상이어야 한다는 것 등이다. 그러나 그들은 질병을 단순히 에너지(기, 氣)의 불균형으로 이해함으로써 감염성 질환이나 암의 치료 등 현대의 난치성 질환에 대한 과학적 접근을 어렵게 한다. 또 죽음을 성장의 최후 단계로 본다든가, 고대 문명을 건강한 삶을 위한 지식의 보고로 생각하여 고대의 마법적 요소들을 이용하기도 한다. 이와 같은 형태의 의료는 미국을 비롯하여 오늘날 가장 과학이 발달한 나라들에서도 그 배후에 있는 종교적 영향력과 함께 만연되고 있는 형편이다.

3) 성경과 의료의 연관성

성경은 기본적으로 인간의 육체적 건강이나 의료에 대해 지침을 주기 위해 기록된 책은 아니다. 그러나 이방 종교와 관련된 의사들의 기록을 볼 수 있는가 하면 유대교적 전통 의료도 선지자들에 의해 수행된 기록을 발견할 수 있어서 종교와 의료의 밀접한 관계를 발견할 수 있다. 그러나 이방 종교의 제사장이나 이방 의사들이 행하던 것과는 달리 구약에서 선지자들이 수행한 치료에서는 이방 종교의 주술적인 요소는 전혀 발견할 수 없다.

구약에서 하나님의 백성이 영적인 성결을 유지하기 위한 틀로 주어진 율법은 많은 의료적인 내용을 포함하고 있다. 물론 율법의 일차적 목적은 거룩한 하나님이 거룩한 나라를 구별하시려는 것이지만 부가적으로 위생이나 질병 예방에 오늘날에도 유효한 가치를 가지고 있다. 제사장들에게 주어진 성결에 대한 임무를 의학적 입장에서 보면, 질병의 진단과 치료에 관심을 두되 격리와 치유 여부를 확인함으로써 전염병의 만연을 방지하는 데 중요한 의미가 있다.[18] 이와 같이 구약성경은 이스라엘 백성을 거룩하게 구별하시려는 하나님의 뜻을 담아놓은 것이지만, 선지자나 율법(제사장)을 통해 종교 의식을 건강, 위생, 질병 치료의 긴밀한 틀 안에서 보여주고 있음은 주목할 만한 일이다.

신약을 살펴보면 의료와 하나님 나라의 도래가 깊은 연관성을 띠고 있으며, 이것은 예수님이나 사도들의 치유의 기적을 통해 나타나고 있음을 알 수 있다. 또한 신약에 나타난 의료의 동기나 전인 개념은 오늘날의 의료에도 적용시키기에 손색이 없다. 그러나 신약에 나타난 의료는 무엇보다도 예수께서 지상 생활을 하시는 동안 궁극적 종착점인 완성된 하나님 나라의 모습을 보여주는 종교적 진리의 표현과 깊은 관련을 가지고 있다.

결론적으로 성경을 통해 보여주는 의료도 종교성과 연관되어 표현되고 있음을 알 수 있으며, 이방 나라의 의료도 이방 종교의 가치관을 표현하고 있음을 알 수 있다. 특히 신약에서의 치유 개념은 죄 사함의 개념과 함께 사용되기도 할 만큼 깊은 종교적 연관성의 틀 안에서 표현되었다. 성경에 나타난 의료에 대한 좀 더 심도 있는 고찰은 뒤에 따로 두 장을 할애해서 다룰 것이다.

이와 같이 인류 의료 역사의 시작에서 오늘날의 의료에 이르는 과정을 살펴보면, 의료는 육체뿐 아니라 영혼을 지닌 종교적 존재로서 전인을 대상으로 하기 때문에 어느 시대를 막론하고 의료와 종교는 밀접한 연관성을 가지고 있음을 알 수 있다. 즉, 서두의 '의술은 가치중립적인가?'라는 질문으로 되돌아가 보면, 의술은 가치중립적이기보다는 유가치성을 지니고 있을 뿐 아니라 그 사람이 처한 사회의 세계관과 밀접하게 연관되어 있으며 더 나아가 종교성을 띠고 있는 것이다.

2. 의료의 유가치성

1) 의학(의술)은 가치중립적인가?

오늘날과 같은 기술 사회에서 '기술이 가치중립적인가'에 대한 입장을 정립하는 것은 어떤 기술의 개발이나 그 기술의 사용 여부를 결정하는 데 중요한 역할을 할 것이다. 갈수록 기술의존적이 되어가는 의술을 포함하여 최근 생명공학이나 유전자 조작의 발달 속도를 감안한다면 이 질문은 인간의 미래를 결정하는 데 있어서 인간에게 주어진 심각한 질문 중 하나라 할 수 있다.

이에 대해 "기술 그 자체는 중립적이며 따라서 선 또는 악으로 평가될 수 없다"는 주장을 하는 학자들이 있다.[19] 그러나 이런 입장을 취하는 과학자들의 배후에는 중립성이 보장해 주는 이익, 즉 과학은 중립적이므로 과학자들은 무엇이든 가능한 일이면 해도 되며, 그 다음의 책임은 그것을 사용하는 사람에게 있으므로 과학자들은 이 입장을 견지함으로써 부담 없이 자신의 지적 욕구를 충족시킬 수 있고 업적을 통해 명예를 얻기 위한 노력에 박차를 가할 수 있는 이점이 있다. 그러나 "기술은 전 인간의 경험으로부터 생성되며, 인간 특유의 고백적이고 종교적인 헌신에 의해 영향을 받으므로 기술은 인간의 피할 수 없는 가치화 활동의 산물이며 따라서 가치를 지니고 있다"라고 하여 기술 자체도 중립이 아니라는 입장을 취하는 학자들도 있다.[20]

그러나 제2차 세계대전과 그 후 냉전 체제에서 박차를 가하게 된 핵개발, 컴퓨터 발달, 우주탐사 등과 같은 대형 과학기술의 발달이 분명한 목적을 가지고 정부의 엄청난 연구비를 지원 받아 진행되었다는 사실을 보면 과학기술이 사회적 · 정치적 · 국가적 영향을 배제한 채 진공 상태에서 순수함을 유지한 학자들에 의해 중립적으로 진행되었다고 하는 것은 매우 순진한 생각이다. 최근 수십 년 동안 기업들의 지원으로 발달한 분야들 중 생명과학 분야는 생명을 위한다는 명분으로 돈벌이라는 의도를 포장할 수 있다. 이 연구마저도 미국 국방부의 연구비 지원을 받아 사이버네틱(cybernetics)에서 사이보그(cyborg)로 이어지는 군사용 개조 생명체 개발이 진행되고 있다. 이런 연구들은 목적이 없는 중립적인 과학이라고 할 수 없을 것이다. 그런데도 의학적 연구 영역은 인도주의라는 포장을 쉽게 할 수 있는 이점을 가지고 있어서 기술 자체에 대한 가치에 대해 별다른 시비 없이 중립성을 보장받는 분위기이다.

역사적으로 과학기술에 대한 기독교적 입장을 처음으로 정리한 사람은 바실리우스(Basilius, AD 330-379년)였다. 그는 엿새 동안의 창조에 대한 그의 설교를 모은 『헥사메론』(*Hexaemeron*)에서 아리스토텔레스의 자연철학을 비판하고 창조론적 전통을 정리하였다.[21] 그런데 그는 창조론적 학문의 전제로서 세 가지 이론적인 전통을 주장하면서 아리스토텔레스적 전통의 그리스 철학을 창조론적 입장에서 비판한 것과는 달리, 창조론적 전통에 의료의 시행을 포함시킬 때는 아무런 비판 없이 의료를 수용하고 있다. 즉, 의술의 배후에 있는 자연철학적 요소에 대한 비판 없이 이를 수용하고, 기독교적 사랑의 실천이라는 차원을 강조하여 의료를 창조론적 전통, 즉 기독교적 전통으로 수용 강조한 것이다. 이 점에서 바실리우스의 주장은 일관성을 잃은 측면이 있다. 아리스토텔레스적 세계관의 영향을 받아온 당시의 학문이 가지고 있는 이원론적 가치관에 대해서는 비기독교적임을 비판하면서도, 아리스토텔레스 철학의 직접적인 영향 아래 있었던 의학만은 예외적으로 가치중립적이어서 창조론적 전통으로 수용하는 입장을 취하는 인상을 주기 때문이다.[22] 그렇다면 의학은 어느 세계관의 영향 아래 있든지 가치중립적이요 사용하는 사람에 따라 그 가치를 부여하게 될 것이다. 실제로 오늘날 의학 또는 의술은 일반적으로 가치중립이라는 전제 아래 탐구되고 수행되고 있음을 부인할 수 없다.

그러나 오늘날의 의료 상황은 그리 단순하지 않다. 의술은 가치중립적이기 때문에 의료인이 어떤 세계관을 가지고 사용하느냐에 따라 그 가치가 부여된다는 순진한 생각으로 현대의학의 세계관적 배경을 무시해 버리고 의학의 흐름을 따라가기에는 현대의학이 나아가는 방향이나 인류에게 제시하는 미래가 기대감보다는 회의나 우려를 품게 하는 바가 더 많기 때문이다.

헉슬리(Aldous Huxley)가 1932년에 쓴 공상소설 『용감한 신세계』(*Brave New World*)는 인본주의적 과학과 사회주의가 제조한 인간들의 풍자적 유토피아를 그리고 있다.[23] 이 책을 처음 쓸 당시에 그가 실제로 과학기술에 의해 인간복제의 가능성이 있다고 믿었는지는 확실하지 않지만, 그는 소설에서 이것이 가능한 시기를 6세기 후로 상정하였었다. 그러나 1946년, 불과 14년 만에 다시 쓴 서문에서는 1세기 이내에 이런 사회가 가능하리라고 언급하며 공포감을 표현하고 있다.[24] 그리고 인류는 그가 수정한 1세기의 절반도 다 채우기 전에 현실적으로 가능해져 버린 인간복제기술이 던지는 수많은 질문의 소용돌이 속에서 정신적 방황을 하고 있는 것이다. 최근 가장 뜨거운 논쟁이 되고 있는 인간복제 문제에 대한 사람들의 반응은 이를 잘 대변해 주고 있다. 처음 이 가능성이 제기될 만한 실험이 진행될 당시 인간복제에 대한 사람들의 의견을 묻는 여론조사 결과 63%가 인간복제는 하나님의 뜻에 어긋난다고 대답했으며, 의료적(실용적) 사용 가능성에 대해서도 거부하는 태도가 훨씬 많았다.[25] 더 나아가 복제인간(human cloning)의 영적인 문제와 평등 문제, 복제인간의 상품화, 히틀러 같은 독재자가 이용할 가능성 등과 같은 우울하고 공포스런 우려들이 표명되어 있다.[26]

기술이 가치중립이라면 어떻게 아직 실현되지도 않은 기술이 인간을 공포로 몰아넣을 수 있을까? 마치 총기 애호가들이 총이 사람을 죽이는 것이 아니라 사람이 사람을 죽이는 것이라고 하며 총기의 가치중립에 대해 벌였던 똑같은 논쟁은 낙태술에 대해서도 적용할 수 있는 것이다.[27] 즉, 낙태술이 사람을 죽이는 것이 아니라 시술 의사가 태아를 죽이는 것이라고 주장할 수 있을 것이다. 그러나 기술이 가치중립적이라면 근본적으로 잘못된 목적으로 개발된 기술이 인간들에게 해를 끼친 예들이나, 이로써 살해된 생명에 대한 책임을 아무에게도 물을 수 없을 것이다.

더 나아가 첨단의술은 그 기술의 개발이 어떤 이점과 문제점을 안고 있는지 제대로 파악하기도 전에, 그리고 방향과 목적은 상관하지 않고 우리가 가지고 있는 결과들을 우선 사용부터 하도록 강요하는 특징을 가지고 있다. 즉, "일단 하나의 선택으로 기술이 도입된다 하더라도 이것은 즉시 사회적으로 강력한 힘을 가지고 적용"되는 것이다.[28] 유전공학 기술의 응용이 시작된 후 챔벌랜드(Dennis Chamberland)는 다음과 같은 말로 당시 상황을 표현한 바 있다. "오직 한 가지 확실한 사실이 있다. 우리는 생명에 대한 지식의 강을 이미 건너버렸으며, 이제 우리는 이 강을 다시 되돌아올 수 없다는 사실이다."[29]

또한 HGP(human genome project)에 대해서 리프만(Abby Lippman)은 다음과 같이 회의적인 입장을 표시하였다.

"유전공학 기술 자체는 중립이라는 생각은 … 순진한 것이다. 유전공학 기술 역시 유가치성을 지니고 있다. 따라서 유전공학을 '수행한다'는 것은 어떤 주체나 객체 또는 이들 사이의 관계에 대한 사고방식에 영향을 미치는 가치를 표현하는 것이다. … 유전공학은 중립이 아니며 생의학적 행위나 기술 행위 이상의 것이다. 따라서 우리가 우리 자신이나 우리 자녀 또는 다른 사람을 어떻게 생각하고 느낄지에 대해, 치유와 치료를 위한 수단을 개발하는 데 있어서, 우리가 서로 '다르다'고 말할 때 이를 어떻게 정의하고 반응할지에 대해 그리고 우리 주변 세상과 어떻게 관련을 맺을 것인지에 대해 필연적으로 영향을 미친다. 그렇다면 유전공학이 결국 인간인 우리를 변형시키리라는 데 생각이 미치지 않겠는가?"[30)]

오늘날과 같은 상황에서는 더 이상 의술이 가치중립적이며 그 안에 세계관이나 종교성이 내포되어 있지 않다고 말할 수 없다. 몬스마(Stephen V. Monsma)의 결론처럼 기술이 가치중립적일 것이라는 선입견이 기술의 유가치성을 무시하고 기술에 자율성을 주었으며, 결국 오늘날 인간이 기술을 통제할 수 없는 지경에 이르게 된 대가를 치르는 시대에 살게 된 것이다.[31)]

2) 의사와 의사의 의료 행위는 중립적이어야 하는가?

의학이 과학의 중립성에 힘입어 가치중립성을 보장받았다면, 오늘날 의료는 '심리분석의 가치중립성'(neutrality of psychoanalysis)과 '환자의 자율권'(autonomy)이라는 두 축에 힘입어 가치중립성을 보장받았다고 할 수 있다.[32] 심리분석을 하는 데 의사의 어떤 가치체계가 대상 환자에게 영향을 미쳐서는 안 된다는 전제가 통념적으로 받아들여지고 있고, 치료나 진단방법 결정과정에서도 환자는 의사의 의견을 듣되 객관적 사실만을 듣고 환자 스스로의 가치체계에 의해 자율적으로 결정하여 이 과정에 담당의사의 어떤 세계관이나 가치체계가 영향을 미쳐서는 안 된다는 것이다. 즉, 의료인은 환자에 대해 무비판적이고 중립적이어야 한다는 것이다.

그러나 페핀(John Peppin)이 지적한 대로 이것은 실제로 가능하지도 않고 공정하지도 않다.[33] 가능하지 않다는 말은 어떤 형태로든지 의료인은 환자와의 관계 속에서 어떤 시대와 공간의 학문적 또는 이념적 가치가 담긴 의료를 통해 영향력을 행사하는 것을 본업으로 하기 때문이다. 비록 환자의 자율권을 제한하는 한이 있더라도 폐 질환이 있는 환자에게 금연을 하라고 강력하게 권하는 것이 의료 행위의 일부이며 의사의 윤리이다. 알코올성 간염을 앓고 있는 애주가에게 지금까지 삶의 가치관을 전환하도록 강요하기도 해야 한다. 이를 위해 이성적인 호소뿐 아니라 때로는 감정까지 곁들인 표현을 할 수도 있을 것이다. 의료는 계속적으로 환자 자신의 가치체계에 의해 형성된 환자의 생활방식을 판단하고 교정해야만 하도록 되어 있다. 심지어는 사적인 영역에 속할지 모르는 난잡한 성생활, 균형 잃은 식사 행태에 대한 것까지도 판단하고 바꾸도록 해야 하는 것이다. 에이즈나 심장질환들을 생각해 보면 이는 자명한 일이라 할 수 있다. 의사가 낙태를 하지 않는 것을 가치체계로 가지고 있다면, 의술이 가치중립이라는 이유로 환자의 자율성에 의해 결정된 낙태를 의사에게 강요할 수는 없다. 더 나아가 우리의 삶에 가장 큰 영향을 미치며 건강과도 밀접한 관계를 가지고 있는 영적이거나 정신적인 영역을 이야기할 때 종교와 관련된 가치체계를 언급하지 않고 대화가 가능할 수 있겠는가?

이와 같은 경우들은 의사가 자신의 가치체계로 환자에게 영향을 줌으로써 환자의 자율성을 침해한 것이 되는가? 그렇다면 아마도 의료인은 중립성을 지키기 위해 환자와의 관계 자체를 형성할 수 없게 될 것이며 메마른 의료 정보를 제공해 준 뒤 환자가 결정하는 대로 해주면 될 것이다. 자살을 도와주는 일을 일삼아 온 안락사 전문의사인 케보르키안(Jack Kevorkian)이 "환자의 완전한 자율권을 보장하지 않는 것은 비윤리적"이라고 말한 것을 기억할 필요가 있다.[34] 자살을 향한 환자의 자율권을 보호해 주는 것이 의료인의 중립성이요 의무라는 이 주장은 종교보다 더 강력한 신념을 표현하고 있지 않은가?

의료의 중립성이 공정하지 않다는 주장은 소위 '중립'(neutrality)이라는 말이 왜곡된 개념이라는 데서 기인한다. 오늘날 가장 큰 영향력을 주는 두 가지 대립된 세계관 또는 가치체계는 무신론적 유물론과 유신론이라 할 수 있는데, 흔히 전자만을 가리켜 중립이라고 하기 때문이다. 이 두 세계관은 모두 각각의 믿음에 근거한 것인데도, 무신론적이고 유물론적인 과학의 세계관은 중립이어서 무신론적인 가치체계와 세계관은 자유롭게 영향을 미칠 수 있고, 종교는 지구상의 많은 인류에게 모든 삶의 영역에서 가장 심오한 영향을 미치고 있지만 유독 의료에서만은 영향을 줄 수 없다고 하는 것은 공정하지 않다는 말이다. 미국정신과학회에서 지침을 통해 어떤 종교나 이념을 환자에게 강요할 수 없다고 말할 때 정신과학이 말하는 비종교성(무신론이라는 이념 또는 믿음)은 중립성이라는 이름으로 환자를 정신분석하고 진단하는 과정이나 치료를 통해서 강요할 수 있다는 말이 될 수도 있다. 광범하게 영향을 미치고 있는 종교는 치료과정에서 표현되면 안 되고 무신론적 믿음에 근거해서 몇몇 사람이 정한 이념인 미국정신과학회의 지침은 영향을 미쳐도 된다는 말을 어떻게 받아들일 수 있겠는가?[35]

더 나아가 성경은 환자를 대하는 입장에서 감정이입이나 동정심을 중시함으로써 가치체계뿐 아니라 감정에 의한 교감까지도 오히려 필요한 것임을 보여주고 있다. 마태복음 14장 14절에서 "예수께서 나오사 큰 무리를 보시고 불쌍히 여기사 그중에 있는 병인을 고쳐주시니라"고 했듯이 예수께서는 환자나 죽음을 대하면서 '불쌍히 여기고 통분히 여기는 마음'을 여러 차례 표현하고 있다. 사마리아인의 비유를 말씀하실 때도 '불쌍히 여기는 마음'이 결국 의료 행위로 연결되는 고리임을 보여주고 있다.[36] 그뿐만 아니라 예수께서는 건강과 영적인 문제가 연결되어 있기 때문에 이를 따로 분리해서 다룰 수 있는 것이 아님을 보여주시기도 했다. 마태복음 9장 2절에는 "침상에 누운 중풍병자를 사람들이 데리고 오거늘 예수께서 그들의 믿음을 보시고 중풍병자에게 이르시되 작은 자야 안심하라 네 죄 사함을 받았느니라"고 말씀하셨다. 또한 요한복음 5장 14절에서는 "그 후에 예수께서 성전에서 그 사람을 만나 이르시되 보라 네가 나았으니 더 심한 것이 생기지 않게 다시는 죄를 범하지 말라"고 하심으로써 어떤 질병은 죄와 관계가 있음을 분명히 지적하시기도 했다. 그리고 다시는 병에 걸리지 않도록 환자의 사적인 영역에 대해 충고를 넘어 명령을 하고 있는 것이다. 오늘날의 용어로 표현하자면 환자의 자율권 혹은 사생활 침해라고 할 것이다.

의사가 중립성을 지키고 사생활 침해를 하지 않는다는 명목으로 자신의 의료 행위에서 가치를 표현하지 않을 때, 그 결과는 생각보다 심각한 것이 될 것이다. 청소년의 흡연에 의한 조기 폐질환이나 구강 및 폐암

들, 무절제한 성생활로 인한 성병과 불임 그리고 자궁암, 대부분 비정상적인 성습관을 가진 사람들이나 마약 사용자들에게 발생하는 에이즈, 일중독증에 빠진 사람들의 심장병이나 불면증 등 각종 질병들, 불균형적이고 무절제한 식생활에서 오는 고지혈증과 심혈관질환이나 당뇨병, 불건전한 생활로부터 기인하는 신경정신질환들…. 현대의학이 직면하고 있는 일일이 열거할 수 없을 만큼 많은 난제들이 사실은 첨단 분자 생물학의 발달이 늦어져서가 아니라 바른 삶의 가치관이나 세계관을 의료 행위를 통해 수행하지 못한 데도 그 책임이 있는 것이다. 만약 이것이 '의료의 중립성'이라는 이름으로 계속 제한받게 된다면 이 악순환은 죄가 편만한 만큼 더욱 기승을 부릴 것이다.

기독의료인은 의료의 중립성을 위해 의료인으로 부르심을 받은 것이 아니라 오히려 우리의 가치관과 믿음을 능동적으로 표현하도록 부르심 받은 것을 확신하고, 빌립보서 1장 9-11절에서 바울이 "너희 사랑을 지식과 모든 총명으로 점점 더 풍성하게 하사 너희로 지극히 선한 것을 분별하며 또 진실하여 허물없이 그리스도의 날까지 이르고 예수 그리스도로 말미암아 의의 열매가 가득하여 하나님의 영광과 찬송이 되기를 원하노라"고 말한 바처럼 의료의 중립성이나 환자의 자율권을 위해서가 아니라, 우리의 의료를 통해 우리의 사랑이 올바른 지식과 통찰력에 근거하여 진실로 선한 것이 무엇인지 분별하며 하나님 앞에 허물이 없도록 의의 열매 맺기를 바라야 할 것이다.

3장

새로운 세계관 도입이 의료에 미친 영향에 관한 연구: 로마를 중심으로

기독교의 원리들이 얼마만큼 승리를 거두었는지는, 에드워드 기번(Edward Gibbon)이 말한바 기독교가 로마 제국의 활력을 다 흡수해 버렸다는 인본주의적 불평에 잘 나타나 있다. 그러나 기번은 로마 제국 멸망 후 1,300년이 지난 뒤인 그의 시대에도 여전히 생명력을 잃지 않았던 기독교의 활력에 대해서도 누구 못지않게 공감했다.
—J. C. 잭슨

공공기관에서 병자를 돌보는 일의 기원은 새로운 종교인 기독교의 교인들에게서 찾을 수 있다. 아마도 초대 기독교인들은 그들의 주님이 하신 "병들었을 때에 돌보았고…"(마 25:36)라는 말씀을 기억하고, 병든 자를 돌보는 일이 그들 믿음의 특별한 의무라고 생각했던 것 같다. … 로마, 특히 서로마에서는 기독교인들이 이 일을 하기 전까지는 진정한 의미의 공공병원이 없었다.
—가스크 & 토드

앞 장에서 살펴본 바와 같이 세계관이 의료를 통해 표현될 수 있다면, 좀 더 구체적인 의미에서 역사적으로 새로운 세계관의 도입이 과연 의료에 영향을 미쳤는지를 살펴봄으로써 이를 입증할 수 있어야 할 것이다. 기독교가 발흥할 당시 로마는 다신론적 이방 신들을 섬기며 기독교를 박해하던 막강한 힘을 가진 제국이었다. 여기에 일개 피지배국가인 이스라엘에서 시작한 예수의 복음은 전혀 다른 세계관을 가진 종교로서 로마의 힘 앞에서는 무력하고 미미한 존재였다. 그러나 초대 기독교가 아무리 미약한 상태로 로마 제국에 도입되었다 할지라도 진정한 종교로서의 기능을 했다면 의료의 영역에도 어떤 영향을 미친 흔적을 찾을 수 있어야 할 것이다. 홈즈나 카이퍼가 주장한 바와 같이 종교가 인간의 삶 모든 영역에 영향을 미친다면, 과거 역사에서 새로운 종교의 도입이 그 사회를 어떻게 변화시켰는지를 살펴봄으로써 이들의 주장을 증명하거나 반증할 수 있어야 한다는 말이다.[1)]

로마 제국의 기독교 도입이 로마 사회에 미친 영향은 역사가들의 큰 관심사이긴 하지만 기독교가 어떻게 로마 시대의 의료에 영향을 미쳤는지는 별로 관심을 끌지 못한 것 같다.

로마는 매우 복합적인 의료 제도를 가지고 있었다. 우선 의학은 그리스 의학의 깊은 영향 아래 있었지만, 한편으로는 이교도들의 제사장에 의한 주술적인 의료가 뒤섞여 있었다.[2)] 당시 의료는 주로 특권층 귀족이나 군인들에게만 제공되었다.[3)] 윤리적으로는 로마 사회의 세속적 윤리가 의료를 지배하고 있어서 영아 유기나 어떤 이익을 위해 인명을 희생시키는 일들이 잦았고 생명에 대한 경외심이 없었던 사회였다.[4)] 그러나 이러한 이교적 배경의 강대한 제국 로마에서 "기독교의 원리들이 얼마만큼 승리를 거두었는지는, 에드워드 기번이 말한바 기독교가 로마 제국의 활력을 다 흡수해 버렸다는 인본주의적 불평에 잘 나타나 있다. 그러나 기본은 로마 제국 멸망 후 1,300년이 지난 뒤인 그의 시대에도 여전히 생명력을 잃지 않았던 기독교의 활력에 대해서도 누구 못지않게 공감했다"[5)]라는 잭슨(Jeremy C. Jackson)의 말이 과연 의료 영역에도 해당하는지를 추적해 보는 것은 흥미로운 일이다.

이를 추적하기 위해 편의상 의료를 세 영역으로 나누어 접근하고자 한다. 즉, 첫째는 학문으로서의 의료에 대해 초대 기독교는 어떤 영향을 미쳤는가? 둘째, 실천적 차원에서 진료 행위로서의 의료 행위나 제도에 어떤 영향을 미쳤는가? 셋째, 의료윤리 영역에서 초대 기독교가 어떻게 로마 시대의 의료에 영향을 미쳤는가? 이제 이 세 가지에 대해 논의하려고 한다.

1. 의학에 대한 영향 : 주술에서 과학으로

로마 의학은 의학이든 이방 종교에 의한 주술적인 것이든 그리스의 의학에 뿌리를 두고 있다. 그리스의 의료는 무당이나 종교적 치유자, 민간 치유자 그리고 의사(iatroi)들이 뒤섞여서 경쟁하고 있었기 때문에 자칫 단순화하여 표현하는 것은 그리스 의료의 다원성을 간과하게 되는 오류를 범하게 할 수 있다.[6] 로마 의료도 마찬가지이다. 그리스의 의사들이 처음으로 로마 사회에서 의료를 행한 것은 그리스의 치유의 신인 아스클레피오스(Asclepios)가 로마에 소개되면서부터이다. 그리스의 의사들은 고대 로마의 이방 종교에 의한 주술적 의료와 혼합되면서 로마의 의료에 많은 영향을 주었다.[7] 다른 한편으로는 그리스의 히포크라테스(Hippocrates, BC 400년)의 의학을 받아들이고 그것이 켈수스(Celsus, 약 AD 40년)와 갈레누스(Galen, AD 120-210년)에 의해 계승되었다. 특히 갈레누스는 2세기 로마 제국의 위대한 철학자요 의사였는데, 그의 의학은 히포크라테스뿐 아니라 플라톤, 아리스토텔레스 그리고 그 외의 스토아 철학자들에게서도 영향을 받은 바 있다.[8] 아리스토텔레스는 자연과학뿐 아니라 의학에도 많은 영향을 미쳐 그의 영향력은 중세까지 이른다.[9] 철학자로서 갈레누스는 목적론(teleology)에 대해서는 아리스토텔레스를 능가했으며, 자연에서 발견된 신의 존재에 대한 증거에 기초한 자연신학을 주창하기도 했다.[10]

이와 같은 배경으로 볼 때 로마 의학이 당시 만연되어 있던 스토아 철학의 영향 아래 있었을 것임은 의심의 여지가 없다.

한편 초대 기독교의 교부들은 발흥하는 이단 문제에 직면하면서 스토아 철학의 위험성을 경고하지 않을 수 없었다. 어떤 교부들은 스토아 철학에 대해 강력하게 반대한 반면 어떤 이들은 비교적 온건하게 대하기도 했는데, 순교자 유스티누스(Justinus), 알렉산드리아의 클레멘스(Clemens), 오리게네스(Origenes), 그리고 3세기의 클레멘스(Pseudo-Clemens) 등과 같은 헬라 교회의 교부들은 스토아 철학에서 기원한 학문에 대해 온건한 후자의 입장을 취한 반면, 이레네우스(Irenaeus)나 테르툴리아누스(Tertullianus, 약 150-230년) 등과 같이 라틴 신학에 기여한 교부들은 그리스 철학에 대해 매우 단호한 입장을 취했다.[11] 후자의 경우는 교회에 다양한 이단이 생겨난 것이 스토아 철학과 관련이 있다는 판단 때문이었다.[12] 로마 제국의 아프리카 영토 출신인 테르툴리아누스는 당시 기독교 교리를 정리해 나가는 과정에서 스토아 철학이나 플라톤의 아이디어를 이용하는 교부들에게 강한 경고를 표명하기도 했다. 스토아 철학에 대한 그의 전형적인 입장이 『이교에 대하여』(*De Praescriptio*)에 잘 표현되어 있다.

> "도대체 아테네와 예루살렘이 무슨 관계가 있단 말인가? 아카데미와 교회 사이에 무슨 일치점이 있을 수 있는가? 이단과 기독교인들 사이

도 마찬가지 아닌가? 우리의 교훈은 "주님은 단순한 마음으로 찾아야 한다"고 가르친 솔로몬 학파에서 오는 것이다. 스토아 철학이나 플라톤 철학 그리고 변증적 논리로 얼룩진 기독교를 창출해 내려는 시도를 멀리하라! 우리가 예수 그리스도를 소유한 이후로는 더 이상 호기심을 충족하기 위한 논쟁을 원하지 않으며 복음을 즐거이 받아들인 후에는 더 이상 그와 같은 탐구를 원하지 않는다! 우리의 믿음만으로 충분하지 더 이상의 믿음을 원치 않는다. 우리의 믿음이 탁월한 것이기에 우리에게 더 이상 다른 믿음이 있을 수 없다."[13]

콘스탄티누스의 회심(AD 313년) 이후, 바실리우스는 학문에 대한 기독교적 입장을 처음으로 정리하였다. 그는 『헥사메론』(*Hexameron*, 엿새 동안의 창조에 대한 설교)에서 그리스의 자연철학, 특히 이오니안(Ionians)과 원자론자(atomist)들과 같은 유물론자들을 비판하면서 과학에서 성경적인 창조론적 전통을 수립하였다.[14] 바실리우스가 주장한 세 가지 이론적 근거는 이 세상은 이해할 수 있으며, 하늘과 땅은 하나의 피조물이며, 자연은 상대적인 자율성을 가지고 운행된다는 것으로 요약할 수 있다. 이것은 당시의 이원론적 자연철학이나 유물론적 철학과 대조되는 창조론적 철학이었다. 당시 과학은 피조물인 하늘(천체)에 대해 신적 경외심을 보이고 있어서 탐구의 대상이 될 수 없었기 때문에 헬라 철학을 기초로 삼으면 근대과학의 발달이 이룩될 수 없었다는 사실이 인정되고 있다. 이 때문에 역사가인 카이저(Christopher B. Kaiser)는 바실리우스를 기독교적 과학의 이론적 기초를 수립한 학자로 높이 평가하고 있을 뿐 아니라, 바실리우스의 창조론적 전통은 16세기까지 과학 발달에 기저가 되었고 현대과학과 기술을 낳게 했다고 강조한다.[15] 이 세 가지 창조론적 전통에 추가하여 바실리우스는 비록 당시의 의학이 그리스 철학의 산물임을 인식하고 있었지만 의료의 실천적 측면을 강조하며 이를 기독교적 전통으로 수용하게 된다. 이로써 바실리우스는 기독교와 당시의 의료 사이에 다리를 놓는 역할을 하게 되었다. 그러나 바실리우스는 의학에서 핵심이 되는 인간관에 있어서 그리스-로마 의학과 기독교적인 입장이 상이함을 인식하고 있었기 때문에 그리스-로마 의학을 수용할 때 매우 신중할 것을 주문하고 있다. 교부들에게 보낸 편지에서 바실리우스는 "의술을 꼭 사용해야 할 때라도 그것이 우리의 건강과 질병을 완전하게 설명할 수 있는 것이 아님"을 상기시켜 주고 있다.[16] 그러나 어쨌든 바실리우스는 복음과 헬라 문화 사이에 공통점뿐 아니라 다양한 분야에서 갈등이 되는 점들을 명확히 하기 위해 부단히 노력하였다.[17]

아우구스티누스(AD 354-430년)는 헬라 철학이 비록 완벽한 것은 아니지만 그 철학의 유용한 점을 수용하는 데 보다 적극적인 태도를 취했다.[18] 바실리우스나 아우구스티누스와 같은 교부들의 생각으로 인해 그리스 의학이 기독교 세계관의 일부로 흡수되어 훗날 수도원이나 중세 대학들을 통해 이루어진 기독교적 의학 교육에도 중요한 영향을 미치게 된다.[19]

요컨대 로마 시대에 국한한다면 의학이라는 학문에 대해 기독교적 세계관이 어떤 영향을 미치기는 어려웠던 것으로 보인다. 앞에서 지적한 대로 스토아 철학의 뿌리가 갈레누스의 의학의 근간을 이루었다는 사실과 초대 기독교의 교부들이 스토아 철학에 대해 강하게 비판하고 있다는 사실을 고려해 볼 때, 더 나아가 갈레누스가 기독교인들을 탄압하기로 악명 높았던 마르쿠스 아우렐리우스 황제(Marcus Aurelius, AD 161-180년)나 그의 아들 코모두스(Commodus)와도 의사로서뿐 아니라 철학자로서 깊은 관계를 유지하고 있었다는 사실들을 종합하여 고려해 볼 때,[20] 초대 기독교가 학문적 차원에서 당시 로마 의학에 기여할 수 있는 길은 막혀 있었다고 할 수 있을 것이다. 그러나 콘스탄티누스의 회심 이후 바실리우스에 의해 기독교의 학문에 미친 영향력이 나타나기 시작했으며, 그 후 의학에 대한 기독교 세계관의 주도적 영향력은 문예부흥 이전까지 계속되었다고 할 수 있다.

2. 의료의 동기에 대한 영향: 미신적 주술에서 자비의 동기로

로마 제국의 새로운 종교가 된 기독교의 교인들이 당면하게 된 문제는 만연하고 있는 이방 종교의 주술적인 행위였다.[21] 의료에서도 그리스의 의료의 신인 아스클레피오스가 로마에 그대로 수용되어 흑해, 이집트, 아프리카, 스페인을 포함하는 모든 정복지마다 아스클레피오스 신전이 세워졌다. 이 신전을 중심으로 주술과 종교 행위가 뒤섞인 의료가 퍼지고 시행되었는데, 스카보로(J. S. Scaborough)는 "주술과 종교가 의료와 얼마나 밀접하게 유착되어 있었는지 로마 제국 사회에 많은 복합적인 전통들이 있었지만 종교화한 의료보다 더 강력한 것은 없었다"고 당시의 의료를 평가한다.[22]

이와 같은 상황에서 그리스뿐 아니라 로마에서도 질병은 초자연적 권력에 의한 저주라는 믿음이 만연되어 있었다. 따라서 이방 종교의 제사장들이 의료에 중요한 역할을 한 것은 당연한 일이었으며, 상당수의 기독교인들도 이방 종교의 주술적 의료에 빠져 있었다.[23]

갈레누스가 그리스의 철학적인 의료와는 달리 좀 더 실제적인 라틴 의료의 발전에 크게 기여한 것은 사실이지만 그의 의료는 마르쿠스 아우렐리우스 황제나 그의 아들 코모두스를 비롯한 귀족층에만 국한된 것이었다.[24] 따라서 갈레누스의 의료는 로마 제국의 모든 시민에게 시행되지 못했고 그가 죽은 뒤 쇠퇴하고 말았다.[25]

한편 로마는 계속적인 정복 전쟁을 수행했기 때문에 전상자나 병에 걸린 군인들을 위해 '발렌투디나리아'(Valetudinaria)라는 병원을 발전시켰다. 이 병원은 전쟁터 가까운 곳에서 병사들과 노예들을 치료하는 데 유용하였지만 이 병원 역시 일반 시민을 위한 로마 사회 전체의 의료로 발전하지는 못했다.[26]

이와 같은 이방 종교의 주술적 의료와 귀족 및 군인 중심의 의료의 와중에 기독교가 들어오게 된 것이다. 이 당시의 초대 기독교는 유대교 전통과 예수의 가르침에 근거하고 있었으며, 따라서 이방 신을 섬기고 그 제사장이 의료를 수행하는 이방 전통을 수용하지 않았다. 열왕기하 16장에 나타난 아사 왕의 죽음은 이방 신과 그 종교적 영향 아래 놓여 있던 이방 의술에 의존한 아사 왕에 대한 하나님의 진노를 잘 보여주는 예라고 할 수 있다. 신약성경에서도 예수께서 여러 가지 다양한 종류의 병든 자들을 치유하신 예를 기록하고 있다(막 1:32-34, 마 9장 등). 그의 제자들도 치유 사역에 동참하였는데 사도행전 3장 2-8절에서는 예루살렘에 있던 그의 제자들이 앉은뱅이를 고쳐준 예를 포함하여 많은 이적을 행한 사실을 기록하고 있고, 사도 바울은 은사 중에 '병 고치는 은사'(고전 12:9)가 있음을 말하였고, 야고보 사도는 병든 자를 위하여 기도하라(약 5:14-15)고 권고하고 있다. 이러한 초대 기독교인들의 병든 자들을 위한 관심과 사랑이 초대교회의 전통으로 이어진 것은 자연스러운 일이었다.

AD 150년에 쓰인 순교자 유스티누스의 『변증』(*Apology*)에 따르면 기독교인들은 매 주일 병자를 포함한 궁핍한 자들을 위해 헌금을 모으는 관습을 가지고 있었다.[27] 초대교회의 감독이나 장로, 집사들은 사도들이 병든 자를 돌보던 전통을 따라 가난하고 병든 자들을 위해 자신들의 집을 개방하기도 했다. 어떤 경우에는 부자인 기독교인이 소유하고 있던 발레투디나리아를 병자를 위해 사용하기도 했다.[28] AD 250년에 이르면 로마 교회는 상당한 수준의 잘 갖춰진 기독교 자선 조직을 가지고 도움이 필요한 자들과 특히 병자들을 위해 도움을 베풀고 있었으며, 로마 제국의 여러 곳에서 발생했던 전염병 지역과 같은 아주 힘겨운 곳에서도 마찬가지로 자선 활동을 수행하였다.[29] 쌍둥이 형제로 잘 알려진 형제 의사이며 순교자인 코스마스(Cosmas)와 다미아누스(Damianus, 약 AD 303년)은 의료를 베풀고 치료비를 받지 않았기 때문에 '무일푼 의사'로 불리기도 했다. 이를 통해 킬리키아(Cilicia)에서는 많은 사람들이 기독교로 회심하였다.[30] 이 형제 의사의 봉사는 기독교를 배척하면서도 이교 부흥을 위해 노력한 황제 율리아누스(Julianus)에게도 인상적이었던지 자신이 속한 이교의 제사장들에게 유대교도들과 기독교인들이 행하는 것을 본받으라고 호소하기도 했다.[31] 그는 바실리우스와 함께 아테네에서 공부한 바 있지만, 둘 사이의 세계관의 차이가 얼마나 다른 방향으로 인도해 가는지를 극명하게 보여주는 예이기도 하다.[32]

로마 제국의 의료에 있어서 초대교회 기독교인의 역할에 대해 스카보로는 다음과 같이 확고하게 서술하고 있다.

> "공공기관에서 병자를 돌보는 일의 기원은 새로운 종교인 기독교의 교인들에게서 찾을 수 있다. 아마도 초대 기독교인들은 그들의 주님이 하신 "내가 병들었을 때 돌아보았고…"라는 말씀을 기억하고, 병든 자를

돌보는 일이 그들 믿음의 특별한 의무라고 생각했던 것 같다. … 로마에는, 특히 서로마에는 기독교인들이 이 일을 하기 전까지는 진정한 의미의 공공병원이 없었다."[33]

비록 초대 기독교인들이 로마 제국의 박해 아래서도 잘 수립된 의료를 제공했다고는 하지만, 이것은 한계가 있었고 박해가 중단될 때까지는 일부 개인의 헌신에 의존하는 경우가 대부분이었다. 따라서 비록 로마 제국이 훌륭한 군병원을 가지고 있었고 기독교인들에 의한 양질의 의료가 제공되고 있었지만, 콘스탄티누스의 회심 이전까지는 일반 시민을 위한 병원이 없었음은 분명한 사실이다.

콘스탄티누스의 회심 이후 초기 기독교 교회에는 많은 변화가 일어났다. 의료 부문에서 가장 큰 변화는 병자들을 위한 병원이 세워지기 시작한 것이었다. 기독교인들은 의료 제공에 자유를 얻었을 뿐만 아니라 콘스탄티누스 황제로부터 적극적인 지원을 받게 되었다. 따라서 현대적 개념의 병원의 시작은 AD 331년에 콘스탄티누스가 이교도의 주술적인 병원들을 폐지하고, 로마, 콘스탄티노플, 에베소 등과 기타 로마 제국의 대도시들에 기독 병원 설립을 강화하는 칙령을 발표한 AD 335년으로 볼 수 있다.[34]

가장 두드러진 공헌은 기근으로 인한 기아구호 사역(AD 369년)으로 이는 잘 알려진 바실리우스에 의해 이루어졌는데, 그는 역사상 처음으로 정기적인 진료를 제공하는 공공병원을 설립하였다.[35] AD 370년에 바실리우스는 갑바도기아에 병원을 포함한 종교 재단을 설립하였는데, 이 병원에는 나환자를 위한 격리 병동과 가난한 자나 노인 또는 병자들을 위한 건물도 포함되어 있었다.[36] 이 기관이 얼마나 방대하고 효율적이었던지 그레고리(St. Gregory of Nazianzus)는 이곳을 "구원에 이르는 지름길, 편안히 하늘나라로 올라가는 곳"이라고 했다.[37] 바실리우스의 의료 사역의 신학적 근거는, 그와 가까운 친구인 그레고리가 정리한 바와 같이 하나님이 모든 만물을 창조하셨다는 창조론적 믿음이었고, 바실리우스의 박애주의는 자신을 희생하는 것을 미덕으로 삼는 유대 기독교적 이상이 동기가 되었다.[38] 키(Clark H. Kee)가 주장한 대로 초대교회의 치유 사역의 목적은 신에게 치유를 강요하는(이방 주술적 의료에서 그렇듯) 것이 아니라 창조를 통해 그리고 그의 백성을 위해 이루시고자 하는 하나님의 뜻을 이루는 일을 함께 나누는 것이었다.[39] 바실리우스는 키의 주장을 보여주는 전형적인 본보기로서 의료를 기독교적 전통으로 확립하면서 의료를 예수님의 이적 치유와 기능적으로 동등한 것이라고 했다.

바실리우스의 본보기를 따라 비슷한 병원들이 계속 세워졌으며 의료에 기독교인들이 참여하는 전통은 중세까지 이어져, 살레르모(Salermo)에 역사상 처음으로 의과대학이 설립되었다. 수도원은 이 전통을 이어가는 데 중요한 역할을 했고 십자군 전쟁도 병원의 발전을 가속화시킨다.

이와 같이 초대 기독교인들은 주술적인 의료와 전쟁 수행을 위해 제공된 로마 공공의료의 비효율성 속에서도 의료를 통해 기독교 세계관을 드러내고 예수 그리스도의 가르침을 나타냄으로써 로마 의료에 주요한 한 획을 긋고 있다.

3. 의료윤리에 대한 영향: 생명 경시 풍조에서 생명 존중으로

2천 년 전에 초대 기독교인들이 직면했던 윤리적인 문제들 중 일부는 오늘날에도 여전히 볼 수 있다. 즉, 낙태와 영아 유기, 안락사 등과 같은 문제였다. 이교적 배경의 로마 제국은 고대 이집트나 그리스와 마찬가지로 낙태와 영아 유기가 자유롭게 시행되고 있었다.[40] 오늘날과 마찬가지로 당시의 사람들도 이런 행위에 대한 다양한 이유가 있었는데, 고먼(M. J. Gorman)에 따르면 부정한 성생활을 숨기기 위한 것, 하층 계급의 사람과의 사이에서 부정하게 태어난 아이는 물론 자기 아이에게조차 자신의 부를 나누어주지 않으려는 의도,[41] 부자나 창녀의 경우 자신의 성적 매력을 유지하기 위한 의도,[42] 대가족을 거느리기 어려운 경우 가족계획의 일환으로 그리고 치료적 목적 등이다.[43]

이러한 동기 외에도 영아가 종교적 제물로 바쳐지기도 했는데, 특히 가장 값진 소유를 드린다는 의미로 첫아이가 바쳐지는 일이 이집트, 로마, 그리스 등지에서 있었다는 사실은 역사적으로 잘 알려져 있다.[44] 고통이 지속되는 것을 견디는 대신 자의적으로 죽음을 택하는 형태의 안락사는 일상적인 일이었다.[45]

대부분의 고대 그리스-로마 철학자들은 이와 같은 문제에 대해 매우 수용적인 입장을 취했다. 플라톤주의자들이나 견유학파 그리고 스토아학파 학자들은 물론 좀 더 신중했던 아리스토텔레스주의자들이나 에피쿠로스 학파들도 이와 같은 문제에 제동을 걸거나 반대하지 않았다. 더 나아가 플라톤이나 아리스토텔레스는 인구 조절의 한 방편으로 낙태를 허용하기까지 했다.[46] 한 국가의 질서와 통치를 위해서 낙태는 필수적이라고 생각했던 것이다.[47] 피타고라스 학파에서만 유일하게 이러한 일은 생명을 피폐하게 하는 일이라며 반대하는 입장을 취했다. 에델스타인은 히포크라테스 서약을 당시 피타고라스 학파에 속한 소수 의사들의 의견이었다고 주장한다.[48]

이와 같은 고대 로마의 배경을 생각해 볼 때 초대 기독교인들에게 이와 같은 낙태나 영아 유기, 안락사 등과 같은 문제는 그들의 일상생활과는 거리가 멀었을 뿐 아니라 그들의 믿음과도 대립되는 것이었다. 구약에서도 이방 신 바알이나 몰렉에게 영아를 제물로 바치는 것을 하나님은 가증한 살육이라고 분명히 말하고 있다.

"또 그들이 바알을 위하여 산당을 건축하고 자기 아들들을 바알에게 번제로 불살라 드렸나니 이는 내가 명령하거나 말하거나 뜻한 바가 아니니라 그러므로 보라 다시는 이 곳을 도벳이나 힌놈의 아들의 골짜기라 부르지 아니하고 오직 죽임의 골짜기라 부르는 날이 이를 것이라"(렘 19:5-6).

"힌놈의 아들의 골짜기에 바알의 신당을 건축하였으며 자기들의 아들들과 딸들을 몰렉 앞으로 지나가게 하였느니라 그들이 이런 가증한 일을 행하여 유다로 범죄하게 한 것은 내가 명령한 것도 아니요 내 마음에 둔 것도 아니니라"(렘 32:35).

유대-기독교가 영아 살해에 대해서는 강력히 금지하는 분명한 입장을 표명하는 데 비해 낙태에 대해서는 직접적인 교훈이나 제재를 명시한 부분이 없어 보인다. 예수와 그의 제자들이 이에 침묵하는 이유를 한마디로 설명하기는 쉽지 않으나 가장 가능한 대답은 초대 기독교인들이 낙태를 전혀 시행하지 않았기 때문일 것이라는 주장이다.

"신약에서 낙태에 대해 침묵하고 있는 가장 합리적인 설명은 초대 기독교인들은 유대교인들과 마찬가지로 낙태에 대해 문제의식을 가질 만한 사회가 아니었기 때문이라는 것이다. 그들은 낙태를 시행하지 않았기 때문에 성경 저자들이 이에 대해 책망하는 글을 쓸 필요가 없었던 것이다."[49]

유대-기독교인들은 물론 "살인하지 말라"(출 20:13)는 명령과 인간이 하나님의 형상을 따라 창조되었다는 사실(창 1:26-27)에 근거해서 이와 같은 이슈들에 대한 해답을 가지고 있었음이 틀림없다는 말이다.

초대 기독교인들은 기독교의 정신을 말뿐만 아니라 행동으로도 따르는 자들이었다. 그들은 로마 사회가 돌보지 않는 버려진 아이들을 데려다 자신의 집에서 기르기도 했으며 고아들에게 자비를 베풀기도 했다. 고아를 돌보는 일은 기독교가 시작되면서 로마 사회에 영향을 준 가장 아름다운 열매가 되었다.[50] 이와 같은 자비가 훗날 기독교 역사에 나타난 버려진 아이를 위한 기관(brephotrophium)이나 고아들을 위한 기관(orphanotropium)의 기원이 되었다.[51]

그러나 이처럼 성경이 쓰일 당시에는 문제가 되지 않았던 낙태나 영아 유기와 같은 이슈들이 2세기에 이르러 교회 안에도 나타나기 시작했다. 초대 기독교인들도 이방 세계관의 영향으로부터 자유롭지는 않았던 것이다. 교회 기록상 낙태와 영아 살해에 대한 첫 언급이 있는 책은 AD 120-150년에 쓰인 『디다케』(*Didache*)인데, 여기에는 "살인하지 말지니, 낙태로 아이를 죽이거나 분만 시 아이를 죽여서는 안 된다"고 해 낙태와 영아 살해가 금지되어 있다.[52] 당시 문헌 중의 하나인 『바나바 서신』(*The Epistles of Barbabas*)에도 낙태, 영아 살해, 어린이 유기 등을 금하는 기록이 나타나 있다.[53] 기독교인들이 성만찬을 하는 것에 대해 당시 로마에서는 기독교인들이 살인을 해서 식인 행위를 하는 것으로 오해하여 핍박의 근거로 삼았는데, 그 의식을 변호하기 위해 아테나고라스(Athenagoras)는 "낙태마저 살인으로 여겨서 금하고 있는 기독교인들이 어떻게 살인을 할 수 있겠는가?"라고 반박하고 있다.

> "낙태를 하려고 약물을 사용하는 여인들에게 낙태는 살인을 범하는 것이며 하나님 앞에 범죄하는 것이라고 말하는 우리가 어떤 근거로 살인을 할 수 있다는 말입니까? … 우리는 모든 일에서 이성을 거스르지 않으며 이성에 따라 행동합니다."[54]

어쨌든 초기 기독교 문서인 『디다케』와 2세기의 『바나바 서신』을 비롯하여 이 문제가 자주 교부들이나 변증학자들의 저술에 오르내리게 된 것은 기독교인들 사이에도 점점 낙태가 심각한 윤리적 문제로 대두되고 있었음을 암시해 준다. 그러나 펠릭스,[55] 테르툴리아누스,[56] 히폴리투스,[57] 키프리아누스[58] 등은 일관되게 낙태는 살인이며 태아는 하나님이 돌보시고 창조하신 생명체라고 가르치고 있다.

흥미로운 일은 콘스탄티누스 황제가 회심한 지 얼마 후(AD 320년경) 영아 살해를 금지하는 두 개의 법안을 공포했다는 사실이다. 지금까지 테오도시아누스 법전에 남아 있는 이 법령은 첫째, 영아 살해의 유혹을 없애기 위해 자녀 양육의 재정적 부담을 제국의 재정에서 지원하며, 둘째 유기된 영아의 생명을 구하고 기르는 사람에게 이 아이들의 소유권을 보장한다.[59] 이것은 이방 로마 사회라는 강력한 배경을 고려한다면 소수였던 초기 기독교인들이 이루어낸 대단한 성과라고 할 수 있을 것이다.

그러나 로마 제국이 기독교화한 이후로 낙태 시술이 더 증가한 사실은 아이러니라 하지 않을 수 없다.[60] 많은 교부들 중 특히 히에로니무스, 바실리우스, 암브로시우스, 아우구스티누스 그리고 크리소스토무스 등은 편지와 설교 등을 통해 이 문제에 대해 언급하고 가르쳤다.[61] 기독교인들의 도덕적 퇴보는 기독교의 자유화 이후 초신자들이 갑자기 증가한 것도 원인이 된다. 교회가 미처 기독교 교리와 기독교인의 삶의 윤리를 제대로 가르칠 여력이 없었던 것이다. 많은 사람들이 국교인 기독교인이 됨으로써 누릴 수 있는 이익을 얻기 위해 이기적인 목적으로 기독교인이 되었던 점도 하나의 원인이다.[62]

그 후 이 문제는 법적·신학적 논쟁으로 발전하게 된다. 엘비라 회의(the synod of Elvira, AD 305년)에서 처음으로 낙태를 정죄하는 법안을 제정하여 이를 범하면 평생 동안 파문하도록 했다.[63] 앙키라 공의회(the council of Ancyra)에서는 낙태를 알선하거나 낙태제를 만드는 데 관여한 사람은 10년 동안 성만찬을 금하였다.[64] 그리고 이 10년 동안 벌을 받는 법은 중세까지 계속되었다.[65] 이에 대해 제레미 잭슨은 다음과 같이 쓰고 있다.

> "그리스도인은 삶의 전반적인 영역에 대해 기독교적 관점을 가지고 행하도록 부르심을 받은 사람들이다. 초대 그리스도인들은 이 점에서 우리에게 귀중한 귀감이 된다. 그중 하나가 바로 낙태와 영아 살해를 반대한 것이다. 오늘날 참으로 비극적인 것은 많은 그리스도인들이 교회가 항상 견지해 왔던 입장에 서 있지 못하다는 것이다. 초대 교부들과 여러 공의회들의 증언은 인명을 앗아가는 일을 금하는 성경의 명령에 근거하여 이 점에 대해 분명한 태도를 취했음을 보여준다. 결코 보편적으로 수용되지 않았던 히포크라테스 선서—기독교 이전부터 낙태를 금

하고 있었던 의료의 기준—가 우리 시대에 이르기까지도 보편적인 법이 될 수 있었던 것은 로마 제국 내에서 늘어나고 있던 그리스도인들의 입장과 일치했기 때문이다."[66]

아우구스티누스는 태아를 영혼이 부여되기 전 단계의 인포르마투스(informatus)와 영혼이 부여된 포르마투스(formatus)의 두 단계로 구분하여 전자를 파괴한 경우는 벌금형 정도로 가능하지만 후자의 경우는 살인으로 규정하여 사형에 해당한다고 했다.[67] 이 생각은 수정 후 40일까지는 영혼이 내재하지 않는다는 아리스토텔레스의 개념에 영향을 받은 것이다. 태아가 어느 단계가 되기 전까지는 낙태를 수용할 수 있다는 사고방식의 도입에는 아우구스티누스로부터 아퀴나스로 이어지는 이 아리스토텔레스의 사상이 상당한 영향을 미쳤던 것이다.

최근에는 초대 기독교인 의사들의 윤리에 관한 자료가 발굴되기도 했는데, 이것은 당시 기독교인 의사들 사이에 지켜지던 문서로 알려져 있다.[68] 존스의 번역으로 소개된 이 문서는 십자가 모양으로 배열되어 있으며 '히포크라테스 선서의 기독교판'이라 할 수 있는 것이다. 이 선서는 히포크라테스 선서처럼 아폴로(Apollo), 아스클레피오스(Asclepios), 히게이아(Hygeia), 파나케아(Panacea) 등과 같은 신 또는 여신들에게 맹세를 하는 대신 하나님 아버지와 주 예수 그리스도의 이름으로 시작하는 것이 다른 점이긴 하나, 기독교적 관점에서 의료윤리를 재조명한 것은 아니다. 대체로 히포크라테스의 선서를 기독교적 가치로 그대로 수용하고 있으나 누락된 사항이 두 개, 추가된 사항이 한 개 있는데, 추가 사항은 당시 사용되던 낙태방법인 펫사리 사용을 금하고 있는 히포크라테스 선서에 비해 여기서는 새로 도입된 낙태 방법을 금하고 있는 점이다.

요약하면 로마 시대의 생명 경시 풍조 속에서 초대 기독교인들은 성경의 가르침에 따라 인간의 생명을 하나님의 형상으로 중시하고 박해 속에서도 이를 구체적으로 실천에 옮겨 이교도들에게도 본을 보임으로써 살아 있는 기독교적 세계관을 견지하고 있었다고 할 수 있다. 그러나 기독교의 자유화 이후 이와 같은 힘이 약화된 사실은 아이러니라 하지 않을 수 없다.

4. 맺는 말: 세계관—시대의 흐름을 거슬러 올라갈 수 있는 힘

로마 시대의 의료를 살펴본 결과 오늘날의 세속적 의료와 유사한 점들을 발견할 수 있었는데, 의료가 종교적인 힘을 발휘하는 것이나 의료의 혜택이 소수에게 국한되는 점 등은 당시나 지금이나 별로 차이가 없고 낙태와 영아 유기가 기득권자들의 편의를 위해 시행되는 점도 오늘날과 다를 바가 없었다. 더 나아가 무신론은 인정하지 않지만 어느 신이든 한 신을 믿으면 인정했던 로마 시대는 다원주의적 진리를 인정하는 오늘날의 세계관과 다를 바 없었다. 즉, 이방 종교의 영향 아래 놓여 있던 로마의 의료라는 열매는 당시의 이방 종교가 가진 세계관의 반영이요, 오늘날의 의료는 오늘날의 세속적인 세계관의 반영이기 때문에 그 열매의 유사성을 볼 수 있는 것이다.

그러나 이와 같이 이방 종교의 세계관 아래 있던 로마라는 막강한 제국에서 이제 막 태어나 미약할 뿐 아니라 박해로 생존마저 위협받던 기독교라는 세계관은 초대 기독교인에게 인간의 생명을 다루는 의료 행위와 이와 연관된 윤리적 행동을 성경의 가르침에 따라 수행하도록 하는 원동력을 제공하였고, 로마 시대 의료의 흐름을 정면으로 거슬러 올라간 사실은 세계관이 진실하게 실천되었을 때 나타나는 영향을 흥미롭게 관찰할 수 있는 역사의 한 부분이다. 다시 잭슨의 말을 인용해 보면 다음과 같다.

> "역설적이게도 사람들이 자신의 삶과 생명을 최우선적인 것으로 여기기 때문에 생명이 값싸고 하찮은 것이 되어 버리고 말았다. 우리는 이와 동일한 현상을 목격하고 있는 현대의 증인들이다. 우리는 모든 생명이 하나님의 것이며 우리의 생명이 영원히 안전하다는 사실에 대하여 확신을 가지고 인간 사냥꾼들로부터 사람들의 생명을 보호하는 이 소명을 초대교회의 경험으로부터 이끌어내야 할 것이다. 이러한 인식이 초대교회의 그리스도인들에게 그들의 목숨을 원형 경기장에 내놓게 만들었으며, 개인적인 편의의 제단 위에 진리나 출생하지 않은 영아들의 생명을 희생시키기를 거부하도록 만들었던 것이다."[69]

서두에서 제기한 "초대 기독교는 이방 전통이 지배하던 대로마 제국의 의료에 영향을 미쳤는가?"라는 질문에 대한 대답은 의심의 여지없이 "그렇다"라고 할 수 있다. 즉, 이 연구를 통해 확인하고자 했던바, "당대의 세계관이 동시대 삶의 모든 영역에 영향을 미친다는 전제가 의술에도 적용되었는가?"에 대해 명백한 대답을 해주고 있다.

제2부
첨단의학과 세계관

4장 첨단의학의 세계관 / 5장 첨단의학의 우상들 / 6장 생의학 모델 의료의 반성
7장 의료의 기초로서 성경적 세계관과 인본주의 세계관의 비교

4장

첨단의학의 세계관

"너희는 너희의 행위를 살필지니라."
—학개 1장 5절

역사와 문화에는 어떤 흐름이 있다. 이 흐름은 사람들의 사고에 뿌리를 두고 있으며 그 손과 입을 통해 외부 세계로 흘러나오게 된다. 즉, 사람들이 가지고 있는 사고의 전제가 기본적인 세계관을 형성하여 자신의 삶과 세상을 보고 판단하는 창을 형성하고 모든 가치와 행동을 결정하는 것이다.
—프랜시스 쉐퍼

이 판결문을 주로 쓴 대법관 블랙만의 견해에 어떤 종교가 영향을 주었다면 그것은 이교(paganism)일 것이라는 것이 명백하다. 그는 페르시아나 그리스 그리고 로마의 의료는 옹호했지만 기독교적 의료는 무시하였다. 히포크라테스 선서는 지난 2천 년 동안 의사들이 낙태를 시술하지 못하게 해왔고 낙태를 제안하지도 못하게 해 왔다. 대법관 블랙만은 이것마저도 오늘날 쓸모없는 것으로 내던지고 말았다.
—에버렛 쿠프

앞에서 살펴본 것처럼 의학(의술)이 가치중립적이지 않고 나름대로의 세계관을 가지고 있으며 종교성과 밀접한 관계를 맺고 있다면, 첨단의학(의술)에서 그에 상응하는 세계관 또는 종교의 요소들을 발견할 수 있어야 할 것이다. 이 논의를 위해 먼저 세계관의 정의와 세계관과 종교의 관계에 대해 살펴보는 것이 좋겠다.

1. 세계관과 종교

세계관이란 사이어(James Sire)에 의하면 "이 세계의 근본적 구성에 대해 우리가 가지고 (의식적으로든 무의식적으로든, 일관적이든 일관적이지 않든) 견지하고 있는 일련의 전제(전적으로 혹은 부분적으로 옳거나 전적으로 틀릴 수도 있는 가정)들이다."[1] 그런데 왈쉬(Brian J. Walsh)와 미들턴(Richard Middleton)에 따르면 신앙은 인간 생명의 본질이기 때문에 근본적으로 세계관은 영적이고 종교적인 것이며, 따라서 우리의 신앙적 결단이 우리의 세계관의 윤곽을 정해 준다고 했다.[2] 홈즈(Arthur F. Holmes)는 세계관을 인간의 신념 체계라고 규정할 때 이 신념을 종교로 대치해야 한다고 주장하면서, 다른 신념이 종교의 기능을 가질 수 있음을 예시해 보이고 있다. 즉, 마르크스주의나 과학적 인본주의도 유사 종교의 기능을 가지는 유비가 있다고 했다.[3] 도예베르트(Herman Dooyeweerd)도 개인의 전 이론적인 신념과 태도 그리고 가치관의 통일적인 관점은 본질적으로 종교적인 것이라 했다.[4] 카이퍼(Abraham Kuyper)는 '칼뱅주의와 종교'라는 강연에서 종교는 인간 삶의 일부분이 아니라 인간 삶의 모든 영역에 해당되는 보편적인 것임을 강조했다.[5] 쉐퍼도 인본주의는 오늘날의 종교가 되었다고 지적하고 있다.[6]

2. 새로운 유사 종교의 탄생

인간의 삶에서 한 영역을 이루는 의료가 역사적으로나 성경적으로 종교성과 밀접하게 연관되어 있는 점은 이와 같은 세계관의 정의들에 담긴, 종교와 세계관의 관계에 대한 주장들이 옳다는 것을 뒷받침해 준다. 그렇다면 오늘날의 현대의학 또는 첨단의학에서도 세계관적 요소나 종교적 요소를 찾을 수 있어야 할 것이다. 이를 알아보기 위해서는 오늘날의 첨단의학을 지배하고 있는 세계관적 배경을 이해할 필요가 있다.

쉐퍼는 우리 시대의 세계관을 '유물론적 인본주의'(materialistic humanism)[7]라고 정의하고, 이 세상을 세속적 인본주의와 기독교의 전쟁터로 표현한 바 있다.[8] 홈즈는 인본주의를 자연주의적 인본주의와 유신론적 인본주의로 구분하였으며,[9] 자크 마리탱(Jacques Maritain)은 이것을 신 중심적 인본주의(theocentric humanism)와 인간 중심적 인본주의(anthropocentric humanism)로 구분하여 전자만이 진정한 인본주의일 수 있다고 주장하였다.[10] 더 나아가 맥그레거(Geddes MacGregor)는 후자에 대해 인간주의(hominism)라는 용어를 사용함으로써 인간을 물질세계와 하등 다를 바 없는 존재로 보고 인간의 독특성이나 본질을 부인하는 성격을 반영하였다.[11] 이후로 사용하는 인본주의라는 용어는 따로 언급이 없는 한 무신론적 · 인간중심적 인본주의를 지칭한다.

인본주의의 대표자인 쿠르츠(Paul Kurtz)는 인본주의의 특성을 인간을 물질세계의 일부로 이해하고, 초자연적 신의 존재를 부인하는 것과 절대가치의 부인에 둠으로써 인간의 가치를 상대화하였다. 여기에 그는 인본주의의 희망의 원천으로서 과학주의를 추가하고 있다. 이와 같은 인간중심의 인본주의는 진화론적 유물론이 지배하고 있으며, 여기에는 하나님의 자리가 없을 뿐 아니라 전통적 의미의 종교에서 말하는 신앙과 같은 가치가 자리할 여지가 없다. 절대자에 의한 창조나 섭리도 없으며, 인생의 의미나 목적도 인간 스스로 세워나가야 하는 것이다. 사르트르는 『실존주의는 휴머니즘이다』라는 저서에서 그의 낙관이 인간의 행동에 있음을 천명하고 있다.

> "신은 없다. 따라서 인간의 본질 같은 것도 없다. 그것을 제정할 신이 존재하지 않기 때문이다. 인간은 다만 스스로 이루어 나가는 존재일 뿐이다. … 인간은 필연적으로 죽을 수밖에 없는 존재이기 때문에 나의 행동은 궁극적으로 공허한 것이 될 것이고 실존은 불합리한 것이 될 것이다. … 그런데도 나는 행동을 선택함으로써 내 인생에 의미를 부여할 것이다. 만일 신이 존재하지 않는다면 모든 일이 합법적이다. … 따라서 인간은 외부로부터 어떤 정당화를 요구받지 않은 채 자신의 가치를 선택하는 일에 자유로운 존재이다."[12]

이와 동일한 믿음이 "어떤 신도 우리를 구할 수 없으며… 인본주의가 목적과 영감을 주고 개인과 인간의 삶에 의미를 줄 것"[13]이라는 인본주의 선언에도 잘 나타나 있다. 따라서 이들에게 인간의 미래는 인간의 이성과 그 결과인 기술에 달려 있으며, 인간의 능력은 기술에 의해 무한히 성취될 수 있다는 낙관을 믿는다. 환경 문제도 가난 문제도 질병 문제도 모두 극복할 수 있으며, 이로써 인류는 풍성하고 의미 있는 삶을 살 수 있다고 믿는 것이다.[14]

하나님을 부인하고 그 자리에 인간을 올려놓으면 결국 새로운 가치를 중심으로 새로운 믿음의 체계가 성립하게 되는데, 이 체계는 인간의 진보에 대한 믿음을 요구하며 그 믿음에 대한 헌신이 없으면 비난을 받게 된다. 이것은 마치 종교적 헌신과도 같아서 단순히 무신론자인 것만으로는 부족하며 인본주의를 신앙하라고 강요하는 것이다.[15] 이 믿음 체계에서 인간의 기술은 인간 스스로를 구원하고 인간 중심의 완전한 나라로 이끌어 나갈 유일한 구세주인 것이다. 인본주의자인 크리코리안(Y. H. Krikorian)은 인간의 기술이 미치지 못할 영역이 없으며 우리를 구원할 믿음은 지성에 대한 믿음이라고 선언한다.[16] 이렇게 하여 목적과 수단의 역할 전도가 일어나며 여기에서 기술은 종교화되는 것이다. 하웃즈바르트(Bob Goudzwaard)는 테크놀로지의 우상화 과정을 상세히 설명하면서 테크놀로지의 특성을 '할 수 있는 일은 반드시 해야 하며', '지속적 발전이라는 목표를 요구하는 것'이라고 말한다.[17] 예를 들면 인간복제를 적극적으로 선도하고 있는 딕슨(Patric Dixon)은 "역사적으로 가능한 일은 누군가에 의해 시행되었다"고 말하여 이를 뒷받침하고 있다.[18] 이것은 결국 자크 엘룰(Jacques Ellul)이 말한 기술의 '자기증폭적 성격'으로 이어진다.[19] 하웃즈바르트가 "우리가 우리의 손으로 이룩해 낸 진보의 수단, 이를테면 경제, 테크놀로지, 과학, 국가와 같은 것들은 오늘날 신으로서 자신들의 의사를 우리에게 부과하는 그러한 세력들이 되어버린 것이다"[20]라고 말했는데, 이 말은 의술에도 그대로 적용될 수 있는 것이다. 슈르만(Egbert Schurman)은 기술이 지배하는 오늘날의 세계를 바빌론에 비유하고, 그 안에 사는 기독교인들을 바빌론 포로 상태로 표현하면서 거짓 신을 숭배하는 일에 대해 경고한 바 있다.[21]

이상에서 살펴본 바와 같이 현대의학 또는 첨단의술이 존재하는 이 시대를 지배하는 세계관은 홈즈가 주장한 유사 종교(quasi-religion)로서의 기능을 모두 가지고 있는 '과학적 인본주의'라는 신념인 것이다.[22] 즉, 바로 이 유사 종교가 적극적으로는 이를 따르는 인간의 생각과 행동과 최고선을 결정할 뿐 아니라, 소극적으로는 그 안에 존재하는 인간들에게 직·간접적인 영향을 미침으로써 인간의 삶 전체를 지배하는 것이다.

3. 의술의 종교성—유물론적 인본주의와 과학기술의 만남

인간에게 보편적으로 주어진 종교성[23]은 과학의 발달로 인해 사라져 버린 것이 아니다. 과학과 기술의 독점적 지위가 지속되면서 과거의 전통 종교가 추구하던 의미나 목표가 과학에 위임되어 단지 종교성의 대상이 바뀐 것일 뿐이다. 과학이 세상을 해석하고 의미를 주는 유일한 기준이 되면서 인간에 대한 의학적 이해와 생명에 대한 조작 기술이 점점 권위를 가지게 되었고, 인간의 미래를 조망하는 일에도 의학이 깊숙이 관여하게 되었다. 이와 같이 21세기에 들어와서 의료가 전통 종교로부터 유사 종교로서의 기능을 물려받는 전환이 급격하게 일어나고 있는데, 그것은 유전학적 결정론을 근간으로 유전자 조작이나 인간 게놈 프로젝트와 같은 대형 프로젝트와 인간복제술까지 이르는 변화가 진행되면서 의학이 신적 권위를 가지게 된 때문이다. 바하니안(G. Vahanian)은 "오늘날 마술은 과학으로, 신화(전통 종교라는 의미)는 기술로 치환되었다"라고 했고, 일리히(Ivan Illich)는 "프랑스 혁명이 가져온 신화 중 하나로 사제의 역할을 의사가 대행하게 된 것"을 들고 있으며, 바이츠제커(Carl Friedrich von Weizsäcker)는 "과학에 대한 믿음이 우리 시대를 지배하는 믿음이 되었다"고 말한다.[24] 종교란 절대권위를 가진 숭배의 대상에게 전권을 위임하는 믿음에 다름 아니기 때문이다.

1) 절대신앙: 전권 위임

오늘날의 의술도 이런 범주 안에서 이해될 수 있다. 특히 현대인들의 건강에 대한 지나친 집착은 의술에 대해 신앙에 가까운 기대를 하며, 건강을 위해서라면 계약서도 없이 의술에 특권을 부여한 듯한 인상을 준다. 즉, 의술은 선하다는 전제에 이의 없이 동의하고, 의술은 인간에게 질병의 극복과 생명의 연장이라는 목표를 이루어 주겠다는 약속의 대가로 이 목표를 성취하는 데 필요한 모든 권한을 부여받았다. 그런데 문제는 이 권한이 인간의 기본권을 제한할 수 있는 권리까지 포함하고 있다는 것이다. 일반적으로 종교적 가치와 목표는 모든 수단을 정당화하며, 이 목표를 위해서는 어떤 희생이라도 감수할 것을 요구한다. 의술은 인간에게 질병 극복과 최고의 삶의 질을 실현하는 책임을 맡았기 때문에 이 목표가 최선의 것이며, 이를 위해서는 어떤 희생을 치르더라도 의술의 발전을 지원하는 것이다. 목표의 전환은 지배자의 치환을 불러온다.

2) 인간을 지배하는 의술

이러한 의술이 실용주의와 결합하면 생명가치를 상대화하고 상품화하며, 실용성을 위해 목적 가치인 생명을 파괴하는 일도 의술이라는 이름으로 서슴지 않고 행하는 아이러니를 범하기도 한다. 불임 치료술의 상품화를 위해 얼마나 많은 생명들이 연구 목적으로 죽어갔는가? 비배우자의 난자나 정자를 사용함으로써, 대리모를 사용함으로써 기존의 소중한 가정의 개념이 망가지지는 않았는가? 낙태는 성적 쾌락의 불편한 결과를 해결하고, 아이를 키우는 데 필요한 경제적 손실을 막고 부를 얻기 위해 너무도 손쉬운 실용주의적인 선택이 되었다. 낙태된 태아의 뇌 조직을 이용한 뇌 세포 이식과 같은 시술은 생명을 부속품으로 나누어서 팔 수 있는 길을 열었다. 「타임」(*Time*)지가 실시한 여론조사에서는 "장기이식을 위해 필요한 장기 구입을 위해 아이를 가져도 되는가?"라는 질문에 18%가 찬성하였고, "만약 임신한 태아가 이식에 부적합한 조직 적합성(대체로는 적합 가능성이 25%)을 보인다면 낙태해도 되는가?"라는 질문에도 11%가 찬성하였다.[25] 우리가 올바른 기독교적 세계관으로 바라보기만 하면 여기저기에서 몰렉과 맘몬 신으로 둔갑한 의술의 모습을 흔하게 발견할 수 있는 것이다.[26] 오늘날 의료는 자신의 편의를 위해 자식을 죽이는 낙태와 같은 행위나 돈을 위해 생명을 죽이거나 이용하는 의료 행위와 연구 등을 볼 때 몰렉과 맘몬 신을 섬기는 것과 전혀 다를 바가 없다고 할 수 있다.

이와 같은 문제들도 세계관적 맥락에 근거하고 있다. 하웃즈바르트가 이데올로기의 연합을 말할 때 의술도 예외는 아니라는 분명한 근거를 가지고 있다. 하나님이 없는 실용주의, 쾌락주의, 물질만능주의적 인본주의가 과학주의적 의술과 만났을 때, 의술은 막강한 세력이 되며 인간은 거기에 끌려다니게 되는 것이다.[27] 더구나 의술은 그 역할에서 본질적으로 선한 목적으로 사용될 것이라는 일반적인 인식이 있기 때문에 흔히 의술의 긍정적인 측면만 확대되어 보일 수 있으며, 부정적인 측면은 가려지거나 의도적으로 무시된다. 따라서 다른 기술, 이를테면 핵 기술 개발이나 환경 파괴 가능성이 있는 공장 설립과 같은 테크놀로지의 적용 때보다는 오히려 쉽게 우상으로 자리 잡을 수 있는 것이다. 결국 인간은 의술에 너무 많은 권한을 양보해 버렸고, 이제 인간이 의술의 미래를 결정하는 것이 아니라 의술이 스스로의 미래를 결정하게 되었으며, 기술의 자기증폭적 성격은 의술에도 그대로 적용되어 진보된 기술이 인간을 어디로 인도할지 알지 못하는 상태에서 믿음으로 의술의 방향 결정을 충실하게 따라가는 신자가 된 것이다. 이것이 하나님을 부인하고 인간이 하나님의 자리를 대신하여 유토피아를 이루려는 유물론적 인본주의가 이루어낸 의료 영역의 모습이다.

3) 우상을 타파하고 세운 우상

역설적인 것은 인본주의자들도 우상 타파를 외치고 있다는 점인데, 여기에 기독교를 포함한 종교뿐만 아니라 하웃즈바르트가 우상이라고 표현한 바 있는 정치적·경제적 이데올로기에 대해서도 똑같은 평가를 한다는 점이다. 쿠르츠는 '인본주의 선언 Ⅱ'에서 기성 종교나 이데올로기뿐 아니라, 자본주의나 공산주의 등도 종교로서의 기능을 함으로써 인간의 발전에 저해가 된다고 주장한다.[28] 인본주의자들의 주장이나 하웃즈바르트의 주장 모두 현대의 우상들을 지적하고 있지만 우상을 타파하는 방법은 전혀 상반되고 있다. 하웃즈바르트가 기술이나 문화에 대한 세계관을 기독교 신앙 위에 세운 반면, 모든 종교를 부인하던 인본주의자들은 아이러니하게도 자신들의 새로운 종교를 세우고 이 종교를 첨단기술을 숭배하는 제단 위에 구축한 것이다.

더 나아가 인간이 기술을 우상화하기보다는 기술의 힘을 이용해 인간이 하나님의 자리를 대신하고 인간 스스로 하나님이 되려는 노력이 계속되고 있다. 유전자 조작과 특히 생명 복제 문제가 등장한 뒤로 의료에 있어서 인간의 하나님 노릇(playing God)에 대한 논의는 더욱 가속화되고 있다. 체세포 복제를 통해 생명체의 조작을 넘어서 생명의 창조라는 새로운 장을 연 복제 양 돌리의 탄생이나, 1993년에 홀(Hall)과 스틸만(Steelman)이 인간복제 실험을 처음 시도한 이래 더욱 구체적인 논란이 계속되고 있는 인간복제 문제 등, 인간의 호기심은 그칠 줄 모르고 이어져 가고 있다. 라엘이 이끄는 사이비 종교 집단인 클로나이드사나 인간복제재단(Human Cloning Foundation)의 활동은 인간복제에 대해 확신에 차 있으며, 인간복제의 합법화를 위해 움직이고 있을 뿐 아니라 이미 복제 지원자들을 모집하고 있는 중이다. 이들은 수년 내에 인간복제를 상품화할 수 있으리라 기대하고 있다.[29] "우리도 복제 양을 뒤따를 것인가?"라는 기사나,[30] "오늘은 양… 내일은 목자(인간)?"라는 제하의 기사들은 이런 인간의 노력이 계속될 것을 인정하고 있다.[31] 또한 이 기사에서 던지는 "우리는 진정으로 하나님 노릇을 하기 원하는가?"라는 질문에 대해 인간은 이미 "그렇다"고 대답해 버린 느낌마저 든다.

4) 바벨탑을 쌓고 있는 프로메테우스적 노력

물론 복제와 같은 일이 과학적으로 가능하다 해도 그 결과가 문제에 부딪혀 딜레마에 빠지기도 한다. 예를 들면 체세포 복제로 이루어낸 복제 양 돌리의 나이가 복제한 양 원래의 나이와 같은 유전자를 가짐으로써 이미 노화가 진행되어 있음을 발견한 것이다. 텔로미어(telomere)라는 노화를 관장하는 유전자가 세포 분열 때마다 수백 개씩의 염기 쌍만큼 짧아져서 이것이 어느 한계에 이르면 세포가 자연사하도록 유도하기 때문이다.[32] 그러나 과학자들은 복제 양에서 부딪히는 이와 같은 종류의 딜레마들을 또 다른 기술로 정복하려고 애쓴다. 그러는 동안 인간이 가진 자원은 불균형하고 불평등하게 사용되며 사람들 사이의 지역간, 나라간 차별을 더욱 가속화할 것이다. 이것은 인간이 현대의학을 통해 하나님 노릇을 하려는 프로메테우스적 노력이라 할 수 있다.

이들은 이런 딜레마를 감추거나 심각하지 않은 문제로 전달되도록 선전을 한다. 민주주의는 51%의 찬성을 얻으면 진리로 인정하는 지극히 상대적 진리를 따르므로 절대진리라는 이름의 구속을 벗어날 수 있기 때문에 51%를 얻기 위해 언론이나 기타 대중매체를 통해 과장된 효과를 선전하곤 한다. 그러고는 여론조사와 투표를 종종 하지만 꼭 그 결과에 순응하는 것은 아니며 오히려 필요에 따라 적절히 이용한다. 사실 인간 복제 연구에 대해 「타임」지의 여론조사의 결과는 절대적으로 부정적이었지만 연구는 진행되고 있다.[33] 인간 게놈 프로젝트에 대해서도 마찬가지이다. 미국 정부가 30억 달러를 이 프로젝트를 위해 쓰는 데 대해 「타임」지가 여론조사를 했을 때 37%가 찬성하고 55%는 반대를 했고, 사립 회사들이 이를 수행하여 이에 대해 특허를 주는 것에 대해서는 71%가 반대를 했다.[34] 그런데도 이 모든 일이 진행되고 있다. 이들은 인간이 만든 제도 중 자신들이 신뢰하는 민주주의의 다수결 원칙도 자신들의 신앙을 위해서는 무시해 버림으로써 종교가 지니는 절대적 권위를 행사하고 있는 것 같다.

현대의학은 스스로 하나의 종교로서, 창세기에서 바벨탑을 쌓을 당시 "성읍과 탑을 건설하여 그 탑 꼭대기를 하늘에 닿게 하여 우리 이름을 내고"(창 11:4)에서 보는 바와 같이 하나님께 도전하고, 인간이 '하나님 노릇'을 하려는 종교적 의도가 그 안에 숨어 있는 단계를 지나서 이미 밖으로 표출되고 있는 것이다.

5) 유사 종교로서의 의료: 헌금, 교리, 희생제물

▪ 헌금

의술이 종교성을 지닌다는 주장은 다른 관점에서 개진되기도 한다. 스테이시(James Stacey)는 『새로운 사원의 실상』(*Inside the New Temple*)이라는 책에서 고가의 의료비에 초점을 맞추어 의료를 무너져 가는 신전에서 행해지는 거짓된 종교라고 주장한 바 있다. 즉, 사이비 종교가 진정한 복을 주지 못하면서 많은 헌금을 강요하듯 의료도 종종 효과는 없으면서 고가의 비용을 치르게 한다는 것이다.[35] 사실 최근 미국이 의료비로 사용하는 돈은 마치 중세에 성당에 돈을 바치던 것과 같은데, 그 액수는 이미 방위비를 상회할 정도이다. 많은 환자와 의료인들이 의술을 숭상하는데, 책의 제목이 암시하듯이 의료를 종교로 착각한 데 대한 값비싼 대가에서 의료와 종교의 유비 관계로 끌어낸 것이다. 양질의 의료를 첨단의술에 담아 모두에게 제공한다는 것은 믿음을 요구하는 사안이다. 신을 믿을 때처럼 확실한 증거가 없지만, 믿음으로 엄청난 비용을 들여 의술이라는 사원을 건축한 것이다. 그래서 이 믿음에 의하면, 우리는 이 사원에 들어가기만 하면 마치 구원이 기도를 하면 따라오듯 행복해질 것이라고 믿는다.[36]

흥미로운 것은 이 책에 대한 비평을 쓴 두 사람의 평가가 서로 상반된다는 점이다. 미국인인 폭스(Daniel M. Fox)는 저자가 의학사나 보건정책을 인용할 때 범한 오류를 부각시키면서 이 책의 가치를 평가 절하한 반면[37], 영국인인 쿠퍼(Carol Cooper)는 저자가 의료를 종교에 유비시킨 것에 대해 매우 긍정적으로 평가하고 있다.[38] 이 차이는 영국의 사회주의적 의료제도와 미국의 민간 보험 형태의 고비용 의료 체계 차이에서 오는 것일 수도 있다. 왜냐하면 스테이시가 의료와 종교를 유비시키면서 강조한 점은 의료비 문제였기 때문이다.

■ 교리

현대의학의 의료비와 관련하여 의료를 종교와 유비시킨 것보다 훨씬 깊은 차원에서 이를 종교와 유비시켜 논의한 학자들도 있다. 미국 보건성 장관을 오랫동안 지낸 쿠프(C. Everett Koop M. D.)는 낙태에 관한 '로 vs 웨이드' 사건에서 미국 대법원이 내린 판결에 대해 다음과 같이 말함으로써 낙태 시술을 건전한 의료로 인정하는 과정에서 나타난 종교성을 비판하고 있다.

> "이 판결문을 주로 쓴 대법관 블랙만의 견해에 어떤 종교가 영향을 주었다면 그것은 이방 종교일 것이라는 것이 명백하다. 그는 페르시아나 그리스 그리고 로마의 의료는 옹호했지만 기독교는 무시하였다. 히포크라테스 선서는 지난 2천 년 동안 의사들로 하여금 낙태를 시술하지 못하게 해왔고 낙태를 제안하지도 못하게 해왔다. 대법관 블랙만은 이것마저도 오늘날 쓸모없는 것으로 내던지고 말았다."[39]

즉, 대법원의 결정은, 지난 2천 년 동안 의사의 표상으로서 '낙태를 결코 허용해서는 안 된다'는 입장을 그의 선서에 천명한 바 있으며 의학의 시조로 추앙 받던 히포크라테스를 따르는 것도 거부하고, 생명을 가장 귀한 가치로 가르쳐 온 기독교 신앙도 버렸으며, 생명을 상대가치로 취급하는 이방 종교의 교리를 따라간 것이다. 이 결정은 의사들이 행하는 낙태와 같은 의술에는 이미 생명을 해한다는 가치중립적이지 않은 요소를 가지고 있지만 이것을 미국 대법원이 법적으로 정당화시켜 준 예이기도 하다.

의사인 페인은 1장에서 언급한 바와 같이 미국에서 동성연애자나 마약 사용자가 90%를 차지하는 에이즈(AIDS: 후천성면역결핍증)를 도덕적인 문제로 여기지 않고 단지 의학적 문제로만 취급하는 점, 미국의학협회가 대법원에 제출한 공식 문서에서 낙태 시술을 건전한 의료라고 한 점, 레이건 대통령 저격범에 대해 정신질환이라는 개념으로 개인의 책임을 극단적으로 왜곡시킨 점 등을 예로 들면서 무신론적 진화론과 세속적 인도주의에 근거한 철학이 일관되게 적용되는 것을 지적함으로써 의료에 침투된 세계관이 의료 행위를 결정한다는 사실을 강조하고 있다.[40] 이와 같은 관점에서 그는 의료란 본질적으로 종교성을 가진 것이라고 주장한다.[41] 따라서 의료 행위는 종교적 신앙과 뗄 수 없는 관계에 있으므로 의료인이 가진 종교의 교리에 따라 의료 행위가 결정된다는 것이다.

■ 희생제물

페인은 낙태에 대해 "쾌락과 부를 얻기 위해 희생제물로 아이를 바치는 종교"라고 주장한 바 있는데,[42] 이를 입증하는 필름이 제작되기도 했다. 홈버그(Eric Holmberg)와 로저스(Jay Rogers)가 제작한 필름 '무고한 생명의 살육'(Massacre of Innocence: The Occult Roots of Abortion)에서는 낙태가 역사적으로 이방 종교 의식으로 끊임없이 이어져 왔음을 사료와 함께 적나라하고 보여주며, 오늘날 미국 사회가 이방 종교로 기울어져 버렸음을 지적하고 있다.[43] 다만 과거에 마녀가 감당하던 영아 희생제물을 드리는 제사장 역할을 의료인이 감당한다는 차이가 있을 뿐이다. 의술의 아이러니는 가히 정신분열증적이어서 한 병원의 중환자실에서는 미숙아를 어떻게든 살려내기 위해 전념하는 동안, 한쪽에서는 어느 정도까지 성장한 태아를 부작용 없이, 즉 살아서 나오지 않도록 낙태시킬 수 있는지를 연구한다. 이것이 인간의 행복을 위해 1973년 미국 대법원이 합법화해 준 소위 '건전한 의술'의 한 모습이다.

의술은 인간의 요구이면 무엇이든지 연구하고 시행해 주는 인본주의

자들의 절대 종교가 된 것이다. 그래서 한 걸음 더 나아가 "의료에서의 문제는 의료가 종교적인가 아닌가가 아니라, 어떤 종교이어야 하는가이다"[44]라고 한 페인의 주장은 기독의료인들에게 자신의 의료 행위를 되돌아보게 하는 강력한 메시지로 와 닿아야 할 것이다.

이와 같이 의술은 가치중립적이지 않고 그 안에 이미 세계관과 종교성을 가지고 있기 때문에, 유물론적 진화론과 상대주의적 인본주의 위에 세워진 현대의학을 배우고 그에 따라 의료 행위를 해 온 기독의료인들과 그 세상에 살고 있는 그리스도인들에게는 세계관적 혼란이 있을 수밖에 없다. 그러면 좀 더 구체적으로 우리 주변에서 우리가 인식하지 못하는 사이에 의료의 주인 행세를 하며 우리를 지배하려는 세력들이 무엇인지 살펴보자.

5장
첨단의학의 우상들

"그리고 그는 그 나머지 나무로 우상을 만들어 그 앞에 절하고 경배하며 '당신은 내 신입니다. 나를 구하소서' 하고 빌기까지 한다."
—이사야서 44장 17절, 현대인의 성경

"그들은 사람들에게 자유를 준다고 하면서 자신들은 멸망의 종이 되어 있습니다. 누구든지 정복을 당하면 그는 정복자의 종이 되는 것입니다."
—베드로후서 2장 19절, 현대인의 성경

소위 자연을 지배한다는 인간의 힘은 어떤 사람들이 자연을 도구로 삼아 다른 사람들을 지배하는 데 사용하는 힘이라는 것이 판명된다.
—C. S. 루이스

인간은 신의 절대 권력에 도전하며 또 할 수 있다. 왜냐하면 인간은 신이 될 수 있는 가능성을 지니고 있기 때문이다.
—에리히 프롬

현대의 첨단의학은 오늘날의 세계관인 유물론적 인본주의의 영향 아래서 진화론적 과학주의라는 엔진은 현대 첨단의학에 고삐를 잡을 수 없을 만큼 통제하기 어려운 추진력을 제공하고 있다. 이 세계관은 ① 창조자는 없다, ② 인간은 창조되지 않았고 동물에서 진화하였다, ③ 하나님이 아닌 인간이 생명을 지배한다, ④ 생명의 신성함보다 생명의 질이 중요하다, ⑤ 목적이 수단을 정당화한다 등 다섯 가지 관점에서 성경적 세계관과 상반된 뿌리를 가지고 있다.[1)]

이 세계관은 생의학 모델의 현대의학이 '생명 우선 원칙'으로부터 이탈하는 데 중요한 역할을 했다. 현대의학이 추구하는 바를 깊이 들여다보면 그 배후에 인간의 생명보다 더 절대적인 것이 항상 존재한다. 이것은 생명가치에 비하면 상대적인 것들인데도 생명의 절대가치를 대신해버리는 '주의'(-ism)들이 되어버리고 오히려 인간을 지배하는 '우상'들이 되어버리는 것이다.

물론 어느 한 가지 의료의 문제가 한 가지 주의에만 관련된 것은 아니고 여러 가지가 뒤섞여 있지만 이 장에서는 편의상 이 주의들을 의료적인 문제들과 연관하여 분리해서 하나하나 살펴보려 한다. 이 중 어떤 것들은 인간이 살아가는 데 필요한 부분도 있고, 인간의 유한성 때문에 어쩔 수 없는 선택을 해야 하는 경우도 있을 수 있다. 그러나 여기서 논의하고 비판하고자 하는 바는 이들 각각을 주의화하여 절대적 가치로 신봉하는 것에 대한 것이다.

1. 유물론적 진화론

> 다윈의 『종의 기원』은 나에게 매우 중요한 책이다. 이 책은 역사적인 계급투쟁에 대한 자연과학적 근거를 제공해 주었다.
> – 카를 마르크스[2)]

유물론적 진화론(materialistic evolutionism)에 대해 깊이 논의해야 할 필요성이 있는데, 그것은 오늘날 의과대학 교육뿐 아니라 모든 교육이 이 가설을 마치 진리인 양 취급하는 근거 위에 세워져 있기 때문이다. 즉, 진화론은 과학이며, 따라서 중립이지만 창조론은 편견을 가진 믿음이라는 전제 위에서 교육이 이루어지고 있기 때문이다. 이 점이 특별히 의료인들에게 중요한 영향을 미치는 이유는 진화론적으로 교육된 의료인들은 인간의 존엄성을 가정할 근거를 상실해 버리기 때문에 의료의 비인간화를 초래할 것이기 때문이다.

유물론적 진화론은 다윈(Charles Darwin)보다 2천 년 전인 고대 그리스의 철학자 아낙시만드로스(Anaximander)에서도 그 뿌리를 찾을 수 있다. 그는 인간이 분리되는 과정을 통해 진화했다고 가르쳤다.[3] 그러나 오늘날 과학을 비롯한 여러 영역에 영향을 미치고 있는 진화론은 문예부흥과 때를 맞추어 인본주의 철학이 신학의 자유화를 가속화하고 있을 무렵 다윈에 의해 주장되었다.

본래 이 가설은 라마르크(J. B. Lamark)의 용불용설(use disuse hypothesis)에서 시작되었지만, 곧 이 가설은 '획득형질은 유전되지 않는다'는 유전학적 진리에 의해 부인되었다. 진화론자들이 퇴화 기관이라고 주장한 흉선도 인체의 면역을 주관하는 지휘자로 판명되었다. 진화론자들의 주장대로 진화상 근접한 동물들은 유사한 생화학 구조를 가지고 있다고 한다면 돼지가 인류의 직전 조상일 수 있을 것이다. 왜냐하면 돼지의 인슐린이 인간의 것과 가장 비슷하여 한때 돼지의 인슐린을 당뇨병 환자 치료에 사용한 때도 있었기 때문이다. 분류학, 비교해부학, 발생학, 생화학 등이 주장하는 유사성에 근거한 진화배열이나 계통수는 창조론 또는 지적 설계(intelligent design)로 설명하는 것이 훨씬 합리적이다. 하나님은 자신의 생각대로 같은 재료를 사용하여 창조하셨기 때문에 유사한 동물끼리의 구조는 비슷하게 만드셨다. 그것을 보고 진화론자들은 계통수를 만들었고 그렇게 진화했다고 주장한다. 그 뒤 계속된 유전학의 발전으로 진화론은 과학적으로 문제가 많은 가설임이 드러났지만 아직도 서구 사회를 지배하는 주된 사상임에 틀림없다.

진화론을 뒷받침할 수 있는 한 가지 가능성이 있다면 그것은 돌연변이이다. 생물학적 진화론이란 결국 돌연변이에 귀착하고 만다. 수백억 수천억 년이 지나도 유전자 변화가 이루어지지 않는 한 새로운 종이 생길 수 없는데 유일하게 돌연변이라는 현상이 관찰되어 그 가능성을 보여준 것이다. 그러나 불행히도 이제껏 관찰된 돌연변이가 새로운 종으로 발전할 만큼 개체에 유익했던 돌연변이는 관찰된 바가 없다. 세포 한 개마다 30억 쌍의 유전자가 있는데 이 중 단 하나만 삭제되어도 암 발생이 시작될 수 있다. 아주 조그만 염색체의 변화도 개체에는 치사적인데, 예를 들면 만성골수성 백혈병에서 필라델피아 염색체[4]와 같이 지금까지 알려진 4천여 종 이상의 유전자 질환이나 돌연변이로 발생하는 암질환들이 이를 증명하고 있다. 고도로 정돈된 유전자가 어떤 변화(돌연변이)를 받아 그 개체보다 고등한 상태로 진화되고 새로운 종이 발생할 가능성을 계산해 본 수학자들은 아무리 장구한 시간이 지나도 무생물(수소, 산소, 질소, 탄소)이 단백질이 되고 단백질이 세포를 이루고 현재에 이르는 수백만 종의 생물로 진화한다는 것은 불가능하다고 한다. 그런데도 진화론자들은 원숭이를 타자기 앞에 앉혀놓고 수천억 년의 시간만 준다면 어느 날 대영백과사전이 타자되어 나올지 모른다는 가능성을 믿고 있는 것이다.

이런 비과학이 과학의 옷을 입고 '그것은 과학적으로 증명되었다'라는 문구를 적절히 구사하여 과학우상을 신실하게 신앙하는 현대인들의 모든 삶의 영역을 장악해 버린 것이다. 즉, 현대인의 과학정신뿐 아니라 심리, 사회, 정치, 윤리 등 모든 영역에 파고들어 서구 사회를 지배하는 '주의'가 된 것이다.

"무능한 자들의 가난… 게으른 자들의 굶주림… 그리고 강자에 의해서 밀려난 약자들… 이렇게 되는 것은 광대하고 거시적인 자비를 베푸시는 하나님의 뜻이다"라고 한 스펜서(H. Spencer)는 다윈의 사상에서 '적자생존'이라는 문구를 실제로 명문화하고 생물학적 진화론을 윤리학을 포함한 모든 영역으로 확대했다. 지배나 정복이 아닌 사랑의 종교인 기독교는 니체에 의해 약자의 종교로 낙인찍히고 초인 사상이 모습을 드러냈으며, 이런 사상의 열매는 서구 사회에서 여러 가지 형태로 나타났다. 예를 들면 히틀러의 오른팔로 인종학살을 주도한 나치 게슈타포의 지도자 히믈러는 "자연법칙은 적자생존의 진로를 취한다"고 말하고 "최하의 민족과 탁월한 민족의 차이는 원숭이와 최하의 민족과의 차이보다 크다"는 주장과 함께 가스실을 정당화하는 근거로 삼았다. 그뿐 아니라 나치에게 생산성 없는 정신병자들을 대량 학살할 수 있는 근거를 제공해 주기도 했다. 그 후 끊임없이 주창되고 행사되는 민족주의·제국주의들의 근간에는 이런 사고방식이 깔려 있고, 흑인보다 더 우월하다고 믿는 인종차별주의자의 생각에 근거를 주고 있다. 현대판 홀로코스트라 불리는 르완다 대학살의 뿌리도 따지고 보면 벨기에가 르완다의 지배를 용이하게 하기 위해 후투(Hutu)와 투치(Tutchy) 종족의 인종적 차등을 외모를 중심으로 하여 임의로 만들어 낸 역사에 기인한다고 볼 수 있다. 유물론적 진화론으로는 인간이 평등하다는 사실을 주장할 근거도, 인간의 생명이 고귀한 가치를 가진다는 근거도 제공할 수 없는 것이다. 마아트만(R. W. Maatman)의 말대로 진화론자들이 그들의 출발점인 인본주의자들처럼 "모든 사람이 동등하다"고 말하려면 "왜 동일한가?"에 대해 대답해야 할 것이다. 그들의 주장대로라면 인간들 사이에도 진화된 만큼 차이가 있다고 해야 옳은 것이다. 인간이 동물에서 진화했다는 이론을 사람들이 완전히 거부할 때까지는 인종적 긴장감은 계속될 것이고, 나치의 대량학살과 독재정권의 인권탄압은 계속될 것이며, 한결같이 그들은 발전을 저해하는 열종을 도태시키는 것을 역사의 소명이라고 착각할 것이다. 흑인종은 백인종보다 열등하다고 주장하는 퍼트남(C. Putnam) 같은 학자가 계속 나와 적자생존과 자연도태를 믿는 진화신앙의 후광하에 이들 독재정권과 제국주의가 자행한 학살을 비호하는 이론적 근거를 제공해 줄 것이다. 마르크스주의를 가능케 하는 사상도 인간이 완전한 사회를 창조할 수 있다는 진화론적 낙관론이다. 그래서 사회진화의 최고 형태는 공산주의이고 이 진화의 장애물들은 '적자생존', '자연도태'라는 진화의 근본원리를 적용하여 숙청 · 제거될 수밖에 없었다.

진화론의 뿌리가 인본주의에 있고 진화론 제창 당시 인본주의자들의 박수를 받았지만, 결국 인본주의자들이 주장한 인간의 존엄성을 짓밟는 전쟁, 살육, 독재, 인간의 기계화, 비인간화로 치닫고 있는 것을 보면 신을 떠난 인간이 쌓은 바벨탑이 곧 진화론으로 하나님을 대적하는 세력임을 알아야 한다.

유물론적 진화론은 인간을 영과 육을 가진 존재로서 이해하지 못하며, 인간은 평등한 존재가 아니라 진화론적 차등이 있는 존재임을 인정한다. 이 세계관의 대부 노릇을 하던 공산정권들이 몰락했는데도 이 주의는 눈에 띄지 않는 듯하면서 더 강력한 영향력을 발휘하고 있다. 즉, 공산 정권들이 최고의 진화 형태의 정치제도인 공산주의를 위해 드러내 놓고 생명을 파괴한 역사를 가진 반면, 오늘날의 세계관을 지배하는 유물론적 진화론은 흰 가운과 선한 목표라는 의료의 옷을 입고 위장하고 있기 때문에 드러나지 않는다는 말이다.

한편 유물론적 진화론은 과학(의학)에 대한 낙관적 믿음이 강하여 과학(의학)의 한계성을 인식하지 못하고 이를 통한 유토피아를 소망하고 있다. 또한 진화론적 세계관에서 선을 판단하는 기준은 '발전'이며, 따라서 약육강식의 논리가 암암리에 당연시될 수 있다. 따라서 질병을 가진 사람이나 장애인 또는 태어날 때부터 선천적인 장애를 가진 아이들에 대한 인간으로서의 가치와 존엄성에 대한 근거가 희박할 수밖에 없다. 인간이 애초에 무생물에서 우연한 기회에 생명체가 되고 그것이 돌연변이를 거듭하여 원숭이를 거쳐 인간이 되었다면 도대체 인간의 존엄성이 어디에서 나올 수 있겠는가? 더구나 장애인은 고장 난 기계로 인식될 수밖에 없을 것이다. 기껏해야 의사도 무생물에서 고도로 발달된 기계를 고치는 또 다른 기계이면 충분한 것이다. 결국 생명을 단순히 물질의 현상으로만 이해하는 유물론적 근거 위에서 의료는 좀 더 좋은 기계를 만들기 위해서 '무엇이나 가능한 일이면 해도 된다'는 논리의 시녀 역할밖에 할 수 없다. 궁극적으로 물질인 인간에게서 존엄성의 근거가 될 만한 기초를 찾을 수 없기 때문이다.

이 주의에 따르면 산전 태아 진단 기술을 발달시켜 나쁜 유전자를 가진 태아를 모두 낙태시킨다면 진보된 인류로 구성된 나라를 만들 수 있을 것이다. 또 인간복제를 통해 우생학적으로 선택된 인간만 남도록 한다면 인류에게 진화를 앞당겨 '진화론적 선'인 '발전'을 이룰 수 있다는 논리가 정당화될 것이다.

더 나아가 유물론적 진화론에서는 어디에서도 장애인이나 환자의 인권에 대한 근거를 찾을 수 없고, 오히려 이들은 인류 발전의 장애물로 인식될 수밖에 없을 것이다. 따라서 진화론자에게 "환자를 치료해야 한다는 당위성의 논리적 근거가 무엇인가?"라는 근본적인 질문을 할 수밖에 없다. 적자생존이 우주의 통일된 원리라면 열종으로 도태되어야 할 환자를 치료하여 회생시키는 것은 열종의 번식을 의미하므로 자연원리에 위배되고 환자는 인류 진화라는 '최고선'을 방해하는 장애물일 뿐이다. 진화론 사상이 다음에 소개하려고 하는 주의인 공리주의와 동맹하는 것은 당연한 귀결이라 할 것이다.

우주와 인류의 기원에 관한 이론은 두 개밖에 없다. 즉, 유신론(창조론)과 유물론(진화론)뿐인 것이다. 그러나 창조론자가 되어 불합리를 믿어보는 도박을 하자는 것이 아니다. 우리의 이성으로 과학적인 확신을 가지고 유신론(창조론)의 의자에 앉을 수 있다는 것이다. 그러나 언젠가 조우하게 될 이성적으로 알 수 없는 영역에 대해서 결국 어느 편엔가 믿음을 두어야 한다면 파스칼처럼 100%를 보장해 주는 창조론 쪽에 도박을 해보자는 것이다.[5)]

■■■ 토론하기

- 일본인과 나치가 행한 인체실험에 대해 진화론적인 견지에서 그것이 틀렸다고 할 만한 논리적 근거를 댈 수 있을까? 또 종족 청소라 할 수 있는 대학살에 대해서는 어떤가?
- 정신분열증 환자들처럼 소위 생산성이 없는 인간의 존엄성은 어떤 근거에서 찾을 수 있는가?
- 능동적으로 조작을 해서 우생학적 목적을 성취하려는 오늘날의 우생학은 과거의 적자 선택을 통한 수동적인 우생학과 어떤 차이가 있는가?

- 인간복제기술을 발달시켜서 질병이 없는 보다 진보된 인류를 만들겠다는 꿈은 오늘날 의학의 연구에 얼마나 큰 동인이 되고 있는가?
- 태아 진단 기술로 태어나기 전에 질병을 진단하여 유산시켜 나간다면 이 땅에 질병이 없는 낙원이 이룩되리라는 꿈은 어떤 위험을 내포하고 있는가?

2. 실용주의, 공리주의

> 사회주의적 경제체제는 개인의 자유 성취라는 목적을 위한 수단이다.
> – 존 듀이[6)]

공리주의(utilitarianism)는 '다수를 위한 최대 행복'을 궁극적 목표로 삼는 이론이며, 따라서 공리주의자의 도덕 혹은 윤리에서 '선'이라는 개념을 정하는 기준은 곧 '행복'을 의미한다. 실용성을 목적으로 하는 지식과 지혜를 주장한 그리스 철학자 제논(Zenon)으로부터 에피쿠로스(Epicuros), 세네카(Seneca) 등 고대 철학에서도 공리주의를 발견할 수 있다.

개인의 쾌락과 행복 추구를 선으로 여기는 공리주의는 결국 이기주의로 흐르게 된다. 이에 대해 팔레이(Paley, 1785년)는 역시 공리주의를 주장하였지만 개인의 행복을 추구하면서도 하나님의 권위로부터 나오는 타인에 대한 의무를 동반한다고 했다. 그러나 흄(David Hume)은 신학으로부터 공리주의를 결별하게 했고, 흄에게서 해답을 얻은 벤담(Jeremy Bentham)은 처음으로 이런 개념으로 '효용'이라는 말을 사용하였다. 그는 "공리주의의 최대 선, 즉 행복을 위한 공공 정책 결정에 객관적인 기반이 무엇인가?"라는 질문에 대해 "개인이 자신의 선을 결정하는 최후의 판단자"라고 했고 이것이 최대 다수를 위한 최대 행복을 보장한다고 낙관적 주장을 했다.

밀(John S. Mill)은 '공리주의'라는 단어를 그 이론에 사용하였으며, 개인의 행복의 집합이 전체의 행복이라고 했다. 더 나아가 쾌락을 신체적 건강과 진화의 진전에 이로운 자연의 안내자라고 하여 진화론과 합류하였고, 스펜서(Herbert Spencer)는 개인의 행복을 향한 선택의 자유가 최대로 보장되는 것이 다른 모든 개인에게 최대의 선이 된다고 했다.

벤담, 밀과 더불어 공리주의의 트리오라 불리는 시지윅(Henry Sidgwick)은 소위 행동공리주의자(act utilitarianist 또는 쾌락공리주의[hedonistic utilitarianist])로 불리며, 이것은 결국 고대의 그것과 마찬가지로 이기적 공리주의로 이어진다. 공리주의가 이기주의로 인한 갈등을 해결할 수 있는 가능성은 경제 원리를 이용한 타협을 통해 찾는다. 즉, 19세기에 합류한 경제학의 영향을 받게 되면서 개방 시장의 원칙에 따라 흥정과 거래를 함으로써 최대의 만족을 추구해야 한다는 것이다. 이와 같은 타협은 규칙공리주의(rule utilitarianism) 또는 이상적 공리주의(ideal utilitarianism)를 낳게 한다.

실용주의(pragmatism)는 '프라그마타'(pragmata, 행동, 실무, 사업)라는 그리스어에서 나온 용어로 19세기 후반 미국을 중심으로 퍼스(Charles Sanders Peirce), 제임스(William James), 듀이(John Dewey) 등에 의해 정립되었으며, 진리는 현실적으로 적용하고 행동하는 것임을 주장하였다.[7)]

공리적이고 실용적인 사고는 인간 사회를 유지하는 데 나름대로 일부 역할을 담당해 왔다. 그러나 이것이 하나의 '주의'가 되면 다수를 위한 소수의 희생을 정당화하는 데 이용될 수 있고, 개인의 존엄성과 가치가 상대화되고 절대가치를 붕괴시킬 수 있는 것이다. 이런 현상들은 역사

속에서나 현실에서 흔히 볼 수 있는 일이다. 의료윤리는 생명이라는 절대가치와 관련된 윤리인 만큼 실용성 또는 공리성을 앞세운 개인의 절대가치, 즉 인간으로서의 존엄성을 짓밟는 일을 허용하지 않는 것이다. 또한 이를 근거로 절대 개념(생명, 죽음 등)들의 정의가 변형되어서도 안 되는 것이다.

나치 치하에서 이 공리주의적 결정이 장애인이나 정신병 환자들에 대해 어떤 결과를 초래했는지는 이미 잘 알려져 있다.[8] 히틀러는 제2차 세계대전을 일으키기 7년 전인 1933년부터 이미 유전적 결함을 가진 사람들을 단종시키기 시작하여, 제2차 세계대전 중의 유대인 및 유색인종 학살을 이미 암시하고 있었다. 더구나 의사들에게 정신병자나 지체부자유자를 살해할 수 있는 권한을 부여해 주었을 때 의사들은 별 항의 없이, 더 나아가 자발적으로 이 살인 행위를 수행했던 것이다. 루벤스타인은 "일단 독일 의사들이 실험을 위해 자기들이 마음대로 할 수 있는 인간들을 거의 무제한으로 공급받을 수 있음을 깨닫게 되자, 의과대학들과 연구소들의 매우 존경 받을 만한 교수들이 그러한 비길 데 없는 기회를 포착하였다"[9]고 기록하고 있다. 그 후 이루어진 안락사나 인체실험은 나치의 지원 아래 의사들의 공리적 사고가 이루어낸 인류 역사의 비극으로 남았다.

오늘날 이와 같은 공리적 사고방식이 인도주의라는 옷을 입고 안락사에 대한 주장이 다시 일어나고 있으며, 네덜란드에서는 안락사를 합법화하기도 했다. 그러나 그 배경은 결국 나치가 제시한 안락사의 당위성을 선전하던 이유와 조금도 다를 바 없다는 사실을 상기해야 할 것이다. 즉, 편안한 죽음이라는 인도적 차원을 강조하고 이들을 위해 허비되는 경제적 소모를 막는다는 것이다.[10]

뇌사 논쟁에서도 죽음의 본질에 대한 정의를 논의하기보다는 장기의 필요성이 우선순위로 당위성을 전제한 채 논의되는 것이 보통이다. 따라서 죽음의 정의도 장기의 필요성을 전제로, 그리고 의술의 발달 수준에 따라 변화하게 되었다. 뇌사 논쟁에서 생명에 대한 존엄성을 말할 때에도 장기가 필요한 환자의 존엄성으로 국한된 토론이 진행되곤 한다. 뇌사 상태에 있는 장기의 기증자는 발언권조차 있을 수 없는 상황일 수밖에 없는 것이다. 한편에서는 실제로 장기를 얻기 위해 임신을 한 예들이 소개된 바 있다. 즉, 복제라는 기술이 가능하다고 발표되기 이전부터 생명을 수단으로 사용하기 위해 아이를 가지는 일이 있었는데[11] 실용주의, 공리주의가 지배이념이 되면 이를 위해 절대가치가 이용되는 일이 가능하게 될 것이다.

터울 조절이라는 명분이나 남아선호 사상과 같은 유교적 세계관 아래 여아를 죽이는 결정을 너무 쉽게 해 버리는 데 대해서도 실용주의는 일정한 역할을 하고 있다. 안타까운 것은 기독교인들 사이에도 유교적 세계관이 범람하여 성 선택 낙태가 시행되고 있다는 점이다.[12] 불행히도 우리나라는 이런 이유로 남녀 성비가 불균형을 이룰 정도이며, 이런 왜곡된 결과를 초래한 직접적인 행위자는 대부분 초음파를 이용할 줄 아는 의료인들이었음은 부인할 수 없는 사실이다. 과학의 부패나 남용에 대해 비판적 입장에서 "소위 자연을 지배한다는 인간의 힘은 어떤 사람들이 자연을 도구로 삼아 다른 사람들을 지배하는 데 사용하는 힘이라는 것이 판명된다"고 한 C. S. 루이스의 우려가 현실로 나타난 것이다.[13]

이와 같이 실용주의는 유물론적 진화론과 연합하여 강력한 세력을 형성하고 인간의 생명을 해치고 폄하하는 데 있어서 윤리적 거리낌을 제거하기 위해 앞장서 있는 것이다.

■■■ 토론하기

• 빚으로 땅을 구입하였으나 교회 건축을 하지도 못하고 빚 때문에 구입한 대지마저 넘어갈 위기에 처한 교회의 한 신실한 여집사님이 헌금 마련을 위해 장기를 매매하겠다고 찾아왔다. 목사님과 기도하며 상의하여 결정한 일이라고 한다. 그리스도인 의사로서 어떻게 대답하겠는가?

• 의협에서 장기이식을 위해 뇌사를 인정하는 것이 불가피하다고 주장하였다. 이런 죽음의 정의는 객관적으로 볼 때 죽음의 본질에 대한 정의라고 할 수 있는가?

• 실제로 장기를 얻기 위해 임신을 하는 사례들이 늘어나고 있다. 판코니 빈혈(fanconi's anemia)을 앓고 있는 딸 나탈리를 살리기 위해 신선한 골수가 필요해서 두 아이를 더 낳은 부모의 이야기가 「타임」지에 실린 적이 있다. 당시 남편은 불임수술을 이미 받은 상태였으나 성공적으로 정관 복원 수술을 했으며, 첫아이는 조직적합성(tissue histocompatibility)이 맞지 않아 둘째아이까지 갖게 되었다. 실용적 목적을 가지고 태어나는 아이에 대해 논의해 보자.

"장기를 얻기 위해 임신을 했으나 태아가 기증자로 적합하지 않을 때 낙태를 시켜도 되는가?"라는 질문에 11%가 찬성한 여론조사가 「타임」지에 발표된 적이 있다. 생명(절대)가치를 기득권자가 수단가치로 활용한다는 사고방식은 어떤 사상들의 영향인가?

• 우리나라에서 남아선호사상이나 터울 조절 때문에 살해되는 수많은 여아들은 부모들 또는 의사들의 어떤 세계관에 근거하여 죽어가는 것일까? 이 결정과 연관된 '주의'들을 열거해 보자.

• 인구 억제 정책의 일환으로 사용된 낙태나 가족 수의 제한에 대해 성경적 입장을 논의해 보고, 중국이나 우리나라의 성비 불균형, 노동력 문제, 노인인구의 상대적 증가 등에 대해 논의해 보자.[14] 헨리 조지의 『진보와 빈곤』을 참조하라. 그의 맬더스 인구

이론에 대한 비판의 해박한 논리적 근거를 의료에 적용할 여지는 없는가?[15]

3. 유전학적 결정론(genetic determinism) : 생물학적 환원주의(biological reductionism)[16]

인간이 자유로운 존재가 아니라는 가정은 과학적인 방법을 적용한 인간 행동 연구의 필수적인 전제이다.

– B. F. 스킨너[17]

문예부흥 이후 데카르트의 기계론적 철학과 뉴턴의 기계론적 물리학에 진화론과 유물론적 세계관이 가세하면서 한 세계관을 형성하게 되었다. 이 세계관은 오로지 물질의 인과관계만으로 만물의 원리를 설명할 수 있다고 믿는 유물론적이고 결정론적인 세계관이다. 즉, 생명 현상도 물질 현상의 인과관계의 결과라는 것이다. 모든 것을 결정론적으로 설명할 수 있다는 이 믿음의 영향 아래서 생물학에 기초하여 발전한 의료는 자연스럽게 기계론적인 생의학 모델로 발달하게 되었다. 인간의 본질을 이해하려는 바탕에 결정론적 사고가 들어오게 된 것이다. 즉, 모든 현상이 물질로 환원되며 인간도 물질현상만으로 설명할 수 있다는 것이다. 이런 관점에서 생명현상을 원자 수준의 물리학적 현상으로 설명한 슈뢰딩거(Erwin Schrödinger)는 『생명이란 무엇인가』라는 저서를 통해 왓슨(James Watson)과 크릭(Francis Crick)에게도 영향을 미쳤다는 사실은 이미 잘 알려져 있다.

일반적으로는 물리학적 현상만으로 생명을 정의하지는 않지만, 최근 들어 유전자 구조가 밝혀지면서 유전물질(DNA)이라는 최종물질로 인간의 생명 현상을 환원시켜 버리는 철저한 유물론적 결정론자들도 있다. 다윈의 진화론이 자연계를 '만인에 의한 만인의 투쟁'이라고 주장한 이래 유전학이 발달하고 유전학적 결정론이 광범하게 퍼져가면서 도킨스(Richard Dawkins)처럼 모든 생물은 '이기적 유전자'(the selfish gene)라는 것이 있어서 자신에게 유리한 방향으로만 행동하도록 결정되어 있다는 극단적 결정론을 주장하는 학자도 나왔다.[18] 그는 이타적 행동마저도 자신의 생명, 더 정확히는 자신의 유전자(DNA)를 지키기 위한 이기적 유전자에 의한 것이라고 주장한다. 유전학적 결정론에 대해서는 기독교적인 입장이 아닌 다른 관점에서도 많은 비판이 있어 왔다. 창조 당시부터 주어진 '자유의지'를 가진 존재로서의 인간과 타락에 의해 설명할 수 있는 가인의 후예로서 인간의 양면성, 즉 이타적인 면과 이기적인 면, 투쟁적인 속성과 사랑의 속성을 동시에 지닌 존재로서의 인간을 이해하지 못할 때, 그리고 인간의 한 측면만을 보고 인간을 무리하게 유전자만으로 규정하려는 시도가 진화론적·유전학적 결정론이라 할 수 있다. 이기적 유전자를 주장하는 극단의 결정론자 도킨스의 입장으로는 그가 말하는 "이기적으로 태어난 인간에게 이타성을 가르쳐야 한다"는 주장을 뒷받침해 줄 수 있는 근거가 없다는 사실이 안타까운 일이다.[19]

유전학적 결정론은 다음 두 종류의 유형으로 분류할 수 있다. 하나는 인간은 유전자라는 줄에 연결된 꼭두각시로 그 줄의 움직임에 따라 행동하게 되어 있다고 믿는 운명론적인 결정론(puppet determinism)이다. 다른 하나는 마치 프로메테우스가 불을 훔치듯 유전자라는 지식을 훔쳐 가짐으로써 인간 스스로 줄을 다시 연결하여 꼭두각시를 조절해 보겠다고 하는 프로메테우스적 결정론(promethean determinism)이다.[20]

한편으로는 결정론의 인과관계에서 원인이 되는 요소로서 유전자뿐 아니라 환경, 조건화(conditioning), 본능, 습관, 경험, 성적 충동 등을 상정하기도 한다. 즉, 이러한 것들에 의해 이미 인간의 행동은 결정되어 있다는 것이다. 과학적으로 뉴턴 역학의 기계론적 결정론은 아인슈타인(Albert Einstein)의 상대성원리와 하이젠베르그(Werner Heisenberg)의 불확정성 원리 등에 의해 모든 경우에 적합한 진리가 아님이 밝혀졌지만, 물리학적 결정론은 철학적인 의미로 사용되면서 비인간화와 비도덕화를 가속화시켰다.[21] 정신 영역에서도 생물학적인 차원의 원리를 인간의 모든 영역까지 확장시키면서 인간을 생물학적 존재로만 이해하게 하는 데 견인차 역할을 했다. 즉, 인간을 당위성에 의한 자기 결정적 의무를 가진 존재로 이해하지 않고 경향성에 의한 조건 반사적인 존재로 이해하기 시작한 것이다. 이와 같은 결정론은 파블로프(I. Pavlov)의 조건반사에 대한 실험이 발표된 이후 생리학에서 비롯되어 오늘날 여러 영역의 학문 이론에 영향을 미치게 되었다. 즉, 지난 3세기 동안 과학을 하는데 유리하다고 무분별하게 도입하여 순진하게 적용한 이 세계관은 심리학, 경제학, 사회학, 교육학 등에 이미 많은 영향을 미쳐온 것이다.

실로 분자생물학의 발달만큼 결정론에 결정적인 힘을 더해 준 원군은 드물다. 유전학적 결정론의 가세는 그동안 세속 사회에서 그나마 유지되어 온 인간관에서 유물론적인 요소 외에는 완전히 버릴 것을 요구하는 소용돌이를 일으켰다. 케이예(H. L. Kaye)는 오늘날 발달하는 분자생물학을 철학으로 보는 관점에서 생물학적 환원주의가 가지고 있는 형이상학적 지향성에 대해, 좀 더 좁혀서 말하면 분자생물학에 근거한 유전학적 결정론이 지향하는 형이상학적 목표에 대해 다음과 같이 말하고 있다.

> "문화는 생물학으로 환원되고 생물학은 분자 수준에서의 물리학과 화학의 법칙으로, 정신은 물질로, 행동은 유전자로, 유기체는 프로그램으로, 종의 기원은 거대분자로, 생명은 생식으로 환원된다. … 환원주의는 연구전략과 그 이상의 세계관을 반영한다. 생물학의 모든 것, 즉 생물의 모든 행동, 특징, 기본적인 사항들을 분자기제로 환원시키려는 것이 분자생물학의 목표 내지 탐구라고 말하는 것은 유기체가 실제로는 기계이며 생명의 모든 것은 이러한 방식으로 설명될 수 있다는 것을 보여주려는 형이상학적인 야심을 드러내는 것이다."[22)]

더 나아가 윌슨(E. O. Wilson)은 "과학자와 인문학자 모두 윤리학이 이제 철학자의 수중에서 떠나 생물학화될 시점에 와 있다"라고 했고 트라이버스(R. Trivers)는 "현재의 정치학, 법학, 경제학, 심리학, 정신의학 그리고 인류학은 조만간 사회생물학의 분과들이 될 것"이라고 말하였다.[23)]

결정론의 영향은 의학적 영역 밖에서도 이미 많은 논란을 야기하고 있다. 예를 들면 개인의 부당한 행위나 심지어 범죄까지도 유전자 탓으로 돌리며 자신을 정당화하거나 책임을 회피하려는 경향이 인간 사회에 보편화되어 가고 있다. 결정론이 비도덕화와 비인간화를 초래한다는 맥케이(Donald M. MacKay)의 주장은 이 점에서만 하더라도 충분한 설득력이 있다고 볼 수 있다.[24)] 앞으로 더 많은 유전자가 밝혀질수록 이 문제는 걷잡을 수 없는 논란의 소용돌이에 빠질 것이다.

발병원인이 유전자 돌연변이로 귀결되는 암의 경우에도 단일유전자의 돌연변이로는 암이 생기지 않는 것이 보편적이라는 사실은 보겔스타인(Bert Vogelstein)의 연구로 확인된 이래 점점 더 많은 유전자들이 발견되고 있다.[25] 가령 대장암의 경우에만 하더라도 현재까지 10여 개의 돌연변이가 알려져 있다.

더구나 인간의 행동이나 습관은 유전적 요소 외에도 교육이나 문화적 배경 등 다양한 요소들에 의해 결정된다. 최근에 밝혀졌다고 주장되었으나[26] 다른 연구팀에 의해 부인된 게이(gay) 유전자도 마찬가지이다.[27] 이 유전자가 발견되었다는 소식은 게이들에게 복음과도 같아서 자신들의 원죄 같은 굴레를 풀어버릴 수 있는 기회를 준다고 생각했기 때문에 대대적인 환영을 받았다. 그 뒤에 앞의 연구가 잘못된 것임을 밝히는 논문이 발표되었지만 관심 밖의 일이 되었다. 그래서 마치 진화론이 진리가 아님이 밝혀진 뒤에도 하나의 믿음으로 남아서 큰 영향을 끼치듯, 유전학적 결정론은 유전자가 하나씩 발표될 때마다 힘을 얻어가는 듯하다. 예를 들면 강간을 하는 사람들이나 흉악범들은 그런 행동을 하도록 하는 유전자를 가지고 있다는 것이다. 모든 인간의 행동을 유전자로 환원해버릴 때 이 사회의 범죄에 대해서 책임을 물을 방법이 없어질 것이다. 그런 사람은 유전자에 이상이 있는 환자일 뿐이지 살인범도, 강간범도 아니다. 그렇다면 이들은 병원에 입원해서 치료를 받아야 할 대상일 뿐이지 감옥으로 보낼 수 있는 근거는 없는 것이다. 그러나 이와 같은 유전학적 결정론은 왜 강간을 하는지, 왜 살인을 하는지 설명하고 있는 듯하지만 같은 유전자를 가지고도 왜 강간을 하지 않는지, 살인을 하지 않는지에 대해서는 설명하지 못한다.[28] 인간은 유전자만으로 결정되지 않는 존재임을 인식하려 들지 않기 때문이다.

맥케이가 말한 것처럼 생명현상을 물리화학적인 '미립자'로만 환원하여 설명하려 한다면 생물학적인 '적응'과 같은 용어를 설명할 때 중요시되는 '전체'라는 개념을 상실해 버리는 것이다.[29] 생명은 물리화학적으로 환원해 버릴 수만은 없는, 다시 말해 기계적이고 운명론적인 결정론적 존재가 아니라 그 이상의 자기결정적 존재이다.

한 걸음 더 나아가 보면 오늘날 국가간이나 종족간에 일어나는 종족 살상의 배경에는 앞에 언급한 유전학적 결정론이 자리하고 있다. 히틀러도 스탈린도 어떤 특정 종족의 학살을 정당화하는 데 유전학적인 결정론적 견해를 가지고 있었다.[30)]

또한 여기에 인간을 만들어 나가는 것은 주어진 환경이라는 환경론적 결정론이 교육학을 지배함으로써 인간이 자유의지를 가진 자기결정적 존재로서의 가치, 즉 주어진 조건을 거슬러서 행동할 수도 있는 존재임을 간과하게 했다. 특히 정신의학 영역에서 프로이트(Sigmund Freud) 심리학이 가지는 문제점 중의 하나가 바로 이 결정론적 인간관이다. 정신과 영역에서 프로이트의 이론은 환자가 기독교적 진리에 접근하지 못하도록 하는 심각한 영적인 문제를 가지고 있다. 즉, 프로이트는 생물학적 충족을 위해 노력하던 중에 일어나는 원본능(id), 자아(ego), 초자아(superego)의 갈등을 병인론으로 삼는다. 그러나 인간은 그런 필요를 충족하지 않고서도, 아니 오히려 그것을 희생하면서도 인간으로서의 고귀함을 지켜나가는 존재이기도 하다. 생물학적 욕구를 추구하려는 경향성과 함께 당위성을 위해 자기초월적 결정을 할 수 있는 자유 의지라는 이중성을 지닌 인간 존재에 대해 프로이트는 한 면만을 깊이 있게 연구하고 강조함으로써 인간에 대한 이해에서 균형을 잃어버린 것이다. 빅터 플랭클(Victor E. Frankl)은 아우슈비츠 수용소를 경험한 정신과의사로서 프로이트적 결정론에 반대하며 인간은 결국 원본능의 생물학적 욕구를 거슬러 행동할 수 있는 존재임을 부각시켰다. 프랭클은 "결국 인간이란 아우슈비츠의 가스실을 만든 존재지만 그 가스실에 꿋꿋이 서서 주기도

문이나 쉐마 이스라엘을 외우며 들어갈 수 있는 존재이다"라고 하여 결정론적 인간관에 반대하였다.[31] 기독교 역사는 수없이 많은 순교자들을 통해 이를 증명하고 있다.

■■■ 토론하기

- 정신의학에서 죄의식을 병인론으로 중시하나 치료 시 이를 회피하는 것은 어떤 문제를 일으킬까?
- 오늘날 교회 안에서 이루어지는 상담 프로그램들이 기독교를 심리학화함으로써 교묘하게 복음의 본질을 훼손하고 있는 경우가 종종 있다. 획스트라(Bob Hoekstra)의 『기독교의 심리학화』(*The Psycholizing of the Faith*)를 읽고 이에 대해 논의해 보자.
- 프로이트의 결정론적 심층심리학(depth psychology)와 프랭클의 의미를 추구하는 인간관의 고층심리학(height psychology)를 비교해 보자. 더 나아가 성경적 입장에서 프랭클의 의미요법(logotherapy)이 가지는 한계는 무엇인지 연구해 보자.

4. 과학주의

미래의 컴퓨터는 정신적으로든 신체적으로든 매사를 처리함에 있어서 인간을 능가할 뿐 아니라 불멸할 것이다. … 컴퓨터가 물질일 따름이듯 인간의 뇌도 그렇다. 아마도 이런 새로운 자각으로 우리는 신이 될 수 있을 것이다.

– V. J. 스텐저[32]

모얼랜드(J. P. Moreland)에 따르면 "과학주의(scientism)란 과학이 진리와 합리성의 유일한 척도라는 관점"이다.[33] 이 말을 그가 풀어서 설명한 바를 인용하면 다음과 같다.

> "만약 어떤 것을 당대의 이미 수립된 과학적 믿음으로 측정할 수 없을 때, 또는 그것이 과학적 연구에 적합한 영역의 실체가 아닐 때, 즉 이 대상을 과학적 방법으로 다룰 수 없을 때는 그것이 진리도 아니고 합리성도 없는 것이다. 과학의 영역 밖에 있는 모든 것은 합리적 평가가 불가능한 단지 믿음이며 주관적 견해일 뿐이다. 과학만이 오로지 인간의 지적 탁월성을 나타내는 이상적이고 유일한 표준이다."[34]

과학주의에서 진리란 실험적으로 계량화할 수 있는 것이며 무전제의 중립적인 것이다. 과학주의는 인과율에 따르는 기계론적 결정론에 뿌리를 두고 있으며 과학주의 방법론만이 진리에 이를 수 있는 유일한 길이라고 믿는다. 나아가 과학주의는 인간의 모든 문제 해결을 과학적 방법론에 두는 낙관주의적 신념이다. 따라서 과학주의는 과학적이라거나 과학을 존중한다는 것과는 구별되어야 한다. 후설(Edmund Husserl)은 과학주의에 대해 갈릴레오로 시작된 과학주의가 오류에 빠진 이유를 논리라는 그물에 걸리지 않는 것은 무시하고 학문의 대상이 될 수 없다고 여겼으며 이런 것들은 그렇게 심각한 것이 아니거나 아예 진정한 존재가 아니라고 취급하게 되었기 때문이라고 했다.

그러나 유럽의 역사에서 문예부흥 이후 과학을 발달시킨 학자들은 대부분 독실한 기독교인이었다. 즉, 문예부흥 이후에 발달한 실험과학의 발달은 스토아 철학의 이원론이 가진 한계를 기독교인 과학자들이 제거하고 진정한 성경적 세계관을 회복했기 때문에 가능했던 것이다.[35] 그러나 오로지 이성에 근거한 과학주의와 합리주의는 시간이 흐르면서 결과적으로 하나님을 초월적 존재로 한정하여 인간의 삶의 영역에서 밀어내고 인간의 이성으로 성취하는 것들을 통해 유토피아를 이룰 수 있을 것이라는 믿음을 만연시켰다.

18세기 영국의 산업혁명, 프랑스의 정치 혁명, 독일의 철학 혁명은 거의 동시대에 일어나 이 꿈을 실현시킬 수 있으리라는 믿음을 강화시켰다. 그러나 철학적으로는 헤겔의 합리적인 세계관과 낙관적인 역사관에 대한 반동으로 등장한 실존철주의 철학이 불합리와 부조리를 부각시켰고, 그 후 두 차례에 걸친 세계대전은 이 불합리하고 부조리한 인간의 모습을 현실로 증명해 주었다. 인류는 이성의 힘에 의해 이룩할 수 있을 것으로 믿었던 유토피아의 꿈이 산산조각 나는 것을 두 차례에 걸쳐서 목도했던 것이다.[36]

그런데도 이 이성과 과학기술에 대한 믿음은 인본주의적 과학 영역을 지배하는 힘이 되어 영향력을 과시하고 있다. 마치 진화론의 용불용설이 과학적으로 틀렸음에도 그 '주의'는 살아서 영향을 미치듯, 기계론적 합리주의의 선봉장인 데카르트의 이론들이 대부분 틀렸음이 증명되었지만[37] 합리주의는 하나의 주의로 자리를 굳게 잡고 있는 것이다. 근대과학의 선구자인 베이컨(Francis Bacon)은 그리스 스토아 철학의 영향으로 넘어설 수 없었던 영역인 자연의 지배, 즉 과학의 인간에 대한 기여의 문을 열었다. 베이컨의 업적에 대해서는 호이카스(R. Hooykaas)처럼 긍정적 평가를 하는 기독교인 학자도 있지만 루이스는 대단히 부정적인 평가를 한 바 있어 그 평가가 엇갈리고 있다.[38] 후자의 우려에 대해 전자는 매우 섭섭함을 표현하고 있지만 과학주의가 오늘날 하나의 주의로 영향력을 발휘하는 데서 오는 부정적 결과들을 우려한다면 일리가 있는 평가이기도 하다.

학문 영역과 그 응용 영역에서 과학적 성취를 위해 합리적으로 이성을 사용하여 최선의 노력을 다하는 것은 창세기 1장 26-28절에 나타난 문화명령의 차원에서 이해해야 하며, 이 땅에 사는 동안 기독교인의 세계관의 원리가 되어야 한다.

그러나 창세기 11장 1-9절에 나타난 것처럼 인간은 자신의 기술을 통해 하나님을 대적함으로써 바벨탑을 쌓은 것처럼 과학이 청지기로서의 역할을 벗어나고, 과학을 최고 가치인 주의로 여기게 된다면 목적과 수단을 전도시키는 결과를 초래하게 될 것이다. 즉, 과학이 이 시대의 구원자가 되고 하나님을 대신하여 인간의 업적과 과학의 눈부신 발전을 찬양하며, 과학이 할 수 있는 일이면 무엇이나 해도 된다는 사고방식과 행동양식이 지배하게 된다. 의료에서도 이런 현상이 나타나고 있다. '발전이 선'이라는 진화론적 가치관은 무분별하게 이런 일들을 더욱 부추기고 있다.

이런 영향으로 학문 영역에서의 성공 여부도 '그것이 무엇이며 어떻게 쓰일 것인가'와는 상관없이 남이 하지 않은 것을 먼저 해내는 것을 업적으로 판단하는 경향이 만연하게 되었다. 또한 연구의 동기가 단순히 호기심인 경우가 많아지다 보니 연구에 대한 방향 감각이 상실되고 자신의 연구의 영향에 대해서도 책임감이 없는 경우가 허다하게 되었다. 한편 과학주의는 본질적으로 과학이 '하나님 노릇'을 해야 하기 때문에 과학의 한계를 인정하지 않는다. 그래서 어떤 방법을 동원하든지 할 수 있는 일은 하고 마는 본성을 가지고 있다.

이러한 업적 지향적 과학주의 사고의 결과로 의학 영역에서 많은 문제들이 발생하게 되었다. 유전자 조작이 앞으로 인류에게 어떤 영향을 줄지 아무도 모르지만 연구는 계속되고 있다. 그리고 인간은 개발된 기술을 사용할 것인가 말 것인가라는 질문에 대한 진지한 대답을 얻기도 전에 그것을 사용하게 될 것이다.[39] 복제 양 돌리를 만들어 낸 윌머트(Ian Wilmut)는 뒤늦게 인간복제에 이 기술이 이용될 것을 우려하여 인간복제의 필요성이 없을 뿐 아니라 비인간적인 일이라고 말하였지만 그 기술은 이미 시위를 떠난 화살이 되어버렸다.[40]

업적지향적 과학주의는 의학 잡지에 조작된 결과를 가지고 논문을 발표하거나, 논문을 쓰기 위한 인체실험적 성격의 의료를 동의 없이 시행하는 영웅주의적 의료 행위에서도 볼 수 있다.[41] 몇 년 전 국제적으로 가장 권위 있는 과학 잡지인 「네이처」가 암 억제유전자 p53을 '올해의 분자'로 발표한 적이 있다. 당시 이 유전자를 이용한 유전자 치료 연구가 급속히 진행되고 있었다. 그러나 환자에게 적용하기에는 요원한 것이었다. 왜냐하면 정상 유전자를 암세포에 전달해 줄 매개체가 아직 현실화되지 않았기 때문이다. 그러나 우리나라의 모 대학병원의 한 젊은 비뇨기과 의사가 외국에 가서 잠깐 이것을 보고 돌아와서 어떤 검증 절차도 없이 이 시험을 간암 환자들에게 시행해 버려 물의를 일으킨 적이 있다. 선진국에서는 몇 번의 실험을 통해 효과뿐 아니라 사용하는 매개체의 안전성에도 문제가 있다고 판단하여 적절한 매개체를 개발할 때까지는 임상실험에 들어가지 못하도록 제한을 하고 있을 때였다. 그러나 우리나라 한 중앙지에 대서특필된 과장 기사들은 그를 '세계 최초의…'라는 타이 틀로 찬사를 보냈다.

암을 전공하고 분자생물학에 조금의 지식이 있는 사람이라면 이런 실험 자체는 기술적으로 대단한 기술을 요구하는 것도 아니며 간단히 모방해서 시행할 수 있는 일임을 잘 알고 있다. 그러나 아직 효과도 확인되지 않았으며 매개체로 사용된 바이러스의 감염으로 사망한 환자가 발생했고 실험에서도 정자까지 영향을 미치는 등 환자를 위해 득이 없다는 사실을 잘 알고 있기 때문에 시행하지 않고 있을 뿐이었다. 암학회에서 그 교수는 이 분야에 전문가인 학자들에게 학자로서 양식에서부터 환자의 안전에 대한 고려, 그리고 그 실제 효과 등 임상적인 부분과 윤리적인 부분에 대해서까지 많은 비판을 받았지만, 언론이 이미 학회보다 훨씬 큰 영향력을 발휘해 버린 뒤였다. 그 병원의 비뇨기과에는 전문 분야와는 전혀 상관없는 간암 환자들이 줄을 이었던 웃지 못할 일이 벌어지기도 했다. 이에 대해 관용적인 입장을 취한 상당수의 학자들은 누군가가 이런 무모한 시도를 함으로써 십자가를 져주면 자신들은 어려움 없이 이와 같은 연구를 할 수 있다는 태도를 보이기도 했다. 업적주의는 특히 첨단의학을 하는 의료인들을 무시할 수 없는 흡인력을 가지고 유혹하고 있는 것이다.

오늘날 의료의 현장에서 일어나고 있는 상황을 통해 의료인들의 과학주의의 한 단면을 엿볼 수 있기도 하다. 즉, 한 병원의 소아과에서는 생명을 살리기 위해 인큐베이터에 미숙아를 키우면서 몇 주 된 미숙아까지 살릴 수 있는지 연구를 하는가 하면, 같은 병원의 산부인과 한쪽에서는 어떻게 하면 다 자란 아기를 부작용 없이(이를테면 살아서 나오는 것과 같은) 낙태를 시킬 수 있는지 연구하고 있다. 한편 다른 산부인과 의사는 정자은행과 시험관 아기를 연구하여 아이 없는 가정에 아이를 만들어 주기 위해 노력한다. 이런 의료의 모습들은 다분히 과학주의와 업적주의의 결과이기도 한 것이다.

이렇듯 인간의 고통을 함께 나누고 이를 덜어주려는 의사 본연의 진지한 소명 대신에 이를 오히려 성공의 수단으로 생각하는 의료인이 될 소지가 많으며, 이것이 동기가 되어 보다 성능 좋은 기계를 만들려는 기술자와 같은 존재로 전락할 수도 있는 것이다.

과학적으로 이루어졌다는 실험 결과들도 후일에 사실이 아닌 것으로 판명된 예가 얼마든지 있다. 20여 년 전 의과대학 시절에 테오필린(theophylline)의 기관지 확장 효과는 포스포디에스테라아제(phosphodiesterase) 억제를 통해 c-AMP를 활성화시킴으로써 이루어진다고 배웠다. 이것은 실험적 결과로 약리학이나 생리학 또는 내과 교과서에 실려 있었던 대표적인 예이다. 그 뒤의 교과서를 보면 이 기전을 부인하고 있다.[42] 마찬가지로 임상적 판단도 흔히 오류를 범할 수 있다.

아무리 첨단장비로 측정을 하여 판단해도 오류는 있게 마련이다. 호흡기에 의존해서 살고 있다고 판단하여 가족들이 호흡기 제거를 법원에 요청하였던 경우로, 퀸란(Karen Quinlan) 양은 이 분야의 전문의사들이 호흡기를 제거하면 곧 죽게 되므로 호흡기 유지가 의미 없음을 법원에 증언하여 판결에 영향을 미쳤지만 호흡기를 제거한 후 10년을 더 살았다.[43]

미국 소아과학회가 포경수술(할례)을 하는 것은 유해하다고 주장한 지 20년이 채 못 되어 그 의학적 유용성을 발표하기도 했다.[44] 범죄유전자로 알려진 XXY 염색체를 가진 남성은 실제로 96%가 평생 동안 아무런 사소한 법적 문제도 일으키지 않았으며, 이 사실을 첨단 과학잡지 「네이처」에 발표했을 당시 대조군이나 모집단의 통계조차 확보하지 않은 상태에서 발표된 것이 믿음으로 자리 잡았음을 보여주기도 한다.[45] 의학적으로 인정받던 치료 방법들이 시간이 흐르면서 폐기되거나 심지어는 해로운 것이었다는 사실이 확인되는 경우마저 있음을 우리는 잘 알고 있다. 실험적 과학의 업적은 유용한 것이지만 그것이 믿음의 대상이 될 만큼 영구적인 진리를 포함하지 못하는 경우도 허다하다.

의도적인 과학적 사기도 있다. IQ 연구로 작위까지 받을 정도로 명성을 얻은 심리학자 버트(Cyril Burt)가 이용한 통계 자료는 작위적으로 만들어 내기까지 해서 과학적 사기를 쳤음이 1970년에 와서 알려지기도 했다. '시릴 버트 스캔들'이라고 불리는 이 사건은 과학사에서 사기의 표본으로 알려져 있다.[46] 진화론자들이 만든 인간의 조상 필트다운(Philtdown)인은 인류의 조상으로 교과서에도 올라와 있었다. 그러나 그 후 이것은 진화론 학자가 죽은 원숭이의 뼈를 줄로 갈고 때를 묻혀 만든 조작품으로 확인된 것은 잘 알려진 사실이다.

과학주의는 교회에도 스며들어와 있으며 그 대표적인 예가 교회 내에서 이루어지는 카운슬링이 심리학을 과학적이라는 전제하에 진리처럼 수용한다는 점이다. 물론 심리학이 도움이 될 만한 진리를 가지고 있지 않다는 말은 아니나 심리학의 과학성을 지나치게 신뢰한 나머지 성경의 진리가 뒷전에 물러나 있는 카운슬링에 대해 우려하는 것이다. 즉, 과학적 관찰 방법으로 심리학이 발견한 인간에 대한 이해는 인간의 경향성을 의미하는 것이지 인간의 당위성을 의미하는 것은 아닌 경우가 많다. 성경은 당위성을 가르치고 있으며, 궁극적으로 죄의 고백을 전제로 예수 그리스도를 통한 하나님과의 화해를 가르치고 있다. 그러나 오늘날 교회에서 카운슬링이 심리학적 기교와 인간의 노력으로 평화와 화해를 성취할 수 있다고 가르치는 경우가 많다. 벌클리(Ed Bulkley)는 심리학에 대한 신뢰에 대해 과학적인 반론을 제기하며 심리학이 과학적이라거나 과거를 치유할 수 있다는 믿음의 허구성에 대해 단호하게 비판을 하고 있다.[47] 자칫 프로이트적 과거집착성을 심리학으로 치유할 수 있다고 가르침으로써 그리스도 안에서 새로운 피조물 됨을 누릴 수 있는 복음의 진수를 왜곡할 수 있는 것이 과학주의에 대한 믿음이 될 수도 있는 것이다.

■■■ 토론하기

- 진화론자들이 만든 인간의 조상 필트다운인은 인류의 조상으로 교과서에도 올라와 있었다. 그러나 그 후 이것은 진화론 학자가 죽은 원숭이의 뼈를 줄로 갈고 때를 묻혀 만든 조작품이었음이 밝혀졌다. 일부 업적주의자들의 연구동기에 대해 생각해 보자.
- DNA Polymerase 등 유전자를 조작하는 효소들이 어떻게 쓰일지는 몰랐으나 발견되었고, 이제는 이런 효소들을 이용하여 유전자를 조작하고 있다. 과학의 발달에 대한 방향성에 대해 논의해 보자. 유전자 조작의 득과 실에 대해 판단할 능력이 없는 상태에서 진행되는 연구에 대해 어떤 관점을 가져야 할까? 그 지침을 마련하기 위해 논의해 보자.
- 장기이식을 위해 뇌사를 죽음이라고 인정해야 한다는 주장은 의사들의 업적주의적인 동기라는 관점에서 생각해 볼 여지는 없는가?
- 1973년에 미국에서 대법원 판결로 낙태를 합법화한 '로 vs 웨이드' 사건에서 여권운동가인 변호사가 제인 로로 알려져 있던 노마 맥코비(Norma McCorvey)의 경우를 변호사 자신의 목적을 위해 이용했던 일은 잘 알려진 사실이다. 이 재판 과정을 통해 로 본인의 진술은 한 번도 이루어지지 않았을 뿐 아니라 본인의 뜻이 반영되지도 않았던 것이다. 최근 기독교로 회심한 노마 맥코비는 적극적인 생명옹호주

의(pro-life) 입장에 서 있다. 그녀는 당시의 판결이 자신의 의사가 반영되지 않은 상태에서 잘못 판결되어 아이들과 여성의 생명을 위태롭게 한다고 주장하며 재심 청구를 한 바 있다.[48] 한 여권운동가의 업적주의가 미국의 낙태법에 어떤 영향을 미쳤는가? 의료 영역에서 있을 수 있는 업적주의에 대해 논의해 보자.

5. 민주주의

국민에 의한 국민을 위한 국민의 정치는 이 세상에서 영원할 것입니다.
– 에이브러햄 링컨

종교개혁 이전의 신정 정치 형태와 르네상스 이후의 세계사는 오랜 세월의 역사를 주도해 오던 신본주의적 틀을 벗어나 인본주의로 이행하게 되었다. 이 인본주의를 근거로 프랑스 혁명을 비롯하여 정치 혁명들이 뒤따랐고, 그 후 세계사적으로 볼 때 크게 두 가지 형태의 정치 제도, 즉 공산주의와 민주주의(democracy)를 실험하게 되었다. 민주주의라는 말은 demos(peopel)와 kratos(rule)이라는 두 단어의 결합으로 다수에 의한 통치(rule by majority)를 근간으로 하는 정치 제도이다.

비록 민주주의는 인권의 신장을 위해 기여한 바가 많은 차선의 제도로 인정되어 왔다고 하지만, 공산주의와 마찬가지로 이 제도에 인간의 탐욕이 가세하면서 원래의 목표를 벗어나게 되었다. 민주주의가 양심의 자유를 인정할 때도 인간의 타락을 고려하지 않은 양심의 자유는 많은 문제들을 야기하고 있다. 공산주의는 이론적으로 평등하게 잘사는 좋은 제도처럼 보였지만 인간의 타락과 탐욕이라는 요소를 감안하지 않았기 때문에 결국 실패한 제도가 되었다. 즉, 인간은 평등한 분배를 위해서는 능동적으로 일하지 않으며 자신의 탐욕을 어느 정도 충족시켜 줄 동기 부여가 되어야 생산성 있는 일을 하는 경향성을 지니고 있다는 점을 간과했다는 말이다. 민주주의는 냉전시대 이후 신자유주의 물결 속에서 오히려 인간의 탐욕을 이용하여 경쟁을 유도함으로써 그 결과 물질적인 진보를 이루는 듯 보였다. 그러나 여기에 인간의 탐욕이 조절할 수 없는 수위로 가세하면서 심화되는 빈부격차 등 본래의 의도에서 멀어지며 민주주의의 미래에도 먹구름이 끼고 있음을 볼 수 있다.

역사적으로 콘스탄티누스가 회심한 이후 14세기 동안 정치와 종교가 일체였으나 기독교의 영향이 정치 영역에서 공식적으로 사라지기 시작한 것은 유럽의 경우 문예부흥 이후 정치 혁명을 통해, 미국의 경우 1776년 토마스 제퍼슨(Thomas Jefferson)에 의해 미국의 헌법과 권리장전이 기초되고 정치와 종교가 분리되면서부터라 할 수 있다.[49] 인본주의적 민주주의자들은 정치와 종교의 분리를 교묘하게 이용하여 미국 사회로부터 기독교적 세계관을 배제시켜 나간 것이다.

쉐퍼는 민주주의의 문제점으로 51%가 찬성하면 진리가 될 수 있는 제도, 즉 절대진리도 다수결로 결정할 수 있는 위험성을 지적한 바 있다.[50] 즉, 다수결로 결정하면 용이하게 법을 만들 수 있고 법적으로 옳으면 도덕적으로도 옳다는 생각이 민주주의 사회에서는 통용되기 때문이다. 또 어떤 문제를 결정할 때 절대가치 기준이 필요한 상황에서마저도 이에 근거해서가 아니라 기득권을 가진 다수의 이익에 근거해서 결정하는 것이 하나의 원리처럼 되어버렸다. 이리하여 민주주의는 인본주의, 공리주의와 깊은 연대를 이루고 있으며, 탐욕이라는 끈은 이들을 강하게 엮어주고 있는 것이다. 국회의원들은 소신이나 절대원리에 의해서라기보다는 다음 선거에 많은 표를 던져줄 집단의 의견에 따라 법을 만들게 된다. 결국 다수라는 힘을 이용하여 탐욕이 결정권을 가지게 되는 경우가 흔히 있는 것이 민주주의에서 말하는 법치주의인 것이다. 오늘날처럼 절대가치가 상대화된 데에는 이런 사고방식이 너무 편만해진 데도 그 원인이 있다.

의료 영역에도 민주주의가 결정을 주도하는 일을 흔히 볼 수 있다. 즉, 절대원리가 무시된 채 투표에 의해 다수결로 상대적인 결정을 하는 일이 흔해진 것이다. 어떤 사안에 대해서는 소위 권한을 위임받은 법관들이 투표를 하게 되면 그 결과는 절대권위를 가지게 된다. 문제는 이들이 어떤 세계관을 가지고 판단을 하는가에 있는 것이다.

낙태나 안락사의 결정이 민주적 절차인 투표를 통해 이루어지는 것은 의료 영역에서 절대가치인 생명을 상대화시키는 일에 민주주의가 하나의 주의로 자리 잡았음을 확인시켜 주는 것이다. 인본주의자들 혹은 선택중시론자(prochoice)들은 이런 투표와 법 제정이 민주주의에서 절대적 권위를 보장해 준다는 사실을 잘 알고 있기 때문에 항상 여론 조성을 통해 투표에 의한 과반수 확보를 위해 최선의 전략을 구사하고 있으며, 일단 유리한 고지에 이르면 법 제정을 서둘러 영구적인 보호를 받으면서 이 법을 다음 단계로 이행하는 발판으로 삼으려 든다. 앞으로 유전자 검사를 통한 우생학적 선택에 대해서나, 장기를 얻기 위한 인간복제 문제에 대해서도 이 '민주적' 절차가 이용될 것이다. 민주주의는 이미 주의로서 절대권위를 가지고 의료를 통해 많은 생명을 희생시키는 데 앞장서 왔으며, 앞으로도 그럴 것이다.

교회가 윤리적 기준을 정하는 데도 이 주의는 성경을 넘어서는 권위를 가지고 영향을 미친다. 미국 장로교단(PCUSA)은 투표로 성경이 명백하게 금하고 있는 동성애를 인정하고 더 나아가 목사 안수를 인정하는 결정을 했다. 많은 노회가 총회의 결정에 반기를 들고 있긴 하지만 이것이 인정된다면 이 교회 소속 기독의료인들은 이제 동성애를 성경의 가르침에 따라서가 아니라 민주주의 다수결 원칙에 따라 옳다고 인정해야 할 것이다.

앞으로 유전학적 발달과 연계된 의학 기술과 효과에 대해 아직 미지수인 의료적 치료법들에 대한 허가 여부를 투표할 것이다. 어느덧 민주주의라는 주의는 의료 문제의 결정에서마저도 절대가치를 배제하는 위력을 가지고 의료인들에게 다가와 있는 것이다.

■■■ 토론하기

- 법관들이 투표하여 5 대 4로 안락사나 낙태를 합법화했다면 이는 불법이 아니므로 기독의사들에게도 옳은 일인가?
- 캐나다의 의료보험 신청서에 부부 이름을 쓰는 곳에 동성도 가하다는 말이 쓰여 있다. 이처럼 동성애 결혼을 정상적인 혼인관계로 인정하는 정부의 결정은 어디에 근거를 둔 것인가?
- 선진국에서의 AIDS 환자는 동성애나 마약으로 인한 경우가 대체로 90% 이상을 차지하고 있었으나, 이제는 점점 양성애자 또는 이성애자들로 확산되어 가고 있다. 이들은 앞으로 많은 세금을 허비할 것이며, 이로써 사회 · 경제적 부담이 무거운 짐이 될 전망이다. 그러나 이들은 참정권과 투표권을 가졌다는 사실을 이용하여 자신들의 권리를 주장하고 정치권에 압력 단체가 되어 어떤 결정에 영향력을 발휘할 것이다. 정치가들은 어느 쪽 입장에 서는 것이 자기에게 지지해 줄 투표 숫자가 더

많을지에 따라 판단을 할 것이다. 정죄하는 입장과 무조건적인 인도주의 입장 사이에서 그리스도인의 입장은 어떠해야 하는가?

6. 포스트모더니즘[51]
: 상대주의, 상황윤리, 개인주의 혹은 이기주의

가치란 인간이 처한 바로 그 상황에 근거하고 있다. 따라서 '인간의 상황'에 대한 지식만이 객관적 타당성을 지니는 가치를 창출해 나가도록 인도할 수 있다.

– 에리히 프롬[52]

"그때에 이스라엘에 왕이 없으므로 사람이 각기 자기의 소견에 옳은 대로 행하였더라."

– 사사기 21장 25절

포스트모더니즘(postmodernism)이라는 말은 고착된 개념이 없고 일관되게 정의할 수는 없지만 현시대를 규정하는 데 꼭 필요한 용어가 되어 버렸기 때문에 오늘을 사는 우리로서는 이 말을 깊이 이해하지 않을 수 없다. 이 용어는 모더니즘(modernism) 앞에 포스트(post)라는 말을 붙인 것으로, 모더니즘 이후의 시대정신을 표현하는 말이다. 모더니즘은 특징적으로 르네상스 이후 성경에 계시된 진리를 부인하고 데카르트 이래로 사유하는 존재로서의 인간을 중심에 두는, 즉 이성의 잣대로 모든 것을 판단하는 합리주의를 표방하였다. 이와 함께 물리수학적 과학주의와 이를 통한 낙관적 진보주의가 모더니즘의 정신이라 할 수 있다.

이와 같은 모더니즘의 시대정신이 와해된 배경은 이성과 합리성이 가져다줄 것으로 기대했던 유토피아의 꿈이 깨지는 근대성의 한계를 곳곳에서 인식하게 되었기 때문이다. 그 결과 헤겔을 정점으로 이루어진 이성 중심의 형이상학을 해체하고 니체의 영향을 받은 해체주의, 탈합리주의, 비합리주의를 표방하여 보편적인 것을 부인하고 개별적인 것을 인정한다. 아무것도 객관적인 것은 없고 모든 것이 수용되어야 한다는 것이다. 즉, 포스트모던은 패스워드를 '무엇이든'(whatever)이라고 표현할 만큼 모든 것에 대해 관용해야 한다는 것이다. 따라서 동질성보다는 이질성을 주장하고 의미의 절대화보다는 상대화를 추구하기 때문에 포스트모더니즘을 '개별적 사상' 또는 '다원주의'라고 할 수 있다. 다른 한편 포스트모더니즘은 인간 중심성에서도 벗어나 탈인간중심주의와 탈정치화, 탈역사화를 표방한다.

오늘날의 시대정신으로 포스트모던이라는 말이 보편적으로 사용되고 있기 때문에 이를 의료와 연관하여 고찰해 보기 위해 상황윤리나 상대주의, 그리고 개인주의를 여기에 포함시켜 보았다. 왜냐하면 포스트모더니즘은 절대진리가 붕괴되고 모든 것이 진리가 될 수 있다는 극단의 상대주의를 신봉하기 때문이다. 포스트모더니즘의 유일한 진리는 절대진리는 없다는 것이다. 따라서 상황이 원리가 된다. 포스트모더니즘의 상대주의는 절대적인 상대주의이다. 따라서 극단의 개인주의로 흐르고 이것이 인간의 타락한 본성과 연결되어 이기주의로 표출되는 것이다. 이들은 서로 일맥상통하는 공통된 부분을 가지고 있기 때문에 의료와 연관하여 이를 살펴보기 위해 포스트모더니즘에 다른 세 가지 주의를 포함시켜 본 것이다.

상황윤리는 논의의 시작을 원리에서 하지 않고 상황이 원리를 만들어 가도록 한다. 하나의 극단적인 예외적 상황을 출발점으로 하여 모든 상황을 사랑이라는 이름으로 일반화한다. 즉, 사랑이 수단을 정당화한다고 주장하고 사랑이 모든 윤리적 결정의 기준이 된다고 주장한다. 물론 이 사상의 주창자인 플레처는 상황윤리를 아가페이즘(agapeism)이라고 하여 마치 성경에 기초한 사랑에 근거하고 있는 것처럼 주장하고 있다. 하지만 그가 제시한 네 가지 원리를 살펴보면 그의 윤리가 성경적인 근거를 가진다고 볼 수 없음을 쉽게 알 수 있다. 즉, 실용주의, 상대주의, 실증주의, 인격주의가 그것이다.[53] 그의 책 『상황윤리: 새로운 도덕』에 흐르는 사상을 이해한다면 그가 쓴 사랑이라는 말은 곧 상황임을 명백히 보여준다. '사랑만이 항상 선한 것이다', '사랑만이 유일한 규범이다', '사랑은 수단을 정당화한다', '사랑은 구체적 결단을 한다'라는 그의 명제들은 상황을 절대기준으로 둠으로써 여타의 모든 것을 상대화하고 목적을 위해 모든 수단이 정당화될 수 있다고 주장한다. 이런 윤리관이 현대사회에 야기한 절대가치의 상대화 또는 목적가치의 수단화는 심각한 가치관의 혼란을 초래했다. 더구나 여기서 말하는 사랑은 결코 아가페일 수 없고, 실제로는 인본주의에 근거한 기득권자 편에서의 편의주의에 따르는 경우가 대부분이다. 플레처가 의료윤리에 상황윤리를 도입함으로써 의료에서의 기독교의 세속화를 주도하였는데, 이와 같은 상대주의적이고 상황윤리적인 요소들이 의료의 곳곳에 파고들어와 있음을 간과해서는 안 된다.

오늘날 서구 선진국을 지배하는 흐름 중 하나는 지나친 개인주의라 할 수 있다. 개인주의는 오늘날 치료를 중심으로 하는 임상의학의 틀을 이루고 있다. 즉, 임상의료인들이 이 틀에서 크게 벗어나지 못하고 있어서 질병이나 건강 개념이 공동체로서 사회나 국가와 같은 집단을 근거로 하지 못하고 오로지 개인이 병에 걸리고 치료를 받는 관점에만 근거하고 있다는 말이다. 따라서 치료의학과 예방의학, 개인의 병리와 더불어 사회 국가의 병리라는 관점에서 거시적인 안목으로 의료를 바라보는 데 지장을 초래한다. 즉, 급성전염병은 물론 만성질환들도 영양 및 식이습관, 생활환경과 관습, 오염 등 복합적인 요인에 의해 발생할 수 있는데도 오늘날의 의료는 흔히 이런 관점을 간과한 의료 형태를 띠고 있다. 앞 장에서 다룬 바와 같이 구약성경에서 성결 의식으로 주어진 율법들이 공동체의 건강과 질병 예방을 공동체적으로 해 나갈 수 있도록 하는 지침이 된다는 사실은 오늘날의 의학적 입장에서 보아도 정확한 접근이어서 흥미로운 일이다. 즉, 레위기 13장 46절에는 "병 있는 날 동안은 늘 부정할 것이라 그가 부정한즉 혼자 살되 진영 밖에서 살지니라"고 했고 민수기 19장 11-22절에는 사람의 시체를 만진 자의 부정함에 대해, 민수기 5장 2-3절에는 "이스라엘 자손에게 명령하여 모든 나병 환자와 유출증이 있는 자와 주검으로 부정하게 된 자를 다 진영 밖으로 내보내되 남녀를 막론하고 다 진영 밖으로 내보내어 그들이 진영을 더럽히게 하지 말라"고 했으며 신명기 23장 12-13절에는 "네 진영 밖에 변소를 마련하고 그리로 나가되 네 기구에 작은 삽을 더하여 밖에 나가서 대변을 볼 때에 그것으로 땅을 팔 것이요 몸을 돌려 그 배설물을 덮을지니"라는 구약의 지침들은 건강 문제의 공동체적 요소를 잘 나타내 주고 있다. 만일 누군가가 자신의 편의를 위해 이 율법을 지키지 않음으로써 죽은 시체로부터 병원균을 공동체에 확산시킨다면 그 공동체는 개인 때문에 공동체 전체가 위험에 노출될 것이기 때문이다. 의료에는 개인의 문제를 벗어나 공동체적 접근을 하지 않으면 해결이 불가능한 영역이 많이 있을 뿐 아니라 개인주의나 이기주의적 행동이 공동체 전체의 건강을 저해할 수 있는 위험성도 가지고 있는 것이다.

지나친 개인주의는 개개인마다 서로 다른 진리의 기준을 가지게 되어 자연스럽게 다원주의 사회로 연결되게 된다. 따라서 포스트모던 시대인 오늘날에는 절대진리가 설 자리가 없고 모든 것이 상대화되는 것이다. 즉, 생명의 절대가치에 대해 같은 기준을 가지고 대화하기 어려워진 사회에 의료의 현주소가 놓여 있다. 태아의 장기 활용이나 목적 임신, 안락사, 영아 살해, 분자유전학의 발달에 기초한 우생학적 선택 그리고 인간 복제 등, 상황윤리라는 상대주의의 잣대로는 인정되지 못할 것이 없는 것이다. 이를 결정하는 잣대의 상대화는 더욱 심각한 결과를 예상하게 한다. 상대주의는 궁극적으로 생명의 절대가치를 포기하고 수단으로 이용할 수 있는 길을 열어준다.

예를 들면 생명의 절대가치를 상대화하면 이를 조작하고 이용하는 일들이 인공수정, 시험관아기, 장기배양, 유전자치료, 태아조직 이식치료 등을 통해 가능해질 수 있다. 신전수는 이에 대해 "이런 기술이 실현 가능한가?"라는 질문에서 "반드시 실현되어야 하는가?"라는 질문으로 전환되어야 한다고 지적하였다. 그는 태아 조직을 이식에 이용하려는 시도의 문제점을 다음 다섯 가지로 지적하고 있다. ① 태아조직 이식치료는 낙태를 조장한다. ② 태아조직의 이식을 위하여 임신을 할 가능성이 있다. ③ 태아는 사람 혹은 인격체가 아니라는 생각이다. ④ 경제적인 이윤을 취하기 위하여 태아이식술을 시도할 가능성이다. ⑤ 과학적인 목적 달성을 위하여 태아이식 치료를 시도할 가능성이다.[54] 릭(Rebecca Riggs)은 그 심각성에 대해 「영국의 새로운 의학 잡지」(*New England Journal of Medicine*)라는 학술지에 발표된 논문을 인용하여 태아 조직 이식과 같이 오늘날 의료에 만연한 상대주의가 의료에서 가장 기본이 되는 "해가 되지 않게 하라"(do no harm)라는 원칙을 파괴하고 있다고 지적한다.[55] 개인의 쾌락과 편의를 위해 죽어가는 태아의 생명과 짓밟히는 태아의 인권에 대해, 그리고 태아들을 향하신 하나님의 사랑과 계획에 대해 그리스도인들이 무관심하고 무지하여 자녀들이 희생되도록 눈감아 버린다면 하나님의 진노를 피하기 어려울 것이다(신 12:29-31, 출 23:31-33). 최금희는 "자녀 양육은 부모에게 많은 경제적 부담을 지우고 인생에서 즐기고 누릴 수 있는 많은 시간과 힘을 소모하도록 한다. 사람들은 자녀 없는 성을 마음껏 즐기기를 원한다. 이 시대는 자유스러운 삶, 쾌락, 재물을 얻을 수 있도록, 이식 가능한 조직이나 장기를 얻을 수 있도록 자기 자식을 희생시키라고 요구한다. 이러한 시대정신이 바로 현대판 몰렉이 아니고 무엇인가?"라고 하며 낙태와 낙태된 태아의 조직 이식, 장기이식은 몰렉에게 드리는 제사와 다를 바 없다고 말한 바 있다.[56] 태아를 한 인간으로 인정하지 않을 때 상대주의는 장기가 필요한 사람의 안타까운 상태를 우선시하는 상황주의를 선택하고 생명마저도 부품으로 사용하는 데 이기적이 됨으로써 윤리 감각을 둔화시키고 면죄부를 주게 되는 것이다.

마지막으로 포스트모더니즘의 '무엇이든(whatever) 진리'라는 인식은 대체의학이나 뉴에이지 의학이라는 이름으로 비합리적이고 비이성적인 방법들이나 고대 종교의 신앙에 근거한 의료 행위들을 무분별하게 수용하는 데 걸림돌이 될 수 있는 합리적이고 이성적인 판단력을 제거해 주었다.[57] 미국 정부가 이에 대한 연구를 구체적으로 시작했고 상당수의 학자들이 여기에 종사하고 있다고는 하지만 그것은 오히려 이에 대한 증명된 효과 때문이 아니라 대중(납세자들)의 관심이 지나치게 쏠리고 있기 때문이라고 할 수 있다. 대체의학이나 뉴에이지 의학에 믿음을 가진 사람들도 교통사고로 출혈을 하고 뼈가 부러진 환자를 데리고 침을 놓는 사람을 찾아가거나 급성 충수돌기염 환자를 동종요법(homeopathy)으로 치료하는 곳에 데려가지는 않을 것이다. 또 말라리아에 걸린 환자나 화상환자에게 아로마 치료를 하지는 않을 것이다.

그렇다면 이런 유사 의학이 기여하는 바가 무엇이며 왜 사람들이 이에 대해 관심을 갖게 되었는가? 그것은 현대의학이 넘을 수 없는 난제들에 대한 반동이라고 할 수 있다. 즉, 인간 수명의 한계, 만성질환 극복의 한계(암, 당뇨병, 고혈압 관절염, 에이즈 등), 의료가 무엇이든 해결할 수 있다는 일반인의 지나친 믿음과 기대감, 문명사회에서 많이 발생하는 만성피로증후군과 같은 증상들, 나이가 들면서 노화로 발생하는 증상들, 일반인들이 의료를 이용하는 데 있어서 시간적·경제적·전달 체계적 어려움, 영적 기갈을 해결할 수 없는 비인격적이고 기계적인 생의학 모델의 의료가 가지는 한계 등과 같은 것 때문이다.[58] 결국 대체의학이나 뉴에이지 의학은 이런 틈새를 이용해 쉽게 일반화되고 있으며, 의학적 가치가 인정되는 극히 일부 요소들은 서양 의학에 흡수되고 있기도 하나, 그 배후에 종교성을 띤 사상과 믿음들이 자리하고 있음을 간과해서는 안 된다. 그리고 이 종교성에 포스트모더니즘은 '무엇이든' 이라는 패스워드를 기꺼이 사용하도록 한다는 사실을 기억해야 할 것이다.

■■■ 토론하기

• 거부 반응이 없는 장기이식을 위해 복제인간이 활용될 것이라고 하는 학자들이 있

다. 또는 장기를 얻기 위해 아이를 갖는 일이 있다. 나이 든 부모의 파킨슨병을 치료하기 위해 낙태된 손자의 뇌 세포를 이식하기도 하고 제1형 당뇨병 환자에게 인슐린을 공급하기 위해 낙태된 태아의 췌장 세포를 이식하기도 할 것이다. 앞으로 이런 일이 계속 발전한다면 기득권이 없는 태아를 이용하여 의약품의 한계를 극복하려는 풍조가 만연할 수도 있을 것이다. 생명가치를 이렇게 이용하는 명분과 그 배후의 주의는 무엇인가?

- 이식을 위해 제공되는 태아의 장기 또는 태아 세포 이식의 현실과 태아의 인권에 대해 논의해 보자.[59)]
- 안락사나 영아 살해를 정당화시키는 근거로 그들의 고통을 끊어주는 것이 더 인간적이라는 주장을 한다. 영아의 경우 고통은 엄밀한 의미에서 누구의 고통인가? 살려고 노력하는 생명의 고귀함을 끊을 수 있는 결정권을 가진 자가 있을 수 있는가?
- 플레처의 아가페이즘이 의료윤리에 어떻게 영향을 미치는지 살펴보자.
- 대체의학의 효능에 대한 증명을 어떻게 하고 있는가? 또 위약(placebo) 효과와는 어떻게 구별하고 있는지에 대해 논의해 보자.

7. 상업주의, 자본주의

자본주의(capitalism)의 기본 정신은 명백히 반기독교적이다. 경제적 이윤을 최대화하고 인간의 탐욕을 부추기며 강자를 우상화하고 경제적 생산성에 인간을 종속시킨다. … 이런 관점에서 기독교인들은 자본주의의 기본 정신의 근본적인 의도를 철저히 비판해야 한다.

—미구에즈-보니노[60)]

물질에 대한 인간의 욕심은 끝이 없으며, 인간의 욕심이 잉태한 투쟁사가 인류 역사의 많은 부분을 차지하고 있다 해도 과언이 아니다. 성경은 "돈을 사랑하는 것이 일만 악의 뿌리"(딤전 6:10)가 될 수 있음을 경고하고 있고 "돈을 사랑하지 말라"(히 13:5)고 가르치고 있다. "하나님과 재물을 겸하여 섬기지 못하기"(마 6:24) 때문이다. 따라서 돈을 위해서가 아니라 청지기적 소명으로 의료를 사용하는 것이 성경적이지만, 다른 영역과 마찬가지로 의료 영역에서도 이를 이용한 부의 추구는 많은 의료인이나 연구자들의 동기가 되고 있다. 하웃즈바르트(Bob Goudzwaard)가 말하는 우상 중 하나도 바로 이 물질 우상이다.[61]

제약 산업이 표방하는 고귀한 뜻과는 달리 회사의 이윤 추구를 위한 과대광고나 효과의 조작, 부작용 숨기기 등은 생명보다 상업주의(commercialism)를 우위에 둔 결과라 할 수 있다. 예를 들면 모 제약회사가 아직 인체실험에는 들어가지도 않은 항암제(혈관생성차단제)의 효과를 과장되게 선전했던 적이 있었다. 이 약의 작용 기전을 이해하는 암을 전공한 의사라면 결코 선전하는 만큼의 효과를 기대하기도 어렵고 부작용도 만만치 않을 것임을 짐작하는 것은 그리 어려운 일이 아니었다. 그러나 아직 상품화되지도 않은 상태에서 광고를 이용할 수 없었기 때문에 이를 교묘하게 기사화하여 한 중앙 일간지의 전면에 이 항암제가 마치 암을 정복이나 할 것처럼 과장된 효과를 소개했던 것이다. 그 약을 실험했던 학자의 "효과에 대해 지나치게 과장되었다"는 양심적인 발언은 그 다음 날 신문 한 구석에 눈에 띄지 않을 만큼 조그맣게 소개되어 있었고 그 회사의 주가는 두 말할 것 없이 치솟아올랐다. 이와는 반대로 디지톡신(digitoxin)이라는 약은 신장 기능 장애가 있는 심부전 환자를 치료하는 데 필수적이지만 수익성이 없는 값싼 약이기 때문에 국내에서 생산되지 않고 있었다. 안타깝게도 우리는 다음과 같은 에번스 교수의 말을 부인할 수 없는 사회에 살고 있는 것이다.

> "시장기제의 지지자들이 진정한 의미의 경쟁적 시장을 원하는 것이 아니다. 오히려 특별한 사적인 이해관계 속에서 시장기제를 지지하고 있는 것이다. 지금까지의 국제적인 경험에 비추어 보면 시장기제는 보건의료에서 불평등, 비효율성, 고비용, 대중들의 불만을 야기했다. 그런데도 시장기제를 고수하는 이유는 시장기제가 특수한 집단에게 경제적 이윤을 보장해 주기 때문인데, 첫째로 고비용의 보건의료 체계는 공급자인 의사 집단과 제약회사에 더 많은 소득을 가져다주기 때문이며, 둘째로 사적인 지불제도는 부유하고 건강한 사람들에게 세금 형태보다는 재정적 부담이 적기 때문이고, 셋째로 부유하고 질병이 있는 사람들에게는 높은 질의 의료를 보다 손쉽게 구매할 수 있게 만들어 주기 때문이다. 결국 서비스 제공자와 고소득층의 경제적 이해관계에 따른 담합이 보건의료재정을 공적인 영역에서 사적인 영역으로 옮기게 하고 있다. 경쟁적 시장이 우월하다는 주장은 단지 경제적 이해관계의 미화된 표현일 뿐이다."[62]

성형외과 영역의 많은 수술이 미용을 위한 것이기도 하고, 시험관 아기나 정자은행, 대리모 등과 같은 의료는 질병의 퇴치와는 거리가 먼 영역으로 상업화되어 퍼져 있다. 돈이 절대 목표가 되고 상업주의가 말 그대로 '주의'가 되어버리면 태아의 성을 구별하여 낙태를 시키는 의사들의 행위도 당연시될 수 있는 것이다.

"거품이 예고되는 바이오 벤처"라는 신문기사를 읽은 적이 있다. 이

기사가 곧 오늘날의 첨단의학이 낳은 열매를 적나라하게 보여주는 것 같아 인용해 본다.[63]

"'유전자지도', '인간복제' 등이 일상어가 되면서 소위 바이오 벤처가 관심사로 떠오르고 있다. 인류의 오랜 관심사인 생명의 신비가 완전히 벗겨지고 있다는 기대감과 함께 정부와 기업이 생명의 산업화, 즉 바이오 벤처를 미래산업으로 부르짖고 있는 것이다. 이와 더불어 돈 냄새에 대해 본능적인 후각을 가진 투자자들도 생명공학에 촉각을 곤두세우고 있고, 일반인들도 잔뜩 궁금증어린 시선을 보내고 있는 형국이다. 바야흐로 '바이오 벤처 시대'가 도래하는 듯하다.

정부는 3월 8일 서정욱 과학기술부 장관을 통해 올해를 '생명공학의 해'로 선언하고, '바이오 코리아'(bio-Korea)를 위한 국가의 과학기술 역량을 총집결하겠다고 밝히고 있다. (중략) 기업의 움직임도 발 빠르게 나타나고 있다. SK는 약 3백억 원에서 4백억 원가량의 바이오 벤처 투자금액 중 150여 억 원을 국내 벤처에 투자할 계획을 가지고 있다고 밝히고 있다. LG도 올해 바이오 산업에만 1천 1백여 억 원을 투자할 것이라고 한다. 삼성은 앞으로 3년 동안 3천억 원을 바이오 산업에 투자하고 암, 치매예방을 위한 DNA칩을 2005년까지 개발하여 3천억 원의 매출을 올릴 것을 목표로 하고 있다. 이외에도 종근당, 녹십자, 동아제약, 유한양행 등 제약회사도 바이오 산업과 벤처 투자에 관심을 보이고 있다. (중략) 대략 현재 바이오 벤처를 이끌고 있는 것은 정부와 기업이다. 이들이 시장분위기와 투자를 선도하고 있는 것이다. 이런 분위기로 인해 시장은 한껏 달아올라 있는 상태다. 산업자원부가 21일 발표한 것에 따르면 올 1사분기에 창업한 바이오 벤처가 50여 개에 이른다.

1999년 말 99개이던 바이오 벤처가 지난해 말 400개로 폭발적으로 증가한 데 이어 올해에도 창업 붐이 이어질 거라는 분석들이 대부분이다. (중략) 이 사장은 더불어 현재 투자가 몰리고 있는 DNA 칩에 대한 선전은 허구라고 단정 짓듯 말하고 있다. "보통 질병이 발생하는 경우 유전적 요인과 함께 스트레스와 같은 심리적 요인도 포함되어 있습니다. 그런데 무조건 DNA 칩만이 모든 질병을 해결할 것처럼 이야기하고 있습니다. DNA 칩은 유전적 성향에서 기인하는 병을 치료하는 의미일 뿐 만병통치일 수가 없습니다. 또한 그것을 연구하는 데는 5-10년 정도의 오랜 시간이 걸리고, 제품화하여 시장에 내놓기 위해서는 또 그만큼의 시간이 걸립니다. 과대 포장되어 있고, 그만큼 투자의 위험이 높습니다." 지금 투자가 이루어진다고 해도 시장성을 입증할 수가 없다는 것이다. (중략) 바이오 벤처에 대한 시장의 신뢰 하락은 코스닥으로 현상되는 무분별한 투자 분위기로만 한정하여 책임을 논할 수 없다. '대박을 줄 수 있는 황금알'이라고 자처하고 나선 업계의 책임도 크다. 유전공학의 발전으로 인간 유전자 지도가 밝혀지고, 인간복제가 완성되어 만병통치의 시대가 열릴 거라는 기대감을 바이오 업계가 잔뜩 부풀려 선전했던 것이 사실이기 때문이다. 실제로 아직 국내에서 유전자 지도를 해독할 능력을 가진 업체는 전국에서도 거의 드물고, 연구업체도 많지 않은 실정이다. 이는 전 세계적으로도 드문 실정이다."

좀 길게 인용된 이 기사에는 유전공학을 발전시킨 당위성이요 동기인 인도주의적 목표와 순수성은 온데간데없다. 아직 연구도 기초 단계에 있는 유전공학을 이용해서 황금알을 낳는 거위인 바이오 벤처를 세워서 어떻게든 돈을 벌기 위해 모든 노력을 다하는 기업과 정부의 단합된 모습만을 읽을 수 있는 것이다. 기자의 의도는 아닐지 모르지만 인도적 목적으로 사용될 것이라는 바이오 산업의 첫 단추부터가 얼마나 허구인지를 드러내고 있으며, 순수한 동기라고 주장했던 것들이 얼마나 급속히 상업화되어 가는지를 잘 보여주고 있다. 그리고 이것이 보편화된 우리의 현실이라는 데 안타까움이 있는 것이다.

여기에 뜨내기들까지 가세를 하면 문제는 그리 단순하지 않은 것을 알 수 있다. 게놈(유전체) 지도라는 말이 유행하자마자 허위 광고를 일반인에게 무더기로 보내고 있는 것이다. 아무런 근거도 없고 상식적인 수준도 갖추지 못한 것이지만 이 광고에는 버젓이 회사 이름과 전화번호도 포함되어 있어서 잘 알지 못하는 일반인들을 속이고 있다.[64]

자본주의는 경제 영역에 적용된 진화론의 한 변형이라 할 수 있는데 적자의 생존, 즉 부자의 생존은 보장되나 빈자의 생존은 보장해 주지 않는 결과를 초래하였다. 즉, 분배정의의 문제에서 심각한 문제를 야기하고 있는 것이다. 자본주의 사회에서 의료 자원의 분배정의의 문제는 상업주의에 의해 심하게 뒤틀려 있다. 이에 대해서는 다음 장에서 분배정의에 대해 논하면서 다루려 한다.

■■■ 토론하기

• 장기이식(organ transplantation): 이와 연관된 장기 매매 행위에 대해 논의해 보자. 병원의 화장실에 붙어 있는 장기 매매 알선 스티커들은 의료인과는 전혀 무관한 것인가? 어떤 이식 전문 외과의사가 지방에서 열린 이식 학회에서 장기의 상당 부분이 매매에 의한 것임을 고백했다가 그 자리에 참석한 선배 의료인들에게

적잖은 꾸중을 들었던 적이 있다. 모두가 아는 사실이지만 덮어두어야 한다는 것이다.

- 보건 시스템: 풍요 속의 빈곤, 첨단 현대의학의 발전과 대비되는 의료의 빈곤에 대해 논의해 보자. 한 국가 내에서나 국가간 의료의 혜택이 갈수록 빈부격차가 심화되고 있는데 여기에 상업주의는 어떻게 영향을 미치고 있는가?
- 사회주의적 의료제도(영국이나 캐나다)와 자유경쟁체제(미국)의 의료제도, 그리고 우리나라처럼 통제된 자유경쟁체제 등에서 나타난 장 · 단점들을 비교해 보자.
- 상업주의와 유전공학이 손잡을 때의 의료의 방향성에 대해 논의해 보자. 본문에 인용된 신문기사를 참조하자.

8. 여러 '주의'들의 연합

> 우리가 우리의 손으로 이룩해 낸 진보의 수단—이를테면 경제, 테크놀로지, 과학, 국가와 같은 것—들은 오늘날 신으로서 자기들의 의사를 우리에게 부과하는 그러한 세력들이 되어버렸다.
>
> – 밥 하웃즈바르트[65)]

하웃즈바르트가 말하는 이데올로기의 연합은 의료에서도 마찬가지로 일어나고 있다. 예를 들면 진화론과 생물학적 또는 유전학적 결정론은 자연계를 만인에 의한 만인의 투쟁의 장으로 규명하여 정치적 · 사회적 영향력을 미치는데, 공산주의의 숙청이나 제국주의 침략을 정당화하는 데 이용되었을 뿐 아니라 의료에서의 우생학을 합리화시켜 준다. 장기를 얻기 위해 죽음의 정의가 다시 필요하게 되었을 때 '인간은 다만 물질일 뿐이다'라고 정의해야 할 필요는 진화론적 유물론이 충족시켜 주었고, 상대주의는 뇌사라는 죽음의 개념을 인정하는 데 기여하며, 민주주의의 절대적인 결정 방식인 투표에 의해 과반수를 얻으면 이 개념은 합법적으로 자리를 잡는 것이다.

다른 예를 들면, 인간복제라는 실험을 두고 이를 합법화하기 위해 유물론적 진화론의 가장 강력한 연합군인 과학주의는 수많은 반대에도 불구하고 복제기술을 발전시켜 왔다. 가능한 기술은 사용해야 한다는 것이 과학주의의 본질임은 앞에 언급했거니와 이를 수행하기 위해 태아가 생명이 아니어서 조작할 수 있도록 이를 뒷받침해 주는 개념이 필요하게 되었다. 과학주의는 태아를 희생시켜 가며 실험을 한 끝에 진화론적으로 태생기 14일경에 원시선이 나타나므로 이때부터 생명으로 인정한다는 주장을 한다. 이런 주장이 아무런 근거도 없을 뿐더러, 더구나 일반인들은 알 수 없는 어려운 용어들을 사용하여 사람들이 잘 알아듣지도 못하는(실은 이해하지 못하도록 하는 것이 목적이다. 일반인들이 이 내용을 이해한다면 태생기 14일부터 생명으로 인정해야 한다는 근거가 도대체 없음을 알아채 버릴 것이기 때문이다) 교묘한 제안을 과학이라는 가운을 입혀 그럴듯하게 포장을 해준다. 상업주의는 이를 틈타 필요한 장기 생산을 위해 복제기술이 필요하다고 힘을 모아주고 이 황금 시장을 선점하기 위해 대규모 투자를 서두른다. 인본주의를 등에 업은 민주주의는 말 못하는 태아의 권익은 무시된 채 투표권이 있는 기득권자들의 이익을 대변해 주기 위해 투표로 과반수를 얻은 이들의 손을 들어주면 합법적으로 장기복제가 가능하게 된다.

이와 같이 어떤 한 가지의 의료윤리 문제를 접할 때 그 배후에 있는 여러 가지 주의(-ism)들의 연합을 확인할 수 있는 것이다. 따라서 이런 다양한 이즘들이 어떻게 의료윤리와 연관된 각각의 문제에 대해 연합하여 영향을 미치는가를 살펴보아야 한다. 이 주의들의 배후에 자리하고 있는 세계관을 확인해 보고 아울러 성경적인 세계관과 비교해 보는 일은 신본주의에 근거한 성경적 의료윤리를 정립하는 데 매우 중요한 부분이라고 할 수 있다. 어떤 사람이 가진 세계관은 곧 그 사람의 행동을 결정하기 때문이다. 성경은 "그들은 사람들에게 자유를 준다고 하면서 자신들은 멸망의 종이 되어 있습니다. 누구든지 정복을 당하면 그는 정복자의 종이 되는 것입니다"(벧후 2:19, 현대인의 성경)라고 말하고 있다. 우리는 누구를 주인으로 섬길 것인가?

다음 장에서는 우리가 마치 희망과 믿음을 주는 주인처럼 여기는 생의학 모델의 첨단의학을 좀 더 객관적인 눈으로 바라보고 실상을 파악해 보고자 한다. 즉, 다음 질문에 대답하기 위해 객관적인 눈을 떠보려는 것이다. 첨단의학은 인간의 자율성을 보장해 주고 있는가? 첨단의학은 선행만을 하며 악행을 하지 않는가? 첨단의학은 정의로운가?

■■■ 토론하기

다음 주제들에 대해 앞에서 지적한 '주의'들이 복합적으로 어떻게 얽혀 나타날 수 있는지 논의해 보자.

- 태아 진단 및 우생학적 유산 또는 영아 안락사와 연관된 세계관적 요소, 인간관들에 대해 논의해 보자.
- 체외수정과 시험관 아기, 정자은행 그리고 이와 연관된 가정의 가치에 미치는 영향에 대해 포괄적인 관점에서 논의해 보자. 이들을 시행해야 하는 당위성은 무엇이며 실제로 나타난 결과는 어떤 것인가?

- 인체실험과 그에 따른 동의서(medical research on human subjects & informed consent)의 공정성과 위험성에 대해 논의해 보자.
- 죽음의 정의와 뇌사문제 그리고 장기이식에 대해 이에 연관된 세계관이나 주의들에 대해 논의해 보자.
- 성의 선택(artificial sex selection)과 여아 낙태에서 제기 가능한 세계관적 요소나 주의들에 대해 논의해 보자.
- 인간복제의 방법, 동기, 목적 그리고 가능한 결과들에 대해 그리고 그 배후에 있는 세계관적 요소나 주의들에 대해 논의해 보자.
- 회복이 불가능하다고 판단되는 중환자의 치료 또는 치료 중지 기준, 생명유지 장치 사용 기준에 대해 논의해 보자.
- 최근 말기 환자에 대한 연명치료 중단을 법제화하려는 움직임은 긍정적인 부분과 우려되는 부분이 공존하고 있어서 논란의 여지가 있다. 이에 대해 논의해 보자.

6장
생의학 모델 의료의 반성

나는 인간의 생물학적 요소인 육체의 요구를 채워주기 위해 점점 더 고비용화하지만 효과는 미미한 대책과 수단에 내 관심이 집중되어 있다는 사실을 발견했다. 순수한 과학적 수준에서 보아도 의학의 업적을 우리는 대체로 과대평가하고 있다. … 신뢰할 만한 업적을 모두 인정한다 하더라도 의학의 지나친 과학적 접근은 너무 쉽게 불쌍한 환자들을 반복되는 증례로 만들어 버리고 치료에 찌든 부인들을 임상 대상으로 바꾸어 버린다.
—데니스 버킷

의사로서 그리고 한 사람의 시민으로서 ADA 결핍으로 인한 어린이에게 동정심을 가지고 있으며, 이 희귀한 질병으로부터 어린아이의 고통을 덜어주기 위한 엔더슨(W. French Anderson)의 노력에 존경을 표한다. 여러 가지 관점에서 이런 노력은 정당화될 수 있다. 그러나 이 병을 앓고 있는 아이들 수보다 더 많은 과학자들이 이 병을 연구하고 있다. 나는 유전학의 발달이 무관심 속에서 영양결핍이나 교육 부족으로 인해 발생하는 흔한 질병들로 죽어가는 생명들에 대해 조만간에 관심을 가지리라고는 결코 생각하지 않는다.
—폴 빌링스

"맹인 된 인도자여 하루살이는 걸러내고 낙타는 삼키는도다."
—마태복음 23장 24절

오늘날의 첨단기술에 근거한 의학을 존스(D. G. Jones)는 '생의학 모델'(biomedical model)이라고 정의한 바 있다.[1] 이 모델은 인간을 인격적인 존재가 아닌 물질로 구성된 기계라는 관점으로 보며, 따라서 치료의 대상은 육체, 즉 고장 난 기계가 된다. 그래서 이 모델은 '기계론적 모델'이라고 불리기도 한다. 이 모델은 건강중심적이기보다는 질병중심적이고, 값이 비싸며, 인간의 삶을 지나치게 의료화(over-medicalization)하는 문제를 안고 있기도 하다.[2] 그러나 어쨌든 이 모델은 인간의 육체적 질병을 치료하는 의학의 발달에 상당한 기여를 했으며, 이로써 인간이 어느 정도의 혜택을 누린 것도 사실이다.

나도 이 모델의 유용성을 전적으로 부인하려는 것은 아니다. 사실 이 모델의 의료는 한 생명의 고귀함을 지키기 위해 엄청난 투자를 하는 노력이 돋보이기도 한다. 다만 이것이 인간을 이해하는 유일한 모델이며 전부라고 믿는 믿음 때문에 발생한 오류와 그 결과들을 지적하고자 하는 것이다. 오늘날 현대인들은 의료의 모델로서 생의학 모델을 당연시하는 분위기 속에서 살고 있다. 따라서 앞으로 이 글에서 의학이나 의술을 언급할 때는 따로 설명이 없는 한 생의학 모델을 말하는 것임을 인지하기 바란다.

이 장에서는 첨단의료를 대변하는 생의학 모델 의료가 인류에게 기여한 바와 함께 안고 있는 문제점들을 살펴봄으로써 우리가 몸담고 있는 의료의 진면목을 객관적으로 바라보고자 한다. 이 평가를 할 때 생명의료윤리의 기준이 되는 몇 가지 원칙들을 중심으로 살펴볼 것이다.

1. 첨단의학의 기여와 우려되는 위험성

첨단의료는 긍정적인 측면과 더불어 부정적인 측면을 가지고 있다. 흔히 21세기는 생명공학 시대가 될 것이라고 한다.[3] 인간은 이미 20세기 의학의 발달이 보여준 결과들에 대해서도 감탄을 하고 있다.

항생물질의 발달로 인한 전염병의 극복, 장기이식, 관상동맥 우회술이나 혈관성형술을 통한 심근경색증의 치료, 소아백혈병, 임파선 암 등 몇 종류의 암에 국한되기는 하지만 항암 치료의 발달로 몇몇 암의 완치 가능성도 높아졌다. 장기이식의 발달로 많은 환자들의 생명이 연장되고, 만성신부전이나 백혈병은 신장 이식술이나 골수 이식의 혜택을 받는 대표적인 질환이 되었다.

한편 유전공학에 의한 제품들도 이미 임상의학에 사용되고 있다. 인슐린, 적혈구 증식인자(erythropoietin)[4]는 만성신부전 환자나 암의 빈혈 치료에, 과립구 증식인자(granulocyte colony stimulating factor)[5]와 같은 물질들은 항암제나 방사선 치료를 받은 암 환자에서 동반되는 과립구 감소증을 회복시키기 위해 보조적으로 사용되고 있으며, 고가인 점과 약간의 부작용 등 몇 가지 문제점은 있지만 비용효과 대비로 볼 때 비교적 만족스러운 효과를 얻고 있다고 할 수 있다.

유전자 치료의 진전도 놀랄 만한 것이었다. 비록 단일결함 유전자 질환(single gene defect disease)이고 아직 쉽게 활용할 수 있는 것은 아니지만 중증복합성 면역결핍증(SCIDS: severe combined immunodeficiency syndrome) 환자의 유전자 치료는 획기적인 것이었다.[6] 이 병은 백혈구의 T세포 성숙에 필수적인 유전자인 아데노신 디아미나아제(adenosine deaminase) 유전자의 이상으로 면역 능력이 갖추어지지 않아 조기에 사망하는 질환이다. 그런데 환자의 백혈구에 정상 유전자를 바이러스 매개체(virus vector)를 통해 넣어줌으로써 이 병을 극복할 수 있게 되었는데, 이는 유전자 치료의 임상적 적용의 장을 열었다는 의미와 더불어 그 효과도 확실히 인정되는 예라는 의의도 가지고 있다.

21세기를 맞이하면서 30억 쌍에 이르는 DNA 염기쌍에 존재하는 인간의 유전자를 모두 밝혀내는 작업인 인간 게놈 프로젝트(HGP)가 예상보다 일찍 완성되었다. 이것은 주로 분자생물학의 발달에 기인한 것이지만 컴퓨터의 발달이 선행되지 않았더라면 상상하기 어려운 일이었을 것이다. 이것이 완성되어 인간은 인간의 생물학적 특성을 결정짓는 설계도를 가지게 되었으며, 유전자 수준의 진단과 치료라는 차원에서 질병에 대한 접근도 가능하게 될 것이라는 큰 기대를 하고 있다. 그뿐만 아니라 출생 전에 일부 질병에 대해서는 그 병을 유발할 유전자를 가지고 있는지에 대해서도 미리 알 수 있게 되었다.

21세기의 생의학 혁명은 이런 유전자 지도와 이를 근거로 수행될 유전자 공학, 그리고 이것의 의학적 응용에 의해 주도될 것이다. 이 일에 몰두해 있는 상당수의 과학자들은 생의학 혁명의 열매에 대해 긍정적인 큰 기대를 하고 있음은 물론이고, 이에 대해 비판적인 입장을 취하는 대표자의 한 사람인 존스(D. Gareth Jones)마저도 이 생의학의 혁명적 영향에 대해 다음과 같이 쓰고 있다. "오늘날 생의학 혁명과 유전자 조절, 실험관 수정, 의료의 질과 시술의 발달은 인류의 삶에 코페르니쿠스의 혁명이나 다윈의 혁명보다 훨씬 광범한 영향을 미칠 것이다."[7)]

그러나 다른 한편에서는 이에 대한 우려의 목소리가 높다. 이 목소리에는 앞에 언급한 헉슬리의 공상소설 『용감한 신세계』(*Brave New World*)의 서문에서 "자연 또는 생명 자체의 형태나 표현을 변형시키는 그야말로 혁명적인 혁명은 외부 세계에서 이루어지는 것이 아니라 인간 존재의 혼과 육신 안에서 일어나는 것이다"라고 표현한 상상 속의 우려에서부터,[8)] HGP를 이용한 상품의 가능성이 구체화된 데 대한 과학자 스스로의 우려까지 포함된다.[9] 복제 양 돌리가 등장하는가 싶더니 1993년에는 스틸먼(Stillman)과 홀(Hall)의 인간복제 실험이 발표되어 세상을 떠들썩하게 한 바 있으며, 최근 들어서는 인간복제가 구체적으로 논의되고 있다. 이에 대해 복제인간의 영적인 문제와 평등 문제, 복제인간의 상품화, 히틀러 같은 독재자가 이용할 가능성 등 많은 우려가 표명되고 있으며, 이런 소용돌이 속에서 인간은 정신적 방황을 하고 있는 것이다.[10]

생물학자 로즈(Steven Rose)도 결정론적인 생의학의 위험성을 예리하게 비판하고 있고,[11] 라이트(Richard T. Wright)도 금지된 지식과 새로운 발견, 위험한 기술들을 통해 과학이 인간의 가치에 도전할 수 있는 능력을 가지고 있다고 경고한 바 있다.[12] 페인은 현대의학의 불확실성에 대해 가설과 방법 그리고 그 결과들의 문제점을 예시해 주기도 했다.[13] 피터스(Ted Peters)는 유전자 조작을 통한 인간의 하나님 역할에 대한 우려를 유전학적 결정론과 인간의 자유의지라는 관점에서 설명하고 있으며, 결국 생의학 모델은 유물론적 인본주의로 환원됨을 간파한 바 있다.[14]

이와 같이 첨단의학의 발달에 대해, 특히 유전자 기술을 응용하는 의학 분야에 대해서는 기대감과 우려가 공존하고 있다. 따라서 다음에는 생의학 모델로 집약되는 첨단의술이 실제로 인간에게 의학의 원래적 목적에 얼마나 충실하게 기여해 왔는지를 추적해 보고, 이를 현대의학의 세계관적 배경과 함께 비교 고찰해 보려고 한다.

2. 생의학 모델은 의료의 원칙에 충실한가?

이 질문에 답하기 위해 편의상 생명의료윤리의 원칙들을 근거로 현대의학을 살펴보려고 한다. 생명의료윤리의 원칙은 의료의 궁극적 대상인 인간에 기준을 두고 의료 행위를 판단하는 것이며, 따라서 이 원칙들에 대한 충실성 여부는 곧 인간에 대한 의학의 충실성을 반영하는 것이기 때문이다.

대체로 생명의료윤리의 원칙은 다음 네 가지 혹은 세 가지로 압축할 수 있다. 즉, 비첨(T. L. Beauchamp)과 차일드리스(J. F. Childress)가 주장한 네 가지 원칙인 ① 자율성 존중의 원칙, ② 악행 금지의 원칙, ③ 선행의 원칙, ④ 정의의 원칙이 있다.[15] 한편 르빈(Carol Levine)이 제시하고 있는 원칙은 ① 개인에 대한 존중, ② 선행, ③ 정의로 압축되며 여기에서는 악행 금지와 선행의 원칙을 묶어서 취급하고 있다.[16] 나는 선행의 원칙과 악행금지 원칙은 동전의 앞뒤 면처럼 같은 맥락으로 볼 수 있기 때문에 편의상 르빈의 세 가지 원칙을 기준으로 살펴보려고 한다.

생의학 모델은 이미 그렇기도 하지만 앞으로 더욱 분자생물학 및 유전의학의 발달에 많은 부분을 의존하게 될 전망이다. 따라서 이미 2001년 초에 완전히 파악하여 발표한 바 있는 HGP의 결과로서 인간 게놈을 정점으로 한 의학의 발달에 좀 더 비중을 두면서, 각각의 원칙들에 대해 첨단 생의학 모델의 의술이 어떻게 나타나 있는지 살펴보려고 한다.

1) 개인에 대한 존중 또는 자율성의 존중

개인의 존중이란 원칙은 '히포크라테스 선서'에서부터 잘 나타나 있지만 오늘날 의학에서 말하는 자율성(autonomy)은 이성에 근거한 윤리적 자율성을 주장한 칸트(Kantian autonomy)에서부터 시작한다고 할 수 있다. 즉, 외부로부터 오는 어떤 권위도 배제하고 인간의 이성을 윤리적 결정의 절대기준으로 삼게 될 때 자율성 존중은 자연스러운 결론이라고 할 수 있을 것이다. 이에 대해서는 이 장의 뒤에서 좀 더 상세히 다루기로 하겠다.

이 원칙이 의료에 적용되면 의료에서 선택과 판단을 할 수 있는 모든 개인의 자율성을 존중하고 개인을 독립적인 개체로 대우한다는 원칙이 된다. 즉, 진료의 결정에서 의사가 일방적으로 결정하는 것이 아니라 환자의 자율적 의사(意思)에 따라 진료 행위를 해야 한다는 것이다. 따라서 이 원칙으로부터 인간 생명의 신성함, 진실을 말하는 것, 사전고지와 동의를 구하는 것, 사생활의 비밀을 보장하는 것, 그리고 존엄성을 가지고 죽을 수 있는 권리 등의 도덕적 원리들이 파생된다.[17]

선진국에서 현대의학은 외견상으로 볼 때 이 원칙을 비교적 잘 지키고 있는 듯이 보인다. 가령 항암제의 개발이 이루어지려면 실험실에서 동물실험을 거친 뒤 최종적으로는 인체에 투여하는 실험을 하지 않을 수 없는데, 이 과정에서 고지된 동의를 반드시 구하도록 하는 것을 예로 들 수 있다. 또 환자가 뇌사 상태에 빠져 본인의 판단 능력이 없을 때에도 환자의 생전 유언에 따라 그의 의견을 존중해 주기도 한다. 이것은 의사의 자발적인 동기에 의해서만 이루어지는 것은 아닌데, 의사는 환자에게 사전고지의 의무를 이행하지 않음으로써 환자로부터 소송을 당할 수 있는 가능성을 피하기 위해서라도 이를 성실히 이행한다.

의학이 발달하면서 전에는 문제가 되지 않던 것들이 제기되기도 했다. 장기이식의 발달로 제기된 뇌사 문제는 본질적으로 죽음이 무엇인지를 정의하려는 시도가 아니다. 뇌사는 장기이식기술이 발달하면서 필요하게 된 장기의 수급을 위해 요구된 어떤 목적을 가진 죽음의 정의이다. 여기서 문제가 되는 장기 기증의 자율성 문제에 대해 미국이나 영국의 경우처럼 운전면허증이나 기증자 카드에 자신이 뇌사 상태에 빠지면 장기를 기증하겠다는 서명을 하여 소지하도록 함으로써 본인의 의사를 사전에 밝힐 수 있도록 하기도 한다. 그러나 한국의 경우 법적으로 뇌사가 인정되지도 않은 상황에서(법적이라고 해서 도덕적이라는 의미는 아니지만) 뇌사 상태에 빠진 자녀의 장기를 기증함으로써 사회적으로 미화되는 일이 여러 차례 있었고 지금도 반복되고 있다. 그러나 이런 미화의 이면에 장기를 내어준 사람의 권리나 자율권은 철저히 짓밟히고 있음에 대해서는 아무도 관심을 가지지 않는다. 더 나아가 장기 기증을 부품을 빼주는 정도로 인식하고 가족간에 직·간접적인 강압으로 장기 기증을 요구하는 일들이 빈번해지고 있다. 이를 카스(Leon R. Kass)는 "고상한 형태의 식인행위"라고 표현하기도 했다.[18] 예수께서 "네 이웃을 네 몸과 같이 사랑하라"(마 22:39; 막 12:31, 33; 눅 10:27)고 하신 것은 내 몸으로 사랑하라는 말이지 남의 몸으로 사랑하라는 말은 아닌 것이다. 이와 비슷한 예로 브로디(Jane E. Brody)가 「뉴욕 타임즈」에 발표한 인간의 자율성에 대한 조사를 들 수 있다. 신약으로 개발된 항암제에 대한 임상시험을 하려면 자율적으로 결정하여 자원한 대상 환자들이 필요한데, 이 대상이 되기 위한 자율적 결정을 할 수 없는 어린아이들은 부모가 이를 대신한다. 암 환자의 비율은 성인 암이 훨씬 많아서 소아암은 성인 암의 2% 내외밖에 안 된다. 그런데 놀랍게도 어른 환자들은 2-3% 정도가 임상시험에 자원하는 반면 부모가 대리 결정을 해야 하는 어린아이들은 60%가 임상시험의 대상이 되었다는 것이다. 성인의 자율적 결정권 행사에 있어서 부모라 할지라도 자신의 문제일 때와 자녀의 문제일 때의 결정에 있어서 큰 차이를 보이고 있음을 보여주는 것이다.[19]

유전학의 발달로 진단 기법이나 치료 방법이 변화되면서 개인의 존중 문제에 커다란 위협이 생기게 되고 의문들이 생기게 된다. 예를 들면 유전 상담에서 발생하는 문제이다. 다운(down)증후군은 21번 염색체를 세 개 가지고 있는 경우에 나타나는데 이를 양수검사로 미리 알았을 때 유전 상담을 통한 현대의학의 대안이 오직 낙태뿐이라면, 오늘날 행복하고 착하게 살고 있는 이 환자들의 '삶의 의지'나 '살 권리'는 낙태되어도 된다는 것인가? 처음으로 다낭 신종(polycystic kidney disease)을 일으키는 유전자의 위치가 염색체 6번에 있다는 사실이 밝혀졌을 때 의학계에서는 이것을 그 해 신장학 분야의 5대 업적으로 내세우며 유전 상담의 새로운 길이 열렸다고 찬사를 보냈다. 그러나 유전 상담을 통해 진행될 그 다음 일은 무엇인가? 결국은 질병이 생길 가능성이 있는 유전자를 소유한 태아의 낙태로 이어지는 것이다. 그러나 문제는 이런 태아가 태어났을 때 이 유전자 이상으로 인하여 병이 발생하고 환자가 60세가 되었을 때 만성신부전에 빠질 가능성이 50%라는 점이다.[20] 만일 성인이 되어 이 병이 발생하고 60대에 이르러 만성신부전에 빠진 경우, 그래서 여생 동안 인공신장기를 이용한 혈액 투석을 해야 한다거나 장기이식을 받아야 한다고 했을 때 그는 자신이 태어나지 않았던 편이 좋았다고 생각할 것인가? 이 사람을 태어나지 못하도록 낙태시켰을 때 현대의학은 이 사람의 개인의 권리를 지켜준 것인가? 아니면 이미 세상에 나와 있는 기득권자의 이익을 위해 희생당한 것인가? 또 이 유전자를 가지고도 임상적으로 병이 발생하지 않거나 평생 사는 데 아무런 지장이 없을 수도 있다. 단지 발병 가능성이 있다는 이유로 자녀의 생명을 낙태시키는 일이 어떻게 정당화될 수 있는가?

「타임」지 여론조사에서 "만일 당신이 치유 불가능한 유전적인 질환을 가지고 있다고 할 때 임신 중에 있는 아이의 유전자 검사를 시행하겠는가?"라는 질문에 70%가 "하겠다"고 대답했다. 그런데 다행한 것은 이 70%의 대상자 중 "결과가 아이에게도 이 질병이 있다고 판명되었을 때 낙태를 시키겠는가?"라는 질문에 대해서 39%는 "그렇다"고 했지만 이보다 더 많은 48%는 "아니다"라고 대답한 사실이다.[21] 곳곳에서 우리는 일반인들의 생명에 대한 경외가 의료인들의 경우보다 우위에 있는 것을 볼 수 있다. 이 장의 서두에서 21세기는 생의학 혁명의 시대라고 했을 때 이것은 의사가 가장 위험한 존재가 될 수 있음을 내포하는 말이다. 생의학 기반의 첨단의학은 의사들에게 누군가의 삶의 질을 위해 어떤 생명을 '살릴 것인가'보다는 어떤 생명을 '죽일 것인가?' 하는 결정들을 더 많이 하도록 유도하고 있기 때문이다.

한편 유전학적 결정론은 인간을 전인으로 보지 못하고 유전자로 환원하여 개인의 권리에 대해 무관심하거나 침해하는 결과를 초래할 수밖에 없다. 요즈음 의학에서 관심의 대상이 되는 것 중 하나는 유방암을 일으키는 유전자에 관한 것이다.

가족력이 있는 BRCA1의 돌연변이를 가진 사람은 유방암이 발생할 가능성이 매우 높다. 그렇다고 반드시 생기는 것은 아니고 반대로 이 유전자들에 이상이 없어도 유방암은 발생할 수 있다. 그러나 이 유전자의 이상이 발견된 사람이 이 사실을 알게 되었을 때 현대의학이 대안으로 제시할 수 있는 것은 아직 암이 생기지 않은 상태에서 예방 목적으로 그 사람의 유방을 제거하는 것(prophylactic mastectomy)이다.[22] 이렇게 할 경우 암이 생기지도 않을 유방을 미리 제거하는 경우가 있을 수밖에 없다. 실제로 최근 유명한 여배우 안젤리나 졸리는 '나의 의학적 선택'이라는 「뉴욕 타임즈」 기사에서 자신의 모친이 10여 년 동안 항암 투병 끝에 지난 2007년 56세 일기로 사망했으며, 의사들이 그녀가 유방암과 난

소암에 걸릴 위험에 대해 각각 87%, 50%에 달한다고 하여 양쪽 유방을 절제하는 수술을 선택했다고 했다. 기사에 의하면 이로써 그녀의 유방암 위험도는 87%에서 5%로 줄었고 성형수술로 유지하는 유방에 대해 만족한다고 했다.[23] 그러나 이 문제는 그리 단순한 것이 아니다. 유전 상담을 통해 자신의 미래에 대한 위험도를 예측함으로써 유전학적 시한폭탄을 짊어지는 것의 득실에 대해 면밀한 검증이 필요한 것이다.[24] 문제를 복잡하게 하는 것은 이 검사 방법에 대한 신뢰성이 낮다고 알려져 있다는 사실이다.[25] 또 검사는 정확하다고 전제할지라도 이 결정에서 의사, 그것도 이 분야의 전문가가 아닌 사람이라면 이러한 사실을 알려준다 해도 자기 스스로 판단할 수 있는 능력이 있다고 할 수 없다. 너무도 복잡해서 잘 알 수 없는 의학 지식과 위험도 산정을 위한 확률 계산의 복잡함 때문에 뇌사 상태에 빠진 사람이 스스로의 문제를 결정할 수 없는 것같이 이들도 스스로 판단할 수 없는 경우가 많을 것으로 예상된다. 이런 상태에서 개인의 존중이나 자율성이 보장된다고 볼 수 있는가? 이런 상황은 사실 앞으로 모든 유전자 치료에서 부딪히게 될 보편적인 문제가 될 것이다. 즉, 의사들은 갈수록 자신들 스스로도 확신하지 못하는 불분명한 것을 환자나 아직 병이 발생하지도 않은 사람들에게 선택하도록 요청하게 될 것이며, 이런 결정을 해야 하는 상황에서 개인의 자율성이라는 권리는 심각한 위협에 놓이게 될 것이다.

그뿐만 아니라 개인의 사생활이나 비밀을 보장받지 못할 가능성이 많아졌다. 유전자 검사는 보험회사들과 고지 여부를 놓고 갈등의 소지가 있으며, 직장에 취직 시에도 과거 건강 진단서와는 달리 전형 서류에 유전자 검사를 요구했을 때 이 과정에서 개인의 비밀은 보장되지 못할 수 있을 것이다. 왜냐하면 나만의 비밀이라 할지라도 나와 무엇인가를 거래하거나 공유해야 할 어떤 대상을 만났을 때 상대에게 진실을 말해 주어야 할 의무도 동반한다고 해야 할 것이기 때문이다. 그 결과 아직 발현되지도 않은 유전자 때문에 고용이나 보험 계약에 불이익을 당할 수도 있다. 이에 대한 불안을 반영하는 여론조사가 「타임」지에 실리기도 했다. 이에 따르면 보험회사가 개인의 허락 없이 유전 정보를 갖게 되는 것과 고용주가 고용인의 유전 정보를 갖게 되는 것에 대해 각각 94%, 95%가 반대를 표명하였던 것이다.[26] 그 이전 단계인 연구소에서도 '유전자 정보의 비밀 유지 의무가 지켜지기 어렵다'는 사실을 플레처와 워츠(Dorothy Wertz)가 발표한 바 있다.[27] 이 유전자 검사가 일상화되어 결혼을 앞둔 남녀에게 적용되면 우리는 결혼의 신성한 의미를 오직 우생학적인 차원으로 끌어내리게 될 수도 있을 것이다. 첨단의학은 유전학적 결정론이라는 눈으로 인간을 바라보게 하여 인간의 다른 가치를 평가하지 못하게 함으로써 인간을 존중하는 원칙, 자율성 존중의 원칙을 무너뜨리는 것을 볼 수 있다.

이러한 문제들 대부분은 종전에는 개인에게 선택의 여지가 없던 일들이었으므로 문제가 되지 않았으나 이제는 의학의 발달이 제공한 또 하나의 윤리적 선택의 대상이 되었다. 이에 따라 새로운 논의가 필요하게 되었는데, 자율권의 문제에 인간의 책임을 묻는 것이며 나아가 자율권이 속박되더라도 지켜야 할 한계를 긋는 일이다.[28] 문제는 쉐퍼가 지적한 대로 미국의 대법원이 헌법상의 권리인 개인 존중(privacy)을 낙태권(abortion right)으로 해석할 수 있다면 개인이 하고 싶은 일은 그것이 어떤 일이든 하지 못하게 할 수 있는 근거가 없다는 사실이다.[29]

그러나 어쨌든 개인의 자율적 선택권의 제한이 공적으로 논의되었고 그중 하나가 유전자 검사의 남용이다. 특히 우생학적 방법의 남용이라는 차원에서는 더욱 그렇다. 가령 지능지수가 낮은 아이를 원치 않는 부모가 양수검사를 통해 이 사실을 알았을 때의 선택이나, 남자 선호 사상이 여아를 낙태시키는 데 기여하는 초음파 검사 등은 개인의 권리 존중 차원에서 무분별하게 개인의 요구에 따라 시행되어서는 안 될 의술인 것이다. 또한 지능뿐 아니라 피부색이나 눈동자의 색, 키 등 인체의 특성을 변형하기 위한 유전자 조작도 문제가 될 전망이다.

새로운 생식기술에 관한 왕립위원회(The Royal Commission on New Reproductive Technologies)는 이런 이 영역에서의 개인의 자유에 대해서는 분명히 제한이 필요하다고 결론지었으며,[30] 페레이라(Patric Perreira)는 다음 영역에 대한 제한을 주장하였다. ① 의료 외적 목적의 성감별, ② 생식세포나 접합체에 대한 유전자 변형을 포함하는 연구, ③ 발병 가능성이 있는 유전자에 대한 산전 진단, ④ 인간의 특성을 증진시키기 위한 시도.[31]

유전자 치료의 선도자인 앤더슨(W. French Anderson)도 유전자 조작이 질병 치료 목적이 아닌 신체의 변형이나 인간의 행동 변형에 사용되는 데 대해, 그리고 인간의 유전자가 부주의로 변형되었을 때 복구가 불가능할 수도 있는 가능성에 대해 진지한 우려를 표명하고 있다.[32]

미국의 기독교의사치과협회(Christian Medical and Dental Society)도 이에 대한 입장을 명문화하고 있으며, 다음의 경우에 대해 반대하는 입장을 표명하고 있다. 즉, 연구를 위해 기존의 생명을 해치는 경우, 유전자 정보가 사람을 차별하는 데 쓰일 경우, 인간의 어떤 속성을 변화시키는 경우, 환자의 유전 정보를 사회적 이익을 위해 사용할 때 그것이 환자에게 해가 되거나 그럴 수 있는 가능성이 있을 경우 등이다.[33]

아마도 인간은 이런 제한을 가하지 않으면 인간을 위해 발달시킨 의술이 생명을 경시하는 데 앞장서는 아이러니에 봉착하게 될 것이다. 여기에서 첨단의학이 던져주는 또 다른 의문이 생기게 된다. 그것은 인간의 자율성의 한계에 대한 의문이며, 이는 결국 인간관으로 귀결되는 질문이다. 환자의 자율성을 100% 인정해 준다면 의사는 기계공에 불과하게 될 것이다. 그 반대는 의사의 부권적 권위주의(medical paternalism)로 흐르는 것이다.

인간의 개인적인 자율성이나 권리는 무한정으로 보장될 수 있으며, 또 보장해 주어야 할 것인가?

2) 악행 금지의 원칙 또는 선행의 원칙

의료에서 악행 금지의 원칙은 극히 당연하게 여겨질지 모르지만 히포크라테스 당시에도 낙태나 영아 살해, 노인 살해 등과 같은 생명을 해하는 일이 흔했기 때문에 히포크라테스 선서에도 "…환자를 해하는 일을 행하거나 약물을 주지 않을 것이며… 낙태 목적의 펫사리를 여성에게 주지 않을 것이며… 어떤 의도적인 악행이나 해도 끼치지 않겠다"는 내용이 담겨 있다.[34] 이 선서에는 담겨 있지 않지만 의사에게 잘 알려진 "무엇보다 해를 끼치지 말라"(pimum non nocere)는 경구도 히포크라테스가 한 말로 알려져 있는데 이런 것들을 우리는 '악행 금지의 원칙'이라 부른다. 한편 의사는 타인의 질병을 치료하고 건강을 증진하도록 노력해야 하는데, 이를 '선행의 원칙'이라 한다. 이 둘은 서로 관련이 있기 때문에 하나로 묶어 다루고자 한다.

악행 금지의 원칙은 두 가지 차원에서 생각해 볼 수 있는데, 하나는 의도하지 않은 불가항력적인 악행이고, 다른 하나는 의도적 악행이다. 때로는 이 구별이 애매한 경우도 있는데, 이 점이 현대 첨단의학의 특징이기도 하다.

의도하지 않은 악행: 이는 의료의 불완전성 때문에 발생하는 부작용으로 간단한 증상에서부터 심하면 사망에 이르는 것이 될 수도 있다. 이것을 의학에서는 의인성(iatrogenic) 합병증이라고 한다. 의학이 발달하면 할수록, 신약이 개발되면 될수록 이런 의인성 부작용들은 많아진다. 예를 들면 스테로이드 호르몬은 여러 가지 질병에 치료나 증상 완화 목적으로 사용되는 약제인데, 이것을 장기 투여했을 때 오는 부작용은 매우 다양하고 치명적이 될 수도 있다. 고관절의 무혈관성 괴사(avascular necrosis)와 같은 부작용은 예측하기도 어렵지만 우선 원인 질환으로 인한 치명적인 결과를 피하기 위해 사용하지 않을 수 없는 경우가 흔히 있다. 오래 전부터 이 이유를 밝히고 이런 합병증이 생기지 않도록 하려고 노력했지만, 문제를 해결하지 못한 채 아직도 계속 사용하고 있는 실정이다. 의학 교과서는 항상 어떤 시술을 했을 때 시술에 따른 이환율(morbidity)과 사망률(mortality)이 어느 정도인지 밝히고 있고, 이것은 인간의 유한성에 기인하기 때문에 이런 의미의 악행에 대해서는 나라마다 문화적 차이가 있지만 고지 의무가 다해진 상황에서는 대체로 관대한 편이다.

그러나 첨단의학이 가진 문제 중 하나는 시술의 위험성에 대한 예측이 어려우며, 이를 이해하는 데도 고도의 전문적 지식이 필요하다는 점이다. 유전자 치료의 경우 이 방법이 사용될 때의 좋은 점들만 매스컴을 통해 과장되게 알려져 있으나 그 이면의 문제들은 잘 알려지지 않고 있다. 앞에 언급한 중증복합성 면역결핍증환자(SCID: severe combined immunodeficiency syndrome)의 유전자 치료의 경우, 첫째, 이것이 현재까지 알려진 4천여 종의 단일유전자 질환 중 하나이며, 둘째, 유전자의 기능이 필요에 따라 수시로 작동-중지를 반복하지 않아도 되며, 셋째, 유전자의 결과물인 해당 단백질이 우리 몸 안에 좀 많거나 적어도 크게 문제가 되지 않는 희귀한 유전자 질환이다. 이와 같은 조건을 만족하는 질환을 유전자 치료의 대상으로 삼았기 때문에 비록 첨단의 시설과 인력 그리고 시행착오를 반복한 많은 노력을 한 결과이긴 하지만 가능할 수 있었던 것이다. 암이나 대부분의 다른 복합유전자 질환에서 그렇듯이 병의 원인이 되는 유전자가 여러 가지이고, 개체마다 다르며, 어떤 유전자의 작동을 제어(feedback)하는 유전자가 따로 있고, 그 제어를 인체의 상태가 조절하는 경우의 유전자 질환에는 이런 단순한 치료법이 그대로 적용될 수 있는 것은 전혀 아니다.

한편 변형유전자를 가진 세포에 정상 유전 물질을 전달하기 위해 사용하는 매개체로서 아데노바이러스(adenovirus)는 인체에서 면역반응을 일으키는 경우가 많은데,[35] 원래적 면역기능을 고려해 보면 자연 상태의 방어기전으로서 당연한 것이지만 유전자 치료를 위해서는 장애가 되는 것이다. 다른 한편 레트로바이러스(retrovirus) 매개체는 삽입성 돌연변이를 잘 일으키고 스스로 활성형으로 전환이 될 수 있는데,[36] 이것이 감염을 일으키거나 인간의 유전자에 들어가서 돌연변이를 일으키면 암 억제 유전자의 불활성화와 암 유전자의 활성화를 통해 암을 유발할 가능성을 포함하여 인간의 유전자에 어떤 영향을 미치고 후세에 이것을 잠재적으로 물려주게 될지 어떨지 아무도 예측할 수 없는 것이다. 따라서 환자는 물론 의사마저도 시술이 가져올 득실을 정확히 판단할 수 없는 의료가 수행되면서 악행의 요소는 늘 상존하게 되는 것이다.

HGP가 완성됨으로써 그러한 상황은 더욱 심각하게 현실화되리라 생각된다. HGP는 인간의 단백질을 만드는 30억 쌍의 유전자 염기 서열을 2005년까지 모두 파악하는 작업으로 인류 역사에서 가장 큰 공동 연구 중의 하나였다. 실제로는 이보다 앞당겨진 2001년 초에 이 연구가 완성되었으며, 이를 토대로 과학자들은 질병의 원인이 되는 유전자 부위를 파악하여 질병 치료에 기여하게 될 것이라는 기대를 하고 있다. 그러나 암의 경우를 보면 단일유전자 돌연변이로 발생하는 경우는 거의 없고 그 돌연변이 유전자간의 역학 관계도 풀기 쉬운 일이 아니다. 따라서 이와 같이 불확실한 토대를 가지고 의학적 응용을 시도하는 데는 앞에서 언급한 문제 이외에도 수많은 문제들이 뒤따를 것은 명백하다.

의도적 악행: 히포크라테스 선서의 전통이 살아 있었던 때까지는 악행 금지의 원칙 중 의도적 악행 금지의 원칙은 적어도 표면적으로는 지켜졌었다. 현재도 그 전통에 뿌리를 둔 의료를 시행하는 의료인의 경우에는 이 원칙을 지키고 있다고 말할 수 있다. 물론 비밀리에 이 원칙을 어기고 개인적으로 낙태를 한다든지 안락사를 시행한 의사들이 있었고, 나치 치하에서는 공적인 차원에서 인종 청소와 같은 일에 의료인이 관련되기도 했다. 그러나 정상적인 자유국가에서 이 전통의 영향 아래 있던 의료는 이런 일을 공개적(합법적)으로 행하지는 않았다.

그러나 1973년에 로 vs 웨이드 사건의 판결에서 미국 대법원의 결정으로 임신 3개월 이내의 낙태가 합법화되고,[37] 1997년 11월 오리건 주에서 의사 조력 자살(physician-assisted suicide)을 투표로 합법화했을 때[38] 악행 금지의 원칙은 뿌리째 흔들렸고 악행 금지를 명시한 히포크라테스적 전통과 기독교적 전통은 의료에서 무너지고 말았다.[39] 이런 상황에서 의료가 현대의 첨단 유전공학과 만난 것은 새로운 의의를 더해 준다. 그것은 낙태를 정당화할 수 있는 또 하나의 타당한 근거, 즉 우생학적 차원을 추가적으로 제공해 주는 수단이 등장했다는 점에서이다.

가령 HGP가 완성된 뒤 지능이나 체격이나 눈의 색깔 등의 외모, 성격 등을 결정하는 유전자를 알 수 있다면 양수검사를 통해 원하는 수준에 미치지 못하는 아이를 낳지 않기 위해 낙태를 요구할 수 있고, 이것은 법적으로 아무런 제재를 받지 않게 될 것이다. 또한 이때 시행되는 양수검사도 무분별한 악행의 소지를 가지고 있다. 가령 35세 이상의 여자가 아이를 낳게 될 때 다운증후군이 나타날 가능성은 200분의 1인데, 이것을 미리 알기 위해 양수검사를 했을 때 이로 인해 사산될 확률은 2.5-3.7%이며 만곡족(clubfoot, talipes)이 발생할 가능성도 1-1.4%이다.[40] 비정상아의 출생을 막기 위해 훨씬 많은 정상아가 희생되거나 기형으로 태어날 가능성을 피할 수 없는 것이다. 정부의 인구조절 정책과 맞물려 중국이나 한국을 비롯한 아시아 국가들에서는 임신된 아이가 단순히 딸이라는 이유만으로 낙태시키기도 한다.[41] 이로 인한 성비의 불균형은 앞에서 밝힌 대로 이미 심각한 수준에 이르고 있다.[42] 도스토옙스키가 그의 소설 『카라마조프 형제들』에서 이반을 통해 한 말처럼 "하나님만 없다면 무엇이든지 할 수 있는 존재"(If there is no God, all is permitted)로서의 인간을 가능하게 해주는 첨단의료의 모습을 여기서 볼 수 있는 것이다. 테레사 수녀가 "어머니가 자기 뱃속의 아이를 죽일 수 있는 인간이라면 할 수 없는 일이 무엇이겠는가?"[43]라는 말에서, 그 악행을 돕는 충실한 조력자로서의 첨단의료를 사용하는 의료인의 모습을 연상할 수 있는 것이다.

그러나 인간의 욕망은 낙태에서 그치지 않고 한 걸음 더 나아가게 한다. 태아를 실험하기 위해 낙태된 태아를 실험 목적으로 이용하는 것이다. 태아 실험은 처음에는 치료 목적의 연구를 위해서만 허용되었지만 차츰 과학의 발전을 위해 비치료 목적의 실험도 허용되었고, 낙태 후에만 허용되었던 것이 점점 낙태 시술 중 또는 그 전에도 허용되었다. 브레넌(Dr. William Brennan)이 자신의 저서에서 히틀러의 나치즘 치하에서 독일의 의사들이 저지른 인체실험에 대해 뉘른베르크 의사들에 대한 재판에서 밝혀진 사실들과 미국 정부가 허용하고 있는 태아 실험 지침을 비교한 표(〈표 1〉)를 제시하여 나치와 하등 다를 바 없는 과학 또는 의학이라는 이름의 악행을 지적하기도 했다.[44]

저널리스트인 리니(Suzanne M. Rini)는 태아 실험에 대한 많은 자료들

〈표 1〉 나치 치하 의사들의 인체실험과 오늘날 미국 정부가 허용하는 태아 실험 지침의 비교

	나치 수용소 인체실험	미국 정부의 태아 실험 지침
실험시기	비치료 목적의 실험이 수용소의 피수용자를 대상으로 살해 전, 살해 중, 살해 후에 허용된다.	비치료 목적의 태아 실험이 낙태 전, 낙태 중, 낙태 후에 허용된다.
실험목적	새로운 데이터는 전적으로 과학을 위해 얻어질 것이다. 확실하지 않은 사실들은 오로지 인체실험을 통해서만 해결될 수 있는 것이다.	다른 연구로는 얻어질 수 없는 중요한 생의학적 지식의 발전을 위해 비치료적 태아 실험은 정당화된다.
사전실험	'수많은 동물 실험을 거친 후' 다차우 수용소의 사람을 대상으로 해부 실험을 시행하였다.	적절한 모델의 동물 실험이 선행되어야 한다.
허가	'법적 권위가 있는 기관'으로부터 설파닐아마이드 실험에 대한 허가가 있었다.	태아의 어머니로부터 허락을 받아야 한다.

을 제시하고 있는데, 여기에는 불행히도 한국으로부터 태아의 간장, 신장 등을 포함한 내부 장기들이 일본 항공을 통해 미국으로 수출된 사실도 폭로되어 있으며, 그 외에도 미국의 의사들이 일본이나 페루 등지에서 장기나 태아 자체를 수입한 사실도 기록되어 있다.[45] 수출된 장기들은 의사들이 불법으로 낙태 수술을 행하였을 뿐 아니라 적출물 처리법을 어겨가며 불법으로 의사들이 수집한 것일 수밖에 없지 않은가? 의학잡지를 통해서 소개된 실험 논문들에서도 25주 이상 자란 태아를 산 채로 수술(hysterotomy)을 통해 분만한 후 즉시 성기나 부신과 같은 장기를 실험용으로 도려내는 행위나 살아 있는 태아의 심장에 주사 바늘을 찔러 넣는 행위들을 아무렇지 않게 기술 보고하고 있다는 사실을 밝히고 있다.[46]

앞에서 언급한 뇌사 문제에서 뇌사에 대한 정의 자체도 문제지만 이것을 통해 장기를 얻으려는 의도가 더해지면 뇌사자의 인권이나 자율성을 지키기는커녕 악을 행하는 일에 의료가 팔을 걷어부친 모습이 될 수 있다. 왜냐하면 이제껏 의사들은 매매된 장기임을 알면서도 수술을 해 왔기 때문이다. 여기에는 장기를 필요로 하는 환자의 욕구와 더불어 다분히 의사로서의 성취도와 명예가 어우러져 있다. 페인은 자신이 의사이면서도 의사들이 윤리적이라는 생각은 일반화된 오해 중 하나라고 말한 바 있다.[47] 그런데 우리나라에서는 의사만이 아니라 일부 목회자들도 장기매매에 정당성을 부여해 주기까지 한 일이 있다. 내가 인공신장실 책임을 맡아 만성신부전 환자를 보고 있을 때, 소위 건전한 교단 소속의 목회자들이 교회의 건축비를 마련하기 위해 자신의 장기를 팔겠다는 여자 성도의 믿음의 결단에 동의를 해준 일을 몇 차례 목격했다. 이런 예들은 인간이 의료의 발달을 앞세워 그럴듯한 의도나 목적을 성취하기 위해 얼마나 교묘하게 악을 행할 수 있는지를 보여준다.

첨단의료에서의 악행은 기득권자, 가진 자, 결정권자들이 이런 권리를 갖지 못한 태아, 뇌사자, 영아, 노인, 장애인들이 인간으로서 삶의 본능을 단지 표현할 수 없다는 약점을 이용해 생명을 침해하는 행위로 나타난다. 과거에는 법적인 공인이나 의료적 타당성의 근거도 없이 이교도들의 의료 행위나[48] 나치와 파시스트의 손에 의해서 일어났던 일이 오늘날에는 일상적인 의료에서 일어나고 있는 것이다. 마치 나치가 '의미 있는 생명'(meaningful life)이 아니라고 판단한 장애인들이나 환자들을 죽음의 가스실로 데려가는 차량을 '환자를 위한 자선 운송차량'이라고 미화하여 불렀듯이 이제는 '안락사'나 '존엄사', '저칼로리 식이', '후향적 출산 조절', '개인의 자유', '죽을 권리' 등과 같이 미화된 표현[49]이나 '건전한 의료 행위'라는 이름으로 생명 침해 행위가 일어나고 있는 것이다.[50]

첨단으로 발전하는 의료가 왜 인간을 위해 선을 행하고 악을 행하지 말아야 한다는 당연한 원칙으로부터 이탈하는 것일까?

3) 정의의 원칙

정의의 원칙은 모든 사람을 동등하게 대우하는 원칙으로서, 모든 사람은 정당한 것 또는 필요한 것을 골고루 분배받아야 한다는 원리이다. 생명의료윤리와 관련해서는 의료자원의 분배 문제로 좁혀서 생각할 수 있다. 각 나라의 정부는 사회주의적인 의료제도를 도입하거나 사립 또는 공립의료보험제도를 도입하여 의료의 분배 문제에 접근하고 있다. 의료인은 자신이 살고 있는 나라의 이런 제도 아래서 정의의 원칙을 위해 어떤 역할을 감당하는 것이라 할 수 있다. 그러나 한 국가 안에서도 이 보험제도가 정의롭거나 공정한 의료 분배를 수행하고 있지는 못하다. 의료의 자원은 한정되어 있고, 현대의 첨단의학 자체가 의료를 균형 있게 제공하는 틀로 발전하지 않았기 때문이다.

생의학 모델의 의학은 고급 인력 자원의 대부분을 예방과 일차 진료에 사용하기보다는 첨단의술 개발에 사용하며 의료비의 대부분이 첨단 장비를 갖춘 병원에서 사용된다. 그래서 세계교회협의회(WCC)의 기독의료위원회에서 지적한 바와 같이 현대의학은 의료를 "보다 소수를 위한 보다 양질의 의료"[51]로 몰고 간다. 한 사람의 부자 노인을 위해서는 값비싼 시술인 심장우회술이나 심지어는 이식수술도 시행하지만, 가난한 사람을 위해서는 예방 차원의 간단한 예산도 배정하지 않고 있는 것이다. 결국 생의학 모델의 의학은 구스타브 노설 경(Sir Gustav Nossal)이 생의학적 혁명의 네 가지 위험성으로 경고한 바와 같이 고비용, 비인격화, 지나친 전문화, 의술의 효과에 대한 과장 등을 초래했다.[52] 의료 자원의 불균형 문제는 이미 심각한 수준을 넘어서 치명적인 결과들을 초래하고 있음을 세계 도처에서 볼 수 있다. 빌링스(Paul Billings)는 한정된 의료 자원 사용에서 지나친 불균형에 대해 이렇게 지적한 바 있다.

> "의사로서 그리고 한 사람의 시민으로서 ADA결핍으로 인한 어린이에게 동정심을 가지고 있으며, 이 희귀한 질병으로부터 어린아이의 고통을 덜어주기 위한 앤더슨의 노력에 존경을 표한다. 여러 가지 관점에서 이런 노력은 정당화될 수 있다. 그러나 이 병을 앓고 있는 아이들 수보다 더 많은 과학자들이 이 병을 연구하고 있다. 나는 유전학의 발달이 무관심 속에서 영양결핍 또는 교육 부족으로 인해 발생하는 흔한 질병

> 들로 죽어가는 생명들에 대해 조만간에 관심을 가지리라고는 결코 생각하지 않는다."[53]

의학 연구의 영역도 마찬가지인데 인간은 새로운 지식을 추구하는 데 무한한 욕망을 가지고 있어서 새로운 지식을 위해서는 투자를 아끼지 않는다. 더구나 이것이 상업성을 가지고 있다고 판단되거나 자국에 이익이 된다고 판단되면 더욱 그러하다. 그러나 지구상에 아무리 부자 나라라고 해도 이 모든 연구와 개발을 감당할 수 있는 나라는 없다. 균형을 잡지 않으면 우리는 마치 러시아 우화에 있는 것처럼 '연료 값이 반밖에 안 드는 난로를 가지고 있으면서 마치 이 난로를 하나 더 가지면 연료가 없이 방을 데울 수 있기라도 하듯이 값이 절반밖에 되지 않는 연료를 사지 않고 추위에 떨면서도 다른 난로 하나를 더 구하려고 노력하는 것'과 같은 모습일 수밖에 없다.

강대국들 사이에서 에이즈나 암 정복 같은 업적은 우리가 이룩하겠다는 자존심 싸움과 연구 결과의 상업성이 정책과 예산 결정에 중요한 역할을 하고 있다. 한편으로 첨단의학의 연구자들에게서 고통당하는 인간에 대한 애정을 찾아보기 힘들고 오히려 연구 업적과 연구비 수혜를 목표로 연구를 하고 있는 모습을 보면 왜 의료의 영역에서 숲이 외면되고 의료의 정의 원칙이 왜곡되는지 이해할 수 있는 부분이 있다. 예를 들면 치유되지 못하고 죽어가는 55%의 암 환자들의 아픔을 돌보는 일에는 관심이 없고 오직 '마탄'(magic bullet)[54]을 찾기 위해서 많은 인력과 재정을 투자하고 있는 것이다. 1971년 닉슨(Nixon) 대통령이 국립암정복정책(national cancer acts)에 서명함으로써 사용한 암 정복 사업의 경비는 지금까지 무려 1조 달러에 이른다. 닉슨이 "나는 앞으로 수년 내에 이 정책에 서명한 오늘을 회고할 때 이 정책이 나의 행정부 기간 동안에 이루어진 가장 획기적인 일이 되기를 희망한다"라고 했지만 5년 이내에 암을 정복하겠다던 처음의 포부와는 달리 30여 년이 흐른 지금[55] 이 사업의 실패는 의사들 사이에 '의학의 베트남'(medical Vietnam, no win war without end)이라고 불릴 정도로 잘 알려져 있다.[56] 사실 현재 1년 동안에 암 연구비로 사용하는 경비는 1,100억 달러로 미국 의료비의 10%, GNP의 2%를 점하고 있다.[57] 이런 실패를 인정하고 납세자들의 눈총을 의식한 미국 정부는 암정복정책 대신 예방 쪽으로 관심의 눈을 돌리게 되었는데, '마탄의 추구로부터 예방으로' 방향을 전환하는 것이 훨씬 경제효과가 있음은 주지의 사실이기 때문이다. 미국인의 사망 원인의 6분의 1이 담배와 관련된 질환이기 때문에 금연 하나만 하더라도 의료비 절감효과는 큰 것이다. 이러한 사실과 간접흡연의 폐해가 밝혀짐에 따라 미국 보건성은 공공장소에서의 금연을 일반화시키는 정책 변화를 성공적으로 수행한 바 있다.[58] 이와 같은 일에 약간의 예산만을 배정하여도 국민들의 식이 습관을 바꾸고, 건전한 성생활과 적절한 운동 등으로 질병을 일으키는 많은 원인을 제거함으로써 의료 자원의 절약을 가져오며 좀 더 공정하게 분배할 수 있는 여유가 생길 수 있다.

화재의 예방보다는 화재 발생 후 불끄기식 의료에 매달린 현대의학은 첨단기술을 가진 의료인과 첨단의 장비를 위해 자원을 소모하고 있으며, 이로써 의료의 분배정의는 심하게 왜곡되고 있다. 화재경보기나 초기 진화를 위한 소화기의 비치를 의무화하고 건축물에는 내화재를 사용하도록 하는 조치를 소홀히 하는 대신 소방서 건물과 소방 시설만 강화하고 있는 모습이 바로 현대의학의 모습인 것이다. 물론 이 혜택을 받을 한 사람의 생명이 귀중하다는 것을 부인하는 것은 아니지만 이 자원의 불균형적 사용은 전혀 엉뚱한 피해자를 만들어 낼 수 있는 것이다. 70세 된 부자 노인의 장기이식을 위해 많은 경비와 첨단의 장비가 동원되지만, 어떤 가난한 청년은 치료약을 구할 돈이 없어서 치료 가능한 질병으로 죽어가는 아이러니한 현실이 한 국가 안에서도 벌어지는 것이다.

이런 불균형 시비는 부도덕한 생활을 함으로써 생기는 질병들에 대한 진료비를 감당하는 문제에서도 나타난다. 예를 들면 마약이나 동성연애로부터 생긴 것이 확실한 에이즈에 대해서도 다른 사람들이 의료비를 감당하고 있으며, 알코올 중독이나 담배로 인한 질병들에 대한 의료비 지불은 한정된 의료의 자원을 고갈시키는 것이다. 이에 대해 페인은 "도덕적인 제한 없이 방탕함에 대해서까지 의료비를 지불한다면 결국은 지불불능 상태에 이르게 될 것이다"라고 미국이 직면한 현실을 경고한 바 있다.[59)]

이런 문제에서 국가간의 괴리는 더욱 심하다. 많은 비용을 들여 심장이식수술을 하고 있고, 인간을 복제해서 필요한 장기를 공급하겠다고 하는 지구 한편에서는 값싼 말라리아 치료제가 없어서 죽는 사람이 1년에 66만 명에 이르고[60)] 1년에 10-12달러가 있으면 해결될 간질 약을 먹지 못해 정상적인 삶을 살지 못하고 있는 사람들이 간질환자 5천만 명 중 4분의 3인 3천5백만 명이 넘는다.[61)] 의료 선교사였던 설대위는 이를 다음과 같이 쓰고 있다. "CT 스캐너 한 대 비용으로 10 내지 15개의 일차 진료소를 세울 수 있으며, 전염병을 퇴치할 수 있고, 개발도상국의 경우 이 비용으로 건강 문제의 90%를 해결할 수 있다." 이어서 그는 브라질 출신의 건강 문제 전문가인 리히터(H. B. Richter)가 도쿄에서 열린 '20차 국제병원연합회'에서 던진 질문을 인용한다. "기아와 문맹의 퇴치를 위해 싸우는 전자 장비는 없을까요?"[62)]

유니세프(UNICEF)의 한 자료는 무기를 위해 8천억 달러, 맥주를 위해 4천억 달러를 사용하는 세계가 무엇을 외면하고 있는지를 극명하게 보여주고 있다.

> "1996년 제1차 전국 조사에 따르면 에티오피아 전역에서 65%의 어린이들이 비타민 A 결핍을 앓고 있었다. 이 조사에서는 5세 미만 어린이 중 5백만 명, 전체 인구 중 3천만 명이 비타민 A 결핍을 앓고 있었다(에티오피아 총인구 5,820만 명, 유니세프 국가발전백서 1998). 식생활과 직접적으로 관련이 있고 많은 개발도상국에서 만연하고 있는 비타민 A 결핍은 어린이 실명의 주된 요인으로 알려져 있으며, 통계적으로 어린이 사망률을 약 30% 정도 증가시키는 것으로 추정되고 있다. 비타민은 신체의 면역체계에 아주 중요하여 결핍되면 홍역, 호흡기 관련 질환 등 치명적인 질병에 대한 어린이 감염률이 높아진다. 에티오피아 정부는 유니세프와 함께 1997년 12월부터 전국의 5세 미만 어린이들에게 비타민 A 캡슐 제공 사업을 시작했다. 마법의 캡슐이라고 불리는 비타민 A 캡슐은 6개월에 한 번씩 전국적인 캠페인을 통해 제공되고 있다. … 수천 명의 의료요원과 수백 개의 임시진료소가 요구되는 이 사업에는 1년에 75만 달러의 비용이 든다. 대대적인 캠페인 이후 상황은 극적으로 향상되어 비타민 A 결핍을 앓는 어린이의 수가 상당히 줄었으며 비타민 A 결핍으로 인한 실명 사례는 거의 사라진 것으로 보인다. 어린이 사망률도 따라서 상당히 떨어질 것으로 예상된다."[63]

유니세프의 이런 캠페인이 있었지만 최근의 세계보건기구(WHO) 보고에 의하면 2억 5천만 명의 미취학 아동들이 비타민 A 결핍 상태이며,

이 중 25만 명 내지 50만 명이 이로 인해 눈이 멀게 되고 이 아이들의 절반은 12개월 안에 죽는다고 한다.[64)]

로널드 사이더가 제시한 세계보건기구의 자료에 의하면 제3세계에 사는 사람 한 명당 예방의학에 드는 비용을 1년에 75센트씩 늘리면 매년 5백만 명의 생명을 구할 수 있다고 한다. 여기에 소요되는 돈은 30억 달러 이하이다. 그가 인용한 '전국 보건통계 연구센터'(The National Center for Heath Statistics)의 자료는 미국 사람들이 해마다 다이어트 및 칼로리 섭취를 줄이는 것과 관련된 비용으로 3백억 내지 5백억 달러의 돈을 쓴다고 보고하고 있다.[65)]

의료에서 국가간의 분배정의 문제는 의학의 첨단화와 더불어 더욱 복잡한 양상을 띠게 되는데, 이것은 기술 발달의 양극화에서 기인한다. 즉, 첨단의 값비싼 장비로 무장된 의료기를 저개발국가에 무상으로 원조해 준다 해도 이제는 기술이 너무 낙후되고 이를 이용할 수 있는 기본적인 조건이 뒤져 있어서 사용할 수 없는 수준이 되어버린 것이다. 김영걸이 기술 분야에서 지적한 바는 오늘날의 첨단의술에도 적용되는 말이라 생각된다. "이미 개발된 기술마저도 너무 발전하여 지구상의 절반가량의 국가에서는 그들의 너무 낙후된 여건 때문에 현재의 기술을 직접 전달할 수 없는 실정이다. 이미 개발된 기술을 전수하기 위한 기술을 개발해야 할 실정이다."[66)]

분배정의의 원칙을 추구한다는 의료 분야에서 왜 이런 불공정함이 존재하는 것일까?

이제까지 살펴본 바로 인본주의적 생의학 모델의 의료는 많은 비윤리적인 문제를 안고 있고 심하게 왜곡되어 있으며 불균형적인 모습을 하고 있음을 알 수 있다. 인간을 위한다는 인본주의적 의료가 왜 이런 왜곡의 길을 걷고 있는 것일까? 이 질문에 답하기 위해 앞 장에서 이런 현상의 배후에 있는 다양한 원인들 중 의료가 빠지기 쉬운 우상들에 대해 살펴보았지만, 여기에서는 우선 의료의 동기 혹은 근거에 대해 논의해 보고자 한다.

3. 의료 행위의 동기 : 연민 vs 생명의 신성함

의료 행위가 윤리적일 것을 요구할 수 있는 근거는 무엇인가? 선행의 원칙을 지켜야 한다는 전제가 일반적으로 받아들여지는 이유는 무엇인가? 이에 대한 대답으로 흔히 우리는 생명의 신성함이나 개인의 존엄성, 그리고 사랑 혹은 연민(compassion)을 이야기한다. 앞에서 다룬 자율성 존중 원칙이나 선행 또는 악행 금지의 원칙, 그리고 정의의 원칙이 여기에 뿌리를 두고 있다고 하기도 한다. 언뜻 보기에 이 답변에 별 문제가 없어 보인다. 그러나 의료의 흐름을 서양 철학의 흐름과 연계해서 깊이 있게 관찰해 보면 무시할 수 없는 중요한 사실을 발견하게 된다.

1) '이성의 자유'와 '연민'의 만남

문예부흥을 통해 인간은 이성을 최고의 자리에 앉히고 이에 근거한 인간의 자율성과 자유로 신적 권위에 의해 주어진 절대원칙을 대신하였다. 윤리에서도 이성이 근거가 되기 시작했는데 의료에서 '자율권의 원칙' 혹은 '개인 존중의 원칙'은 이와 같은 사조의 자연스러운 결과라 할 수 있다.

알렌 버히(Allen D. Verhey)는 이성의 원칙에 근거한 윤리를 주장한 칸트로부터 이성에 의한 자율권이 크게 영향을 받았음을 지적하고 있다. 그에 의하면 칸트는 도덕의 근거를 신적 권위나 정치적 권위, 기타 전문가의 권위나 전통에 두지 않고 이성적인 도덕체로서 인간의 자율성(Kantian autonomy)으로 상정하였다.[67]

알렉산더(Leo Alexander)에 의하면 헤겔식의 합리적 실용성은 공리주의를 의료에 적용하게 했는데, 그는 히틀러가 등장하여 27만 5천 명의 만성질환자를 죽이기 이전인 1931년에도 이미 의사들에게 영향을 주어 의사들의 학술대회를 통해 공리주의적 입장에서 만성 질환자를 죽이는 문제를 논의하게 했다는 사실을 지적한다.[68]

합리주의에 대한 반동으로 일어난 실존주의자들도 인간의 자유와 자율권을 주장하기는 마찬가지였다. 사르트르(J. P. Sartre)는 "만일 신이 존재하지 않는다면 모든 일이 합법적이며, 따라서 인간은 외부로부터 어떤 정당화를 요구받지 않은 채 자신의 가치를 선택하는 일에 자유로운 존재"라고 하여 신적 권위의 절대가치나 원리들을 배제하고 인간의 절대자율권에 의한 윤리에 가치를 부여했다.[69]

니체는 인간성의 본성은 '사랑' 혹은 '연민'이 아니라 '이기주의'나 '권력의 의지'라고 했고, 기독교의 사랑에 의해 서양사의 왜곡이 일어났으며 동정과 연민의 윤리가 유럽에 퍼져나가는 것은 불길한 징조라고 했다.[70] 니체는 의료에서 이기주의나 권력의지에 의한 '연민 없는 절대적 자율권'을 주장한 사도이기도 하다. 그 결과 그의 이론대로 나치는 초인을 출현시켰고, 그는 권력의지에 따라 니체가 기생충으로 표현한 중환자나 약자들을 죽이는 일에 사상적 배경을 제공해 주었다.[71] 특히 안락사 부분에서 니체의 철학과 나치즘 이데올로기의 관계는 잘 알려진

사실이다.[72]

한편 이성 대신에 연민을 윤리의 근간에 두려고 했던 철학자는 쇼펜하우어(A. Schopenhauer)인데 그는 칸트의 윤리가 이성만을 근거로 삼아 인간 본성에서 우러나오는 동정심과 연민을 간과하고 있다고 보았다.[73] 그러나 인간에게 연민이 메마르게 되면 윤리의 근거가 약해지며, 이것이 메마르지 않는다는 보장이 없다는 사실은 역사가 증명해 주고 있다.

더 나아가 연민은 의도에 따라서 서로 상반된 방향으로 수용되어 실행될 수 있는 가능성을 가지고 있다. 플레처는 사랑(연민)이 윤리의 근간이라고 했지만 그가 이해하는 연민은 상황이 지배하는 인본주의적 연민이다. 그래서 안락사나 영아 살해도 윤리적으로 선한 것이 될 수 있다. 오늘날 의료에서 일어나는 많은 일들은 이성에 의한 인간의 절대 자율성이 연민이라는 이름 아래 행하는 악행들인 경우가 많다. 낙태, 안락사, 영아 살해, 태아 실험, 우생학적 선택 등도 모두 연민을 앞세우고 있는 것들이다. 니체는 자기 자신의 사상에 일관되게 '연민 없는 자율권'을 주장하였고, 나치즘은 니체의 사상과 헤겔식 합리적 실용주의를 역사 속에 도입하여 인류를 대상으로 직접 실험에 옮겼다. 그러나 나치가 만성 중환자들이나 심각한 장애인들을 수용소에서 죽일 때 '연민'을 표방하였듯이 오늘날의 의료도 그 의료를 수행하는 과정에서 니체가 부인한 연민을 앞세우고 있는 이중성을 보인다. 이때 자율성과 연민은 삶의 질이라는 미화된 표현을 사용하기도 하는데, 가이슬러(Norman L. Geisler)가 지적한 대로 이것은 베일로 살짝 가린 공리주의에 다름 아니다.[74]

이것이 인간 본위의 절대자율성이 택한 연민의 길이요 그 열매라면 인간 이성의 자유나 연민이 의료윤리의 근원을 제공할 수 있을 것 같지 않아 보인다.

2) 삶의 질의 극대화 vs 생명의 신성함의 절대성[75)]

자유 개념이나 인간의 자율권이 문예부흥과 인본주의의 발달에서 비롯된 것만은 아니다. 비치(Robert M. Veatch)에 의하면 루터가 종교개혁의 문을 열면서 『그리스도인의 자유』라는 편지글을 통해 도입한 '자유' 개념은 후일에 의료윤리에서 환자의 자유와 자율권에 영향을 주었다.[76)] 그러나 알렌 버히의 지적대로 프로테스탄티즘이 의료윤리 문제의 공적인 토론에 자유를 강조하였다고 한 점은 비치의 주장이 옳지만, 문제는 자유란 사람마다 각기 다른 것을 의미할 수 있다는 데 있다. 개인의 이성적 판단을 윤리의 근간으로 한다면 의료에서의 자율성과 연민의 근원과 목표에 대한 질문에 대해 그리고 이것이 진정한 의미에서 공동체를 위하여 기여하는 것인지, 이에 근거한 도덕이 자신의 이익만을 추구하는 성향으로만 이끄는 것은 아닌지에 대해 명확한 답을 줄 수 없다. 의료 행위에서 쉽게 '삶의 질'과 연계해 버리는 '자유와 연민'을 의료윤리의 흔들리지 않는 근원으로 삼을 수는 없다는 말이다. 불행히도 루터의 자유 개념은 많은 인본주의적인 의료윤리학자들에 의해 의료에서 '환자의 절대 자율권'으로 번역 왜곡되어 버렸다.

루터가 말했던 자유 개념의 진정한 의미는 무엇이며 이것이 의료윤리에 주는 의미는 무엇인가? 루터의 만인 제사장설은 중세 교회의 이원론적 소명, 즉 그리스도인을 성직자와 세속 직업인으로 구분하는 개념을 거부하였다. 즉, 누구나 주의 종으로 부름을 받았다는 것이다. 그리스도인은 중세교회의 속박으로부터 벗어나 모든 직업을 통해 부르심을 받아 하나님과 이웃에게 봉사할 수 있는 자유를 가지게 된 것이다. 루터의 역설적이면서도 심오한 명제인 "그리스도인은 모든 것에 대해 완전히 자유로운 주인이면서 아무것에도 복종하지 않는 존재이며, 동시에 모든 것에 대해 전적으로 의무를 지고 섬기며 모든 것에 복종하는 자"라는 말은 이런 견지에서 이해할 수 있을 것이다.[77]

의료인도 환자와 더불어 자유로 부르심을 받은 자이다. 이것은 우리 각자의 생존과 자유만을 위한 부르심이 아니다. 그것은 우리에게 소명으로 주어진 하나님과 이웃을 섬기는 의무를 수행할 자유를 포함하는 것이다. 루터가 말하는 자유는 오늘날 생의학 모델의 의료윤리에서처럼 인간의 자유를 절대화하지도 않고 인간의 자율성의 극대화를 꾀하지도 않는다. 자유의 근원과 자유의 목적이 분명하며, 속박하는 자유가 아니라 누리는 자유인 것이다.[78] 즉, 하나님으로부터 받은 청지기적 소명은 왜곡된 세상을 살고 있는 동료 인간들을 향해 십자가를 통해 보여주신 하나님의 사랑(연민)을 반향하도록 의료인들에게 요구하고 있는 것이며, 그 근거는 하나님의 형상을 입은 인간 생명의 신성함에 있는 것이다.

의료윤리의 근거가 세속적 인본주의자들이 말하는 것처럼 인간 본연으로부터 나오는 연민이나 이성에 근거한 자율권일 수도 없고 그래서도 안 된다. 그리스도인의 의료윤리는 예수 그리스도를 통해 인간에게 보여주신 '하나님의 연민과 사랑'을 근거로 해야 하는 것이며, '인간 자유의 극대화'나 '삶의 질의 극대화'를 지키려는 것이 아니라 '생명의 신성함의 절대성'을 지키는 것을 목표로 하는 것이어야 한다. 왜냐하면 이 생명은 하나님의 형상으로 창조되었기 때문이다. 우리는 우리의 생명을 우리가 지배하고 통치하는 것이 아니라 위임받아 섬기며 함께 누리는 자유를 가진 존재로 겸허하게 제자리를 찾아야 하는 것이다.

이 장에서 우리는 생의학 모델 의료로서 인본주의적 의료의 근거가 되는 동기와 소명, 그 대상이 되는 생명가치의 절대성 그리고 그 목표가 왜곡되었을 때 나타날 수밖에 없는 당연한 귀결들을 살펴보았다. 이제 성경적 세계관에 근거한 의료(theocentric medicine)로 방향 전환을 하기 위해 우선 이 두 의료의 기초가 되는 세계관이 각각 어떻게 다른지 살펴보기로 하자.

7장

의료의 기초로서 성경적 세계관과 인본주의 세계관의 비교

우리는 어디에서 왔는가? 우리는 무엇인가? 우리는 어디로 가는가?
—폴 고갱의 작품 제목

신은 없다. 따라서 인간의 본질 같은 것도 없다. 그것을 제정할 신이 존재하지 않기 때문이다. 인간은 다만 스스로 이루어 나가는 존재일 뿐이다. … 인간은 필연적으로 죽을 수밖에 없는 존재이기 때문에 나의 행동은 궁극적으로 공허한 것이 될 것이고 실존은 불합리한 것이 될 것이다. … 그런데도 나는 행동을 선택해 내 인생의 의미를 부여할 것이다. 만일 신이 존재하지 않는다면 모든 일이 합법적이다. … 따라서 인간은 외부로부터 어떤 정당화를 요구받지 않은 채 자신의 가치를 선택하는 일에 자유로운 존재이다.
—장 폴 사르트르

"보라 하나님의 장막이 사람들과 함께 있으매 하나님이 그들과 함께 계시리니 그들은 하나님의 백성이 되고 하나님은 친히 그들과 함께 계셔서 모든 눈물을 그 눈에서 닦아 주시니 다시는 사망이 없고 애통한 것이나 곡하는 것이나 아픈 것이 다시 있지 아니하리니 처음 것들이 다 지나갔음이러라 보좌에 앉으신 이가 이르시되 보라 내가 만물을 새롭게 하노라."
—요한계시록 21장 3-5절

미래의 기술에 대해 성경적 세계관의 세 가지 측면, 즉 문화 명령으로서의 책임, 우상숭배 거부, 그리고 구속적 희망을 품고 있어야 한다면,[1] 이것은 미래의 의료에도 동일하게 적용되어야 할 것이다. 따라서 기술이 현란할 정도로 발전하여 의료가 나아갈 방향 감각과 의료에 대한 가치관을 흔들어 놓는 오늘을 사는 그리스도인들은 성경적 세계관의 근간인 창조, 타락, 구속 그리고 하나님 나라의 완성이라는 틀 안에서 의료의 기초를 대비시켜 가며 다시 바라볼 필요가 있다.

1. 성경적 세계관 : 창조, 타락, 구속과 하나님 나라의 완성

1) 창조

성경적 세계관의 출발점으로서 가장 중요한 전제는 하나님의 창조이다. 창세기는 철학적 논증을 통해 하나님의 존재를 증명하거나 합리적으로 세상의 기원을 설명하는 대신 "태초에 하나님이 천지를 창조하시니라"(창 1:1)라는 말씀으로 시작하면서 영원 전부터 하나님의 존재하심과 무로부터의 창조(ex nihilo)를 선포하고 있다. 이 선포를 통해 이 세계의 창조자는 한 분이며, 그분은 피조 세계에 내재하지만 피조물과는 달리 스스로 존재하는 초월적 존재임을 밝힌다. 또한 세계는 시작이 있었으며, 시간도 이와 함께 시작되어 일직선의 진행을 하고 있고, 물질은 영원하지 않음을 가르쳐 주고 있다. 이로써 창세기는 처음부터 무신론, 불가지론, 범신론, 다신론 등의 여지를 남겨두지 않는다. 이어지는 창세기의 기록은 인격적 존재로 창조된 인간과 대화하시는 하나님의 모습을 보여줌으로써 비인격적인 하나님, 시계 제작자로서의 하나님을 주장하는 이신론(deism, 理神論)의 여지도 남기지 않고 있다. 그뿐 아니라 진화론과 유물론을 모두 부인하고 있다.

한편 피조물 중 유일하게 인간의 생명을 창조하실 때만은 말씀뿐만 아니라 "여호와 하나님이 땅의 흙으로 사람을 지으시고 생기를 그 코에 불어넣으시니 사람이 생령이 되니라"(창 2:7)라고 하여 직접 흙으로 빚으시고 코에 생기를 불어넣으시는 동작을 하셨음을 알 수 있다. 하나님의 형상(imago Dei)을 따라 인간을 창조하셨다는 사실은 성경이 의료의 대상인 인간을 어떻게 보는가 하는 기독교적 인간관을 선언적으로 보여주고 있다. 하나님은 이 세상과 인간을 창조하시되 특히 인간의 생명을 하나님의 형상대로 창조하셨는데, 이는 인간이 하나님과 교통할 수 있는 인격적 존재임을 말하며 남자와 여자를 더불어 창조하심으로써 인간 사이에도 인격적 관계를 갖도록 창조하셨다는 의미이다.

더 나아가 하나님의 형상으로 창조하신 것은 하나님의 소유인 모든 피조물을 다스리는 하나님의 대리자로 삼으시기 위함이었는데, 창세기 1장 26-28절은 "하나님이 이르시되 우리의 형상을 따라 우리의 모양대로 우리가 사람을 만들고 그들로 바다의 물고기와 하늘의 새와 가축과 온 땅과 땅에 기는 모든 것을 다스리게 하자 하시고 하나님이 자기 형상 곧 하나님의 형상대로 사람을 창조하시되 남자와 여자를 창조하시고 하나님이 그들에게 복을 주시며 하나님이 그들에게 이르시되 생육하고 번성하여 땅에 충만하라, 땅을 정복하라, 바다의 물고기와 하늘의 새와 땅에 움직이는 모든 생물을 다스리라 하시니라"고 이를 명시함으로써 하나님의 인간 창조의 의도를 명백히 하고 있다. 즉, 인간은 문화명령(cultural mandate)을 받은 청지기로 창조된 것이다. 우리가 정당한 의학을 발전시켜서 인류에 기여하도록 노력하는 것은 이 명령을 성실히 수행하는 행위이다.

다른 한편 앞에 인용한 바와 같이 창세기 2장 7절에서는 여호와 하나님이 흙으로 사람을 지으시고 생기를 그 코에 불어넣으심으로써 사람이 생령이 되었다고 하여 하나님이 인간을 영혼과 육체가 결합된 단일체로 존재하도록 창조하셨음을 분명히 하고 있다.

생명의 기원과 생명의 시작 그리고 생명의 끝을 정하시는 분이 하나님이라는 사실이 기독교 인간관의 기본이다. 타락 이후에도 비록 왜곡되기는 했지만 인간은 하나님의 형상을 지니고 있다. "다른 사람의 피를 흘리면 그 사람의 피도 흘릴 것이니 이는 하나님이 자기 형상대로 사람을 지으셨음이니라"(창 9:6)라는 말씀은 사람을 죽이는 것을 금하는 이유는 사람이 하나님의 형상이기 때문이라는 사실을 명백히 밝히고 있다. 하나님의 형상으로서의 인간, 이것이 의료의 대상인 인간 생명의 신성함의 근거가 된다.

하나님의 형상이라는 말은 인간에게도 하나님의 속성이 들어 있다는 말이다. 인격적 존재로서 말과 문자를 통해 대화가 가능하고 창조성을 지니며 역사를 기록하고 연구를 할 수 있는 존재라는 의미가 내포되어 있다. 실로 창세기의 중요성은 쉐퍼 박사가 강조한 것처럼 세계와 인간의 기원 그리고 인간됨의 진정한 의미를 이해하는 데 열쇠가 되는 것이다. 그가 말한 것처럼 창세기 초반부의 사건으로부터 성경의 역사가 흘러나오기 때문에 성경에서 이 부분을 제거한다면 역사의 흐름은 끊어지고 말 것이다.[2)]

창조 역사에서 생명과 더불어 중요한 가치로서 하나님의 직접 창조로 제정된 것은 가정이다. 창조 역사를 통해 생명의 가치와 가정의 가치를 피조 세계에서 절대가치로 여기시는 하나님의 의도를 읽을 수 있다. 가정은 인간의 생명을 하나님의 형상을 따라 지으신 후(창 1:26-27), 이어서 아담의 "뼈 중의 뼈요 살 중의 살"이라 칭하는(창 2:18-24) 여자를 만드시고, 하나님은 "남자가 부모를 떠나 그의 아내와 합하여 둘이 한 몸을 이룰지로다"라는 직접 명령을 하셨다. 예수께서는 "예수께서 대답하여 이르시되 사람을 지으신 이가 본래 그들을 남자와 여자로 지으시고 말씀하시기를 그러므로 사람이 그 부모를 떠나서 아내에게 합하여 그 둘이 한 몸이 될지니라 하신 것을 읽지 못하였느냐 그런즉 이제 둘이 아니요 한 몸이니 그러므로 하나님이 짝지어 주신 것을 사람이 나누지 못할지니라 하시니"(마 19:4-6)라고 그것을 확인하고 있다. 즉, 가정은 자녀 유무와 상관없이 존재가치가 충분히 있으며, 무자녀를 해결하기 위한 노력이 윤리적 한계를 벗어나는 일, 예를 들면 비배우자 체외수정이나 시험관 아기를 통해 다태아 임신을 유도한 뒤 선택적 낙태를 시행하는 것과 같은 노력은 오히려 가정의 순결을 지키는 데 걸림돌이 될 수 있을 뿐 아니라 성경적 윤리에도 위배되는 것이다.

더 나아가 하나님은 가정을 분명히 남자와 여자로 구성되도록 제정하셨다. 오늘날 동성애자들이 결혼을 한다고 하는 것이나 더 나아가 의학의 힘을 빌려 남의 정자와 난자를 이용하여 자녀를 가지는 일은 분명히 창조 원리에 위배되는 일이다. 인간의 생명과 가정(결혼)은 이 세상의 피조계에서 가장 귀한 가치를 가지도록 하나님이 직접 창조하신 것이다. 따라서 이 땅에 사는 동안 인류가 마지막까지 지켜야 할 가장 귀중한 가치가 있다면 그것은 곧 생명과 가정이다.

오늘날 의료윤리의 쟁점이 되는 생명의 기원과 시작에 대한 기독교적 입장이 여기에 근거를 두고 있는데, 이에 대해서는 하나님의 형상이 의미하는 바와 함께 다음 장에서 더 구체적으로 다루기로 하겠다.

2) 타락

성경은 창세기 3장을 통해 세상에 존재하는 죽음과 고통, 질병의 근원은 인간의 타락에 기인한다고 말하고 있다.[3] 또한 인간의 고상함과 잔인함, 도덕적 존재인 동시에 비도덕적인 인간의 양면성은 하나님의 형상대로 창조된 모습과 타락한 결과가 입혀진 존재라는 이중성에 근거해서 설명할 수 있다. 창세기 3장 17-19절은 에덴동산을 처음 창조하였을 때 없었던 고통과 죽음이 왜 인간에게 필연적으로 도입되었는지 분명하게 기록하고 있다.

> "아담에게 이르시되 네가 네 아내의 말을 듣고 내가 네게 먹지 말라 한 나무의 열매를 먹었은즉 땅은 너로 말미암아 저주를 받고 너는 네 평생에 수고하여야 그 소산을 먹으리라 땅이 네게 가시덤불과 엉겅퀴를 낼 것이라 네가 먹을 것은 밭의 채소인즉 네가 흙으로 돌아갈 때까지 얼굴에 땀을 흘려야 먹을 것을 먹으리니 네가 그것에서 취함을 입었음이라 너는 흙이니 흙으로 돌아갈 것이니라 하시니라" (창 3:17-19).

따라서 하나님이 그의 나라를 완성할 때까지는, 우리가 살고 있는 현 시점은 그리스도를 통해 하나님 나라가 이미 도래했지만 아직 완성되지 않은(already, not yet) 세상인 것이다. 따라서 죄가 사탄에게 가져다준 승리는 아직 유효한 영향력을 발휘하고 있고 아담 이래 우리는 편만한 죄의 영향으로 왜곡되어 버린 세상에 살고 있다. 사탄은 자신의 최후 멸망의 시간을 향해 가고 있지만 지금도 쇠퇴해 가는 세력을 가지고 인간의 생명에 어두운 그림자를 드리우기 좋아하여 생명보다는 죽음을, 건강보다는 질병을 초래함으로써 인간을 괴롭히고 있다. 인간은 이 땅에서 불멸의 존재가 아니다. 인간은 질병을 피할 수 없는 존재이며 이 땅에서 완전한 건강을 누릴 수 있는 존재가 아니다.[4] 구속된 그리스도인이라 할지라도 완전한 건강을 누릴 수 없는 이유가 바로 편만한 죄의 영향력 때문이며, 이로써 왜곡된 체계 안에서 살고 있기 때문이다. 질병이란 자신이나 타인 또는 자연 그리고 궁극적으로는 하나님과의 분리가 초래한 육체적인 영역뿐 아니라 영적인 영역을 전인적으로 포함하는 부조화, 무질서, 불균형의 상태를 말한다.

오늘날 분자생물학이 이기적 유전자라든가 범죄유전자의 존재를 상정하는 것은 인간의 타락과 죄성 그리고 인간의 범죄 경향성을 설명해 주는 예가 될 수 있다.[5] 그러나 내부적으로 범죄유전자의 존재가 설혹 있다고 해도 이것은 죄의 영향력이 얼마나 편만한지를 말해 주는 것일 뿐 이것이 곧 인간의 죄를 합리화시켜 주는 것은 아니다. 외부의 죄를 조장하는 왜곡된 환경 요인의 존재도 마찬가지로 죄의 편만한 영향력을 입증해 줄지언정 이것이 죄를 정당화시켜 주는 것은 아니다.

질병의 예를 들면 성병이나 일부 암처럼 개인의 죄나 잘못된 생활습관의 결과로 오는 경우도 많지만, 타락한 인간의 죄성은 개인을 넘어서 어떤 사회나 한 국가 전체 또는 국제 사회에도 영향을 미칠 수 있다. 이러한 사회병리는 갈등과 분쟁과 전쟁으로 이어지고 있으며, 이런 경우 삶의 터전인 집과 농지를 잃고 음식이나 식수를 공급받을 수 없게 된다. 그 결과 종합적인 심각한 건강 문제가 야기되기도 하고 식수 공급을 받지 못한 많은 사람들이 콜레라와 같은 대규모의 전염병으로 죽어가고 있는 일이 발생하고 있다.

암 전문 외과의사이면서 의료선교사였던 설대위는 "악이 지배하는 부조리한 구조 속에 사는 우리는 이러한 것들에 대해 하나님이 느끼시는 분노를 느껴야 한다. 궁극적 투쟁은 영적인 것이다"[6]라고 말한다. 기독교적 의학 연구와 의료 행위의 동기에는 이 분노가 포함되어야 한다는 것이다. 예수께서 나사로의 죽음을 대하시며 '통분히 여기시고' 우시기까지 하신 사건을 기록하면서 사용된 헬라어 단어 '엠브리마오마이'(embrimaomai, 요 11:33, 38)는 '영적인 분개'를 의미한다. 나사로의 죽음은 악, 고통, 슬픔, 불의, 잔악함, 절망의 총체를 상징하고 있으며, 이 죽음의 잔혹한 변칙에 대해 예수님이 깊이 통분하신 것이다.[7] 설대위는 자신이 치료한 암 환자들의 이야기를 쓴 책에서 "치료자는 자신의 적과 생사를 건 투쟁을 시작할 때 그의 사악한 적에 대한 분노의 긴장감을 유지해야 할 필요가 있다"고 말한다.[8]

한편으로 바울처럼 질병을 통해 하나님의 음성을 듣는 경우도 있다(고후 12:7-9). 이런 일은 흔히 기독교인들의 삶에서 경험하는 일이다. 특히 "내가 그리스도를 위하여 약한 것들과 능욕과 궁핍과 박해와 곤고를 기뻐하노니 이는 내가 약한 그때에 강함이라"(고후 12:10)라는 바울의 고백은 기독교의 질병에 대한 또 다른 태도를 가르쳐 주고 있으며, 건강에 대해 강박적 애착을 보이는 현대인들에게 시사하는 바가 크다.

오늘날 의료윤리의 논의에서 기본적인 질문이 되는 고통과 질병 그리고 삶의 질이나 죽음의 문제에 대해 인간의 타락에서부터 그 이해와 해답을 찾는 것이 성경적 의료의 기초가 된다 할 수 있다. 이에 대해서는 뒤에 다시 논의하려 한다.

3) 구속과 완성

사랑의 하나님은 타락으로 생긴 하나님과의 단절을 회복하기 위해, 예수 그리스도를 이 땅에 보내어 우리를 대신하여 죗값을 치르심으로써 공의롭게 구속을 이루셨다. 이제 그로써 우리와 하나님은 화평을 누리게 되었고, 우리는 장차 올 하나님 나라에 대한 소망을 가지게 된 것이다. 인간의 고귀함은 하나님이 그의 형상대로 창조하셨을 뿐만 아니라, 바로 그 인간을 위해 자신이 십자가에 달려 죽으시는 고난도 기꺼이 당하신 그 사실에 근거한다. 구원을 베푸실 뿐만 아니라 "우리로 인하여 기쁨을 이기지 못하여 하실 만큼"(습 3:17) 우리를 사랑하셨기 때문이다.

의술은 하나님 나라의 완성을 위한 하나님의 손이 되는 것이므로 장차 올 하나님 나라를 소망하며 생명을 유지하고 회복시키는 역할을 담당한다. 하나님이 "나는 너희를 치료하는 여호와"(출 15:26)라고 하셨고 신약에 이르러 예수께서는 "모든 병과 약한 것을 고치시는"(마 4:23) 모습을 통해 죄의 결과로 초래된 질병과 죽음을 정복하신다. 예수께서는 흔히 치유 사역을 통해 하나님 나라가 도래한 가시적 증거를 보여주셨던 것이다. 예를 들면 마태복음 12장 28절에는 "그러나 내가 하나님의 성령을 힘입어 귀신을 쫓아내는 것이면 하나님의 나라가 이미 너희에게 임하였느니라"고 했고, 누가복음 9장 11절에도 "무리가 알고 따라왔거늘 예수께서 그들을 영접하사 하나님 나라의 일을 이야기하시며 병 고칠 자들은 고치시더라"고 하신 것을 볼 수 있다.

성경을 종합해 볼 때 치유란 자신과 타인, 피조물과 하나님의 단절되었던 관계를 창조 당시의 정상적인 관계, 즉 조화와 질서와 균형이 있는 관계로 회복하는 것이다. 다시 말해 왜곡된 것들을 인간의 의지로 고쳐 나가는 것이 아니라 예수 그리스도의 화해하게 하시는 능력을 힘입어 창조를 회복하는 것이다. 인간은 의료를 통해 새로운 창조를 시도하는 것이 아니라 처음 창조의 모습을 회복하는 일에 보조자로서의 역할을 감당하는 것이다.

한편 예수님의 치유 사역의 동기는 인간에 대한 사랑의 발로이기도 했다. 이것은 하나님의 속성에서 온 것으로 하나님을 사랑하고 이웃을 사랑하는 것은 예수님의 가르침의 핵심이며, 의료는 예수님의 마음을 가지고 이웃에게 다가가는 것이다.[9] 왜냐하면 이웃 안에 하나님의 형상이 있기 때문이다.

의료는 하나님 나라가 완성되는 날을 소망하며 왜곡된 세상에서 일그러진 인간들, 즉 하나님의 형상들이 받고 있는 고통과 아픔에 예수께서 십자가를 통해 하신 것처럼 동참하는 것이다. 설대위는 바울의 말을 인용하면서 의료를 포함하여 그리스도의 이름으로 수행되는 모든 사랑의 사역에서 헌장으로 쓰일 수 있는 선언이라고 한 바 있다.[10]

> "찬송하리로다 그는 우리 주 예수 그리스도의 하나님이시요 자비의 아버지시요 모든 **위로**의 하나님이시며 우리의 모든 환난 중에서 우리를 **위로**하사 우리로 하여금 하나님께 받는 **위로**로써 모든 환난 중에 있는 자들을 능히 **위로**하게 하시는 이시로다 그리스도의 고난이 우리에게 넘친 것같이 우리가 받는 **위로**도 그리스도로 말미암아 넘치는도다 우리가 환난당하는 것도 너희가 **위로**와 구원을 받게 하려는 것이요 우리가 **위로**를 받는 것도 너희가 **위로**를 받게 하려는 것이니 이 **위로**가 너희 속에 역사하여 우리가 받는 것 같은 고난을 너희도 견디게 하느니라

> 너희를 위한 우리의 소망이 견고함은 너희가 고난에 참여하는 자가 된 것같이 **위로**에도 그러할 줄을 앎이라"(고후 1:3-7).

여기서 볼드체로 된 **위로**라는 말은 헬라어로 파라클레시스(paraklesis)인데 이 말은 'para'(alongside, beside)라는 말과 'klesis'(to call, bring out)라는 말의 합성어로 '곁에 부름 받다'라는 뜻이다. 즉, 위로라는 말은 곤경에 처한 자와 함께하며 그를 돕기 위해 '곁에 가다', '격려하다', '지지해 주다'라는 뜻이다.[11] 이 세상에서 완전한 건강을 주는 것이 결코 의료의 목적이 아닐 뿐 아니라 그럴 수도 없다는 입장이 성경적 관점이다. 그러나 요한계시록 21장 4절에는 장차 완전한 건강을 누릴 수 있고 의료가 더 이상 필요 없는 하나님 나라를 묘사하고 있다. "모든 눈물을 그 눈에서 닦아주시니 다시는 사망이 없고 애통하는 것이나 곡하는 것이나 아픈 것이 다시 있지 아니하리니 처음 것들이 다 지나갔음이러라." 그때까지 기독의료인은 그리스도께서 고난에 동참하신 것처럼 인간의 고통에 동참하는 것이다.

이와 같이 십자가를 통한 구속과 하나님 나라의 완성을 소망하는 성경적 세계관의 주제는 의료의 동기와 역할 그리고 이 땅에서 의료의 한계와 소망을 인식하는 데 중요한 원리들을 제시해 주고 있는 것이다.

이상에서 살펴본 성경적 세계관과 의료를 다음 〈표 2〉와 같이 요약할 수 있다.

〈표 2〉 성경적 세계관과 의료

창 조	타 락	구 속	심판/완성	
인간: 하나님의 형상 하늘과 땅	불의한 인간 왜곡된세상	예수의 십자가 하나님의 의와 사랑	새 사람 새 하늘과 새 땅	하나님 나라의 완성
발생	퇴보	중생 이미, 그러나 아직 →	→	
샬롬 건강	분리 질병과 죽음	구속 치유	회복 전인적 건강	
		선교명령 →	→	
문화명령 →	→	→	→	

2. 대비: 생의학 모델 의료와 성경적 의료의 세계관

유물론적 인본주의의 세계관은 하나님의 존재를 부인한다. 따라서 인간은 창조될 수 없으며, 다른 선택의 여지가 없이 물질로부터 우연에 의해 진화했다고 믿을 수밖에 없다. 이들은 신적 기원의 절대진리를 믿지 않기 때문에 진화한 생명은 다른 물질과 마찬가지로 상대가치이지 절대가치라고 주장할 근거가 없다. 또한 인간은 진화 도상에 있는 존재로서 완성된 가치를 가질 수 없고 불완전한 가치를 가진 존재로 인식된다. 따라서 상대가치의 증가와 발전을 위해서는 인간을 개조하고 창조하는 일이 필요하게 되며, 하나님이 없는 그들로서는 이 일이 자신의 몫이 된다. 따라서 유전자 조작이나 인간복제도 진화론적 윤리의 선이 될 수 있기 때문에 어떤 제한도 없이 이를 시도하게 될 것이다. 이들은 인간 외적 힘에 의해 완성될 하나님 나라나 하나님의 통치에 대한 믿음이 없기 때문에 인간 스스로 통치해야 하며, 인간의 유토피아를 성취하기 위해 무엇인가 다른 힘을 찾을 수밖에 없을 것이다. 대체로 문명사회에 사는 사람들은 기술이 그 힘을 가졌다고 믿는다. 의료는 인간의 진화라는 최고선을 추구하기 위한 도구가 되는 것이다. 인본주의적 세계관에서 죽음은 종말을 의미하며 곧 의료의 실패를 의미하게 된다.

가이슬러(Norman L. Geisler)는 생명의료 문제에서 하나님 노릇(playing God)인가 하나님을 섬김(serving God)인가의 문제로 초점이 모아지는 이 두 세계관의 차이를 〈표 3〉과 같이 명료하게 비교하였다.[12)]

〈표 3〉 유대 · 기독교와 세속적 인본주의의 세계관

유대 · 기독교	세속적 인본주의
창조자가 존재한다.	창조자는 없다.
인간은 특별하게 창조되었다.	인간은 진화하였다.
생명의 주관자는 하나님이다.	인간이 생명을 주관한다.
생명의 신성함을 우선시하는 원칙	삶의 질을 우선시하는 원칙
목적이 수단을 정당화하지 못한다.	목적이 수단을 정당화한다.

〈표 4〉 생의학적 이슈에 대한 기독교인과 인본주의자의 견해

기독교적 입장: 하나님을 섬김	인본주의적 입장: 하나님 역할
자발적 치료	강제적 치료
인간의 삶을 향상	인간 생명을 창조
인간 생명을 고침	인간 생명을 재창조
인간 생명을 유지	인간 생명을 조작
유전자 조화	유전자 조작
자연과의 조화	자연을 지배
자연에 순응	자연에 군림

한편 이와 같은 세계관의 차이가 생의학적 문제들에 대해 어떤 접근 방식을 취하는가에 대해서도 다음의 〈표 4〉와 같이 요약하고 있다.[13)]

즉, 현대의 첨단의학은 그 세계관에 근거하여 개인의 자율성이나 존엄성을 무시한 채 강압적인 치료가 가능하며, 유전자 조작이나 새로운 생명체의 창조 등이 가능하다는 것이다. 그러나 하나님을 섬기는 의료는 자율성을 존중하고 생명을 수단 가치로 사용하거나 유전자 조작을 통한 새로운 생명체의 창조나 복제에는 찬성할 수가 없는 것이다.

가이슬러의 표를 통해 살펴본 바와 같이 세계관의 뿌리를 인본주의에 두고 발달한 유물론적이고 과학주의적인 현대의학의 패러다임인 생의학 모델은 본질적으로 기술에 근거한 모델이라 할 수 있다.[14)] 이 모델에 따르면 건강이란 병이나 고통이나 결함으로부터 자유로운 상태를 말하며 건강하지 않다는 것은 질병이 있는 상태이거나 비정상적인 것으로 여긴다. 따라서 바울과 같이 '질병을 가지고 있지만 건강할 수' 있는 소위 '질병이 있는 건강'(unhealthy health)의 개념은 설 자리가 없다. 존스는 기술에 근거한 의료(technological medicine)가 동전의 양면처럼 가지고 있는 두 가지 특성을 '비인간화'(dehumanization)와 '환원주의'(reductionism)라고 주장한다.[15)] 즉, 진보된 기술은 인간을 전인으로 보기보다는 기능을 하는 부속들의 집합체로 환원한다는 것이다. 따라서 치료도 전인을 향한 치료가 아니라 부품을 수리하는 것이 되어버린다. 이와 같이 기술에 근거한 의학은 생의학 모델로 인도하며, 의료의 기술화는 삶 전체를 의료화하는 소위 '생명의 지나친 의료화'(overmedicalization of life)를 초래한다. 그래서 별 효과가 없거나 치유 불가능한 상황에서도 의술지상주의자들은 생의학 기술을 계속 적용하려는 것이다. 이런 모델은 구스타브 노설 경이 생의학적 혁명의 네 가지 위험성으로 경고한 바와 같이 고비용, 비인격화, 지나친 전문화, 의술의 효과에 대한 과장 등과 더불어 심각한 의료자원의 불균형을 초래하였다.[16] 앞에서 정의의 원칙을 다룰 때 오늘날 의료의 문제점을 "보다 소수를 위한 보다 양질의 의료"라는 말로 요약하며 분배정의의 문제를 제기한 바 있었지만, 이런 경고들에 상관없이 현대의술은 숲을 보지 못한 채, 아니 숲을 외면하게 하는 어떤 '주의'에 이끌려 나무들에만 매달려 있었던 것이다.

일부 사람들은 인간을 전인적으로 보지 못하는 현대의술의 비인격적인 점들에 실망하여 의학적 치료를 배제한 채 이방 종교나 미신의 힘에 의존하여 건강을 회복하고자 한다. 욥기에 의하면 사탄은 죽음과 질병을 일으킬 수 있다(욥 1:13-2:7). 신약성경에 따르면 귀신들도 육체적·정신적 현상들을 일으킬 수 있다(마 17:14-23, 눅 8:26-31). 사탄과 귀신들이 병을 일으킬 수 있다면 그 병을 치료할 수도 있기 때문이다. 이 과정에서 인간은 사탄의 노예가 될 수 있는 것이다.

결국은 의술의 시행 대상이 되는 인간을 의료인이 어떻게 이해하는가 하는 문제, 즉 의료인의 인간관은 의술의 적용과 방향이나 목표를 설정하는 데 대단히 중요한 역할을 한다. 미국 대법원의 낙태에 대한 허용결정문에서 보여주는 인간관은 단적으로 기독교적 전통을 떠나 있음을 보여주고 있다. 이 결정문[17]에는 "의미 있는 삶을 살 수 있는"(viable or capable of meaningful life)이라든지 "가능성 있는 생명"(potential life), "생존 능력"(viability) 등의 애매하고 정의되지 않은 용어들을 사용하여 낙태를 법적으로 인정한 것이다. '의미 있는 삶'이라는 판단을 누가 하는지도 명확하지 않지만, 이와 같은 태아에 대한 인간관이 일관성 있게 적용된다면 미끄러운 경사로서 영아 살해나 안락사, 중증 장애인이나 식물인간에 대한 살해가 정당화되는 것은 당연한 귀결이다.

이 때문에 많은 의료윤리 문제에 대한 논의는 우리가 가지고 있는 인간관에서부터 출발하는 것이다. 인간은 물질일 따름이며 진화의 산물일 뿐이라면 의료에서 이타적 동기는 들어설 자리가 없다. 진화론자들은 생명 현상을 본질적으로 적자생존에 의거한 이기주의에 근거해서 보기 때문이다. 또한 인간을 전인적으로 바라볼 수 없고 오직 물질의 기계·화학적 현상으로만 보기 때문에 질병에 대한 진단적·치료적 접근이 전인적일 수 없다. 기독교적 인간관은 인간이 육체뿐 아니라 영혼을 가진 존재로 보기 때문에 전인적 접근이 결여되면 기독교적인 의료라 할 수 없다. 오늘날 의술을 단지 인간 육체의 부품들을 고치는 고도의 기술로서 숭배하게 된 결과 현대의학의 특징인 비인간화, 지나친 전문화가 초래되었고, 결국 의료에서 기독교적인 인간관을 포기했을 때 스스로 전인이기를 포기해 버린 것이다.

성경의 인간관, 즉 성경이 인간의 생명에 대해 어떻게 가르치고 있는지는 9장에서 살펴보기로 하자.

제3부
의료와 성경

8장 성경에 나타난 의료 / 9장 성경적 의료의 전제가 되는 개념들
10장 성경적 의료를 위한 원리의 도출: 사마리아인의 비유를 중심으로

8장
성경에 나타난 의료

"이르시되 너희가 너희 하나님 나 여호와의 말을 들어 순종하고 내가 보기에 의를 행하며 내 계명에 귀를 기울이며 내 모든 규례를 지키면 내가 애굽 사람에게 내린 모든 질병 중 하나도 너희에게 내리지 아니하리니 나는 너희를 치료하는 여호와임이라."
—출애굽기 15장 25절

"네가 만일 이 책에 기록한 이 율법의 모든 말씀을 지켜 행하지 아니하고 네 하나님 여호와라 하는 영화롭고 두려운 이름을 경외하지 아니하면 여호와께서 네 재앙과 네 자손의 재앙을 극렬하게 하시리니 그 재앙이 크고 오래고 그 질병이 중하고 오랠 것이라 여호와께서 네가 두려워하던 애굽의 모든 질병을 네게로 가져다가 네 몸에 들어붙게 하실 것이며 또 이 율법 책에 기록하지 아니한 모든 질병과 모든 재앙을 네가 멸망하기까지 여호와께서 네게 내리실 것이니 너희가 하늘의 별 같이 많을지라도 네 하나님 여호와의 말씀을 청종하지 아니하므로 남는 자가 얼마 되지 못할 것이라."
—신명기 28장 58-62절

1. 구약에 나타난 의료[1)]

구약에 나타난 의학을 이야기하자면 현대의학의 마취와 수술 그리고 봉합의 과정을 연상하게 하는 하와의 창조 이야기에서부터 시작할 수도 있을 것이다. 아담을 잠재우시고(마취) 갈빗대 하나를 취하신 후(수술)

살로 채우시는 과정(봉합)이 자세히 기술되어 있는 것이다. 이 과정은 오늘날의 의료에서 변함없이 사용되고 있는 것이기도 하다. 물론 이 창조 이야기가 우리에게 구약 시대의 의료에 대해 무언가를 이야기해 주는 것은 아니다.

구약은 하나님의 계명을 지키면 건강한 삶을 보장해 주고 율법을 떠날 때에는 질병들이 임할 것이라고 가르침으로써 하나님의 백성에게 성결한 삶을 요구하는 하나님의 뜻이 담겨져 있다.

1) 구약에 나타난 질병

성경은 의학적 사실을 과학적으로 기록하기 위해 쓴 책이 아니다. 그렇다고 해서 성경이 의학적인 것을 기록할 때 허구로 지어낸 소설을 쓰듯 한 것은 아니다. 현대의학의 입장에서 볼 때도 그 진술의 생생함에 근거하여 그 진단명을 추정해 볼 수 있는 경우가 많다. 예를 들면 골리앗(삼하 17:4)이나 바산 왕 옥(신 3:11)은 성장 호르몬의 과다로 인한 거인증(giantism)이었을 가능성이 많으며, 가드에서 전쟁을 하는 중 거인 하나는 손가락과 발가락이 각각 여섯 개씩 있는 기형(polydactily)이었음(삼하 21:20)을 기술하기도 한다.

역대하 21장 18-20절에 기록된 여호람은 창자에 생긴 불치병으로 2년 동안 앓다가 장이 빠져나오면서 심한 통증과 함께 죽었다. 이 기록으로 보아 그는 직장암을 앓았던 것으로 보인다.

신경외과 혹은 정형외과적인 질환도 볼 수 있다. 사울의 아들 요나단에게 있던 아들 므비보셋은 다섯 살 때 유모가 황급히 도망을 가다가 떨어뜨려 절게 되었는데(삼하 4:4) "두 발을 다 쩔뚝인다"(삼하 9:13)고 기록한 것으로 보아 단순한 골절이었다기보다는 뇌나 척추신경의 손상일 가능성이 많다. 야곱의 경우는 환도뼈를 삔 경우(창 32:22–32)이고, 나발의 경우(삼하 25:36–38)는 뇌혈관 계통의 문제로 색전이나 출혈(cerebrovascular accident)이 있은 후 온몸이 마비되었다가 10일 후 죽은 것으로 이해할 수 있다. 아사 왕은 발에 병이 났는데(대하 16:12–14), 의사인 쇼트(Randle Short)는 아사 왕이 2년 동안 고생하다가 치유받지 못하고 죽은 병을 노인성 괴사(senile gangrene)로 추정한[2] 반면에, 역시 의사인 톰센(Russel J. Thomsen)은 동맥경화성 괴사(arteriosclerotic gangrene), 정맥류 괴사(ulveration od varicose vein), 심한 관절염, 통풍(gout) 등의 가능성을 제시하기도 한다.[3]

정신과적인 질환도 잘 기술되어 있다. 대표적인 경우는 열왕기상 13장에 나타난 여로보암 왕으로 4절에 하나님의 사람을 잡으라는 명령을 하다가 그의 편 손이 굳어져서 거두어들이지 못하는 장면이 나온다. 그러나 6절에서 하나님의 사람이 기도해 주자 왕의 손이 곧 회복되었다고 기술하고 있는데, 이와 같은 경우를 의학적으로는 히스테리성 발작 또는 전환반응(hysterical or conversion reaction)으로 볼 수 있다. 느브갓네살 왕의 조울병은 나중에는 자신이 동물이 되었다고 믿는 수화광(獸化狂, lycanthropy)이라는 정신병으로 나타나기도 했다(단 4:25, 28–34, 36). 사울은 조울증적 성격의 소유자로 다윗을 살해하려는 데 집착했으며 결국에는 자살을 하고 만다(삼상 31:4). 그는 의학적으로 편집증(paranoia)을 앓고 있었던 것으로 보면 타당할 것 같다.

이상에서 살펴본 바와 같이 구약에 나타난 질환들은 그 기술된 내용에 근거하여 오늘날의 의학으로도 진단명을 유추해 볼 수 있을 만큼 현실감을 주는 것들이다. 그러나 이들은 단순히 질병의 상태를 기술해 주고 있을 뿐 구약에서 건강과 의료를 어떻게 다루고 있는지를 보여주지는 않는다.

2) 율법과 의료

위에서 언급한 하나님의 하와 창조 과정에 이어서 구약에 나타난 외과 수술은 하나님이 직접 아브라함에게 명령하여 오늘날까지 유대인들에게 종교 의식으로 시행되고 있을 뿐 아니라 대부분의 선진국에서 의학적인 의미로 시행되고 있는 할례(창 17:10-14)일 것이다. 남자아이가 출생한 지 8일 만에 시행하도록 한 할례(포경수술)는 오늘날 의학적으로 중요한 가치가 있는 시술로 증명되었다.[4] 즉, 할례는 신생아의 요로감염증을 줄일 수 있으며, 장기적인 관점에서는 남자뿐 아니라 여자에게도 성병이나 암(남자의 생식기암뿐 아니라 여성의 자궁 및 자궁경부암), 심지어 AIDS 감염율도 줄인다고 보고된 바 있다.[5] 할례는 과학적이 아닌 종교의식으로서 잔혹 행위라고 비난을 받았고 지금도 이와 같은 관점에서 비판하는 사람들이 있지만, 거꾸로 이처럼 의학적 효과가 있는 것으로 밝혀진 의료 행위를 과연 의료인들이 계획해서 실험하고 수행할 수 있었겠는가 하고 반문할 수 있다.

출생한 지 **8일 만**에 행하는 할례에 대해서도 의학적으로 중요한 의미를 발견하였다. 즉, 비타민 K가 의존적으로 간에서 생성되며 지혈에 관여하는 프로트롬빈(prothrombin)은 태어나면서부터 장내 세균이 비타민 K를 생성하기 시작하면 출생 후 8일이 되어서야 신생아에서 정상 수치에 이른다는 점이다. 또한 8일이 지나서 아이가 큰 후에 이 시술을 시행하려면 마취가 필요할 정도로 통증을 느끼게 되고 정신적인 충격도 무시할 수 없는 요소가 된다.[6] 수천 년이 흐른 뒤에 와서야 의학적으로 효과가 있다고 증명된 시술이지만, 이것이 종교 의식으로 주어지지 않았다면 이런 시술은 시작되지도 않았을 것이라고 도조(Robert Dozor)는 말한다.[7]

출애굽 당시에 이집트에 내려진 재앙에 대해 톰슨(Russel Thomsen)은 재앙의 순서가 의학에서 말하는 질병의 전염 경로 및 진행 순서와 일치한다는 사실을 밝힌 바 있다.[8] 즉, 물을 붉게(출 8:17) 오염시키는 미생물은 김노디니움(gymnodinium) 종류로 알려져 있는데, 이것이 물속에 사는 생물들(출 7:18, 하수의 고기)을 병들고 죽게 했을 것이다. 따라서 병든 개구리와 같은 양서류들이 물을 떠나 육지에 올라와 죽게 되면(출 8:13) 이 시체들은 질병을 옮기는 곤충들(출 8:16, 각다귀, gnats, 모기; 출 8:21, 파리 떼)의 먹이가 되고, 이 곤충들은 이 질병을 가축과 사람들(출 8:17)에게 옮기게 될 것이다. 따라서 화농성 종기(출 8:9-11)가 뒤따르게 되었을 것이다. 이와 같은 병의 전염을 막을 방법이 있을 리 만무한 당시 의료 수준으로 볼 때, 이 전염병의 발생으로 장자를 치는 재앙이 내리기도 전에 이미 수많은 죽음이 뒤따랐을 것이다.

이스라엘 백성에게 주신 하나님의 건강 지침은 모세를 통해 율법으로 주어졌다. 출애굽기 15장 26절에는 이 계명을 지켰을 때 주신 약속이 다음과 같이 나타나 있다.

> "너희가 너희 하나님 나 여호와의 말을 들어 순종하고 내가 보기에 의를 행하며 내 계명에 귀를 기울이며 내 모든 규례를 지키면 내가 애굽 사람에게 내린 모든 질병 중 하나도 너희에게 내리지 아니하리니 나는 너희를 치료하는 여호와임이라."

한편 신명기 28장 58-62절을 통해서는 이를 지키지 아니할 때에 어떤 결과가 초래될지에 대한 경고를 하고 있다.

> "네가 만일 이 책에 기록한 이 율법의 모든 말씀을 지켜 행하지 아니하고 네 하나님 여호와라 하는 영화롭고 두려운 이름을 경외하지 아니하면 여호와께서 네 재앙과 네 자손의 재앙을 극렬하게 하시리니 그 재앙이 크고 오래고 그 질병이 중하고 오랠 것이라 여호와께서 네가 두려워하던 애굽의 모든 질병을 네게로 가져다가 네 몸에 들어붙게 하실 것이며 또 이 율법책에 기록하지 아니한 모든 질병과 모든 재앙을 네가 멸망하기까지 여호와께서 네게 내리실 것이니 너희가 하늘의 별같이 많을지라도 네 하나님 여호와의 말씀을 청종하지 아니하므로 남는 자가 얼마 되지 못할 것이라."

이러한 기본적인 전제 아래 주어진 율법들은 당시 고대 문명의 발상지라고 하는 이집트의 의료 수준을 고려한다면 구약의 지침들이 매우 과학적이라는 사실에 놀라움을 금할 수 없다. 즉, BC 1500년경의 유명한 의료서적으로 알려진 『에버스 파피루스』(*Ebers Papyrus*)에 의하면 결막염으로 추정되는 안질에 정결한 아내의 오줌을 넣는다든지 대머리 치료에 말, 하마, 악어, 고양이, 뱀, 야생염소 등 여섯 가지 동물의 기름을 바르라는 처방이 널리 통용되고 있었음을 염두에 두고 구약의 모세 율법들을 관찰해 보도록 하자.[9]

구약의 제사장들에게 주어진 책임 중 하나는 정결을 유지하는 것으로, 출산 후의 정결(레 12장)이나 피부 전염병(레 13, 14장), 유출(discharge)이 있는 경우나 시체와 피에 의해 오염된 경우의 소독(레 11:27-40,

15:1-4; 민 19:11-12) 등에 대해 제시된 방법들을 면밀히 살펴보면, 오염되었을 가능성이 있는 모든 것을 철저히 씻도록 했음을 알 수 있다. 공기 전염이나 접촉에 의한 세균 감염이라는 개념을 알지 못했던 당시에 전염병의 확산을 막기 위해 오늘날에도 쓰이고 있는 격리(quarantine)라는 방법(레 13장)이 소개되고 있으며, 그 기간(레 13:4-5, 31, 33; 14:8)을 정해 주는 것도 현대의학적 관점에서는 흥미로운 일이다(레 13:46, 14:8).

레위기 13-14장에 의하면 우리말 성경에 문둥병으로 번역된 이 병은 '나병'(hansen' s disease)만이 아니라 다양하고 심한 피부 질환, 특히 전염성 질환을 의미하는 것이 확실하다.[10] 특히 곰팡이에 의한 피부 질환이 몸에 발생했을 때 어떻게 할지에 대해 많은 언급이 되어 있는데, 이런 질환이 전염되는 경로를 차단하기 위한 지침, 즉 환자 자신을 7일 동안 격리하고 그래도 확실하지 않을 때는 다시 7일 동안 격리하라는 지침을 제시하고 있다(레 13:4, 5, 31, 33 등).

곰팡이와 같은 것이 붙어 자라서 병을 일으키는 근원이 될 수 있는 옷은 빨아서 재발 여부를 7일 동안 관찰하게 했다. 만일 곰팡이에 의한 색점이 다시 생기면 불사르도록 하고, 없어졌으면 다시 빨아서 확실하게 곰팡이를 소독하도록 하는 구체적인 지침이 주어져 있다(레 13:56-58). 집 안에 핀 곰팡이를 대처하는 방법에 대한 기록이 14장을 통해 소개되는데, 벽에 발생한 곰팡이는 벽을 긁어내어 그 흙을 성 밖 부정한 곳에 버리고 벽은 다시 새 돌과 흙으로 바르도록 했다. 그러나 고친 후에 이것이 재발하면 집을 헐고 그 돌과 재목들과 흙을 모두 성 밖 부정한 곳에 내어버리고, 그 집에 들어가 잤거나 음식을 먹은 사람도 오염되었을 가능성이 있기 때문에 옷을 빨라고 했다(레 14:33-47).

화장실을 집 밖에 만들어서 사람의 배설물을 집 밖에 버릴 뿐 아니라 묻도록 했는데, 결과적으로 이 배설물로 인한 오염을 통해 전염될 수 있는 질병들을 예방할 수 있는 조치이다(신 23:12-13). 사냥 중에 흘리게 된 짐승의 피도 반드시 흙으로 덮도록 했는데, 그렇게 하지 않으면 이것은 세균들이 번식하는 데 아주 좋은 배지가 될 것이다(레 17:23).

기름과 피를 먹지 못하도록 한 것도 오늘날 암, 고혈압, 심장질환, 당뇨병 등 성인병의 원인을 고려해 볼 때 의미가 있으며, 짐승 중에서 시체의 썩은 고기를 먹는 짐승들(scavenger: 독수리, 솔개, 까마귀 등)을 먹지 못하게 한 것도 병의 전염을 막는 역할을 했을 것이다.

레위기 21장 16-21절에는 레위 지파 족속들 중에 흠이 있는 자들은 제사를 주관할 수 없도록 했는데, 여기에 해당하는 흠에 대해 다양한 질병과 장애들을 기술하고 있다. 즉, 소경(blind)이나 절뚝발이(lame), 코가 불완전한 자나 몸의 어느 부위가 제대로 생기지 않은 자(disfigured or deformed), 발 부러진 자나 손 부러진 자(crippled foot or hand), 곱사등이(hunchbacked)나 난쟁이(dwarfed), 눈에 백막(any eye defect)이 있는 자나 괴혈병이나 버짐이 있는 자(festering or running sores), 불알 상한 자(damaged testicles) 등이 소상하게 기술되어 있다. 이것은 장애인을 차별하려는 것이 아니라 예배의 순결성을 가르치기 위한 하나님의 뜻을 반영하는 것으로, 이것은 레위기 21장 23절에서 하나님의 거룩성 때문임을 분명히 하고 있다. 따라서 이 말씀은 흠이 없는 제물을 바치도록 강조하는 말씀이 레위기 1장 3절부터 시작하여 레위기에만 해도 십수 차례(1:3, 1:10, 3:1, 3:6, 4:3, 4:23, 4:28, 4:32, 5:15, 5:18, 6:6, 9:2, 9:3, 14:10, 22:19, 22:21, 23:12, 23:18 등)에 걸쳐서 반복되는 것과 같은 맥락으로 이해할 수 있을 것이다. 그러나 이들에게도 레위인이 먹을 수 있는 지성물이나 성물은 먹을 수 있도록 허락하고 있을 뿐 아니라, 그 앞에서 주어진 율법에는 '가난한 자와 귀먹은 자나 소경과 같은 장애인들을 보호해야 한다'고 하신 말씀과 '하나님을 경외하라'는 말씀을 한 문장으로 연결시켜 놓은 사실(레 19:9-14)[11]은 장애자를 차별하는 것과는 거리가 멀다. 그러나 예수께서 오시기 전까지는 하나님의 거룩하심을 가르치시기 위한 이 제한이 계속 유효했던 것이다.

율법이 이스라엘 백성들의 건강을 위해 기여한 것이 많이 있지만 무엇보다도 안식일을 제정(출 20:8-11)하여 일주일에 하루는 신체적으로 영적으로 휴식의 시간을 가지고 재충전하도록 한 것은 오늘날의 바쁜 일상에서 휴식을 모르는 현대인들에게 시사하는 바가 크다 하겠다. 경쟁과 스트레스 속에서 우울증과 스트레스성 질환들을 앓고 있으며 자살이 네 번째 사망원인이 되어버린 우리나라 현실에서 안식일을 통해 주신 쉼의 의미는 아무리 강조해도 지나치지 않을 것이다.

이와 같이 종교 의식에 뿌리를 둔 율법이 의료적 효과를 보이는 것에 대해 달링(Averell S. Darling)은 "율법의 목적은 일차적으로 거룩한 하나님의 거룩한 나라를 구별하려는 것이지만 부가적으로 위생 면에서 오늘날에도 유효한 가치를 가지고 있다"고 말한다.[12] 즉, 제사장들에게 주어진 성결에 대한 임무를 의학적 입장에서 보면 질병의 진단(diagnosis)과 치료에 관심을 두되 격리(quarantine)와 소독(disinfection) 그리고 치유 여부를 확인함(follow up)으로써 전염병의 만연을 방지하는 데 중요한 의미가 있다. 이런 원리들은 비록 구약 당시의 방식을 그대로 따르지는 않더라도 그 원리의 상당 부분이 오늘날의 의료 기준으로도 수용될 수 있는 것이라 할 수 있다.

구약성경은 이스라엘 백성을 거룩하게 구별하시려는 하나님의 뜻을 담아놓은 것이지만, 선지자나 율법(제사장)을 통해 의료를 종교 의식과의 긴밀한 틀 안에서 보여주고 있음은 주목할 만한 일이다.

3) 구약의 의료 및 이적 치유

구약에는 의사(physician)나 치유사(healer)라는 말은 그리 자주 나오지는 않으며 몇 번 언급된 의사들도 이방인인 경우가 많다. 이집트에서 요셉의 수종의사가 야곱의 시체에 향 재료를 넣은 기록(창 50:2–3)이 있다. 자신의 병을 깨닫고 앗수르 의사에게 도움을 구하는 에브라임의 노력이 무의미하다는 표현(호 5:13)이 있는가 하면, 아사 왕이 자신의 발에 생긴 병을 치료하기 위해 하나님을 찾지 않고 이방인 의사에게만 의지하다가 죽음을 초래하는 기록(대하 16:12)을 볼 수 있다.

구약에서는 선지자들이 의사 역할을 하고 있는 기록이나 이방 종교에서 의료가 종교와 깊은 관계가 있다는 사실을 발견할 수 있다. 전자의 예로 여로보암이 자기 아내를 아히야 선지자에게 보내 그 아이가 병든 것에 대해 물어보도록 하는 경우(왕상 14:1–18)를 들 수 있고, 후자의 예로는 아하시야가 난간에서 떨어져 병이 들자 사자를 보내어 이방 에그론의 신 바알세붑에게 이 병이 낫겠는지 물어보게 하는 경우(왕하 1:2)를 들 수 있다. 앞에 언급한 아사 왕의 경우도 후자의 예에 속한다. 이에 대해서는 뒤에 더 자세히 다루겠다.

직접 이적을 통해 치유를 해준 경우로는 엘리사가 아람 왕의 군대 장관인 나아만의 문둥병을 치료한 기록(왕하 5:1–14)이 있는데, 엘리사는 나아만을 만나지도 않고 사자를 보내어 요단강에 몸을 일곱 번 씻기만을 요구하였다.

또한 엘리야가 사르밧 과부의 아들이 죽자 이 아이를 다시 살리는 과정이 상세히 기록되어 있으며(왕상 17:17-24), 이와 비슷하게 엘리사도 수넴 여인의 아들을 살리는데(왕하 4:8-37), 이 두 경우에는 특징적으로 두 선지자 모두 죽은 아이의 몸에 어떤 동작을 가한다. 즉, 엘리야의 경우(왕상 17:21-22)에는 "그 아이 위에 몸을 세 번 펴서 엎드리고" 여호와께 부르짖어 이 아이의 혼을 그 몸에 돌아오게 하시기를 간청하자, 여호와께서 엘리야의 소리를 들으시고 그 아이의 혼이 몸으로 돌아오고 살아나게 되었다고 기록하고 있다. 다른 한편, 엘리사의 경우에는 더 정교한 동작이 기술되어 있는데, 열왕기하 4장 33-35절에 의하면 "엘리사가 여호와께 기도하고 아이 위에 올라 엎드려 자기 입을 그의 입에, 자기 눈을 그의 눈에, 자기 손을 그의 손에 대고 그의 몸에 엎드리니 아이의 살이 차차 따뜻하더라 엘리사가 내려서 집 안에서 한 번 이리저리 다니고 다시 아이 위에 올라 엎드리니 아이가 일곱 번 재채기하고 눈을 뜨는지라"고 하여 마치 의학적인 심폐소생술을 시행하는 모습을 연상하게 한다. 그러나 죽은 아이를 살린 이 이적들에서 선지자들의 동작에 어떤 의학적 의미가 있다고 생각하는 것은 무리한 이해이다. 심폐소생술이 효과가 있기에는 이미 늦은 때이기도 했지만 하나님이 기도를 들으셔서 이적이 일어났음을 기록하려는 것이 본문의 의도임이 분명하다.

이사야도 히스기야 왕이 죽을 병에 걸렸을 때 이를 치료해 준 기록이 있다(왕하 20:1-7). 이사야는 무화과 반죽을 종처에 바르는 치료를 했는데, 이것이 효과를 발휘한 본질이었다기보다는 히스기야가 심히 통곡하며 올린 기도를 하나님이 들으셔서 치유해 주셨음을 열왕기하 20장 5절에서 확인해 주고 있다.

이와 같이 구약성경에서도 이방 종교와 관련된 의원들의 기록을 볼 수 있는가 하면 비록 이적을 통해서지만 선지자들에 의해 의료가 수행되는 기록을 발견할 수 있고, 제사장들은 질병을 진단하고 예방하는 데 중요한 역할을 담당하였음을 알 수 있어서 종교와 의료가 밀접하게 연관되어 있었음을 알 수 있다. 그러나 구약에서 선지자들이 수행한 치료에서나 제사장들의 역할 어디에서도 이방 종교의 주술적인 요소는 발견할 수 없다.

4) 사례: 아사 왕의 죽음에 함축된 종교적 의미

> "아사가 왕이 된 지 삼십구 년에 그의 발이 병들어 매우 위독했으나 병이 있을 때에 그가 여호와께 구하지 아니하고 의원들에게 구하였더라 아사가 왕위에 있은 지 사십일 년 후에 죽어 그의 조상들과 함께 누우매 다윗 성에 자기를 위하여 파 두었던 묘실에 무리가 장사하되 그의 시체를 법대로 만든 각양 향 재료를 가득히 채운 상에 두고 또 그것을 위하여 많이 분향하였더라"(대하 16:12-14).

이 성경 본문에 따르면 아사 왕은 병이 들자 하나님을 찾지 않고 의사에게만 의지하였기 때문에 죽게 된다. 의사인 쇼트에 의하면, 아사 왕이 2년 동안 고생하다가 치유받지 못하고 죽은 병은 노인성 괴사(senile gangrene)로 추정할 수 있다.[13] 쇼트의 추정이 옳다면 항생제가 전혀 발달하지 못했던 당시에 이 병이 패혈증으로 이행되어 죽음으로 쉽게 진행될 수 있었는데도 2년 동안을 끌었다는 사실에서, 아사 왕의 회개를 기다리시는 하나님의 인내를 읽을 수 있을 것이다. 또한 이 병은 통증이 심하고 악취가 나는 병으로 2년 동안 시달림을 통해 악취로 주위 사람들도 고생을 했을 것으로 추정할 수 있다. 이것은 특별히 14절에서 분향을 많이 하고 각종 향 재료를 가득히 채웠다는 기록과도 일치하는 듯하다.

물론 본문의 일차적인 메시지는 하나님을 의지하지 않는 불신앙에 대한 경고라고 할 수 있다. 아사 왕은 의사만을 의지했던 것이다. 여기서 "우리가 병이 들었을 때 의사를 찾는 것이 비신앙적이라는 메시지를 본문이 함의한다고 해석할 수 있는가?"라는 질문을 던질 수 있다. 그렇다면 "기독교인에게 의료는 무엇인가?"라는 실제적인 질문이 뒤따를 것이다. 본문은 이에 대해 더 이상의 설명이 없고, 아사 왕이 의지한 의사에 대해서도 아무런 언급이 없다. 그러나 아사 왕이 이방의 아람 왕을 의지하고 하나님을 의지하지 않은 것을 지적했던 선지자 하나니를 옥에 가두기까지 한 것(대하 16:7-10)과 모친 마아가가 만든 아세라의 가증한 목상을 제거하는 등 우상숭배를 개혁했지만 이방인의 종교 행사 장소로 알려진 산당을 제거하지 않았다는 사실(대하 15:16-17) 등의 연장선상에서 볼 때 아사 왕이 의지했다는 의사는 당시에 이집트나 시리아로부터 온 이방인 의사로서 치료 행위 안에 마법이나 주술을 행하는 이방 종교 의식이 포함되어 있었을 가능성이 있다.[14] "점쟁이나 길흉을 말하는 자나 요술하는 자나 무당이나 진언자(주문을 외워 마법을 거는 자)나 신접자(혼령을 요청하여 점을 치는 자)나 박수나 초혼자를 너희 가운데에 용납하지 말라 이런 일을 행하는 모든 자를 여호와께서 가증히 여기시나니"(신 18:10-12)라고 하나님은 말씀하셨다. 그가 죽음에 이른 것은 단순히 의사를 찾았기 때문이 아니다. 그는 하나님을 찾지 않았을 뿐 아니라 이방신의 지배 아래 있는 의사에게 의지함으로써 종교적으로 가증한 일을 행했던 것이다. 이와 맥락을 같이하는 예를 아하시야 왕의 이야기에서도 볼 수 있다(왕하 1:2-18).

아사 왕의 죽음은, 어느 영역이든지 이 세상은 하나님의 소유이며, 하나님 이외의 다른 신이나 이방 신앙이 자리 잡는 것을 용납하지 않으신다는 사실이 의료에도 적용됨을 보여주는 사건이라고 할 수 있을 것이다.

2. 신약에 나타난 의료

신약성경에서는 의술로 질병을 치료한 기록은 거의 찾아볼 수 없고, 치료를 의사가 행한 기록은 더더욱 없다. 더구나 신약성경이 당시 의료를 기록하기 위한 것이 아니기 때문에 여기서 당시 의료에 대한 정보를 얻겠다는 시도는 그리 합리적이지 못하다. 그러나 신약성경도 구약성경과 마찬가지로 질병에 걸린 환자를 기술할 때 결코 허구로 지어낸 것이 아님을 알 수 있다.

1) 신약에 나타난 질병과 치료

누가복음과 사도행전을 쓴 의사 누가도 스스로 의술을 베푼 기록을 남기지는 않았다. 하지만 누가는 의사로서 의료와 연관된 기록을 할 때 다른 복음서 기자들보다 더 정교한 묘사를 하고 있는 것은 사실이다. 그는 당시의 전문의학 용어를 사용하여 질병을 묘사하고 있는데, 가령 누가복음 14장 1-4절에 나오는 '고창병'(dropsy, 부종)은 다른 복음서 기자들이 사용하지 않는 단어이다. 다른 복음서에서 단순히 '손 마른 사람'이라고 표현한 경우도 누가는 '오른 손 마른 사람'이라고 정확히 묘사한다. 누가만이 의료와 연관된 비유인 사마리아인의 비유(눅 10:30-37)를 기록하였고 부자와 거지 나사로의 비유(눅 16:19-31)도 누가만 기록하였는데, 여기에는 나사로의 상처가 잘 묘사되어 있다. 예수께서 인용하신 '의원아 너를 고치라'는 속담을 기록한 것도 누가뿐이었다(눅 4:23). 혈루증을 앓는 여인이 고침 받는 것을 기록할 때도 마태는 간단하게 기록하고 있고, 마가는 "많은 의사에게 많은 괴로움을 받았고 가진 것도 다 허비하였으되 아무 효험이 없고"(막 5:26)라고 기록하고 있다. 그러나 누가는 아무도 고칠 수 없는 병이라는 사실을 암시하여 당시 의료로서는 치료받을 수 없는 질환이라는 의사로서의 견해를 보여주고 있다(눅 8:43-48). 베드로가 칼을 써서 귀를 떨어뜨린 대제사장의 종의 떨어진 귀가 오른쪽이며 예수께서 만지시고 낫게 해주셨다고 의료적인 부분을 정확히 기술한 것도 누가였다(눅 22:49-51). 물론 예수님의 이적 치유를 가장 많이 기록한 것도 누가였다. 그러나 이런 누가도 자신이 의사로서 직접 시행한 의료 행위는 기록하고 있지 않다.

바울이 디모데에게 권면한 "이제부터는 물만 마시지 말고 네 위장과 자주 나는 병을 위하여는 포도주를 조금씩 써라"(딤전 5:23)는 구절은 아마도 함께 다녔던 누가를 통해 얻은 지식으로 당시 의술 중 하나였을 가능성이 있지만, 이 내용만으로 당시의 의료에 대한 정보를 얻기에는 적절하지 않은 것 같다.

누가만이 기록하고 있는 '선한 사마리아인의 비유'(눅 10:25-37)에서 사용된 기름과 포도주는 당시의 일반적인 처치 방법이었을 것이다. 기름은 상처 입은 피부의 긴장을 완화시키기 때문에 진통 효과를 위해, 포도주는 그 알코올 성분 때문에 소독제로 어느 정도 가치가 있는 것이다.[15] 그러나 이 기록도 의료의 동기에 대한 가르침을 주려는 것이지 의료에 대한 정보를 주기 위한 것은 아니다.

예수께서 제자들을 보내실 때 가르쳐 주신 것들 중에는 "병든 자를 고치며 죽은 자를 살리며 나병환자를 깨끗하게 하며 귀신을 쫓아내는"(마

10:8) 것을 포함하고 있다. 그러나 이것은 의료적 치료를 의미하는 것은 아니다.

헤롯이 충이 먹어 갑자기 죽게 되는데 이 충이 정확히 무엇인지는 짐작하기 쉽지 않지만 급성 충수돌기염의 파열로 인한 급성 복막염의 가능성을 생각해 볼 수 있을 것이다. 그러나 이 경우는 의료적 의미보다 "헤롯이 영광을 하나님께로 돌리지 아니하므로 주의 사자가 곧 치니 벌레에게 먹혀 죽으니라"(행 12:23)고 하고 있어서 하나님의 징벌이 직접 내린 것으로 이해해야 할 것이다.

바울은 그 자신의 육체의 가시가 무엇이었는지에 대해 명확한 기록을 남기지 않았다. 디모데는 어떤 종류의 위장병을 가지고 있었던 것 같지만(딤후 5:23), 병이 들어 죽게 되었다고 한 에바브로디도(빌 2:25–30)가 어떤 병을 가지고 있었는지, 병이 나서 밀레도에 두고 온 드로비모(딤후 4:20)는 어떤 질병이었는지를 짐작할 만한 단서가 별로 없다.

야고보서에서 병든 자들을 위해 장로들을 청하여 기름을 바르며 기도할 것을 권하고 있는 것(약 5:14) 외에 신약에는 더 이상 의료적 치료에 대한 구체적인 언급이 없다.

2) 예수님이 행하신 이적 치유

신약에 나타난 치유는 예수님과 사도들에 의해 행해졌으며, 모두 이적을 통한 것이다. 신약의 사복음서에 나타난 예수님의 치유는 모두 이적 치유였지만 그렇다고 그리스도인들에게 이적 치유만을 강조하려는 것은 아니었다. 예수께서 직접 이야기하신 사마리아인의 비유에서 포도주와 기름을 써서 최선을 다하는 사마리아인의 치료 모습을 사랑의 행위로 아름답게 묘사하신 것을 보면 이적이 아닌 의료적인 치료에 대해서도 긍정적임을 알 수 있다. 예수께서 행하신 이적 치유를 정리해 보면 〈표 5〉와 같다.

〈표 5〉 예수님이 행하신 이적 치유

치유 예	해당 성경				믿음 유무		해당 전문과	말씀 외의 동작이나 매개체 사용 여부
	마태	마가	누가	요한	당사자	주변사람		
귀신 들림(안식일 회당)		1:23-28	4:33-37		–	–	정신과	
베드로 장모의 열병	8:14-17	1:29-34	4:38-41				내과	안수
귀신 들림과 각색 병	8:16-17	1:32-34	4:40-41		?	+	정신과	
문둥병자(산상수훈 후 산에서 내려오던 중)	8:1-4	1:40-45	5:12-16		+		피부과	안수
중풍병자(지붕으로 내린 침상의 환자)	9:2-8	2:3-12	5:18-26		?	+	재활의학	
열병(왕의 신하)				4:46-54	–	+	재활의학	
베데스다 못가의 병자				5:2-9	+		재활의학	
손 마른 자(안식일 회당)	12:9-13	3:1-5	6:6-10		+	–	재활의학	
중풍병(백부장의 하인)	8:5-13		7:2-10		–		재활의학	
죽은 자를 살리심(과부의 아들)			7:11-17		/	–		
귀신 들림(거라사 무덤)	8:28-34	5:1-20	8:26-39		–		정신과	돼지
혈루증 여인	9:20-22	5:25-34	8:43-48		+		내과	옷자락에 손댐
죽은 자를 살리심(야이로의 딸)	9:23-26	5:22-24, 35-43	8:49-56		/	–		안수
두 소경	9:27-31				+		안과	눈에 안수
귀신 들려 벙어리 된 자	9:32-34				–		정신과	
소수의 병인		6:5				–		안수
모든 병든 자(게네사렛)	14:34-36	6:53-56			+			옷자락에 손댐
귀신 들림(가나안 여인의 딸)	15:21-28	7:24-30			–	+	정신과	
귀먹고 어눌한 자		7:31-37			–	+	이비인후	침+안수

치유 예	해당 성경				믿음 유무		해당 전문과	말씀 외의 동작이나 매개체 사용 여부
	마태	마가	누가	요한	당사자	주변사람		
귀신 들려 벙어리 된 자	12:22		11:14		−	+	정신과	
절뚝발이와 불구자와 소경과 벙어리	15:29-31				?	+	재활의학 안과	
소경(벳세다)		8:22-26			−	+	안과	침+안수
간질병 아이	17:14-21	9:14-29	9:38-42		−	+	신경과	
날 때부터 소경 된 자				9:1-41	+		안과	침/진흙/물
죽은 자를 살리심(나사로)				11:1-46	/	−		하나님께 기도
귀신 들린 불구 여인			13:10-17		−		정신과	안수
고창병(부종)			14:1-6		−		내과	
열 명의 문둥병자			17:11-19		+		피부과	
소경 거지 바디매오	20:29-34	10:46-52	18:35-43		+		안과	
대제사장의 종 말고의 귀를 다시 붙여줌			22:49-51		−		성형외과	안수

이 표로부터 우리는 몇 가지 사실을 유추할 수 있다. 우선 이적 치유 대상이 되었던 환자들은 열병에서부터 귀신 들림, 소경, 중풍 등에 이르기까지 다양했고 어느 특정한 질환에 걸린 환자에게 국한되지 않았다. 물론 자주 등장하는 질환들이 있다. 이 질환들은 대체로 다음 세 군으로 분류할 수 있다. ① 정신병 영역에 속하는 질환: 귀신 들림이나 간질 등, ② 나환자, ③ 재활이 필요한 신체장애인: 중풍, 소경, 손 마른 자, 절뚝발이, 벙어리, 귀먹고 어눌한 자 등이다. 혈우병이나 열병, 부종 등 내과적인 질환도 있지만 큰 비중은 아니다. 이 분류를 보면 예수께서 치유하신 환자들은 오늘날에도 그렇지만 당시 사회에서 가장 천대를 받으며 때로는 격리되어 살아야만 했고, 심지어는 가족들에게도 버림받는 질병을 가진 사람들이었음을 알 수 있다. 즉, 이 질환들은 기독교인 의료인이 어

떤 질병을 치료하는 의사가 되어야 할지 또는 어떤 과(이를테면 정신과, 피부과, 재활의학과 등)를 전공해야 할지에 대해 암시를 해주는 것은 아니다. 오히려 의료의 동기가 무엇이어야 하며 가장 절실한 의료의 필요를 가진 환자들이 누구인지를 보여주는 것이라 할 수 있다. 예수님은 당대에 가장 소외되고 천대 받던 바로 그들에게 더욱 연민을 보이셨던 것이다.

그렇기 때문에 표에서 보는 바와 같이 항상 수혜자의 믿음을 근거로 하여 이적을 일으키신 것은 아니다. 물론 소경 거지 바디매오(마 20:29-34, 막 10:46-52, 눅 18:35-43)나 혈루증을 앓던 여인(마 9:20-22, 막 5:25-34, 눅 8:43-48)의 경우처럼 그의 믿음을 보시고 치유를 하신 기록도 있다. 반대로 믿음 없음을 보시고 이적 베풀기를 자제하셨던 기록도 있다(막 6:5-6). 때로는 지붕을 뜯고 침상을 내려보낸 사람들의 믿음을 보시고 중풍병자를 치유해 주신 예(마 9:2-8, 막 2:3-12, 눅 5:18-26)나 사마리아 여인의 믿음을 보시고 귀신 들린 딸을 고치신 예(마 15:21-28, 막 7:24-30)에서처럼 보호자나 주변 사람들의 믿음을 보고 치유를 하시기도 한다. 그러나 믿음과 전혀 상관이 없거나 불신앙 상태에서도 슬픔으로 우는 자를 향한 '불쌍히 여기시는'(막 1:41) 예수님의 연민의 마음과 더불어 질병과 죽음의 권세를 가진 사탄의 세력에 대해 통분히 여기시는 마음(요 11:33, 38)이 이적을 일으키는 동기로 나타나 있다.

이적 치유는 몇 가지 공통된 특징이 있는데, 이적 치유는 항상 성공적이었고 즉각적이었으며 재발이 없었다는 점 등이다.[16] 치유의 즉각성은 "즉시, 곧"(마 8:3, 20:34; 막 2:12; 눅 4:39; 요 5:9), "그때(부터)"(마 9:22, 15:28, 17:18; 요 4:53) 등으로 표현되어 있다. 다른 공통점은 이적 치유들이 밀실에서 이루어진 경우가 없고 항상 공중 앞에서 행해졌으며 그것도 이적 외에는 다른 원인으로 설명할 수 없는 질환자들, 이를테면 수십 년 동안 앉아서만 지내던 사람이라든가 모두가 알고 있는 소경, 눈에 확실히 구분되는 나환자 등이 자주 등장한다는 점이다. 그래서 성경 어디에도 일어난 이적 치유에 대해 의심하는 사람들이 있었다는 기록은 없다. 예수께서 안식일에 병을 고쳐 율법을 어긴 것에 대해 바리새인들이 시비를 하는 기록은 예수께서 행하신 이적 치유의 신빙성을 더해 주고 있다(막 3:1-6).

이적을 일으킬 때 말씀만으로 하신 경우가 많았지만, 그 외에 안수와 침을 뱉는다거나 흙을 바르는 동작 그리고 물에 씻도록 요구하시는 것과 같이 어떤 매개체를 사용하신 기록들이 있기도 하다(〈표 5〉 참조). 그러나 이것이 그 매개체 자체에 능력이 있음을 의미하는 것은 아니다. 모세가 사용한 지팡이처럼 매개체는 하나님이 지정하시고 하나님의 능력이 이를 통해 나타나도록 하실 수 있지만 그 능력이 매개체에 항상 존재하는 것은 아니다. 치유효과는 주님의 능력의 말씀에서 오는 것이다.

이 이적들은 예수님의 초림으로 임한 하나님 나라의 회복된 모습을 보여주시기 위한 것으로 복음과 하나님 나라의 선포와 연관되어 있다(마 11:4-5, 행 10:38, 눅 4:18-19). 즉, 예수님의 치유 사역은 선교의 수단으로 취급되는 차원이 아니라 그 자체가 하나님 나라의 도래를 보여주는 것이었다. 다시 말해 선포하고(preaching) 가르치는(teaching) 사역에 부속된 사역이 아닌 치유(healing) 사역 고유의 가치를 지니고 있는 것이다.

다른 한편 우리는 이적 치유로부터 예수께서 인간의 육체적 질병뿐 아니라 영혼의 문제를 함께 다루어 인간을 전인으로 대하는 모습을 볼 수 있다. 즉, 예수께서 이적을 행하실 때 "예수께서 그들의 믿음을 보시고 중풍병자에게 이르시되 작은 자야 네 죄 사함을 받았느니라"(막 2:5, 눅 5:18-26) 하시는 것과 세례 요한이 하나님 나라의 도래를 전할 때 '죄 사함을 얻게 하는 회개의 세례를 전파하는 것'(눅 3:3)이 같이 쓰이고 있는 것을 볼 때 죄 사함을 얻는 회개는 하나님 나라의 회복을 이루게 하며, 이것은 육체적 · 영적 건강의 회복과도 연관됨을 시사해 준다.

하나님이 행하신 이적 치유의 목적을 스톰스(C. S. Storms)는 다음과 같이 다섯 가지로 요약하였는데, 이를 결론으로 삼고자 한다.[17)]

첫째, 예수님이 메시아이심을 확증하기 위해서이다. 마가복음 2장 10절에는 중풍병자를 치유해 주시면서 "인자가 땅에서 죄를 사하는 권세가 있는 줄을 너희로 알게 하려 하노라"고 말씀하신다. 요한복음 5장 36절에는 "아버지께서 내게 주사 이루게 하시는 역사 곧 내가 하는 그 역사가 아버지께서 나를 보내신 것을 나를 위하여 증언하는 것이요"라고 말씀하신다. 니고데모는 "하나님이 함께하시지 아니하시면 당신이 행하시는 이 표적을 아무도 할 수 없음이니이다"(요 3:2)라고 이를 뒷받침해 준다. 요한복음 9장에 나타나 있는 것처럼 주님의 목적은 예수를 사람(11절)이라고 말하던 소경이 점진적으로 선지자(17절), 하나님께로서 온 자(33절), 주, 인자(35-38절)로 고백하는 것이었다.

둘째, 하나님 나라의 도래를 보여주시는 것이다. 마태복음 7장 7-8절은 '병든 자를 고치시면서 하나님 나라가 도래함'을 말씀하고 있다. 또한 누가복음 10장 7절에서도 예수께서 열두 제자를 보내시면서 '병든 자를 고치는 일과 하나님 나라가 가까이 임했음'을 가르치도록 하신다.

셋째, 육체의 질병에 대한 이적 치유를 통해 죄로부터 사함 받는 영적 진리를 예시하기도 한다. 즉, 빛(요 9:5)이신 예수께서 육신의 눈이 먼 사람을 치유하시는 장면은 니고데모에게 하신 '거듭나지 않으면 하나님 나라를 볼 수 없다'(요 3:3)는 가르침의 의미를 예시해 영적인 눈을 떠야 한다는 메시지로 다가온다. 더 나아가 문둥병자를 치유하시면서는 치유하신다는 말을 쓰시지 않고 깨끗함을 받았다는 표현을 써서 죄로부터의 구원을 예시해 주고 있다.

넷째, 하나님의 영광을 드러내기 위해서이다. 날 때부터 소경된 자에 대해 제자들이 누구의 죄로 인함인지를 물었을 때 "그에게서 하나님이 하시는 일을 나타내고자 하심"(요 9:1-3)이라고 대답하신다. 특히 이 점이 잘 드러난 경우는 죽은 나사로를 살리실 때였다. 즉, "이 병은 죽을병이 아니라 하나님의 영광을 위함이요 하나님의 아들이 이로 말미암아 영광을 받게 하려 함이라 하시더라"(요 11:4)고 하셨으며, 40절에서 이를 다시 확인하신다. 마태복음 15장 29-31절에서는 각색 병자들을 치유하시는 것을 본 무리가 실제로 하나님께 영광을 돌린 사실을 기록하고 있다.

다섯째, 이적 치유를 통해 예수님의 신적 속성이 드러난다. 이적 치유는 예수님의 전능하심을 드러내기도 하지만 한편으로는 그의 사랑을 나타내기도 한다. 병인들, 소경, 문둥병자들을 보시고 민망히 여기시는 모습(마 14:14, 20:34; 막 1:41)에서 예수님의 사랑이 드러나고 있는 것이다.

3) 사도들이 행한 이적 치유

마태복음 10장 5-8절(막 3:13-14, 눅 9:1-2)에 의하면 예수께서 제자들을 보내면서 천국 복음을 전하도록 하시며 치유의 은사를 주셨고, 이것은 예수께서 부활하신 후에도 성령의 역사를 통해 유효하게 유지된다. 복음서에 예수께서 행하신 바와 같이 사도행전이나 서신서들을 통해 보여주는 치유는 의학적인 것이 아니라 이적 치유, 즉 신유에 의한 것이다. 신유란 의학적인 치료와는 달리 특별한 영적인 은사(고전 12:28)에 의해서 이루어지는 치료를 말한다.

이 치유의 은사(gifts of healing)는 복수로 표현되어 있어서 도깨비 방망이나 알라딘 램프 식으로 그 물체에 능력이 있듯이 은사를 받은 자에게 항구적 능력으로 주어지는 것이 아니라, 사도들에게서 그랬던 것처럼 목적과 때에 따라 일시적으로 여러 차례에 걸쳐서 주어질 수 있는 은사임을 암시한다. 바울은 자신이 가진 육체의 가시에 대해 신유의 능력을 활용하지 못했고 이를 위해 세 번씩이나 기도했지만 응답되지 않았으며, 오히려 하나님은 그분의 은혜가 그에게 족하다고 하시며 약한 가운데 온전해진다는 역설을 배우게 하셨다(고후 12:7-10). 그뿐만 아니라 바울의 신실한 동역자들의 질병에 대해서도 신유의 은사를 통해 치유한 기록은 없다. 디모데의 위장병과 자주 나는 병을 위해서도 신유의 은사를 사용하지 않았고 의료적인 충고를 하는 것을 볼 수 있다(딤후 5:23). 병이 들어 죽게 된 에바브로디도(빌 2:25-30)나 병이 나서 밀레도에 두고 온 드로비모(딤후 4:20)의 경우도 바울이 신유의 은사를 쓰려고 했다는 흔적은 보이지 않는다. 이러한 사실은 바울이 고백한바 자신이 가진 육체의 연약함은 영적인 질병으로부터 자신을 보호하시려는 하나님의 뜻인 것처럼 다른 동역자들에게도 육체의 건강보다 더 중요한 다른 의미가 있을 수 있음을 배우게 한다. 즉, 질병을 통해서 타락한 세상에서 인간의 고통과 연약함을 배우게 하기도 하며, 하나님 앞에서의 순결함이 육체의 건강보다 앞서는 것임을 가르쳐 주기도 한다.

사도들이 행한 신유는 사도행전에 몇 군데 기록되어 있다. 베드로는 선천적으로 앉은뱅이 된 자를 일으켰으며(행 3:1-10, 4:14), 애니아라는 18년이나 된 중풍병자를 일으켰다(행 9:32-35). 베드로뿐 아니라 다른 사도들도 마찬가지로 신유를 베풀었는데 병든 사람과 귀신에게 괴로움을 받는 사람들이 다 나음을 얻었다(행 5:12-16). 빌립도 귀신 들린 자,

중풍병자, 앉은뱅이를 신유 은사로 치유하였다(행 8:4-8). 예수께서 행하신 이적 치유와 마찬가지로 사도들이 행한 이적 치유도 즉각적이었고 공중 앞에서 행해져 진실성 여부에 대해서는 의심의 여지가 없었다. 사도행전 4장 22절은 치유된 앉은뱅이의 나이를 40세로 기록하고 있는데, 이것은 이적이 아닌 다른 이유로는 설명할 수 없음을 부가적으로 확인시켜 주는 것이라 할 수 있다. 예수께서 치유하셨던 환자들과 마찬가지로 중풍병자나 앉은뱅이, 귀신 들린 자 등이 자주 등장하는 것도 이를 뒷받침해 준다. 예수께서 죽은 자를 살리신 것처럼 사도들도 같은 이적을 일으켰는데, 사도행전에 이것이 각각 9장 36-43절과 20장 7-12절에 두 번 기록되어 있다. 전자는 욥바의 다비다라는 신실한 여제자였는데 이를 위해 베드로는 무릎을 꿇고 기도하였다. 다른 한편 바울이 살린 유두고라는 청년은 3층에서 떨어져 죽었는데 구약에서 엘리야(왕상 17:21-22)와 엘리사(왕하 4:33-35)가 한 것과 같이 "바울이 내려가서 그 위에 엎드려 그 몸을 안고"(행 20:10)라고 기록되어 있다. 전자의 경우에는 이를 통해 많은 사람이 예수를 믿게 되었고(행 9:42), 후자의 경우에는 많은 사람이 위로를 받았다(행 20:12).

사도들이 치유한 사람들도 예수님의 경우처럼 수혜자의 믿음이 중요한 역할을 한 중풍병자의 경우도 있지만(행 3:16), 귀신 들린 자(행 5:16)나 죽음에서 살리는 경우(행 9:36-43, 20:7-12)와 같이 이들에게 믿음이 없거나 그 여부를 알 수 없는 경우도 포함되어 있다. 한편 베드로가 이적을 베풀 때의 기록을 보면 "나사렛 예수의 이름으로 걸으라"(행 3:6)라고 하여 신유 능력의 근원이 어디에서 오는 것인지를 분명히 하고 있음을 보여준다.

베드로가 치유한 앉은뱅이는 곧 "성전으로 들어가면서 걷기도 하고 뛰기도 하며 하나님을 찬미하였으며" 이로 인해 그를 보던 주위 사람들이 "심히 기이히 여겼다"(행 3:7-8)고 했다. 한편 죽은 자를 살렸을 때 온 욥바 사람이 이를 알고 많은 사람이 주를 믿었다고 기록하고 있다(행 9:42).

바울이 행한 신유 은사의 경우도 베드로의 경우와 마찬가지로 나면서부터 앉은뱅이가 되어 걸어본 적이 없는 자였다(행 14:8-10). 바울은 죄수들과 함께 로마로 호송되던 중 배가 풍랑을 만나 난파하여 멜리데 섬에 도착하여 3개월을 머문 적이 있다. 그 기간에도 이 섬에서 열병과 이질을 앓고 있는 보블리오의 부친을 비롯하여 다른 병든 사람들을 고쳤다(행 28:8-9). 이 치유 사역에 앞서 바울은 독사에 물렸는데도 아무런 이상이 없었던 것도 이적을 통한 하나님의 보호하심을 잘 드러내 준다(행 28:1-6).

바울의 경우 특이한 점은, 하나님이 '놀라운 능력'을 행하게 하셔서 그의 몸에서 손수건이나 앞치마를 가져다가 병든 사람에게 얹으면 그 병이 떠나고 귀신이 나가기도 했다는 점이다(행 19:11-12). 바울의 손수건이나 앞치마는 예수께서 사용하신 침(막 7:31-37)이나 흙(요 9:6)과 마찬가지로 그 물체에 능력이 있다는 말은 아니다. 그러나 예수님의 경우는 예수님이 현장에 계신 상태에서 흙이든 침이든 사용하셨지만, 바울의 경우는 본인이 현장에 없어도 신유가 일어나는 특이한 은사였다. 다른 사도들에게는 주어지지 않았던 이 현상이 바울에게만 주어졌던 고유의 특이한 은사였음은 그 배경이 에베소라는 특수성을 이해할 때 바로 해석할 수 있다. 즉, 에베소는 당시 마술의 중심지로 알려져 있었다(행 19:13-19). 이런 이방의 문화적 배경에 젖어 있는 이들에게 그리스도의 복음을 전하기 위해서 하나님은 바울을 달리 준비시킬 필요가 있었던 것이다. 그래서 하나님이 이 '놀라운' 능력을 바울에게만 그 상황에서 주셨다고 보는 것이 타당할 것이다. 아마도 사도행전을 기록한 의사 누가도 이 점을 염두에 두고 '놀라운 능력'이라는 독특한 표현을 하고 있고 있는 것 같다.

바울 역시 신유 능력의 근원과 목적이 자신들에게 있지 않다는 것을 강조한다. 앞에서 말한 놀라운 능력을 통해 결국 에베소에 거하는 "유대인과 헬라인들이 다 이 일을 알고 두려워하며 주 예수의 이름을 높이고"(행 19:17)라고 기록함으로써 신유의 목적이 무엇인지를 보여주고 있다. 그래서 루스드라에서 신유 능력을 목격한 사람들이 바울과 바나바를 신으로 여기고 제사를 지내려 할 때 두 사도는 '옷을 찢고 무리 가운데 뛰어들어 소리 질러' 이를 강력히 제지한 것이다. 그리고 복음을 전하여 하나님께 돌아오기를 호소한다(행 14:8-18).

사도들이 행한 신유의 공통된 특징과 목적은 앞에서 살펴본바 예수께서 행하신 이적 치유의 공통된 특징과 목적에서 크게 벗어나지 않았음을 알 수 있다. 오늘날 신유의 은사를 의도적이든 그렇지 않든 비성경적인 방법과 목적으로 남용하고 신자들을 잘못된 길로 인도하는 사례가 많이 있는데, 이런 일들을 판단할 때 성경이 말하는 이적 치유의 특징과 목적을 기준으로 삼아 비추어 보고 바른 판단을 함으로써 우리의 "사랑을 지식과 모든 총명으로 점점 더 풍성하게"(빌 1:9) 해야 할 것이다.

4) 사례: 사마리아인의 비유에 담긴 의료의 원리

사마리아인의 비유는 예수께서 직접 말씀하신 비유로 비교적 구체적인 치료 행위와 치료의 동기 등이 나타나 있어서 여기서 배울 수 있는 원리들을 오늘날 의료에 어떻게 적용할 것인지에 대해 심도 있는 연구를 해 봄직하다.[18] 이에 대해서는 뒤에 따로 한 장을 할애하여 다루기로 하겠다.

9장
성경적 의료의 전제가 되는 개념들
– 성경적 인간관

인간은 인간 자신에 대하여 자연에서 가장 불가사의한 존재이다. 왜냐하면 인간은 육체가 무엇인지를 모른다. 또 정신이 무엇인지를 모른다. 더구나 육체와 정신이 어떻게 결합되는지 전혀 알지 못한다. 이것이 인간의 불가해함의 정점이다. 그런데 이것이야말로 인간 존재의 모습이다.
—파스칼

"너희는 너희가 하나님의 성전인 것과 하나님의 성령이 너희 안에 계시는 것을 알지 못하느냐 누구든지 하나님의 성전을 더럽히면 하나님이 그 사람을 멸하시리라 하나님의 성전은 거룩하니 너희도 그러하니라."
—고린도전서 3장 16–17절

"우리는 땅에 있는 우리 육체의 집이 무너지면 사람의 손으로 지은 것이 아닌 하나님이 지으신 하늘의 영원한 집을 소유하게 될 것을 압니다. 우리는 이 육체의 집에서 탄식하며 하늘의 몸을 입게 될 날을 고대하고 있습니다. 우리가 그 몸을 입게 되면 벗은 자가 되지 않을 것입니다. 우리가 이 육체의 집에 있는 동안 짐을 진 것처럼 탄식하는 것은 이 몸을 벗고 싶어서가 아니라 하늘의 몸을 입어서 죽을 몸이 영원히 살기 위한 것입니다."
—고린도후서 5장 1–4절, 현대인의 성경

의료는 생명과 관련하여 일어나는 문제를 다룬다. 따라서 생명의료윤리의 내용을 살펴보면 어느 것이든 생명의 기원, 생명의 시작, 생명의 질

그리고 생명의 종말의 네 영역에 속하는 문제임을 알 수 있을 것이다. 이 장에서는 생명의 기원이나 생명의 시작 그리고 죽음의 문제에 대한 성경적 개념들을 다루겠지만, 생명의 질 문제에 대해서는 의료의 본래적 목적이 고통의 감소를 통해 삶의 질을 증진시킨다는 점에서 고통에 대한 이해를 다루려고 한다.

물론 어떤 주제는 서로 중복되거나 복합적이기도 할 것이다. 어쨌든 생명에 대해 어떤 관점을 가지느냐, 즉 이 네 가지 생명의 영역에 대해 우리가 어떤 세계관을 견지하느냐에 따라 윤리적 대답도 출발점부터 종착점까지가 당연히 달라질 것은 당연한 일이다. 따라서 의료윤리를 논하기 전에 생명에 대한 관점 또는 인간을 이해하는 관점이 어떤지를 이해하는 것이 선행되어야 한다. 그 주제가 어디에 속한 것이든 결국 차이를 만드는 것은 우리의 인간관이기 때문이다.

1. 생명의 개념

생명은 정의하기 쉽지 않은 개념이다. 대영백과사전에도 "생명은 그 다양한 측면들을 정의하거나 설명하기가 거의 불가능한 현상"이라고 설명되어 있다. 더구나 생명의 기원에 관한 부분은 고대 그리스 철학에서 아리스토텔레스의 생기론(vitalism)과 제논, 아낙사고라스, 에페도클레스, 데모크리토스, 에피쿠로스 등의 유물론적 기계론(mechanism)이 대립했고, 훗날 다윈의 진화론과 기독교 창조론의 대립으로 이어지는 풀리지 않는 주제이기도 하다.

생명윤리에 관한 논의가 "생명이 무엇인가?"라는 문제로부터 시작되어야 한다고 하지만, 생명의 기원이나 목적에 관한 문제는 다분히 신앙의 영역이지 과학적 논의의 영역은 아니다. 이 책에서 '어떤 신앙을 가지느냐가 의료를 결정한다'고 했을 때 그것은 생명의 기원에 대한 신앙을 포함한다. 생명의 기원에 관한 한, 생명이 자연발생적으로 진화하였다고 믿는 유물론자가 되든지 누군가에 의해 창조되었다고 믿든지 두 가지 선택밖에는 없다. 전자의 경우 자연적으로 발생하는데 존재했던 물질들의 기원에 대해서는 여전히 대답이 없다.

1) 생명의 기원에 관한 성경적 개념

(1) 생명의 기원은 하나님이며 인간은 그의 형상대로 창조되었다

성경은 하나님이 흙으로 인간을 만드신 후 생기를 인간의 코에 불어넣으심으로써(창 2:7) 생령이 되어 생명이 기원했다고 분명히 말하고 있다. 창세기에 나타난 인간 창조의 과정을 살펴보면 성경의 인간관에 대해 몇 가지 사실들을 확인할 수 있다.

① 성경(창 2:7)은 인간의 육체를 흙으로 지음으로써 인간이 시공간적 제한을 받는 생물학적인 육체를 가진 '유한한 존재'로 창조되었다고 가르치고 있다. 동시에 영이신 하나님이 그의 생기를 육체에 불어넣어 인간을 생령이 되게 하심으로써, 즉 '자유 의지를 가진 영혼'을 주심으로써 하나님과 교통할 수 있으며, 더 나아가 그분과 영원히 함께 살 수 있는 존재로 창조되었다고 한다. 이것은 인간이 이중 구조(duality)로 되어 있다는 의미지만, 이는 뒤에 언급할 이원론(dualism)과는 구별되어야 한다.[1)]

② 성경이 '인간은 하나님의 형상대로 창조되었다'고 할 때 그 의미는

인간에게 '하나님의 속성'이 있다는 말이다. 이것이 다른 피조물과 인간이 구별되는 인간만의 '독특성'이며 사람들 사이에 '평등'을 주장할 수 있는 근거이기도 하다. 이것을 근거로 우리는 '인간의 존엄성'을 주장할 수 있다. 비록 타락 이후의 하나님의 형상은 타락 이전의 하나님의 형상과 차이가 있긴 하지만, 타락 이후에도 인간은 하나님의 인격적 속성인 사랑이나 윤리성, 합리성, 창조성 등을 가지고 있다.[2)]

③ 하나님의 형상을 인간에게 입혀주심으로써 인간은 다른 인격체와 '인격적으로 교통할 수 있는 존재'로 창조되었다. 우선 인간은 하나님과 더불어 '수직적 관계'를 가질 수 있는 인격체로 창조되었다. 비록 타락 이후의 인간은 하나님과 직접적인 관계를 가질 수 없게 되었었으나 예수 그리스도를 통해 그 길을 열어주셨다는 것이 기독교 진리의 진수이다.

④ 인간을 남녀로 창조하시고 사람이 독처하는 것이 좋지 않다(창 2:18)고 하여 둘이 하나로 연합하여 사는 존재로 창조하셨다. 즉, **'수평적 관계'**를 가지고 사는 존재로 창조하신 것이다. 인간이 하나님의 형상으로서 서로 다른 위격인 성부, 성자, 성령께서 하나 되신 것처럼 인간도 하나님의 형상을 닮아 서로 다른 남녀가 하나 될 것을 예시하는 것이다. 이것이 '결혼과 가정에 대한 성경적인 입장'의 근간이 된다. 셜록(Charles Sherlock)은 이것을 '다양성 안에서의 연합'(unity in diversity)이라고 표현하고 있다.[3)]

⑤ 더 나아가 인격체로서 인간은 하나님으로부터 위임받아 그의 피조물을 다스리는 과제(창 2:26-28)가 주어진 '청지기적 피조물'로 창조되었다는 의미이다. 따라서 인간의 인격은 다른 피조물과도 인격

적인 관계를 가질 수 있는 가능성을 시사하고 있고 이것은 창세기에 다른 피조물들에게 이름을 짓는 아담의 모습(창 2:19)에서 찾아볼 수 있다.

(2) '생기'의 의학적 의미: 항상성(homeostasis)과 살려는 의지(will to live)의 기원

인간은 의식이 없는 상태에서도 육체의 균형을 유지해 나가고 정신과 상관없이 살려고 노력하는 육체(psyche, soma)를 가지고 있다. 의학생리학에서는 이것을 항상성(homeostasis)이라고 표현한다. 가령 혈압이 떨어졌을 때 이 혈압을 끌어올리는 작업은 정신 또는 영혼의 명령이나 도움에 의해서가 아니라 육체의 세포 단위까지 존재하는 '살려는 의지'가 작동하여 해내는 일이다. 교감신경이 활발하게 작용하고 내분비기관들의 세포들은 카테콜아민(catecholamines)을 분비할 것이다. 혈관이 수축하고 심장의 박동 수가 증가하며 신장은 혈장량 유지를 위해 소변량을 줄일 것이다. 이런 일련의 '살려는 의지'는 세포 단위까지 있으며 죽음 직전까지 활동한다.[4] 우리는 하나님이 흙으로 인간의 육체를 빚으신 뒤 우리에게 생기를 불어넣으셨을 때 인간의 육체 속에 이것이 들어와 생령이 되었음을 믿는다. 우리는 육체 속에 '살려는 의지'가 존재하도록 창조하신 분이 하나님인즉 하나님이 우리 존재의 근원임을 인정해야 할 것이다.

■■■ 토론하기

- 응급상황에서의 혈압조절이나 몸을 보호하기 위한 반사작용에서 항상성(homeostasis)과 살려는 의지(will to live)는 어떻게 작용하는가?
- 생명유지 기관들(심장, 폐, 뇌, 간, 신장 등)의 기능을 정신이 임의로 조절할 수 있는가? 왜 그렇게 만드셨을까?
- 요즈음 생명의 기원에 대한 논쟁에서 자주 등장하는 지적 설계(intelligent design) 개념을 증거할 수 있는 의학 생리학적 또는 생화학적 사실을 한 가지씩 알아보자.[5]

(3) 인간 존엄성의 근거

창세기에 나오는 생명의 창조는 가정의 창조와 더불어 하나님의 직접 창조의 결과로 매우 중요한 절대가치로 나타나 있다. 인간의 존엄성이나 가정의 순결성이 지켜져야 할 근거는 바로 여기에 있는 것이다. 인간은 맹목적인 힘에 의해 발전된 것이 아니라 계획과 훌륭한 설계에 의해 창조되었다. 인간이 다른 동물들과 달리 하나님을 경배하고 교제하며 세상을 다스릴 수 있는 존재인 것은 하나님의 형상을 지녔기 때문이며 이것이 인간 존엄성의 근거가 된다. 유물론적 진화론의 생명관으로부터 인간 생명의 존엄성을 주장할 수 있는 근거를 말하기에는 어려움이 있다.

비록 인간이 타락한 존재이고 하나님의 영광을 드러내지 못했지만 이런 인간의 생명을 위해 예수 그리스도가 오실 만큼 인간의 생명은 귀한 것이다. 왜냐하면 인간만이 하나님의 형상을 지니고 창조되었기 때문이다. 이 하나님의 형상은 인간의 타락 이후에도 완전히 망가진 것은 아니며, 누구에게나 이를 근거로 존엄성을 유지시키신다. 창세기 4장 7절은 비록 형제를 죽인 타락한 가인이었지만 표를 주어 죽임을 면케 하심으로써 가인을 보호하시는 하나님의 의지를 읽을 수 있다.[6] 우리 인간의 고귀성은, 구원받은 자든 아직 구원받지 못한 자든, 우리 스스로에게 어떤 자격이 있기 때문이 아니라 하나님이 귀하게 창조하셨고 인정하셨기 때문에 생긴 것이다. 즉, 인간의 존엄성은 그 인간의 능력이나 생산성에 근거한 것이 아니라 존재 자체에 근거한 것이다. 따라서 성경적 의료윤리는 이렇게 고귀한 생명을 피조계의 가치체계에서 상대가치가 아닌 절대가치로 인정하는 데서부터 시작하여야 한다.

이와 같은 개념이나 신념 또는 믿음은 다른 철학적 사변과 더불어 더 이상 추상적이고 철학적인 또는 신학적인 탁상 토론의 주제가 아니다. 이런 주제들은 오늘날 병원의 중환자실로 옮겨져 삶과 죽음에 연관된 다양한 의료윤리의 문제들과 맞닥뜨리며 수많은 질문들을 던지고 있는 것이다. 래(Scott B. Rae)의 지적대로 '하나님의 형상으로 창조된 인간'이 무엇을 의미하는지를 성경적으로 명확히 파악하는 일이 어느 때보다도 긴요한 일이 되어버린 시대에 우리는 의료를 수행하고 있는 것이다.[7]

■■■ 토론하기

- 우리가 원자 몇 개와 어떤 특수 상황의 에너지가 작용하여 생성되고 진화된 생명체라면, 다시 말해 우리가 물질에 불과하다면 우리의 존엄성의 근거는 어디에 있는가?

• 인간복제는 성경적 관점에서 어떤 문제를 유발하는가?
• 의료인으로서 "지극히 작은 자 하나에게 한 것이 곧 내게 한 것이니라"(마 25:40)고 하신 주님의 말씀을 의료에 어떻게 적용할 수 있을까?

2) 인간 생명의 시작

오늘날에는 인간 생명의 시작 시기를 수태된 때로 보는 견해에서부터 생후 1-2년으로 보는 견해까지 다양하다. 이것을 정하는 것도 착상, 뇌의 탄생, 태동, 생존 능력, 출생, 정신 생활 등 매우 다양한 기준을 가지고 있다. 예를 들면 정신생활을 기준으로 삼아 인간관계 형성을 중시하는 스모커(Babara Smoker)는 "삶의 경계표가 되는 것은 체험이다. 따라서 갓 태어난 신생아는 아무리 완전한 정상아라 할지라도 살 권리가 없다"고 주장하였다. 해리스(John Harris)라는 철학자는 인간 생명을 '욕망을 가진 것'으로 규정하고 생후 6개월까지는 그 능력이 없으므로 낙태 결정은 태아에게 나쁜 행동이 아니라고 주장했다.[8] 플레처는 인격체로서 생존할 가치가 있는 능력을 가지는 시점을 생후 1년으로 잡았다. 더 나아가 DNA 구조를 밝혀 노벨상을 받은 바 있는 크릭(Francis Crick)은 "신생아는 유전자 자질에 관한 시험에 통과할 때까지는 인간이라고 주장해서는 안 된다. 만약 이 시험에 통과하지 못하면 그 아이는 살 권리를 잃게 된다"고 주장했다.[9] 인간의 지혜는 이 문제에 대해 필요에 따라 너무 많은 정답을 가지고 있는 것이다. 결국 생명의 시작에 관한 질문은 생명의 기원과 마찬가지로 인간의 이성이 대답할 수 없는 영역에 속하는 것이며 믿음의 대상으로 귀착될 것이다.

성경은 생명의 시작에 대해 명백하게 말하고 있다. 욥의 고백(욥 10:8-

12)과 다윗의 시(시 139:14–16)에서 우리는 수정 순간부터 완전한 인격을 갖추고 영혼이 있으며 하나님의 은혜를 받는 존재임을 알 수 있다.

> "주의 손으로 나를 빚으셨으며 만드셨는데 이제 나를 멸하시나이다 기억하옵소서 주께서 내 몸 지으시기를 흙을 뭉치듯 하셨거늘 다시 나를 티끌로 돌려보내려 하시나이까 주께서 나를 젖과 같이 쏟으셨으며 엉긴 젖처럼 엉기게 하지 아니하셨나이까 피부와 살을 내게 입히시며 뼈와 힘줄로 나를 엮으시고 생명과 은혜를 내게 주시고 나를 보살피심으로 내 영을 지키셨나이다"(욥 10:8–12).

> "내가 주께 감사하옴은 나를 지으심이 심히 기묘하심이라 주께서 하시는 일이 기이함을 내 영혼이 잘 아나이다 내가 은밀한 데서 지음을 받고 땅의 깊은 곳에서 기이하게 지음을 받은 때에 나의 형체가 주의 앞에 숨겨지지 못하였나이다 내 형질이 이루어지기 전에 주의 눈이 보셨으며 나를 위하여 정한 날이 하루도 되기 전에 주의 책에 다 기록이 되었나이다"(시 139:14–16).

또 생명은 성령의 사역으로 시작된다(창 2:7, 시 104:30, 욥 33:4).[10] 창세기 2장 7절에는 "여호와 하나님이 땅의 흙으로 사람을 지으시고 생기를 그 코에 불어넣으시니 사람이 생령이 되니라"고 했고, 시편 104편 30절에는 "주의 영을 보내어 그들을 창조하사 지면을 새롭게 하시나이다"라고 했으며, 욥기 33장 4절에는 "하나님의 영이 나를 지으셨고 전능자의 기운이 나를 살리시느니라"고 하여 생명의 시작이 성령의 사역임을 말씀해 주고 있다. 특히 누가는 태아도 성령 충만을 받을 수 있는 존재로 생생하게 기록하고 있다(눅 1:15, 1:39-44).

> "엘리사벳이 마리아가 문안함을 들으매 아이가 복중에서 뛰노는지라 엘리사벳이 성령의 충만함을 받아 큰 소리로 불러 이르되 여자 중에 네가 복이 있으며 네 태중의 아이도 복이 있도다 내 주의 어머니가 내게 나아오니 이 어찌 된 일인가 보라 네 문안하는 소리가 내 귀에 들릴 때에 아이가 내 복중에서 기쁨으로 뛰놀았도다"(눅 1:41-44).

태아는 생명이 없는 세포 또는 물질 덩어리가 아니다. 태아는 아기, 어린이, 청년, 장년, 노인 등과 마찬가지로 한 인간이다.

흔히 의료윤리 문제들을 다룰 때 무엇보다 먼저 낙태 문제로부터 시작하는 경우가 많은데, 그것은 다음 두 가지 사실에 근거하고 있다.[11] 첫째는, 실험실이 아닌 의료 현장에서 낙태보다 더 심각하게 생명가치의 절대성이 완벽하게 파괴되는 일이 없으며, 양적으로도 다른 이슈와 비교할 수 없을 만큼 많은 생명이 죽어간다는 점이다. 둘째 이유는, 낙태 논쟁의 쟁점이 되는 생명의 기준을 어떻게 볼 것인지에 대한 입장에 따라 나머지 대부분의 윤리적 문제들, 이를테면 태아 실험, 영아 살해, 장애아, 살해, 안락사, 뇌사, 장기이식 등에 대한 해답이 사실 더 이상의 논쟁을 하지 않아도 자연히 미끄러운 경사의 원리로 주어지기 때문이다.[12] 실제로 낙태를 합법화하기 위해 태아가 인간(personhood)임을 부정하였고, 그 뒤를 따른 것은 치료 목적을 위한 태아 실험이었다. 뒤이어 비치료 목적의 태아 실험이 시행되었고 이어서 낙태된 태아로부터 얻은 장기 이용 단계에서 장기를 얻기 위한 임신과 낙태로 이어지고 있다.

낙태에 대한 여러 입장을 가이슬러(N. L. Geisler)는 크게 세 부류로 나

누어 설명하고 있다.[13)]

〈표 6〉 낙태에 대한 세 가지 입장

태아에 대한 입장	완전한 인간	가능성을 가진 인간	인간으로서 불완전함
낙태에 대한 입장	절대 불가	경우에 따라 허용	언제든지 허용
기초가 되는 가치	생명의 신성함	생명의 긴급성	삶의 질
어머니의 권리	생명이 우선	복합적	프라이버시 우선

'수정 후 14일'을 생명이 시작하는 시점이라는 기준이 주장된 근본적 배경에 대해 박상은은 "배아 인간을 실험에 사용하려는 과학자들의 요구와 이를 공리주의적으로 이용하려는 정부와 기업이 함께 만들어 낸 난센스에 다름 아니다"라고 실상을 간파하고 있다. 그는 '14일 논쟁'에 자주 등장하는 '원시선'(primitive streak)이 인간 생명과 생명이 아님을 구분하는 경계가 될 수 없음을 강조한다. 만일 원시선이 인간 생명 유무를 판별하는 핵심적 결정 기관이라면 그리고 원시선의 출현시점이 개체마다 천차만별하게 다른 상태에서 일방적으로 14일이라고 규정한다면, 그 이전에 원시선이 나타난 배아는 인간 생명인데도 무참히 살해될 것이라고 기득권 없이 죽어가는 생명의 입장을 대변하고 있다.[14)] 다른 한편 자기 방어를 전혀 할 수 없는 태아의 인권을 보호해야 한다는 입장을 잠언 24장 11-12절(표준새번역)을 인용하여 그리스도인들이 태아의 인권을 지켜야 할 것을 강조하기도 한다.[15)]

"너는 죽을 자리로 끌려가는 사람을 건져주고
살해될 사람을 돕는 데 인색하지 말아라.

너는 그것이 '내가 알 바 아니라'고 생각하며 살겠지만,
마음을 헤아리시는 주께서
어찌 너의 마음을 모르시겠느냐?
너의 목숨을 지키시는 주께서
다 알고 계시지 않겠느냐?
그분은 각 사람의 행실대로 갚으실 것이다."

생명을 다시 정의하려는 모든 시도는 '인간 생명의 시작은 수태된 때로부터'라는 문자적인 뜻을 왜곡하여 어떤 목적을 위해 과학의 힘을 빌려 자신들의 행위를 정당화하려는 노력일 뿐이다.

■■■ 토론하기

- 낙태에 대한 기독교적 입장을 살펴보고,[16] 기타 생명과 관련된 의료윤리 문제가 이 한 가지 관점에 의해서 얼마나 큰 차이를 보일 수 있는지에 대해 생각해 보자.[17]
- 각종 ART(artificial reproductive technology, 보조생식술)의 방법에 대해 알아보고 허용 여부에 대한 한계에 대해 토의해 보자.[18]

3) 인간은 육체와 정신을 가진 전인(whole person)으로 이해해야 한다

영과 육은 우리 인간을 구성하는 두 가지 요소로서 필수적이나 어느 한쪽이 우월하거나 더 중요하다는 식의 이원론(dualism)적 개념으로서

가 아니라 두 요소(duality)가 합하여 하나의 완전한 개체를 이룬다는 전인으로 이해되어야 한다. 또 이 두 요소는 불가분으로 연합된 관계(integrated unity)이면서 서로 각자의 기능을 하며, 동시에 서로의 상태에 영향을 주고받는 것이다. 이러한 인간 존재에 대해 파스칼은 『팡세』에서 "인간은 인간 자신에 대하여 자연에서 가장 불가사의한 존재이다. 왜냐하면 인간은 육체가 무엇인지를 모른다. 또 정신이 무엇인지를 모른다. 더구나 육체와 정신이 어떻게 결합되는지 전혀 알지 못한다. 이것이 인간의 불가해함의 정점이다. 그런데 이것이야말로 인간 존재의 모습이다"라고 한 바 있다.

그러나 현대의학이 인간을 이런 전인 개념으로 보지 않고 육체만의 존재, 심지어는 부속품 다루듯 하는 데서 심각한 윤리적인 문제들이 제기되기 때문에 의료윤리를 논하기 전에 이에 대한 바른 이해가 필요하다.

(1) 영·육을 차별하는 이원론의 극복

인간은 '영'과 '육'으로 구성된 존재이다. 그러나 인류 역사는 오래전부터 '영' 혹은 '육' 중 어느 한편에 대해서만 강조한 나머지 이를 이원론적으로 이해하여 진정한 인간관을 왜곡시켜 왔다. 이 왜곡은 초대교회 당시부터 큰 영향을 미쳐 왔는데, 그 뿌리가 플라톤의 이원론적 세계관에 있음은 잘 알려진 사실이다.[19] 즉, 플라톤은 물질세계와 정신세계를 구분하여 물질세계는 불완전하고 일시적이며 그림자와 같은 것이라고 했고, 정신세계는 이데아의 영역으로 영구성, 완전성, 사실성의 신성한 영역이라고 가르쳤다. 정신은 물질보다 우월하다는 결론에 이르게 하는 플라톤의 이원론은 순교자 유스티누스를 시작으로 스토아 철학과 함께 조로아스터교의 이원론에 영향을 받은 아우구스티누스를 비롯한 다음 세기의 교부들에게 전수되면서 기독교의 복음을 왜곡시켜 왔다.[20] 즉, 하나님의 초월성만을 강조하여 내재하시고 인격적이신 하나님을 부인하게 되었고, 성과 속을 철저히 구별하였으며, 육체와 죄악을 동일시하게 되었다. 이런 영향으로 경건한 그리스도인들은 흔히 영혼에 비해 육체를 비하시키거나 심지어는 죄악시하는 경향이 있다.

따라서 예수님은 신성을 지닌 하나님으로서 육체를 입을 수 없다는 결론에 이르게 되고 이런 영향으로 초대 기독교 당시부터 이단이 발생하게 된 것이다. 요한은 예수의 제자로 가장 늦게까지 살면서, 이런 영향을 받아 자라난 적그리스도와 거짓선지자에 대해 단호하게 이와 같은 이단을 경계하라는 메시지를 골로새서(2:4, 8, 23)나 요한일서(4:1-3) 등에 기록하고 있다. 이 이단들은 영지주의(gnosticism)를 비롯한 도나티즘(donatism), 가현설(docetism) 등으로 육체는 악한 것이고 영적인 것만이 선하다고 가르쳐 강한 금욕주의적 성격을 띠고 있었다.[21]

그러나 성경의 가르침은 그렇지 않다. 창세기 1장을 보면, 하나님이 자신이 창조하신 인간뿐 아니라 물질계까지를 포함하는 피조물을 창조하실 때마다 스스로 "보시기에 좋았더라"는 표현을 반복하셨고, 인간을 창조하신 창조의 마지막 날에는 지으신 모든 피조물을 바라보시며 "보시기에 심히 좋았더라"고 말씀하셨음을 알 수 있다. 바울은 "너희가 하나님의 성전인 것과 하나님의 성령이 너희 안에 계시는 것을 알지 못하느냐"(고전 3:16)라고 했으며, 성경 여러 곳에서 우리의 육체를 성전으로 비유하고 있다.[22] 따라서 우리의 육체로 하나님을 존귀하게 하고 우리의 육체를 산제사로 드리는 것이 우리의 본분이다(롬 12:1, 고전 6:20).

흔히 의료(육체 치료)를 전도(영혼 구원)의 수단 정도로 이해하는 경우도 많다. 선교에서 '복음을 전하기 위한 수단으로서의 의료'라는 개념의 '미끼 이론'(bait hypothesis)은 그럴 듯해 보이지만 성경을 자세히 살펴보면 예수님의 의도와는 다르다는 사실을 발견할 수 있다. 예수께서 행하신 치유는 하나님 나라가 임했다는 사실의 표현이었고 또 인간에 대한 사랑의 표현이었지 예수를 믿게 하기 위한 수단이 아니었다. 성경에 따르면 예수께서 열두 제자를 불러 모으시고 모든 귀신을 제어하며 병을 고치는 능력과 권세를 주시고 하나님의 나라를 전파하며 앓는 자를 고치게 하려고 내어보내신다. 이 장면에서 예수께서 제자들에게 사명을 맡기실 때 하나님 나라의 전파가 치유 사역과 동등하게 접속사 'and'로 연결되었음을 볼 수 있다.[23] 영어 성경(NIV: New International Version)에 'and'로 번역된 헬라어의 접속사 'kai'는 동시적인 의미를 가진 동격 접속사이지 순서나 인과관계 또는 목적과 수단의 관계를 의미하는 종속적인 접속사는 아니다. 즉, 치유 사역이 하나님 나라를 전파하기 위한 수단으로서가 아니라 그 자체가 중요한 사역으로서 의미를 지니고 있다는 말이다. 예수께서도 "온 갈릴리에 두루 다니사 저희 회당에서 가르치시며 천국 복음을 전파하시며 백성 중에 모든 병과 모든 약한 것을 고치시니"(마 4:23, 9:35)라고 하신 것을 볼 때 치유는 수단으로서보다는 하나님 나라가 임했다는 사실의 표현으로 이해하는 것이 타당할 것이다.

반면에 영혼을 무시한 채 육체의 쾌락만을 추구하는 무리들도 있다. 고대로부터 에피쿠로스 학파들(행 17:18)이 있었고 베드로후서(2:13)에서는 쾌락을 추구하는 거짓 선지자나 거짓 선생들이 초대 기독교인들에게 영향을 미쳐 이단이 발흥하는 것을 막기 위해 노력했던 사실을 엿볼 수 있다. 요한계시록 2장 6, 14절에는 인간들의 죄악인 쾌락 추구를 인본주의적 생각으로 정당화하는 니골라당을 경계하고 있다. 인본주의적 사상이 힘을 발휘하게 된 문예부흥 이후 오늘날에는 진화론과 유물론 그리고 이들의 영향을 받은 심리학이 이것을 정당화해 주고 있다. 즉, 인간의 형이상학적 가치를 평가절하하여 생물학적인 욕구와 쾌락 원칙(pleasure principle) 추구를 인간의 본성으로 규정해 버렸고 그런 것에 대한 추구에 타당성을 부여해 주었다.

쾌락주의와 신비주의 모두 인간 생명의 본질을 왜곡시키고 있다. 이와 같은 이원론의 뿌리는 헬라 철학의 영향을 받은 초대 기독교 시대로 거슬러 올라가지만, 오늘날에도 동일한 논쟁이 벌어지고 근본적으로 뿌리가 같은 학문 또는 이단들이 존재하고 있다.[24)] 이에 대해 더 깊이 논의하는 것은 이 책의 범주에서 벗어나지만, 성경은 인간의 생명은 영과 육이 서로 불가분의 관계에 있는 상태를 말하며 이 둘의 분리는 곧 죽음인 것을 분명히 하고 있다.

■■■ 토론하기

- 사마리아인의 비유에서 영혼에 관한 언급이 없이 치유에 대해서만 언급한 뒤 "너도 가서 이와 같이 하라"는 명령을 주신 것은 위의 본문 내용과 관련하여 어떤 점을 시사하는가?
- 예수께서 열 명의 나환자를 치유하셨으나 한 사람만 죄 사함을 받았다는 사실(눅 17:11-19)이 시사하는 바는 무엇인가? 예수의 이 치유 사역은 나머지 환자들에게는 실패하신 것인가?
- 흔히 믿음 좋은 의료인들이 돈 벌어서 선교하기 위한 수단으로서 의료업을 좋은 직업으로 여기거나 교회에서도 의사에게 그런 역할을 은근히 기대하고 있는 경우가

있다. 이 문제가 영육에 대한 그릇된 이해에서 기인한다고 할 수 있는 부분은 없는가? 또 의료 자체에 소명이 필요하다는 사실을 어떻게 우리의 진료 행위를 통해 나타낼 수 있을까?

(2) 영육의 상호 연관성: 현대의학-성경을 통한 접근

성경이 이미 2천 년 전에 영적인 문제와 육체적인 문제가 서로 연관성이 있음을 자연스럽게 인정하고 있는 것은 흥미로운 일이다. 현대의학이 발달했다고 하지만 이러한 연관성을 인정하기 시작한 것은 최근의 일이다. 사실 심인성질병(psychosomatic disease)에 대한 관심이 증가된 것은 그리 긴 역사를 가지고 있지 않다. 그러나 이미 성경에는 영적·정신적인 문제가 육체의 질병을 유발한다는 것이 언급되어 있다. 구약에서 "마음의 즐거움은 양약이라도 심령의 근심은 뼈를 마르게 하느니라"(잠 17:22)는 말씀이나, 신약에서 예수님은 중풍병자를 치료하면서 "죄 사함을 받았느니라"(마 9:1-2)고 하심으로써 영적인 문제가 육체에 영향을 미친다는 사실을 확실히 말씀하고 계신다. 역으로 육체적인 문제가 영적·정신적인 상태에 영향을 미치는 것 또한 사실이다.

그뿐 아니라 구약의 정결법은 영적 성결이 육체적 질병을 막는 데도 중요한 역할을 한다는 사실을 보여준다. 영적 성결의 율례들이 육체적 청결과 연관되어 율법으로 주어졌기 때문이다. 예를 들면 죽은 시체를 만진 사람이 오염된 것을 청결하게 하기 위해 씻기와 격리에 대해서 성경은 이미 구약 시대에 민수기 19장을 통해 자세히 언급하고 있다. 마찬가지로 이집트의 의료가 안질을 치료하기 위해 '신실한 아내의 오줌'을 처방하고 있던 3,500년 전,[25] 이미 모세를 통해 이스라엘 백성들의 영적 성결을 위해 많은 지침을 주셨는데, 이와 같은 지침이 의학적으로도 유용하다는 사실을 의학이 증명한 것은 불과 1, 2백여 년 안팎인 것이다. 예를 들면 각종 전염병을 막기 위한 청결방법(민 19:11-22)이나 격리원칙(레 13:46, 민 5:2-3)과 같은 것이다.[26] 즉, 하나님의 백성들이 하나님 앞에서 거룩함과 성결함을 유지하는 규례를 잘 따를 때 육체적 건강과 질병과 죽음으로부터 보호될 수 있다는 사실이 현대의학에 의해 증명되고 있음은 흥미로운 일이다.

한 가지 예를 들면 오스트리아의 제멜바이스(Ignaz Semmelweis, 1818-1865년)의 경우로, 지금은 '산모의 구원자'라는 별명과 함께 오스트리아 우표에도 등장할 만큼 추앙 받는 의사이다. 그는 산욕열(puerperal fever) 환자들을 관찰하여 내진한 손으로 수술을 했던 환자들의 사망률이 높다는 사실을 발견함으로써 의학사적으로 중요한 한 획을 그은 바 있다. 그의 주장 때문에 '수술 전 손 씻기'가 의학적으로 인정되기 시작했던 것이다. 수술 전 손 씻기는 오늘날 너무도 당연하기 때문에 당시 1800년대 중반의 이 변화가 의학사적으로 얼마나 혁명적인 것이었는지를 이해하기 쉽지 않을 수 있다. 당시는 파스퇴르에 의해 세균 이론(germ theory)이 정립되기 전이었고, 전통적으로 의사들이 내진을 하고 손을 씻지 않은 채 다음 환자를 진료하는 것을 명예롭게 생각했던 터라, 제멜바이스의 주장은 선배 의사들의 심기를 불편하게 했다. 결국 그는 의사들의 명예를 실추시켰다는 당대의 몰이해와 지나치게 청결을 유지하는 강박 정신병으로 오해받아 빈 종합병원에서 해임되었고, 나중에는 정신병원에 감금당하여 생애를 마감하였다.

■■■ 토론하기

• 정신분석학자들의 공로, 즉 내면에 잠재한 죄의식과 질병의 관계에 대한 이해에 대해 평가해 보고, 이것을 기독교적으로 적용할 때의 문제점과 한계에 대해 생각해 보자. 전통적 정신분석학이 죄의식을 병인론에 내포시키면서도 그 해결책에는 죄의식을 회피하는 방법을 취함으로써 일으키는 문제점은 무엇인가?
• AIDS나 다른 전염병들에 대해 예방의 중요성을 강조하는 성경의 원리를 적용한다면, 정부의 의료정책이나 의료인의 진료 행위에 어떤 변화가 있어야 하겠는가?
• 구약에서 성결을 강조하고 있는 것처럼 성결의 원칙이 오늘날 가정에 적용되고 지켜진다면 어떤 병들이 사라지겠는가? 성적으로든 생활습관(음주, 흡연, 마약 등)이든 방탕함이 일으키는 질병에 대해 생각해 보자.

4) 이와 연관된 의료윤리 문제

이상에서 살펴본 바와 같은 성경적 인간관을 바탕으로 생명윤리에서 이슈가 되는 다음 주제들에 대해 생각해 보자.

- 죽음의 정의(criteria of death) : 뇌사 인정
- 안락사(존엄사: mercy killing, euthanasia. death of dignity)
- 자살(suicide)
- 장기이식(organ transplantation) : 뇌이식
- 유전자 상담과 산전 진단(genetic counselling & prenatal diagnosis)
- 낙태
- 인간의 이해에서 정신적 요소, 영적 요소를 무시한 유물론적 의학, 즉 눈에 보이는 데이터에만 의존하는 과학주의 의학의 문제점

- 뉴에이지 의료는 현대의학의 전인 이해 부족에 대한 반동의 성격도 가지고 있다. 이에 대해 토의해 보자. 뉴에이지 의료에서 말하는 전인 건강과 성경적 개념의 전인 의학의 다른 점은 무엇인가?
- 폴 투르니에의 인격의학에 대해 읽고 전인에 대한 접근에 대해 토의해 보자.

2. 고통에 대한 이해

의료인들이 늘 접하는 문제는 그것이 육체적인 것이든 영적인 것이든 고통의 문제이다. 고통은 인류 역사만큼의 역사를 가지고 있다 할 수 있으며 그 종류와 정도도 다양하다. 질병에 대해 다루는 의학 교과서는 우리가 알 수 있는 고통의 종류를 체계적으로 분류하여 실어놓은 책이다. 아직 우리가 이해하지 못했거나 발견하지 못한 질병들이 있음을 감안하면, 고통의 종류와 다양성은 육체적인 질병만을 의미한다 하더라도 얼마나 많은지 짐작할 수 있다.

그러나 고통은 다분히 주관적인 경험이기 때문에 쉽게 정의할 수 없다. 브리태니커 백과사전에 의하면 "고통이란 해로운 자극에 대한 인체의 생리적 반응으로 구성된 복합적 경험으로 정서(감정)적 반응이 수반된다"고 정의하였고 여기에 "해로운 자극으로부터 인체를 보호하기 위한 경고 기능"을 덧붙이고 있으며, 국제통증연구학회(The International Association for the Study of Pain)는 "가능성이 있는 손상"(potential damage)이라는 표현을 사용하여 경고 기능을 포함한 정의를 하고 있다.[27]

이와 같은 정의는 신체적 고통에 국한되어 있음을 알 수 있으며, 현대

사회는 고통을 단순히 하나의 의학적인 문제로 인식하게 해 그 의미를 축소하였고, 의학의 힘을 빌려 고통을 해결할 수 있다고 믿도록 만들었다. 고통에 대한 사고가 철학에서 무시되어 왔거나 의외로 부족하다고 지적한 학자도 있지만, 의료에서도 고통의 다양한 차원을 고려하지 않고 고통의 문제를 생물학적 차원으로 환원시켜 버리는 오류를 범하고 있는 것이다.[28] 마르크스나 프로이드가 주장한 것처럼 종교가 고통의 극복을 위한 단순한 환상은 아니지만 어느 종교든 고통의 문제를 심각하게 다루지 않는 종교는 존재하지 않는다.[29]

고통의 문제에 대한 성경적 입장을 견지하는 것은 성경적 의료윤리 정립을 위해 필수적이라 할 수 있다. 폭넓은 의미의 고통과 관련하여 성경은 그 기원과 필연성에 대해 창세기(3:16–18)를 통해 분명히 가르치고 있다. 이제 고통에 대한 성경적인 의미들을 정리해 보자.

1) 고통은 인체를 보존하고 질병을 예방, 회복시키는 데 필수 불가결한 것이다

앞에서 고통의 정의에 대해 언급하였듯이 고통은 경고 기능을 가지고 있을 뿐 아니라, 질병의 경과를 보여주는 신호가 되어준다. 이런 관점에서 의사인 폴 브랜드(Paul Brand)는 "통각은 하나님의 실수가 아니라 창조의 천재가 만든 걸작이다"라고 했다.[30] 그는 몇 명의 생체공학자들과 함께 고통에 대한 연구를 수행하여 고통이 우리 몸을 유지하는 데 필수적이라는 실험결과를 얻었다. 만일 우리 인체에 고통이 없다면 단 하루도 우리 몸을 정상으로 유지시킬 수 없다. 만일 우리 몸에 유해한 자극, 이를테면 난롯불 가에서 졸다가 불에 손이 닿는다거나, 망치질을 하다가

삐쳐 나온 못이 손을 계속 찌르는데도 고통이 없다면 우리는 화상을 입게 되거나 못에 찔리게 되어도 인체를 보호할 방법이 없을 것이다. 실제로 이런 고통이 없기 때문에 생기는 심각한 문제들을 우리는 잘 알고 있다. 나환자들의 비참한 외형은 나균이 살을 썩게 해서가 아니라 말초신경이 마비되어 고통을 느낄 수 없기 때문에 몸을 보호하지 못해 초래된 것임은 잘 알려져 있다. 한편 뇌나 척수와 같은 중추신경계의 손상으로 사지가 마비되어 감각이 없어지면 몸이 썩어 욕창이 생겨도 모르게 된다. 감각이 없기 때문에 심지어 불 속에 있는 감자를 꺼내기 위해 맨손을 불 속에 집어넣기도 하는 것을 폴 브랜드는 관찰하기도 했다고 한다. 병을 진단하는 데도 통증은 필수적이어서 급성 복증 환자에게 진통제를 미리 썼을 때 진단이 늦어져서 병을 키우는 경우를 종종 보게 된다. 질병으로부터 회복되는 과정에서도 고통의 변화 양상은 그때마다 적절한 판단과 치료를 제공하는 데 중요한 단서가 되어준다.

■■■ 토론하기

- 필립 얀시(폴 브랜드 공저)의 『내가 고통당할 때 하나님 어디 계십니까?』를 읽고 생리적 혹은 병적 상태에서의 고통의 필요성에 대해 논의해 보자.
- 자신 또는 환자에게서 이런 경험을 해본 적이 있다면 함께 나누어 보자.

2) 고통의 부작용(나쁜 고통)이 존재하는 이유

인체를 유지하는 데 꼭 필요한 고통 외에도 나쁜 고통, 즉 인체를 파멸

시키는 해롭기만 한 것 같은 고통이 있다. 창세기(3:16-19)는 고통의 기원에 대해 명확하게 대답하고 있다. 그것은 빗나간 인간의 자유의지가 악을 선택함으로써 정상적인 관계들(하나님과 인간, 인간과 인간, 자연과 인간 사이)이 왜곡되고 파괴된 결과 고통과 죽음이 세상에 가득하게 되었다는 것이다. 실제로 오늘날 인간이 겪고 있는 대부분의 고통과 불행은 인간 스스로 자초한 것이다. 즉, 대부분의 고통 문제는 거시적으로 보면 인간의 죄악 된 마음이 인간과 인간 사이에 갈등을 일으키고, 인간이 자연을 파괴하고 악용한 데서 기인한다. 창조주께서 충분한 자원을 주셨지만 나눌 마음이 인간에게 없기 때문에 지구 한쪽에서는 오염된 물을 먹고 수많은 사람들이 수인성 전염병으로 죽어간다. 90% 이상의 암 발생 원인이 환경 요인이며, 유전적 요인마저도 정상유전자의 돌연변이가 대를 이어 내려오는 왜곡된 피조물의 모습을 보여주는 예일 뿐이다.

나아가 개인을 떠나 사회나 국가의 고통 문제를 관찰해 보면 이 점이 더 확실히 드러나는데, 인간의 죄와 욕망은 갈수록 국가간 또는 한 국가 안에서도 고통의 편중이 심화되어 가는 것을 알 수 있다. 부자 나라에서 비만 해결을 위한 경비와 이와 연관된 질병을 위해 사용하는 의료비가 치솟는 가운데 비타민 몇 알이 없어서 눈이 멀거나 간단한 약이 없어서 죽어가는 아이들이 공존하는 세상은 의료에서 분배정의의 왜곡을 극명하게 보여준다. 이토록 고난과 고통이 가득 찬 세상을 보면 도저히 하나님을 인정할 수 없다고 말하는 사람이 있다. 그러나 그것은 하나님의 잔인성 때문이 아니라 악으로 가득 찬 비정상적인 세상이 아직도 존재하도록 인내하시는 하나님의 자비의 결과이다.

그러나 이 무너진 관계에서 기인한 고통들은 예수 그리스도를 통해 치유될 수 있으며, 궁극적으로 새 하늘과 새 땅을 바라는 믿음으로 회복될 수 있다는 소망이 기독교적 입장이다.

3) 인간은 전인적으로 고통 받는 존재이다

육체적 질병이나 고통 이외에도 인간은 정신적 · 사회적 · 영적으로 고통 받을 수 있는 존재이다. 즉, 인간은 전인적으로 고통 받는 존재이다. 따라서 기독의료인은 신체적 · 정신적 · 사회적 · 영적인 고통을 종합적으로 이해하고 돌보지 않으면 안 된다. 실제로 신체적 고통은 마음의 고통과 연관되어 있는 경우가 많다. 임종을 앞두고 고립되어 지내는 환자들의 고독이 통증을 악화시키는 예나, 반대로 진통제가 무효하던 통증이 의사가 환자와 시간을 나누고 환자의 이야기를 들어주는 것만으로 경감되는 예도 경험할 수 있는 것이다. 이처럼 고통의 기전은 단순하지 않다. 기독의료인은 질병만을 보지 말고 전인적으로 아파하는 인간을 바라보아야 한다. 이와 같이 전인적인 관점에서 고통의 영적인 측면뿐 아니라 정신적 · 사회적인 측면을 환자나 의료인이 같은 세계관으로 접근하여 해결하려면, 기독교인은 성경적 세계관으로 잘 준비된 기독교인 의사가 있다는 전제에서 기독교인 의사에게 진료를 받아야 할 필요가 있다.[31)]

4) 고통스러운 자유함이 있다

고통과 죽음은 우리의 노력으로 회피할 수 있는 것이 아니다. 따라서 때로는 그것을 받아들이는 이유와 목적을 바로 인식함으로써 감당하고 극복할 수 있는 것이기도 하다. 비엔나 제3학파로 불리는 유대인 정신과 의사 프랭클[32)]은 아우슈비츠 수용소에서 인간이 엄청난 고통 중에도 인간성을 지키며 자유함을 누릴 수 있다는 사실을 관찰한 바 있다. 즉, 생물학적인 욕구를 포기하는 괴로움과 고통을 감수하면서도 인간은 인간의 존엄성을 지키며 자유함을 누릴 수 있는 자기결정적 존재라는 것이다. 그는 그의 자전적 저서인 『인간의 의미에의 탐구』(*Man's Search For Meaning*)라는 책의 마지막을 그가 관찰한 인간의 양면성을 대조시키며 맺고 있다. "인간이란 아우슈비츠 가스실을 만들 수 있는 존재이다. 그러나 인간은 쉐마 이스라엘이나 주기도문을 외우면서 죽음의 가스실로 꿋꿋이 걸어 들어갈 수 있는 존재이기도 하다."[33] 그는 이 죽음의 수용소에서의 관찰을 토대로 '의미요법'(logotherapy)이라는 치료법을 주창하였다.

성경에서도 바울이 가졌던 육체의 가시나, 고통의 극치에서 욥의 선택을 보여줌으로써 고난의 의미에 대해 그리고 상황을 초월할 수 있는 고차원적 존재로서의 인간에 대해 말해 주고 있다. 현대의학이 극복할 수 없는 고통스러운 질병이 기독교인을 덮쳤을 때 절망하지 않고 새 하늘과 새 땅을 소망하는 자유함을 누릴 수 있는 것은 기독교인의 특권이다. 많은 순교자들은 평안함 대신에 고통을 택함으로써 자유함을 누렸던 것이다. 이러한 믿음이 한편으로는 질병을 가진 건강함(unhealthy health)이라는 개념의 근거가 된다고 할 수 있다.

5) 하나님은 고통에도 불구하고 (고통을 통해서도) 말씀하실 수 있다

'고통'을 뜻하는 영어 단어 페인(pain)은 라틴어 'poena'에서 유래하였는데, '회개'를 뜻하는 'poenitentia'라는 단어도 여기서 유래한다는 사실은 흥미로운 일이다. 아마도 회개는 고통스러움을 동반한다는 점을 암시하는 것일 수 있다. 많은 그리스도인들이 육체적인 질병과 같은 고통스러운 경험을 거치면서 하나님을 만나고 회개하는 역사가 일어난 것이 사실이다. 하나님은 고통을 통해 말씀하실 수 있는 것이다. 루이스는 고통을 "하나님의 확성기(육체적으로도, 영적으로도)"라고 말한 바 있다.[34)]

육체적으로 손가락 끝이 난롯불에 닿았을 때 "앗, 뜨거워!"라는 고통의 외침소리와 함께 우리 손은 더 이상 화상을 입지 않도록 불에서 떨어질 것이다. 통증을 통해 화상을 피하게 해주는 육체적 반사뿐 아니라, 이 외침소리 때문에 영적으로 바른 길을 가게 되고 위인이 되고 바른 그리스도인이 된 사람 또는 사건들을 기독교 역사는 수없이 많이 가지고 있다. 따라서 해로운 나쁜 고통일지라도 모두가 무의미하지는 않다는 것이다.

성경은 예수를 잘 믿으면 세속적 의미의 건강을 보장해 준다고 결코 말하지 않는다. 더 나아가 히브리서는 징계가 없으면 "사생자"(히 12:8)라고 했고, 무릇 징계가 당시에는 즐거워 보이지 않고 슬퍼 보이나 후에 그로 말미암아 연단한 자에게는 의의 평강한 열매를 맺는다고 했다(히 12:11). 그래서 "내 형제들아 너희가 여러 가지 시험을 만나거든 온전히 기쁘게 여기라…"(약 1:2-4)고 했고, "너희를 연단하려고 오는 불 시험(painful trial)을 이상한 일 당하는 것같이 이상히 여기지 말고 오히려 너희가 그리스도의 고난에 참여하는 것으로 즐거워하라"(벧전 4:12-13, 1:6-7)고 했다. 현재의 고난은 장차 우리에게 나타날 영광과 족히 비교할 수 없기 때문이다(롬 8:18).

■■■ 이와 연관된 의료윤리 문제

• 고통에 대해 어떤 관점을 가지고 있는가에 따라 다음 문제에 대해 어떻게 생각하고 행동하게 되는지를 토의해 보자.

- 안락사, 자살
- 대리모
- 정자 은행과 시험관 아기
- 유전적 결손을 가진 태아의 유산 또는 영아 살해
- 복제인간

■■■ 토론하기

다낭성 신종(polycystic kidney disease)을 일으키는 유전자가 염색체 16번 단완(우성의 경우, 열성은 6번 염색체)에 위치한다는 사실이 밝혀지고 무증상 보유자(asymptomatic carrier)에 대한 태아 진단(fetal diagnosis)이 가능해졌다. 그러나 이 유전자를 가지고 태어나도 50%는 정상 생활이 가능하며, 그 나머지도 60대에 가서야 만성 신부전증에 빠질 뿐 아니라 이 경우에도 투석 치료나 이식수술로 치료를 할 수 있다.

• 이 경우 우생학적 카운슬링을 통해 태아를 낙태시키기로 결정했다면 엄밀한 의미에서 누구의 고통을 위해서인가?

• 의사의 역할은 이 세상에서 고통을 완전히 제거하는 해결사의 그것인가?

• 그렇다면 현재 살고 있는 장애인 또는 질병으로 남에게 의존하여 살고 있는 사람들은 인간으로서의 존엄성의 근거를 어디에서 찾을 수 있는가?

• 이식이나 투석을 통해 이들을 돕는 의료 행위는 미리 낙태를 시키지 못한 오류의

결과에 대한 뒤치다꺼리인가?

6) 고난과 죽음은 필연적으로 기독교의 본질에 이르는 과정을 구성하고 있다

기독교의 핵심이 되는 요소는 예수 그리스도의 고난과 십자가상의 죽음이다. 이 부분이 없다면 기독교는 존재할 수 없을 것이다. 이 사실은 사복음서 모두에 나타나 있는데 누가복음은 "인자가 많은 고난을 받고 장로들과 대제사장들과 서기관들에게 버린바 되어 죽임을 당하고 제삼일에 살아나야 하리라"(눅 9:22)고 기록하고 있고, 요한은 달리 표현을 하고 있지만 같은 내용을 담고 있다.[35]

공관복음의 "고난을 받고(must be suffered), 죽음을 당해야 한다(must be killed)"는 말과 요한복음의 "인자도 들려야 한다(must be lifted up)"는 말이 NIV에는 공통적으로 '**must**'라는 조동사가 포함되어 '**반드시**'라는 강한 필연성을 표현하고 있다.[36] 즉, 부활의 '영광'을 위해서는 그 이전에 고난과 죽음이 선행되어야 하며, 십자가 없이는 부활이 없다는 필연성을 'must'라는 단어를 통해 강하게 표현한 것이며, 예수께서는 그 길을 묵묵히 가셨던 것이다.

비록 고통과 죽음이 죄의 결과로 도입된 것이기는 하지만 궁극적으로 이 세력으로부터 인간을 구원하는 길은 예수님의 고난과 죽음을 통해서 이루어지는 것이다. 바울은 예수를 따르는 자들에게 후사로서 영광을 받으려면 고난도 함께 받아야 할 것을 가르치고 있다. 즉, 로마서를 통해 "자녀이면 또한 상속자 곧 하나님의 상속자요 그리스도와 함께한 상속자니 우리가 그와 함께 영광을 받기 위하여 고난도 함께 받아야 할 것이니라 생각하건대 현재의 고난은 장차 우리에게 나타날 영광과 비교할 수 없도다"(롬 8:17-18)라고 말하고 있다.

■■■ 토론하기

- 이런 기독교의 본질이 질병이나 죽음의 문제를 오직 기도로 또는 해탈로 해결하려는 종교적 수행이나 의학의 발달을 통해 극복하려는 시도들에 대해 시사하는 바는 무엇인가?
- 성경적 의료는 '고통을 최소화하는 데 우선적인 목표가 있다기보다는 돌봄을 최대화하는 데 있다'는 말을 어떻게 적용할 수 있을까?

7) 이적 치유의 문제

이적 치유의 문제를 고통의 주제와 함께 다루는 것은 오늘날 이적 치유나 영적 치유의 개념이 잘못된 고통의 개념에서 온 탓으로 판단되기 때문이다. 다음 예들은 내가 직접 경험한 경우들이다.

● 실례 1

췌장암이 다른 장기로 전이되어 더 이상 수술은 물론 항암제, 방사선 치료도 의미가 없던 58세 남자 환자가 기도원에 가겠다고 퇴원하였다. 그 후 한 달 동안 병원에 오지 않다가 심한 통증을 견디다 못해 응급실을 통해 다시 입원했다. 환자는 나름대로 교회를 다니며 신앙생활을 해 왔고 퇴원 당시 하나님께 매달리겠다는 열정이 대단하여 다른 제안을 할 여지를 주지 않을 정도였다. 그러나 다시 병원에 입원했을 때는 그 믿음의 열정은 어디로 가고 우리 병원의 호스피스 팀이 방문하여 기도하자는 제안을 해도 시큰둥한 반응을 보였다. 환자 아내의 말에 의하면 그는 기도원에 가서 많은 헌금을 내고, 약을 끊으라는 주문에 따라 진통제마저 끊은 채 아픔을 참아가며 하나님께 기도했다고 한다. 그러나 통증은 격심해지고 믿음이 없어서 낫지 못한다는 설교에 심한 중압감만을 받은 채 병원으로 돌아온 것이었다. 그는 육체의 질병으로 인한 절망감과 더불어 영적 좌절감에 빠져 있었다. 믿음이 없어서 질병이 낫지 못한다는 차원을 넘어서 영혼이 하나님으로부터 버림받았다고 느끼고 있었고, 구원에 대한 확신마저 흔들리고 있었던 것이다.

• 실례 2

40대 초반의 젊은 목사에게서 조기 위암을 발견하였으나 그는 수술을 거부하였다. 조기 위암은 수술만으로도 95%의 완치율을 보인다고 설명하고 수술을 하도록 권했지만 목사가 병든 것이 교인들 보기에 은혜가 되지 않는다는 어처구니없는 이유로 1년 동안 기도만 한 것이다. 1년이 지났을 때는 이미 다른 장기로 전이되어 수술을 권하지 않았으나 이번에는 수술을 받겠다고 고집을 하여 외과의사와 상의하고 고식적인 수술을 받았지만 수개월 만에 사망하였다.

• 실례 3

항암 치유로 치유 가능한 2기의 두경부 임파선암 환자(28세, 남자 신학생)가 있었다. 1차 항암제 치료 후 보통 임파선 암이 그렇듯 좋은 반응을 보여 6차례의 항암제 치료를 권했으나 치료를 계속 받지 않고 기도원으로 갔다. 3개월 후 다시 커져 버린 암 덩어리를 안고 종양진찰실에 찾아왔다. 다시 치료를 했더니 이번에도 좋은 반응을 보였다. 그러나 이 신학생은 다시 기도원에 들어가 두 달을 지내면서 다시 암 덩어리를 키워서 돌아왔다. 그러나 세 번째 치료에서는 부분적으로밖에 반응을 보이지 않아 2차 항암제를 선택할 수밖에 없었다. 2차 항암제에도 반응을 했지만 부작용을 견디지 못하고 다시 기도원에 가서 하나님께 매달리겠다고 떠났다. 불과 한 달이 못 되어 그의 아버지가 나의 종양진찰실로 의기양양하게 찾아왔다. 손에 큰 갈색 병을 들고 있었는데 기도원에서 기도를 하여 암 덩어리가 항문으로 쑥 빠졌고 그것을 담아 왔다는 것이다. 내가 기독교인임을 알기 때문에 하나님의 기도 응답으로 암이 몸에서 빠져버린 결과를 보여주러 왔다는 것이다. 두경부 임파선암이 항문으로 빠져나올 수는 없는 것이다. 병리과 과장에게 이것이 무엇인지 물어보았더니 썩은 쇠고기 같다는 말만 들었을 뿐 확인할 수는 없었다. 환자는 아버지가 다녀간 그 이튿날 기도원에서 사망했다고 한다.

이런 예들은 다음과 같은 몇 가지 문제를 제기한다.

1. 이적 치유의 진위 여부, 이적 치유의 의학적 증명 및 치유 상태의 지속 여부
2. 안수기도(특히 안찰기도)로 인한 피해에 대한 신학적 입장 정립 및 법적인 논의
3. 육체적 질병의 치유 실패가 믿음이 부족하기 때문이라고 생각하게 되고 하나님으로부터 버림받았다는 영적 절망감을 초래하며 진정한 의미의 영적 치유의 기회를 놓치는 문제
4. 안찰기도라는 비인도적이고 샤머니즘적이며, 비성경적인 방법으로

하나님의 손으로 창조된 고귀한 하나님의 형상이 파괴되는 문제

4장에서 살펴본 바와 같이, 예수께서 치유하실 때는 믿음을 보시고 말씀만을 하시기도 했고(마 8:5-13, 중풍병을 앓던 하인과 백부장; 마 9:20-22, 여러 해 동안 혈루증을 앓는 여인; 막 7:25-30, 귀신 들린 딸을 둔 헬라 여인; 눅 5:18-20, 지붕에서 달아 내린 중풍병자; 막 10:46-52, 소경거지 바디매오), 믿음이 없거나 확인되지 않은 환자를 불쌍히 여겨 고쳐주실 때는 환자의 수준으로 친히 내려오셔서 뭔가 손을 대시거나 침을 뱉거나 진흙을 이겨 바르는 등의 동작(막 8:22-26, 소경 눈에 침을 뱉고 안수함; 막 7:31-35, 귀먹고 어눌한 자에게 손가락을 양 귀에 넣고 침을 뱉어 혀에 손을 대심; 요 9:1-41, 나면서부터 소경된 자를 침을 뱉어 진흙을 이겨 눈에 바르고 실로암 물가에서 씻게 하심)을 하셨다.

그러나 이러한 예수님의 동작은 오늘날 안찰기도로 발전하였다는 근거가 되지 못한다. 예를 들면 요한복음 9장에서 보여주신 동작은 그 자체에 치유효과가 있다는 의미가 아니다. 치유효과는 주님의 능력의 말씀에서 오는 것이다. 주님의 치유 능력은 오늘날 안찰로 발전한 어떤 동작들에 의해서가 아니라 주님을 믿는 믿음 또는 환자를 불쌍히 여기신 주님의 능력의 말씀으로부터 온 것이다. 기도의 능력에서가 아니라 인간적으로 개발한 방법의 능력으로, 즉 능력의 원천이 되는 본질은 잊어버린 채 마치 주먹에서, 손톱 할퀴에서, 심지어는 몽둥이에서 치유 능력이 오기나 하는 듯 주님의 온유하시고 진지하신 동작 대신에 점점 더 난폭하게 발전해 버린 안찰은 전혀 인도적이지도, 성경적이지도 않다. 더구나 사이비 종교집단이나 그런 아류의 기도원도 아닌 교회에서까지 이런 일들이 일어나고 있음은 한국 교회의 타락을 보여주는 단면일 따름이다.

또한 병자의 믿음이 충분하여서 치유가 일어난다는 개념은 하나님의 전적인 은혜를 사람의 믿음의 분량으로 조종할 수 있다는 말이 되므로 비성경적일 뿐 아니라, 기독교인 병자에게는 무거운 짐이 될 수도 있다. 수많은 환자들이 치료되지 않는 것은 곧 믿음이 부족하기 때문이라고 생각하게 되고, 하나님으로부터 버림받았다는 영적 절망감에 빠지게 된다는 점이다. 육체적 질병이 치유되지 않는다 해도 자유함과 평안함을 누릴 수 있는 특권이 그리스도인에게 있음을 교회는 가르쳐야 할 것이다. 믿지 않는 환자들에게 복음을 전하려 하면 가끔은 "병 낫자고 무슨 염치로 믿겠어요?"라는 반응을 보이는 경우가 있다. 치유는 분명히 하나님의 은혜지만, 믿지 않는 이들에게 그것이 우리 믿음의 유일한 또는 최종 목표인 양 오해하도록 만들어서는 안 될 것이다.

페인과 가이슬러(Norman Geisler), 스톰스(C. Samuel Storms)를 종합해 볼 때 성경에 나타난 이적 치유의 특징은 다음과 같이 정리할 수 있다.[37] 이적 치유는 즉각적인 것이었고 완전했으며 재발이 없었다. 그러나 이적 치유의 대행자들마저도 자신의 질병 치유를 이적 치유에 의존하도록 하지 않았다. 성경에 나타난 모든 이적 치유의 예들은 모두 선지자와 예수님 또는 사도들에 의해 행해진 것이다. 그 목적을 정리해 보면 예수님이 메시아이심을 확증하기 위한 것, 하나님 나라의 도래를 보여주는 것, 육체의 질병에 대한 이적 치유를 통해 죄로부터 사함 받는 영적 진리를 예시하기 위한 것, 하나님의 영광을 드러내기 위한 것 그리고 이적 치유를 통해 예수님의 신적 속성을 드러내는 것 등이 포함된다.

오늘날 무분별하게 치유 은사를 행한다고 하는 무리들을 이런 성경의 원리에 따라 바르게 판단하고 우리의 사랑에 참된 지식을 더해 나가야 할 것이다. 질병에 대한 주관적 해석으로 심인성 질환이나 위약효과

(placebo effect)를 이적 치유로 오해하거나 진단과 치료 결과에 대한 뚜렷한 증거도 없이 이적 치유로 주장하거나 간증한다면 세상에서 하나님을 거짓 증언하는 것이 되며, 오히려 하나님의 영광을 가리는 일이 될 수도 있을 것이다. 우리 주변에서 그런 예들을 흔히 볼 수 있다.

3. 노화와 죽음에 대한 이해

시편 90편을 쓴 모세는 10절에서 "우리의 연수가 칠십이요 강건하면 팔십이라도 그 연수의 자랑은 수고와 슬픔뿐이요 신속히 가니 우리가 날아가나이다"라고 말하고 있으며, 시편 104편 29절에는 "주께서 그들의 호흡을 거두신즉 그들은 죽어 먼지로 돌아가나이다"라고 한다. 그래서 모세는 90편 12절에서 "우리에게 우리 날 계수함을 가르치사 지혜로운 마음을 얻게 하소서"라고 하여 유한하고 허무한 존재인 인간으로서 하나님을 알고 죽음을 맞이할 수 있는 지혜를 구한다. 노화와 죽음은 인간에게 피할 수 없는 필연적인 현상이다. 노화는 생명체가 진화하지 않고 죽음을 향해 진행하는 단계를 보여주는 것이다.

1) 노화

노화의 과정에는 유전적인 필연성과 동시에 환경적 요인이 작동한다는 사실이 알려져 있다. 비록 인체에서 실제로 노화의 현상을 관찰할 수 있고, 기관의 수준에서, 세포 수준에서 그리고 분자수준에서 확인할 수 있으나 실제 그 기전에 대해서는 아직 확실히 밝혀지지 않았다. 그중에는 유전자 돌연변이를 노화의 근거로 가정하는 체세포 돌연변이이론(somatic mutation theory), 인체 내부에서 만들어진 고도로 반응성이 강한 자유기가 체세포 변이를 일으키거나, 단백질에 손상을 일으킴으로써 노화가 진행된다는 자유기이론(free radical theory), 염색체 끝에 있는 DNA(telomere, 텔로미어)의 상실이나 계획된 세포사(programmed cell death, apoptosis)를 근거로 세포 노화나 세포사가 진행된다는 세포 노화이론(cell aging theory), 나이가 들어가면서 T 세포의 기능이 저하되어 쉽게 병에 걸리거나 역으로 항진되어 자가면역질환이 증가함으로써 노화가 진행한다는 면역이론(immune theory), 나이가 들면서 변화하는 내분비 호르몬의 영향을 노화의 근거로 이해하는 내분비이론(endocrine theory), 그외에도 노화 기전의 중심을 뇌하수체 호르몬 방출의 변화에 두고 있는 신경내분비이론(neuroendocrine theories), 치아나 관절처럼 나이가 들수록 닳아지고 보충이 되지 않는다는 소모이론(wear and tear theories) 등으로 노화를 설명하고 있다. 최근 들어 연구가 활발해진 분자생물학 수준에서의 노화 기전은 텔로미어가 짧아짐으로써 세포의 주기가 정지되고, 염색체 내의 유전자 기능을 억제시키고 있던 요소(silencing machinery)가 풀림으로써 노화에 관련된 유전자가 발현되어 노화가 진행되며, DNA 손상이 축적되어 세포 주기가 정지되며, DNA 전사능력이 감소되어 r-RNA의 발현이 저하되는 것으로 요약할 수 있다.[38] 이와 같이 발달해 가는 분자생물학적 연구도 생명체의 노화를 필연적인 생명현상으로 밝혀주고 있다.

그러나 불로초를 찾으려던 진시황의 노력은 지금도 과학자들에게 이어져 오고 있으며, 위에서 살펴본 노화 원인이 되는 이론들에 근거해서 노화를 극복하려는 노력 또한 실험실을 통해 그리고 한편으로는 상업화한 의료를 통해 확산되어 가고 있다. 그러나 노화 세포의 사망을 유도하는 유전자가 돌연변이를 일으켜 기능을 하지 않으면 이 세포가 죽지 않고 불멸 세포, 즉 암세포가 된다는 사실이 반증하듯이 생물학적인 수준에서 생명체는 죽음을 필연적으로 맞이하도록 프로그램되어 있다는 사실이 분자생물학의 발달로 밝혀지고 있다. 복제 양 돌리의 조기 사망이나 저조한 성공률도 이와 무관하지 않다.[39] 그러나 인간의 욕망은 노화를 막기 위해 막대한 노력과 돈을 쓰고 있으며 각종 성형수술이나 확실한 근거도 없이 불로장생을 선전하는 약들은 상당한 상업성을 가지고 있으며 기업이나 의료인들은 이를 이용하기도 한다.

성경은 현재의 육체 안에서 불멸을 취하도록 허락되지 않았음을 확실히 한다. 아무리 우리가 모든 일을 바르게 하고 사고나 질병으로 인한 조기 사망을 피한다 하더라도 신체적·정신적 기능 저하에 당면하지 않을 수 없다. 비록 노화 지연에 효과가 있다고 확인된 몇 가지 사실들이 알려져 있지만,[40] 궁극적으로 인간의 육체는 질그릇(고후 4:7)이며 영원한 집을 향해 가는 도중의 장막집(고후 5:1)이다. 그러나 이 질그릇은 보배를 담은 질그릇이며, 우리 인간의 가치는 바로 이 보배로 인한 것이다. 기독의료인은 영원한 집을 소망할 수 있는 보배를 가진 자들의 의료가 그렇지 않은 자들의 의료와 같지 않다는 사실을 이해할 수 있어야 할 것이다.

2) 죽음

흔히 인생에서 생로병사(生老病死)라고 말하듯이 죽음을 삶의 한 단계로서 자연스럽고 정상적인 현상으로 보는 시각이 있다. 호스피스 영역에서 기독교적인 배경을 가진 경우에도 그렇게 죽음을 미화하는 경우가 있다. 그러나 성경은 죽음을 그렇게 말하지 않는다. 죽음은 결국 죄의 대가로 인간 세계와 자연계에 들어오게 된 부자연스럽고 비정상적인 현상이다. 그래서 죽음은 누구에게나 어색하고 두려운 것이다. 성경적 죽음의 정의는 세속적 정의와는 달리 매우 비관적이지만 예수 그리스도를 통해 죽음을 넘어 부활을 소망할 수 있다는 점에서 전적으로 낙관적이다. 죽음의 고통과 두려움을 승화시킬 수 있는 믿음이 있기 때문이다.

브리태니커 백과사전에는 죽음을 "모든 생명체에 필연적으로 일어나는 생명 현상의 전적인 정지"라고 정의하면서 문화적 법적 체계의 다양성 때문에 정의를 내리기 어려운 말이라고 덧붙이고 있다. 사실 죽음의 정의를 찾아보면 육체적인 죽음만을 정의한 것에서부터 사회적·영적 죽음까지를 포함하는 다양한 정의를 접할 수 있다. 블랙(Black)의 법률사전은 "생명의 정지, 즉 혈액순환의 전면적 정지, 호흡, 맥박과 같은 동물적인 생존기능의 정지 등으로 의사에 의하여 선언되는 생존의 종식"[41] 이라고 하여 죽음은 의학적으로 정의된다는 데 힘을 실어주고 있다. 그러나 의학적으로 죽음을 정의하는 데도 여러 가지 학설이 있다.

세포사설(cellular death theory)은 생체 기능의 가장 기본 단위인 세포 수준에서 화학적·물리적·전기생리적 활동이 불가역적으로 소실되는 것을 죽음으로 정의하는데, 육체적 죽음만을 생각한다면 엄밀한 의미에서는 세포사설이 죽음의 정의를 가장 정확히 반영한다고 할 수 있을 것이다. 그러나 세포사설을 죽음의 정의로 적용하기는 현실적으로 어려움이 있기 때문에 세포의 죽음에 선행하고 시간적으로 가장 가깝다 할 수 있는 심폐기능설이 널리 개체의 죽음으로 통용되어 왔다.

전통적으로 가장 널리 통용되는 죽음의 정의인 심폐기능설(cardiopulmonary theory)을 요약하면 심장의 박동과 호흡운동 및 인체의 각종 반사기능의 영구적인 정지를 죽음이라 정의한다는 것이다. 실제로는 임상에서 어떤 개체의 죽음을 선고하기 위하여 영구적으로 기다려야 한다는 모순을 없애기 위하여 심폐기능이 정지된 시각으로부터 30분간을 관찰하거나 소생술을 실시하여도 회복되지 않을 때 30분을 소급하여 사망의 시각으로 정하는 것이 일반적으로 행하여지는 심폐기능설에 의한 죽음의 선고이다.

이러한 죽음의 정의가 도전을 받게 된 데는 의학의 발달이 중요한 역할을 하게 된다. 예를 들면 인공심폐기가 발달하여 심폐의 기능을 계속적으로 연장시킬 수 있게 되었다. 이러한 결과로 파생되는 식물인간의 증가는 두 가지 측면에서 뇌사설(brain death theory)의 도입을 가속화하였다. 그중 하나는 인간을 고통으로부터 해방시키고 존엄하게 죽을 수 있는 권리로서 주장된 안락사를 인정하는 데 뇌사설이 필요하게 되었고, 다른 하나는 장기이식술의 발달로 신선한 장기의 수요를 충족시키기 위해 뇌사설이 죽음의 정의로 인정될 필요가 있었던 것이다. 뇌사설은 죽음을 '전뇌의 모든 기능이 불가역적으로 상실된 상태'라고 정의한다. 뇌사의 판정기준은 나라마다 조금씩 차이가 있긴 하나 대략 다음과 같이 7가지로 요약될 수 있다. ① 혼수 및 뇌의 무반응성, ② 무호흡, ③ 산대된 동공, ④ 두뇌반사의 소실, ⑤ 뇌파의 소실, ⑥ 혼수와 무호흡이 6시간 지속된 후에 이 기준이 30분 동안 지속되는 경우, ⑦ 모든 진단법과 치료법이 완벽히 시행된 경우 등이다. 이와 같은 뇌사를 확인하는 방법으로는 ① 뇌파검사, ② 뇌혈관 X선 조영술, ③ 뇌전산화 단층촬영법(C-T 검사), ④ 뇌 유발전위 검사, ⑤ 뇌 혈액순환 측정, ⑥ 뇌 대사 검사, ⑦ 뇌 자기공명상법(MRI 검사), ⑧ 무호흡 검사 등이 있으며, 최근에 무호흡 검사가 가장 필수적인 검사로 추천되고 있는데 이는 뇌사상태에서 인공호흡기를 5-10분간 제거하여 호흡중추의 기능이 되돌아오는지를 관찰 조사하는 방법으로, 이로써 자발호흡 소실의 불가역성이 증명된다.

그러나 현재 주장되고 있는 뇌사의 당위성은 죽음에 대한 본질적 정의를 추구하는 것이 아니다. 이 주장의 배후에는 다분히 공리적인 목적이 내포되어 있다. 뇌사 개념의 수용을 가속화시킨 것은 장기이식을 용이하게 한 면역억제제로 1972년에 개발된 사이클로스포린(cyclosporine)이 중요한 역할을 했다. 물론 뇌사를 인정하여 소극적으로는 생명연장(또는 죽음 연장) 수단을 사용함으로써 초래되는 가족들의 경제적 · 정신적 손실을 줄이자는 실리적 목적을 성취할 수 있고, 안락사를 통해 환자에게 존엄한 죽음을 제공할 수 있다고 주장할 수 있다. 그러나 적극적으로는 또는 솔직하게 말하면, 이식을 위해 살아 있는 장기를 공급함으로써 다른 생명을 살리자는 공리적 목적이 의도된 죽음의 정의라는 것이다. 이영균은 뇌사의 개념 발전에 대해 쓰면서 "장기이식이 성공하려면 생명력이 있는 완전한 장기가 필요하다. 장기 급여자의 호흡과 혈액순환이 정지하면 이식 장기로서의 적합성은 급속도로 감퇴한다. 장기 급여자로 최적격자는 다른 데는 건강하며, 외상성 두부손상으로 뇌만 죽었고 호흡과 혈액순환이 인공적으로 유지되고 있는 환자이다"라고 하여 뇌사를 죽음의 정의로 사용하려는 의도가 무엇인지를 분명하게 밝혀주고 있다.[42] 기증의사가 없는 장기를 활용하겠다고 죽음의 정의를 내리는 데 대해 길버트 마일랜더(Gilbert Meilaender)는 마치 "이식이라는 고속도로를 달리기 시작하여 출구가 없는 상태에서 가속도를 받고 있는 우리 각자가 인도적인 목적을 위해 장기 기증을 하기 위한 유용한 사체(a useful precadaver)로 취급되는 것"과 같다고 했다.[43]

죽음의 본질적인 이해를 위해서는 인간관의 이해가 선행되어야 한다. 인간의 죽음을 육체적 차원에서만 다룬다면 위에서 언급한 정의들을 논의하는 것만으로 충분할지 모른다. 영혼의 존재를 인간의 구성 요소로 인정하지 못하고 물질로만 이해하는 유물론적·진화론적 인간관은 죽음을 물질의 마지막 소멸 과정 또는 퇴보의 극단으로 볼 수밖에 없을 것이다. 그러나 성경은 인간 생명을 고도의 기능을 가진 물질의 집합으로만 이해하지 않는다. 인간 생명은 하나님이 흙으로 육체를 지으신 후 코에 생기를 불어넣으심으로써 비로소 생령이 되어 완성되었다(창 2:7). 즉, 두 가지 요소가 결합되어야 완전한 인간의 생명이 되며, 죽음은 이 두 요소의 분리로 이해할 수 있다. 야고보는 "영혼 없는 몸이 죽은 것"(야 2:26)이라고 표현하고 있다. 한편 성경은 인간이 "흙이니 흙으로 돌아갈 것"(창 3:19)이라고 하여 죽음의 불가피성을 가르쳐 주고 있다. 이렇듯 성경이 말하는 육체적 죽음은 육체와 영혼의 분리를 의미한다.[44] 그러나 성경은 육체적 죽음 이외에 영적인 죽음을 말하고 있다. 즉, 하나님으로부터의 분리이며 영원한 죽음을 의미하는 것이다. 요한계시록은 이 죽음을 "둘째 사망"(계 21:8)이라고 한다. 그러나 성경은 죽음의 필연성과 더불어 그리스도를 통한 죽음의 정복을 기독교 신앙의 본질로 밝히고 있다. 고린도전서 15장 21-22절에는 "사망이 한 사람으로 말미암았으니 죽은 자의 부활도 한 사람으로 말미암는도다 아담 안에서 모든 사람이 죽은 것같이 그리스도 안에서 모든 사람이 삶을 얻으리라"고 함으로써 죽음을 종말로서가 아니라 부활로 이어지는 소망으로 연결하고 있다. 요한은 그의 계시록 21장 4절에서 예언하기를 우리가 하나님의 백성이 됨으로써 궁극적으로 더 이상 사망이나 애통하는 것이나 다시 아프지 않는 세상을 소망하도록 해준다.

첨단의학의 인간관은 죽음을 의료의 실패로 인식하고, 사람에게 닥칠 수 있는 일 중 최악의 것으로 인식하며, 의학의 목표로 돌봄보다는 치유를 중요시하게 했다.[45] 기독의료인이 성경에서 말하는 생명 또는 죽음의 개념을 가지고 있지 않거나 가지고 있다 하더라도 이것을 자신의 의료와 분리해서 관념적인 신앙으로만 가지고 있는 경우가 흔히 있다. 이와 관련된 의료의 문제를 접할 때, 유물론적·진화론적 기준에 의해 편집된 의학교과서를 통해 배운 생명과 죽음에 대한 개념만을 가지고 판단하고 행동해 나갈 수밖에 없을 것이다. 그 대표적인 예 중 하나가 뇌사의 정의와 장기이식 문제일 것이다. 뇌사를 인정하자는 입장 중에는 병원비 감당이 어렵다거나 기계에 의해 연명되는 생명의 고통에 대해 인도주의적으로 내린 결론(안락사)이라는 주장도 있다. 그러나 이 주장은 죽음 또는 생명의 정의의 본질에 근접한 답이 될 수도 없고 죽음을 향해 가고 있는 환자의 입장이 고려된 것도 아니다. 본질에 근거해서 정의되어야 할 주제가 다른 목적의 개입으로 왜곡되면 전혀 예기치 않았던 결론까지 이를 수 있다. 이 왜곡은 갑작스런 변화보다는 본질에서 벗어난 약간의 문제점을 인정하기 시작한 데서부터 기인하는 경우가 많다. 뇌사 인정 이후에도 여전히 장기는 모자랄 것이다. 그때는 뇌사와 식물인간의 차이가 없다고 주장하거나 뇌피질사를 들고 나올지도 모른다는 말이다.

■■■ 토론하기

- 노인들의 삶의 질을 위한 교회의 역할에 대해 구체적으로 논의해 보자.
- 기독교인들이 죽음의 문제를 돕기 위한 대안으로서의 호스피스 케어에 대해서 교회

가 참여할 수 있는 방안을 논의해 보자(전 7:1-2 참조).

- 뇌사를 인정하려는 이유와 득실에 대해 논의해 보자.

오늘날 사마리아인은 선한 사람의 모델로 알려져 있고 많은 구호 단체들이 이 이름을 따기도 한다. 특히 사마리아인의 이야기는 예수께서 직접 말씀하신 것이며, 아마도 신약성경에서 유일하게 의료 행위를 기술하고 있다는 점에서 관심을 끄는 것이다. 그러면 오늘날의 의료에도 과연 사마리아인의 이야기를 적용할 수 있을 것인가? 다음 장에서는 이에 대해 깊이 있는 논의를 해보도록 하겠다.

10장

성경적 의료를 위한 원리의 도출: 사마리아인의 비유를 중심으로

> "어떤 사마리아 사람은 여행하는 중 거기 이르러 그를 보고 불쌍히 여겨 가까이 가서 기름과 포도주를 그 상처에 붓고 싸매고 자기 짐승에 태워 주막으로 데리고 가서 돌보아주니라 그 이튿날 그가 주막 주인에게 데나리온 둘을 내어주며 이르되 이 사람을 돌보아주라 비용이 더 들면 내가 돌아올 때에 갚으리라 하였으니 네 생각에는 이 세 사람 중에 누가 강도 만난 자의 이웃이 되겠느냐."
> —누가복음 10장 33-36절

> "또 마음을 다하고 지혜를 다하고 힘을 다하여 하나님을 사랑하는 것과 또 이웃을 자기 자신과 같이 사랑하는 것이 전체로 드리는 모든 번제물과 기타 제물보다 나으니이다."
> —마가복음 12장 33절

의료 분야에서의 윤리 문제들은 끊임없이 제기되어 왔고 고대로부터 제기된 의료윤리의 주제들은 오늘날의 그것과 근본적인 차이가 있는 것은 아니지만 오늘날 논의되는 주제들의 상당수는 현대의학의 발달과 연관되어 제기된 것들이라 할 수 있다. 가장 널리 읽히는 미국의 복음주의 잡지인 「크리스채너티 투데이」(*Christianity Today*)에서도 이런 문제를 자주 특집으로 다룸으로써 기독교인들의 관심을 촉구한 바 있다. 즉, 유전공학의 문이 열리기 시작할 무렵 "이것이 현대판 바벨탑이 될 것인가?"라는 질문을 던지기도 했고[1] 지나친 의료기기의 사용으로 인위적인 생명연장을 꾀하고 있는 의료 행태에 대해 "오늘날 의료가 단지 죽음을 연장하고 있는 것은 아닌가?"라는 비판적 견해를 제시하기도 했다.[2]

또한 세계적으로 가장 유명한 의학학술지의 하나인 「뉴잉글랜드 저널 오브 메디슨」(*New England Journal of Medicine*)에도 의료인의 행위 결정에 영향을 줄 수 있는 주제들을 다루기도 했는데, 예를 들면 "심폐소생술은 항상 시행되어야 하는가?"[3]와 같은 주제들이다.

이렇듯 현대에 이르러 두드러지게 나타난 윤리 문제가 테크놀로지의 발달과 의료의 복잡 난해성으로 인해 초래된 어떤 특정한 주제들이나 특수한 상황, 예를 들면 성감별에 의한 낙태, 유전공학의 위험성, 정자은행과 시험관 아기, 안락사, 장기이식, 인체실험, 인간복제 등에 대한 논의를 주로 하게 됨에 따라 자칫 이런 것들만이 의료윤리의 영역인 것처럼 오해될 수 있다.

그러나 의료윤리는 어떤 특수 상황이나 특정한 이슈에 대한 논의라기보다는 일상적인 진료과정에서 먼저 행위로 나타나야 하는 일반적인 것이어야 한다. 왜냐하면 진료를 하는 의료인이나 진료를 받는 환자들의 대부분이 일상적인 의료에서 부딪히는 문제는 사실 화젯거리가 되고 있는 주제들이나 어떤 특수한 상황과 연관된 문제와 맞닥뜨리는 것이 아니기 때문이다.

1. 사마리아인의 비유

예수께서 비유로 말씀하신 사마리아인의 이야기는 당시의 의료 행위

〈표 7〉 누가복음 10:25-37

누가복음 10:25-37 개역개정성경	Luke 10: 25-37 NIV
25 어떤 율법교사가 일어나 예수를 시험하여 이르되 선생님 내가 무엇을 하여야 영생을 얻으리이까 26 예수께서 이르시되 율법에 무엇이라 기록되었으며 네가 어떻게 읽느냐 27 대답하여 이르되 네 마음을 다하며 목숨을 다하며 힘을 다하며 뜻을 다하여 주 너의 하나님을 사랑하고 또한 네 이웃을 네 자신같이 사랑하라 하였나이다 28 예수께서 이르시되 네 대답이 옳도다 이를 행하라 그러면 살리라 하시니	25 On one occasion an expert in the law stood up to test Jesus. "Teacher," he asked, "what must I do to inherit eternal life?" 26 "What is written in the Law?" he replied. "How do you read it?" 27 He answered: " 'Love the Lord your God with all your heart and with all your soul and with all your strength and with all your mind' ; and, 'Love your neighbor as yourself.' " 28 "You have answered correctly," Jesus replied. "Do this and you will live."
29 그 사람이 자기를 옳게 보이려고 예수께 여짜오되 그러면 내 이웃이 누구니이까 30 예수께서 대답하여 이르시되 어떤 사람이 예루살렘에서 여리고로 내려가다가 강도를 만나매 강도들이 그 옷을 벗기고 때려 거의 죽은 것을 버리고 갔더라 31 마침 한 제사장이 그 길로 내려가다가 그를 보고 피하여 지나가고 32 또 이와 같이 한 레위인도 그곳에 이르러 그를 보고 피하여 지나가되 33 어떤 사마리아 사람은 여행하는 중 거기 이르러 그를 보고 불쌍히 여겨 34 가까이 가서 기름과 포도주를 그 상처에 붓고 싸매고 자기 짐승에 태워 주막으로 데리고 가서 돌보아 주니라 35 그 이튿날 그가 주막 주인에게 데나리온 둘을 내어주며 이르되 이 사람을 돌보아주라 비용이 더 들면 내가 돌아올 때에 갚으리라 하였으니 36 네 생각에는 이 세 사람 중에 누가 강도 만난 자의 이웃이 되겠느냐 37 이르되 자비를 베푼 자니이다 예수께서 이르시되 가서 너도 이와 같이 하라 하시니라	29 But he wanted to justify himself, so he asked Jesus, "And who is my neighbor?" 30 In reply Jesus said: "A man was going down from Jerusalem to Jericho, when he fell into the hands of robbers. They stripped him of his clothes, beat him and went away, leaving him half dead. 31 A priest happened to be going down the same road, and when he saw the man, he passed by on the other side. 32 So too, a Levite, when he came to the place and saw him, passed by on the other side. 33 But a Samaritan, as he traveled, came where the man was: and when he saw him, he took pity on him. 34 He went to him and bandaged his wounds, pouring on oil and wine. Then he put the man on his own donkey, took him to an inn and took care of him. 35 The next day he took out two silver coins and gave them to the innkeeper. 'Look after him,' he said, 'and when I return, I will reimburse you for any extra expense you may have.' 36 "Which of these three do you think was a neighbor to the man who fell into the hands of robbers?" 37 The expert in the law replied, "The one who had mercy on him." Jesus told him, "Go and do likewise."

에 대한 내용을 포함하고 있어서, 예수께서 의료의 원리들을 어떻게 사마리아인을 통해 표현하고 있는지 살펴보는 것은 흥미로운 일이다. 비록 비유로 말씀하신 것이지만 예수께서 어떤 형태로든 의료에 대해 기술한 내용을 분석해 볼 가치가 있는 것이다. 더구나 이 비유는 의사인 누가의 손에 의해 기록되었기 때문에 이 비유로부터 우리가 목적하는바 의료에의 적용 원리를 추출하는 데 의미를 더해 준다고 할 수 있다.

누가복음을 쓴 누가는 신학자일 뿐 아니라 사랑 받는 의사이면서 능력 있는 역사가로 알려져 있다. 따라서 그가 쓴 두 권의 책 사도행전과 누가복음은 의사로서 그리고 역사가로서의 관찰력이 돋보이는 특징을 지니고 있다. 특히 누가복음에는 다른 복음서보다 비유가 많이 기록되어 있

〈표 8〉 누가복음 10:25-37의 대칭구조

	10:25-28	10:29-37
	영생(하나님 나라)에 대한 질문	이웃에 대한 질문과 사마리아인의 비유
율법사의 의도	10:25 예수를 시험하기 위함	10:28 자신을 정당화하기 위함
율법사의 질문	10:25 "내가 무엇을 하여야 영생을 얻으리이까"	10:29 "내 이웃이 누구니이까"
예수님의 역질문	10:26 "율법에 무엇이라 기록되었으며 네가 어떻게 읽느냐"	10:36 " 네 생각에는 이 세 사람 중에 누가 강도 만난 자의 이웃이 되겠느냐"
율법사의 대답	10:27 "네 마음을 다하며 목숨을 다하며 힘을 다하며 뜻을 다하여 주 너의 하나님을 사랑하고 또한 네 이웃을 네 자신같이 사랑하라 하였나이다"	10:37 "자비를 베푼 자니이다"
결론: 예수님의 도전	10:28 "네 대답이 옳도다 이를 행하라 그러면 살리라"	10:37 "가서 너도 이와 같이 하라"

는데, 누가복음에 기록된 34개의 비유 중에서 15개는 다른 복음서에는 나오지 않으며, 사마리아인의 비유도 누가복음에만 나오는 것이다. 본문은 크게 두 부분으로 나누어지는데 전반부와 후반부가 각각 짝을 이루는 완벽한 대칭 구조를 가지고 있다. 이것을 놀랜드(John Nolland)는 잘 대비해 주고 있다.[4] 이를 근거로 약간 변형하여 〈표 8〉과 같이 만들어 보았다.

표에서 보는 바와 같이 본문은 율법사가 던진 두 개의 질문과 그 질문의 의도, 이 질문에 대한 대답 대신 던진 예수님의 역질문과 율법사의 대답 그리고 결론적인 도전의 말씀으로 구성되어 있다.

율법사가 질문한 영생과 하나님 나라는 당시 로마 지배하의 이스라엘 사람들이 열망하는 가장 큰 관심사였다. 따라서 율법사가 질문을 한 의도가 예수를 시험하려는 것이라고는 하지만 어떤 적개심이 내포된 것으로 보이지는 않기 때문에 율법사가 함정을 판 것으로 보이지는 않는다.

2. 비유의 배경, 예수님의 화술의 탁월성과 이 비유의 본래적 의미

이 비유는 제사장과 레위인, 즉 이들로 대표되는 율법이 결코 사람을 구할 수 없고 오직 구체적인 사랑만이 생명을 구할 수 있음을 가르치려는 목적으로 주어진 것이라 할 수 있다. 즉, 레위인과 제사장은 율법에 충실한 사람들로서 혹시라도 시체를 만짐으로써 부정하게 되어 하나님의 영광을 가리지 않기 위해 강도 만난 사람을 회피해 지나갔다고 이해할 수 있는 것이다. 민수기에 보면 다음과 같은 율법이 있다.

"사람의 시체를 만진 자는 이레 동안 부정하리니 그는 셋째 날과 일곱째 날에 잿물로 자신을 정결하게 할 것이라 그리하면 정하려니와 셋째 날과 일곱째 날에 자신을 정결하게 하지 아니하면 그냥 부정하니 누구든지 죽은 사람의 시체를 만지고 자신을 정결하게 하지 아니하는 자는 여호와의 성막을 더럽힘이라 그가 이스라엘에서 끊어질 것은 정결하게 하는 물을 그에게 뿌리지 아니하므로 깨끗하게 되지 못하고 그 부정함이 그대로 있음이니라"(민 19:11-13).[5)]

그들은 이 율법을 강도 만난 자를 회피해 지나가는 데 대한 정당한 이유로 삼을 수 있었을 것이다. 이와 같은 율법주의를 피츠마이어(Joseph A. Fitzmyer)는 "율법에 영감을 받은 무관심"(law-inspired insouciance)이라고 표현한다.[6)]

예수님은 비유를 이야기하면서 '놀람 효과'(surprising effect)와 '역설 효과'(paradoxical effect)를 적절히 구사하심으로써 대화를 이끄는 탁월한 화술을 보여주고 있다. 즉, 예수께서 전혀 예상하지 못했던 등장인물들을 선택해 긴장의 정도를 높여주고 있다. 당시 청중인 유대인들이 존경하는 제사장이나 레위인을 악역으로 등장시키고 청중이 가장 싫어하는 사마리아인을 선한 모델로 등장시킨 것이다.

사마리아인의 기원은 BC 722년으로 거슬러 올라간다. 앗시리아가 사마리아 성을 함락한 이후 여기 남아 있던 이스라엘 사람들이 이방인들과 결혼하여 생긴 혼혈 분파가 사마리아인이다. 이들은 예루살렘 성전을 건축하는 일에서 제외되면서 성전 건축을 방해하는 등 둘 사이의 골은 깊어갔으며(스 4:1-6), 자신들의 성전을 그리심 산에 건축하였다(요 4:20).[7)] 신·구약 중간기 동안 이들은 서로의 성전을 파괴하며 AD 51년 로마 제국이 개입할 때까지 전쟁을 그치지 않았다.[8] 유대인들은 사마리아인을 천시하여 상종하지도 않았다(요 4:9).

이런 배경은 율법사의 마지막 답변에도 반영된다. 그는 이제까지 예수께서 비유를 이야기하는 동안 언급한 사람을 직설적으로 거명하여 "사마리아인이니이다"라고 대답을 하지 않고 "자비를 베푼 자니이다"라는 간접적인 대답을 하고 있는 것이다. 즉, 이 대답 속에서 사마리아인이 선행을 행했다는 것을 인정할 수 없는 마음과 더 나아가 이들이 느끼는 시기와 질투를 읽을 수 있다는 말이다. 반면에 제사장과 레위인은 당시에 가장 존경 받는 사람들이었다.[9] 이와 같은 배경하에 선한 사람의 표본으로 사마리아인을 등장시킨 것은 분명히 '놀람 효과'를 발휘하기에 충분한 것이라 할 수 있다.[10]

다른 한편 예수께서 율법사와 대화를 하실 때 자주 사용하신 방법은 질문에 직접 대답을 하지 않으시고 역질문을 통해 질문자 스스로의 답변을 유도하시는 화술이었다.

율법사는 자신의 첫 번째 질문에 대해 예수께서 역질문을 던졌을 때 이미 답을 알고 있었기 때문에 구약성경을 인용하여 즉각 "'네 마음을 다하며 목숨을 다하며 힘을 다하며 뜻을 다하여 주 너의 하나님을 사랑하고 또한 네 이웃을 네 몸과 같이 사랑하라' 하였나이다"(신 6:5, 레 19:18)라고 대답을 한다. 율법사가 그랬듯 우리도 답을 모르는 것은 아니다. 문제는 마음과 목숨과 힘을 다해 이웃을 사랑할 자신이 없는 것이다.

그래서 그는 자신을 정당화하기 위해 이웃의 개념을 좁힐 필요가 있었고 이것은 그의 두 번째 질문으로 이어진다. 율법에 밝은 그는 아마도 구약의 레위기 19장 33-34절에 나타난 광범위한 이웃 개념을 인지하고 있었을 것이다.[11] 그러나 이 광범한 이웃 개념의 이웃을 사랑하기보다는 종교 의식을 통해서 하나님에 대한 사랑을 표현하는 것이 더 쉽다고 여겼을지 모른다.[12] 하나님의 은혜가 아닌 자신의 노력으로 하나님 나라를 유업으로 받으려면 자신의 능력에 닿을 정도의 이웃의 개념이 필요했다는 말이다.[13] 그는 자신을 정당화하기 위해 유대인 전통의 좁은 이웃 개념에 대해 예수께서 동의해 주기를 바랐을 것이다.[14] 예수께서는 이웃에 대한 질문에도 직접 대답을 하시지 않고 사마리아인의 비유를 시작하신다. 그리고 예수께서 마지막으로 역질문을 던져 다시 그의 대답을 유도하신 것이다. 그리고 율법사는 역시 옳은 대답을 한다. 옳고 그름을 판단할 수 있는 정상적인 사고를 가지고 있다면 그렇게 대답할 수밖에 없었을 것이다. 그러나 말로 대답하고 머리로 인정할 수 있어도 역시 문제는 "가서 너도 이와 같이 하라"는 말씀을 따르지 못한다는 점이다.

여기서 눈여겨볼 필요가 있는 것은 예수님 질문의 도전성이다. 주의 깊게 살펴보면 율법사의 질문은 마지막 질문이 "내 이웃이 누구오니이까?"였지만 예수님의 역질문은 "누가 강도 만난 자의 이웃이 되겠느냐?"라고 변형되어 있는 것을 알 수 있다. '나'를 중심으로 "**내 이웃**이 누구니이까?"라고 한 법률가의 질문을 뒤집어서 "누가 **강도 만난 자의 이웃**이 되겠느냐?"라고 하심으로써 강도 만난 자를 중심으로 전환시키신 것이다. 즉, 도움을 베푸는 시혜자의 관점에서 던진 율법사의 질문을 도움을 받아야 할 수혜자의 입장으로 뒤집으심으로써 **역설 효과**를 노리며 강한 도전을 준다. 이웃 개념을 좁혀보려던 율법사의 의도를 일축하면서 "가서 너도 이와 같이 하라"고 하여 율법사의 결단과 행동을 요구하시는 강력한 메시지로 비유를 마무리하고 있다.

어쨌든 이 비유는 제사장과 레위인, 즉 이들로 대표되는 율법이 결코 사람을 구할 수 없고 오직 구체적인 사랑만이 생명을 구할 수 있음을 가르치려는 목적으로 주어진 것이다. 따라서 이 비유의 주제인 "불쌍히 여기는 마음이 사랑을 베푸는 행위로 이어질 때 생명을 구할 수 있다"는 가르침은 우리의 의료의 원리에도 가장 근본적인 원리로 적용되어야 함은 두말할 여지가 없을 것이다. 즉, 이 비유로부터 우리가 의료의 동기와 행위에 적용하고자 하는 교훈은 '사랑의 의료 행위'라는 이 비유의 본래적인 의도와 우선적으로 연결되어 있다.

여기까지의 의미만으로 이 비유가 복음서에서 그토록 중요한 위치를 점하고 있다고 하기엔 부족함이 있다. 사마리아인을 본받자는 설교를 반복적으로 듣다 보니 '이웃을 사랑하는 사람이 되자'거나 '착하게 살자'는 정도의 교훈으로 이 비유를 이해하고 마는 경우가 많다. 그러면 이것은 율법사의 질문 "어떻게 하여야 영생을 얻으리까?"에 대한 대답이 되는 것일까? 우리도 가서 이와 같이 하면, 즉 율법을 잘 지키고 살면 영생을 얻을 것이라는 메시지를 지금 예수께서 하고 계신 것일까? 만일 우리가 이 비유에 대한 이해를 여기에서 그친다면 중대한 메시지를 놓치게 되며 복음의 진수에 이르지 못할 수 있다. 여기에 나오는 등장인물들 중에서 '나는 누구인가?', '나는 누구여야 하는가?'를 생각해 보라고 하면 어느 누구도 자신을 '강도 만난 자'라고 생각하지 않는다. 그러나 이 비유의 질문에 대한 대답으로 예수께서 '너도 가서 이와 같이 하라'고 하는 주문은 우리 인간으로서는 가능한 일이 아니다. 이 대답을 직설법적으로 이해한다면 그것은 율법을 잘 지켜 영생에 이르자는 구약으로의 회귀이다. 예수께서 그럴 리가 없지 않은가?

결국 사마리아인의 비유에서 복음의 진수에 이르는 길은 내가 바로 '강도 만난 자'라는 자각이다. 이 세상에 살면서 우리 또한 언제든지 강도를 만날 수 있다. 스스로는 아무것도 할 수 없는 무력한 상황에 처하게 된다. 아니, 타락한 인간은 영생에 대해 절망적으로 무력한 존재이다. 그것이 인간 실존의 모습이다. 그럴 때 강도 만난 자를 대신하여 사마리아인처럼 자신을 생명의 위험에 노출하면서 희생하는 누군가에 의해 생명을 구할 수 있다는 말이다. 다시 말해 예수 그리스도의 십자가상 대속을 통해서 영생을 얻을 수 있다는 것이다. 율법사가 구한 바처럼 율법을 모두 지킴으로써 영생을 얻겠다는 발상이 잘못되었고, 결코 너는 가서 이와 같이 할 수 없다는 말이다. 율법사는 이웃의 범위를 좁혀서라도 행위로 구원을 얻어 영생을 누려보려는 가상한 시도를 하고 있다. 하지만 전적으로 무능한 '강도 만난 자'로서의 자기 인식에 이르지 못하면 복음을 만날 수 없다. 사마리아인으로 유비된 예수의 십자가 희생을 통해서만 영생을 얻는다는 것이 복음적 의미를 갖는 이 비유의 진수이다. 우리는 이 비유에서 사마리아인이 아니다. 강도 만나 거의 죽게 된 상처 받은 자이다. 사마리아인을 통해 그 상처를 치유 받았을 때 우리도 비로소 상처 받은 치유자, 사마리아인이 될 수 있는 것이다.

이제부터는 이 비유가 주어진 본래의 목적 외에 예수께서 이 비유에 등장시킨 사마리아인의 치료 행위를 통해, 즉 누가를 통해 전해진 의사로서의 예리한 관찰력과 역사가로서의 기록의 정확성을 통해 예수께서 서술하신 사마리아인의 치료 과정을 유심히 살펴봄으로써 의료인으로서 '치료를 돕는 자의 모범'을 간접적으로 배워보고자 한다.

3. 무대, 등장인물, 무대이동

무대: 우선 이 비유의 상황을 연극 무대로 연상하면서 무대와 등장하

는 인물들을 분석해 보자. 무대는 예루살렘에서 여리고로 내려가는 어느 중간 지점이다. 이 사이는 비록 27킬로미터밖에 안 되는 길이지만 예루살렘은 해발 790미터이고 여리고는 해수면보다 250미터 낮아서 고도 차이가 심했고 날씨의 변화도 심했다. 한편 길도 구불구불하고 동굴이 많아서 강도들이 숨어 있기에 안성맞춤이었기 때문에 이 길은 당시의 사람들에게는 여행하기에 위험한 지역으로 악명이 높았다.[15)]

바로 이 무대를 배경으로 예수님은 가공의 이야기지만 마치 실제 상황에서 일어난 일처럼 비유의 말씀을 하고 있는 것이다.

등장인물: 이 무대에 등장하는 인물들의 역할을 살펴보자. 강도 만난 사람은 스스로 아무것도 할 수 없는 무능한 입장에 있다. 강도들은 무대를 악용한 사람들이다. 제사장과 레위인들은 무대에서 상황을 회피한 사람들이다. 여관 주인은 이 무대에서 상업적인 사람이다. 마지막으로 사마리아인은 무대의 상황을 선용한 사람이다. 즉, 강도는 돈을 위해 생명을 해침으로써 무대를 착취하는 데 이용한다. 레위인과 제사장은 무대 위에서 벌어진 현실을 오로지 율법에 근거해서 판단하고 죽어가는 생명의 위급한 상황을 회피해야 할 문제로 인식했으며, 또 그렇게 행동한 사람들이다. 여관 주인은 이 무대를 통해 정당한 서비스를 제공함으로써 돈을 버는 사람이다. 그러나 사마리아인은 이들이 가지고 있지 않은 '불쌍히 여기는 마음'(compassion)을 가지고 강도 만난 사람의 생명을 구하는 데 가장 우선순위를 두고 행동으로 옮긴 사람이다.

무대이동: 이 등장인물들을 의료라는 무대로 이동시켜 보자. 우선 이 비유의 무대는 오늘날의 세상이라 할 수 있다. 인간의 타락 이후 인간뿐 아니라 자연도 왜곡되어 생명을 노리는 세력들이 곳곳에 편만해 있는 세상이 되었다. 문자적인 의미의 강도들뿐 아니라 비유적으로 수없이 많은

자연재해와 인재를 당하고 있는 세상에 우리는 살고 있다. 각종 전염병과 만성질환들, 지진, 홍수, 화산 폭발, 산업재해, 교통사고, 테러, 전쟁들이 강도처럼 우리를 노리고 있다가 생명을 앗아가는 세상인 것이다. 즉, 주변에 거의 죽게 된 사람들로 가득한 세상이 곧 우리가 출연하고 있는 의료의 무대이다.

① 강도 만난 자는 환자에 비유할 수 있다. 앞에 언급한 이유들로 이 세상에는 건강을 강도당하고 거의 죽게 된 사람들로 가득 차 있다.

② 강도는 어느 날 예고 없이 찾아와 건강을 앗아가는 질병이라고 이해할 수 있다. 그것이 암이든 중풍이든, 급성폐렴이나 만성신부전이든, 교통사고나 자연재해, 산재에 이르기까지 무엇이든지 가능할 것이다. 달리 적용해 보면 건강을 해치는 모든 것, 이를테면 부도덕한 삶, 음주, 흡연, 마약, 열악한 노동 여건, 부주의한 운전, 공해 등을 포함하며, 이들의 배후에서 이를 조장함으로써 이익을 취하는 세력들이 여기에 해당한다고 볼 수 있다. 따라서 부도덕한 생활로 건강을 해치는 사람이라면 자신이 자신에게 강도일 수 있다. 강도는 열악한 노동 여건을 개선하지 않는 공장장이나 공해를 배출하는 기업체 사장일 수도 있다. 더 나아가 건강을 해치는 돌팔이들이나 심지어는 악한 의료인들도 이런 역할을 하고 있을 수 있다. 그러나 나의 생각으로는 한 번에 대규모로 생명을 앗아가는 전쟁보다 더 악랄한 강도는 없는 것 같다.

③ 제사장이나 레위인은 의료인에 비유할 수 있다. 앞에서 본 것처럼 제사장과 레위인이 율법을 지킨다는 명분을 나름대로 강도 만난 자를 회피하는 정당한 변명으로 삼듯이 의료인들도 환자를 방치한 것에 대해 그럴듯한 변명을 하곤 한다. 특히 우리나라의 의료법은 제

사장과 레위인에게 율법이 그렇듯 우리에게 환자를 회피할 수 있는 구실을 제공해 주기도 한다. 제사장이나 레위인이 자신들을 위험에 노출시키게 될지 모르는 내키지 않는 일을 회피하기 위해 율법을 이용했다고 이해한다면, 의료인은 기득권이 손상되는 것을 피하기 위해 의료법이나 환자를 이용하고 있는 것은 아닌지 생각해 볼 일이다.

④ 여관 주인은 수익을 위해 병원을 운영하는 사업가일 수 있을 것이다. 이 경우 우선순위는 환자가 아니라 병원 운영이다. 따라서 환자에게 지불 능력이 있는 동안은 법적으로 정당한 의료를 제공받을 수 있지만 돈이 떨어진 환자는 거리로 내몰릴 수도 있을 것이다.

⑤ 사마리아인은 하나님의 형상으로 창조된 인간 생명의 고귀함을 인식하고 있으며, 예수께서 치유 사역을 하실 때마다 보여주신 '불쌍히 여기는 마음'을 가지고 있을 뿐 아니라 이를 의료 행위에 연결하는 의료인이다. 즉, 열악한 환경인데도 환경을 탓하지 않고 있는 그곳 현장에서 지금 가지고 있는 것만으로 자신이 할 수 있는 최선을 다하는 의료인이다.

이 무대에서 과연 나는 어떤 배역을 하고 있는가?

■■■ 토론하기

- 의료법의 제한 때문에 환자에게 불이익을 미칠 경우가 있을 수 있는지 생각해 보자. 그리고 어떤 해결책들을 생각해 볼 수 있을지 함께 논의해 보자.
- 기독의료인은 의료보험법에서 급여를 제한하는 진료를 해서는 안 되는가?

- 우리가 환자를 대하면서 제사장이나 레위인처럼 행동한 때는 없는지 되돌아보자. 우리에게 율법이 되었던 것은 무엇인가? 의료법인가, 우리 자신의 선입견 또는 기득권인가, 무너뜨릴 수 없는 우리의 자존심인가?
- 의료 제도의 변화를 겪으면서 우리는 의료 대란을 치른 적이 있다. 의료법이 환자에게 불리하다는 주장을 인정할 수 있는 부분이 분명히 많이 있었다. 이것을 명분으로 전국의 의료인들이 스트라이크를 했을 때 의료인들의 동기 중에는 자신의 기득권을 지키려는 의도도 있었을 것이다. 그렇다면 이 경우 의료인들에게 율법이 되는 것은 무엇이었을까?

4. 의료 원리에의 적용

1) 네 가지 동사의 의미: 의료의 동기

본문은 사마리아인이 치료 행위에 들어가기 전까지 행동을 네 가지 동사, 즉 '이르러', '보고', '불쌍히 여겨', '가까이 가서'를 사용하여 표현하고 있다.

예수께서 이 급한 상황에서 무슨 뜻으로 이렇게 여러 가지 동사를 사용하였을까? 아마도 사마리아인이 강도 만난 사람을 돕는 데 망설이고 있음을 나타내려는 의도는 아닐 것이다. 그것은 우리의 동기와 자세, 즉 사랑과 성실성과 구체성을 확인하고자 하신 것이라고 생각된다. 동사 하나하나를 생각하면서 그 뜻을 한번 새겨보기로 하자.

(1) '이르러'

'ercomai'라는 이 동사는 어떤 뚜렷한 의지를 가지고 어디에 이르렀기보다는 좀 막연하게 '나타나거나 조우하는 것'을 의미한다. 사마리아인은 막연하게 도움을 필요로 할지도 모르는 '강도 만난 자'가 있는 곳에 이른 것이다.

본문의 영어 표현을 좀 더 살펴보면 강도 만난 자를 중심에 두고 동사가 쓰였음을 알 수 있다. 즉, 사마리아인을 중심으로 그가 '갔다'라고 표현되어 있지 않고 강도 만난 자를 중심으로 그에게 '왔다'라고 표현되어 있다. 이 동사를 통해 도움을 제공하는 사람이 도움을 필요로 하는 사람에게 찾아가야 한다는 원리를 되새겨볼 수 있다. 강도 만나 거의 죽게 된 사람이 도움을 요청하러 도움 제공자를 찾아가기는 불가능할 것이기 때문이다. 비록 구체적인 필요를 파악하지 않은 상태에서라도 '이르러'라는 동사가 행동으로 나타나지 않으면 진정한 필요를 파악할 수도 없고 도움을 줄 수도 없을 것이다. 우리 주변에는 아직 구체적으로 파악되지는 않았다 하더라도 절대적으로 도움을 필요로 하는 사람들이 밀집된 곳이 많이 있다. 이곳에 우리가 '이르러' 다가감으로써 비로소 우리는 이들의 구체적인 필요와 조우할 수 있게 되는 것이다.

또한 긴박한 도움이 필요한 사람이 반드시 우리를 찾아와 도움을 요청하는 것은 아니다. 이 비유에 등장하는 강도 만나 거의 죽게 된 사람처럼 찾아올 능력도, 자신의 필요를 표현할 방법도 없는 경우가 많을 것이다. 바꾸어 말하면 우리의 일상 속에서 '조우'하는 사람들 중에는 표현을 하지 않더라도 도움이 긴박하게 필요한 사람들이 있을 수 있다는 말이다. 이 동사는 그런 경우를 조우했을 때 지나치지 않고 대면하도록 발걸음을 유도하는 동사이기도 하다.

내가 어렸을 때는 의사들이 종종 왕진가방에 간단한 처치 기구와 약을 챙겨들고 집에 찾아오곤 했었다. 환자 입장에서 편리하다는 점 외에 의학적으로도 아픈 환자가 병원까지 오는 동안 질병을 악화시킬 수 있다는 점에서 유용한 방법이었다. 그러나 의학이 발달하고 사회가 발전함에 따라 이는 사라져 가는 모습이 되었다. 오늘날의 의료는 필요로 하는 환자를 찾아오는 의료가 아니라 아쉬운 환자가 찾아가는 것이 당연한 의료가 되었다. 물론 현대사회에서 모든 진료를 의사가 찾아다니면서 한다는 것은 가능한 일이 아니나 꼭 필요한 경우에 우리는 주님이 일부러 말씀하신 이 동사의 뜻을 실천할 의지를 가지고 있어야 할 것이다.

■■■ 토론하기

- 우리가 잘 알지 못하고 우리를 찾아올 수도 없는 사람들이 누워 있는 곳에 '이르러'라는 동사를 적용해 보자.
  - 외국인 불법 체류자들이 모여 지내는 열악한 곳에 '이르러' 본다면 우리는 어떤 것을 '조우'하게 될까?
  - 영아원, 고아원, 양로원은 어떤가?
  - 더 나아가 수단이나 케냐, 에티오피아의 난민촌에 '이르러' 본다면 어떻겠는가?
- 이 동사를 가정 방문을 통한 환자의 조기 발견에 적용할 수 있을까?
- 집이나 수용소에 방치된 정신박약아나 정신병 환자 또는 장애인들의 필요를 발견하기 위해 그들에게 이르는 방법은 없는가?

(2) '보고'

여기에서 '본다'는 동사는 의료인으로서 막연한 동정심이 아닌 구체적 상황판단, 합리적 태도를 가질 것을 가르쳐 준다. 이 동사는 흠정역(King James Version)에는 'know'로 번역되어 있고, 헬라어로는 'oida'로서 '깨닫다, 보다, 생각하다, 지식을 갖다, 쳐다보다, 느끼다, 확신하다, 말하다, 이해하다, 알고 있다' 등의 의미를 내포하고 있다. '보고 판단하고 느끼고 인식하여 확신한다'는 의미를 가진 단어이다. 지(知), 정(情), 의(意), 이 세 요소를 모두 동원하여 전인적으로 대상을 파악하고 있는 모습을 나타내고 있는 것이다. 돌보고자 하는 환자에 대한 정확한 판단은 합리적 대책을 세우는 데 기본이 되며, 이를 위해 학생 때뿐 아니라 의료인이 되어서도 부단히 노력해야 한다. 따라서 의료인에게는 공부하는 것, 즉 의학적 지식을 습득하고 유지하는 것이 다른 직종과 달리 윤리적인 문제에 속한다고 할 수 있다. 또 진료 태도에서도 환자를 '본다'는 말에는 지, 정, 의의 요소를 포함하는 전인적 접근, 즉 환자의 상태와 호소를 간과하지 않고 듣고 관찰한다는 뜻을 내포하고 있어서 환자의 육체적 · 영적 호소를 간과하지 않는 전인적 파악이 필요함을 시사하고 있다.

한편 영어에서 'see'라는 동사는 'understand'로 대치할 수 있는 단어이다. 'understand'라는 동사는 'under+stand'로 구성되어 문자적으로 '아래에+서다'는 의미이다. 환자를 전인으로 이해하려면 그 환자의 아래에 서는 겸손한 자세가 필요하다. 그렇지 않으면 환자들은 마음을 열지 않게 되고 전인적인 이해에 필요한 만큼의 정보를 제공하지 않을 것이다.

■■■ 토론하기

- 환자를 대할 때 환자의 아래에 섬으로써 이해가 가능했던 경험을 나누어보자. 군림하는 자세로, 즉 위에 서는 자세로 환자를 대한다면 우리에게 환자를 진정으로 이해하려는 마음이 있는 것일까? 의료인과 환자들 사이의 많은 오해들이 이런 태도에서 시작되지는 않는가?
- 수련의 때 흔히 경험하는 일로서, 간호사들의 전화 보고를 받고서 환자에게는 가보지도 않고 전화로 처방하는 것에 대해 생각해 보자. 암 말기 환자니까 당연히 아픈 것이고 진통제를 처방하는 것으로 의사의 임무는 끝난 것인가? 환자는 실제로 진통제 외에 무엇을 요구하고 있었을까?
- 학생 때 수업을 빼먹고 수련회에 참석하는 것은 의료인으로 부름 받은 자로서 어떤 문제가 있는가?
- 선교사 지망 의사가 의료의 수련은 등한시하고 영성 훈련만을 받는 것에 대해서도 같은 맥락에서 생각해 보자.
- 기독교인 의과대학 교수가 성경 연구만 하고 의학 연구를 소홀히 하는 것은 어떤가?

(3) '불쌍히 여겨'

흠정역에는 'compassion'이라고 번역되어 있는 이 말은 의료의 동기에 대해 말해 주고 있다. 원어의 'splankhnon'은 '불쌍히 여기는 마음이 강렬해서 내장이 동할 정도로'라는 의미이다. 이 '불쌍히 여기는 마음'은 예수께서 병자들을 고쳐주실 때 품었던 마음과 같다. 원어 성경에도 이 단어를 함께 사용하고 있다. 마태복음 9장 36절의 "무리를 보시고 불쌍히 여기시니…"에서 '불쌍히 여긴다'는 말과 14장 14절의 "큰 무리를 보시고 불쌍히 여기사 그중에 있는 병자를 고쳐 주시니라"에서

"불쌍히 여기사"라는 말은 NIV에 'compassion'으로 동일하게 번역되어 있으며 원어 성경에는 이 비유에서 사용하는 단어와 같은 단어를 사용하고 있다.

기독의료인으로서 의료의 동기는 '사랑'이어야 한다. 의사로서의 명예나 돈벌이가 진료 행위의 동기가 되어서는 안 된다. 실험실에서도 궁극적으로는 환자를 향한 '사랑'이 있어야 한다. 의학의 연구 동기에 방향을 잃은 호기심이나 명예를 추구하는 것이나 특허를 받아 돈을 벌기 위한 것이 우선순위가 되어서는 안 된다. 이런 것들은 결과로 따라오는 것이지 목적이 될 수 없다. 이에 대해 버킷(Denis Burkitt)은 다음과 같이 말했다.

> "나는 인간의 생물학적 요소인 육체의 요구를 채워주기 위해 점점 더 고비용화하지만 효과는 미미한 대책과 수단에 내 관심이 집중되어 있다는 사실을 발견했다. 순수한 과학적 수준에서 보아도 의학의 업적을 우리는 대체로 과대평가하고 있다. … 신뢰할 만한 업적을 모두 인정한다 하더라도 의학의 지나친 과학적 접근은 너무 쉽게 불쌍한 환자들을 반복되는 증례로 만들어 버리고 치료에 시달린 부인들을 임상 대상으로 바꾸어 버린다."[16]

세실(Cecil)의 내과 교과서 1쪽에 있었던 것처럼 "우리의 관심을 칼시노이드 증후군이나 머리털 모양 백혈병과 같은 희귀한 증례에 두어서는 안 된다. 우리의 관심의 초점은 한 인격체로서 환자 자신에게 집중되어야 한다"[17]는 관점, 즉 한 질병에 대한 관심 이전에 고통당하는 한 인격체에 대한 사랑이 우선적 동기가 되어야 한다는 것이다.

그리스도인 의료인은 의료법에서 요구하는 수준을 넘어서 사랑이 요구하는 수준으로 진료 행위를 해야 할 것이다. '불쌍히 여기는 마음'은 기독의료인이 지녀야 할 필수적인 덕목이며 이것이 다른 의료인과 구별되는 차이점이 되어야 할 것이다. 본문에 의하면 레위인과 제사장도 앞에 나타난 두 단계, 즉 '이르러 보는' 데까지는 했지만 그들과 사마리아인의 분기점은 바로 이 '불쌍히 여기는 마음'에 있다. 즉, '불쌍히 여기는 마음'은 사랑의 행위로 연결하는 끈이 되는 것이다. 오늘날 의료에서 이 마음이 결여된다면 강도 만난 자를 피해 지나가 버린 제사장과 레위인처럼 환자의 필요를 회피하는 무책임한 의료인이 될 수 있을 것이다.

한편 사마리아인이 대면하고 있는 사람은 '거의 죽은' 사람이다. 오늘날 그 옆을 지나가던 의료윤리학자들이 있었다면 '거의 죽은' 사람을 안락사시키는 것이 더 윤리적이지 않은가에 대해 논쟁을 할지도 모른다. 즉, 사마리아인이 그런 것처럼 '겨우 살아 있는' 생명을 구하려고 노력하기보다 '거의 죽은' 생명을 빨리 편안하게 죽도록 돕는 것이 더 인도적이라는 논의를 할지도 모른다. 그러나 그의 '불쌍히 여기는 마음'은 여기에서 어두움의 세력이 좋아하는 죽음으로 가도록 방치하거나 이 길을 재촉하는 것이 아니라 생명을 구하기 위한 행동으로 옮겨가는 데 원동력을 제공해 주는 것이다.

■■■ 토론하기

• 개원의의 성공 여부를 환자의 수나 돈벌이의 많고 적음으로 평가하는 풍토에서 자연스럽게 적응하는 기독의료인들의 모습에 대해 다시 생각해 보자. 나는 어떻게 하

면 좋을까?

- 극빈자, 의료보호환자, 산업재해, 공해피해자에 대한 진료를 기피하는 풍토(의료비 지급 정책의 변화에 따라 달라지기는 하지만)에서 의료의 동기는 무엇이라고 할 수 있는가?
- 희귀한 질환을 가진 환자나 연구의 대상이 되는 환자에 대해 학문적 관심만을 강조하는 대학교수는 학생이나 수련의에게 무의식적으로 무엇이 되기를 강조하고 있는가?
- 제약회사가 제공하는 돈을 의식한 무분별한 투약을 한다면 의료의 동기가 설 자리는 어디인가?
- 의료의 동기를 순수하게 유지하기 위하여 기독의료인들은 어떤 방법을 모색할 수 있을까? 선교병원 형태의 집단 개원 형태(group practise)에 대해 구체적으로 생각해 보자.
- 강도 만난 사람은 거의 죽은 상태(half dead=half a live)에 있었다. 이와 관련하여 안락사 논쟁을 해보자.[18]

(4) '가까이 가서'

여기에 쓰인 'prosercomai' 라는 단어는 문자적으로 '가까이 가다', '접근하다', '방문하다' 라는 뜻을 가지고 있다. 즉, '가까이 가서' 라는 말은 행동으로 옮기는 의지의 표현을 내포하는 동사라 할 수 있다. 앞에 쓰인 동사 '이르러' 보다 훨씬 구체적인 행동을 나타내는 동사이다. 사마리아인은 시간적·경제적 손실은 물론 자신도 강도를 만나 생명의 위험에 노출될 수 있는 가능성에도 불구하고 '가까이 감' 으로써 '불쌍히 여기는 마음' 을 구체적인 행동으로 옮긴 것이다.

흔히 말만 하는 일은 쉬운 일이다. 그러나 현장에 뛰어들어 구체적인 행동으로 연결하는 것은 우선 귀찮고 힘들다는 점에서, 나아가 직면하게 될 어려움들 때문에 그리 간단한 일이 아니다. 우리는 말과 주장이 많은 시대를 살고 있으나 그것이 현실을 무시한 경우나 탁상공론인 경우가 많다는 것을 잘 알고 있다. 의료윤리는 행동윤리이니만큼 구체성과 현장성, 현실성이 요구되므로 '가까이 가는' 행동이 뒤따르지 않는다면 그야말로 공론에 불과한 것이다.

또한 이 동사가 의미하는 '방문하다'나 '접근하다'라는 의미가 행동을 수반하지 않는다면 오늘날의 사회에서 소외된 사람들의 필요를 채워주기 위한 행위가 애당초부터 가능하지 않을 것이다.

■■■ 토론하기

• 현장이 아닌 책상에서 이루어지는 보건복지부의 정책 때문에 초래된 잘못된 의료현실을 경험한 적이 있는가?

• 의사들의 권익을 위한 진료 거부와 장기적으로 환자에게 불리한 의료제도의 개혁을 위한 진료 거부 사이에는 어떤 차이가 있는가? 진료 거부가 궁극적으로 환자를 위해 직·간접적인 의료 외적인 요소를 개선하기 위한 것일 경우 기독의료인으로서 넘어서는 안 될 선이 있는지 논의해 보자.

• 기독의료인으로서 마음으로는 원하지만 행동으로 하지 못하는 일들을 경험한 적이 있으면 나누어보자. 군의관 복무 시절 '군에서는 항상 중간만 따라가라'든지 '너무 잘해서 다른 군의관을 피곤하게 하지 말라'는 선배들의 조언에 충실하여 외지에 근무하는 사병들을 돌아보는 일을 게을리한 경험은 없는가?

이미 몇몇 기독공보의들이 모범을 보였지만 기독공보의들이 근무지에 거주하는 독거노인들을 가정 방문하는 일을 곳곳에서 시작한다면 어떤 어려움이 예상되고, 어떤 열매가 예상되는가?

- 필요(need)가 상대적으로 더 급한 곳에 '이르러'야 할 경우도 있다. 예를 들면 세계 도처에 산재해 있는 전쟁 난민들이나 자연재해로 인한 응급 구호와 같은 일이다. 신문을 통해 이들의 열악한 의료 환경을 접하고 '불쌍히 여기는 마음'을 품더라도 그들에게 접근하고 그들을 방문하지 못한다면 여전히 그 '불쌍히 여기는 마음'은 동정에 그치고 만다. 구체적인 방안에 대해 생각해 보자. 의료 활동을 위해 선교단체나 NGO 장·단기로 참여하는 것이나 어느 지역에 대해 정기적인 방문 계획을 할 수도 있을 것이다.

  이러한 긴급한 요청에 신속히 응답하려면 장기 사역이 필요로 하는 영속적 계획성보다는 순발력, 즉 기동성이 필요하다. 이를 위한 선교병원 형태에 대해 더불어 생각해 보자.

2) 의료 행위

"기름과 포도주를 상처에 붓고 싸매고 자기 짐승에 태워 주막으로 데리고 가서 돌보아주고"

이 본문은 예수께서 사마리아인이 행한 의료 행위를 상세히 묘사하고 있는데, 놀랍게도 오늘날도 변함없이 사용되고 있는 의료의 원리와 자세를 언급하고 있다.

(1) 기름과 포도주와 짐승이 시사하는 점: 현장에서의 응급처치

사마리아인이 취한 행위는 사실 우리를 놀라게 할 만한 것이다. 자기도 강도를 만날 수 있는 가능성을 각오한 것은 그렇다 치더라도, 주위에 아무도 도울 수 없고 진료에 쓸 만한 아무것도 없는 상황에서 절망하지 않고 자신이 가지고 있는 것을 최대한 활용한 점은 높이 평가할 만한 일이다. 또한 그가 사용한 방법들은 원리적으로 현대의학이 사용하는 원리들과 전혀 차이가 없다는 것, 즉 의학이 발달하였다고 하는 오늘날에도 2천 년 전에 예수께서 사마리아인의 의료 행위를 통해 보여주신 그 원리가 그대로 적용된다는 사실을 발견할 수 있다.

① '기름을 붓고' (진통제: analgesics)

기름은 피부 상처의 긴장을 감소시켜 줌으로써 통증을 완화시킬 수 있기 때문에 고대 이집트, 메소포타미아 지방에서는 당시에 진통제로 사용하였다.[19] 그 외에도 성경에는 이사야 1장 6절, 야고보서 5장 14절 등에서 기름을 의료적 목적으로 사용한다는 기록을 볼 수 있다.

② '포도주를 붓고' (소독제: antiseptics)

오늘날에도 알코올을 소독제로 사용하거니와 당시에는 도수 높은 상처에 알코올을 부어 소독했다.[20] 그 외에도 성경에는 사무엘하 16장 2절, 잠언 31장 6절, 디모데전서 5장 23절 등에 의료 목적으로 포도주를 사용하는 예들이 나타나 있다.

③ '상처를 싸매고' (상처 처치 및 붕대 감기: dressing & bandage)

상처를 싸매는 치료는 지금도 그대로 하고 있는바 출혈을 막아주고, 상처의 오염에 의한 감염을 방지할 수 있으며, 골절된 뼈를 고정함으로써 끝이 예리한 골편이 주변의 혈관이나 신경 등을 손상시킬 가능성을 예방할 수 있다.

사마리아인은 현재 있는 곳에서 있는 것을 가지고 최선을 다하는 데 명수였다. 그는 자신이 처한 상황을 정확히 인식하고 있었을 뿐 아니라 없는 것 때문에 불평하기보다는 지금 가지고 있는 것으로 자신의 능력을 최대로 활용할 줄 알았던 것이다. 흔히 첨단의 의료 장비와 기구들을 사용하는 데 익숙해진 의료인들은 조금만 덜 갖춰진 상황에서는 일을 하지 못하는 것을 볼 수 있다. 때로는 그것이 윤리적인 경우도 있다. 그러나 아무런 도움의 손길이 미치지 않는 상황에서는 현장에서 가진 것만으로 최선을 다하는 것도 윤리적인 것이다.

의료인의 삶에 적용해 보자. 의사로서의 삶을 출발하는 인턴 생활은 병원에서 늘 왜소해 보인다. 의사로서 하는 일 가운데도 자존심 상하는 일이 많다. 그래서 우리는 인턴만 벗어나면 능력 있는 의사로서 환자들에게 잘할 수 있을 것처럼 생각하고 현재 가지고 있는 능력으로 지금 우리가 해야 할 일을 전공의가 되는 1년 뒤로 미룬다. 그리고 전공의 시절에는 다시 계속해서 한계를 발견하게 되고 이제 좋은 의사로 열심히 사는 일을 전문의가 된 뒤로 미룬다. 전문의가 되어 보니 또 모자라는 것이 많다. 아니 배우면 배울수록 모자라지는 것이 늘어나게 마련이다. 이렇게 의사들의 생활이 이어지고 있지는 않은가? 마지막 날 하나님이 물으실 때, 우리에게 주어진 것을 활용하지 않은 것에 대해 책임을 물으시지 우리가 가지고 있지 않은 것을 왜 쓰지 않았느냐고 묻지는 않으실 것이다.

■■■ 토론하기

• 30여 년 동안 의사로 활동하면서 나를 가장 명의로 인정해 준 환자는 말기 위암으로 생이 얼마 남지 않은 환자였다. 기도를 해서 쾌유를 시킨 것도 아니고 암 전문의로서 기막힌 항암제 병합요법을 시행한 것도 아니다. 그때 나는 인턴이었기 때문에 그런 전문적인 의료에 대해 별로 아는 바가 없는 때였다. 그리고 이 환자는 수

술 후 재발한 경우인데다가 항암요법도 불가능하다고 판단되어 암전문의들이 이미 포기한 상태였고 환자도 더 이상 치료에 기대를 하지 않는 상태였다. 그런데 그 노인의 가장 큰 고통은 변비였다. 암이 직장에 전이(rectal shelf)되어 있었기 때문이다. 전문의들도 수련의들도 이 문제를 해결하지 못했다. 아니 관심을 가지지 않았다고 하는 것이 옳을 것이다. 인턴이었던 내가 그 방에 들어가 고무장갑을 끼고 윤활 젤리를 발라가며 관장을 하는 데 30여 분을 소모했다. 그리고 딱딱한 주먹만 한 변을 어렵사리 제거하자 나머지 묽은 변들도 쏟아져 나왔다. 환자가 어떻게 느꼈는지, 얼마나 시원했는지는 내가 다 이해할 수는 없었다. 그러나 그때 그 환자는 어느 명의도 받을 수 없는 진정한 감사를 나에게 표현했고, 그 후로 나는 의사 생활 30년 동안 다시는 그런 찬사를 들어보지 못했다. 독자들이 경험한 이와 비슷한 예들을 함께 나누어보자.

- 무의촌이나 군의관 시절에 전문의로서 일할 만한 시설이 없다는 핑계와 불만 속에서 세월을 보내지는 않았는가? 또 이런 관점에서 공보의 모임이나 군의관 모임이 활성화된다면 어떤 이점이 있을까?
- 현재 소유하고 있는 장비로 할 수 있는 일인데도 무분별하게 또는 경쟁적으로 고가 장비를 설치하는 것을 어떻게 평가해야 할까? 실제로 우리나라는 고가의 의료 장비가 개인 병원까지 지나치게 많이 설치되어 있다. 그 일차적인 원인이 무엇일까?
- 필요 이상의 검사나 약물을 투여하는 일(과잉 진료 차원이나 방어 진료 차원에서)이 우리 의료 현실에는 많다고 한다. 이에 대해 어떤 한계나 기준이 필요한가? 아니면 그것은 개인적인 문제인가?

(2) 짐승과 주막이 시사하는 점: 근본적인 치료를 위해 더 좋은 시설과 전문가에게 후송하기

"자기 짐승에 태워 주막으로 데리고 가서 돌보아주고"

① 짐승(donkey): 앰뷸런스

환자를 운반하는 데 예나 지금이나 어떤 수단이 필요했으며 사마리아인은 오늘날의 앰뷸런스 대신에 자기가 가지고 있는 짐승을 사용하였다. 이와 같은 운반 수단은 오늘날에도 앰뷸런스를 사용할 만큼 부유한 일부 나라를 제외하고는 세계 도처에서 사용되고 있다. 사마리아인은 계속해서 가진 것을 최대로 활용하는 데 탁월한 모범을 보여주고 있다.

② 주막(inn): 병원

사마리아인은 자신의 한계를 인식한 사람이었다. 그는 현장에서 응급으로 할 수 있는 일에 최선을 다한 뒤에는 좀 더 안전하고 좋은 시설이 있는 곳으로 강도 만난 사람을 데리고 가기로 한 것이다. 이 부분이 없었다면 그는 교만한 사람이 될 수도 있었을 것이다. 이 모습은 마치 오늘날의 의료전달체계(referral system)나 의뢰체계(consult system)에 대한 자세를 암시하는 것처럼 보인다. 즉, 자신이 만능의사일 수 없기 때문에 보다 전문적인 분야에 대해서는 겸손하게 환자를 의뢰할 수 있어야 하고 동료 의사를 존중하여야 한다. 자존심이나 자신의 아집이 환자를 우선적으로 치료하는 데 방해가 되어서는 안 된다. 이것은 당연한 말 같지만 의료사회에서 얼마나 많은 문제를 일으키고 있는지 모른다.

■■■ 토론하기

• 응급처치가 필요한 환자를 보고도 의료 사고의 위험 때문에 진료를 기피하고 응급처치 없이 환자를 후송시키는 일이 종종 일어난다. 이런 경우에 대해 논의해 보자. 더구나 소위 응당법과 같은 탁상행정이 현실화되면서 시골의 많은 응급실들이 문

을 닫았다. 기독의료인이라면 개인적으로 어떻게 해야 할까? 또 국민의 건강권을 다루는 공인으로서 올바른 입법을 위해 어떤 영향력 있는 활동을 할 수 있을까?

- 의료인 사이의 의뢰 체계에서 의사의 자존심이 환자에게 적절한 진료와 그 시기를 놓치게 하는 경우가 있다. 예를 들면 척추 손상 환자를 두고 신경외과 의사와 정형외과 의사가 서로 자기 환자라고 싸우면서 시간을 허비한다거나, 암 환자가 치료를 할 만한 상태일 때에는 각 과에서 자기 환자라고 우기다가 말기에 이르면 기피하는 현실을 우리는 어떻게 이해해야 할까?

(3) 데나리온 둘과 부비가 시사하는 점: 의료 외적 요소에 대한 관심

"데나리온 둘을 내어… 부비가 더 들면…"

오늘날 의학교육이 유물론적 진화론에 근거한 인간관을 기초로 하고 있고, 생의학 모델의 질병 중심적 의료를 배워서 의사가 된다. 따라서 의사가 환자를 대하는 범위가 질병으로 국한되어 인간을 부속품으로 보는 듯하는 경향이 생겼다. 그러나 질병을 가지고 있는 인간은 많은 의료 외적 요소를 가지고 있다. 그것은 비단 현대의학의 발달이 초래한 진료비의 앙등이 환자에게 주는 부담만을 의미하지 않는다. 여기에는 가족 관계에서 오는 문제, 영적인 문제, 앞으로 사회에 복귀하는 문제 등 의료 외적인 여러 가지 문제들이 환자에게 큰 부담이 되고 있다. 인간은 육체적인 아픔, 정신적인 아픔, 사회적인 아픔, 영적인 아픔을 가지고 전인적으로 아파하는 인격적 존재이다. 의사들은 육체의 아픔에만 관심을 가지면 되는 것인가? 그렇다면 기독의료인과 세속적인 철학에 근거하여 의료를 수행하는 의료인 간의 차이가 무엇인가? 이런 관점에서 사마리아인이 제공한 '두 데나리온'이나 '부비'를 약속하는 모습은 우리에게 시사하는 바가 크다.

■■■ 토론하기

- 의료법에는 일정 병상 이상을 가진 병원은 사회복지사를 두게 되어 있다. 우리나라에서 이것이 얼마나 본연의 역할을 하고 있는가?
- 기독의료인들은 환자들의 의료 외적인 부분들에 관심이 있는가? 병원 원목실은 어떤 기능을 할 수 있을까? 우리는 극빈자의 진료와 그들의 생계에 대한 관심, 임종돌봄(hospice care), 장애인을 위한 후원회, 특수 유전병 환자에 대한 후원회, 암환자후원회 등에 어떤 관심을 보여야 할까?
- 나아가 몇 년 전 한국기독교 호스피스협회 임원을 하는 동안 호스피스 케어 대상 환자들의 가정 치료에 대한 의료 보험 수혜 입법을 촉구하기 위해 국회의 해당 보사위원들과 시민들이 모인 자리에서 공청회를 주관하여 의견을 개진한 적이 있다. 개인적인 차원의 의료 외적 요소에 대한 관심을 넘어서 우리가 어떻게 한 나라의 의료보험제도나 의료제도에 대해 관심을 가지고 개혁을 촉구함으로써 의료 외적인 요소에 제도적인 효과를 기대할 수 있을지 논의해 보자.
- 더 나아가 유엔(UN) 기구들이나 세계보건기구(WHO)에서 일함으로써 비용대비효과(cost effectiveness)가 큰 예방 사업에 관여하거나 세계의 보건 자원의 불균형 개선에 기여하여 의료 외적인 방법으로 간접적인 도움을 줄 수도 있을 것이다. 유엔이나 세계보건기구 분담금에 비례해서 각 기구의 직원 수를 각 국에 배정하는데, 우리나라는 그 자리마저도 채우지 못하고 있다고 한다. 앞으로 우리는 어떤 노력을 기울일 수 있을까?

(4) '돌아올 때'가 의미하는 점: 후속적인 돌봄

"이 사람을 돌보아주라. 부비가 더 들면 돌아올 때 갚으리라."

사마리아인이 보여준 또 하나의 중요한 모범은 환자의 치유에 대해 의사로서의 지속적인 사랑과 책임감이다. 거의 죽게 된 '강도 만난 사람'은 후속적인 돌봄이 없이는 회복하고 재활하는 데 어려움이 있을 것이며, 이것이 뒤따르지 않는다면 이제껏 노력한 수고가 허사로 돌아갈 수도 있을 것이다.

이를 의료에 적용해 보면 마치 결핵을 진단하고 치료를 시작한 것까지는 좋았으나 후속적인 돌봄이 뒤따르지 않아서 오히려 난치성의 내성결핵 환자가 되는 것과 같은 것이다. 실제로 고혈압이나 당뇨병, 암 등에서 후속적인 돌봄의 유지 여부에 따라 경과나 치료율, 사망률 등에 큰 차이가 나는 것은 당연한 일이다. 이 일은 환자 편에서나 의사 편에서 결코 쉬운 일은 아니다. 의사를 찾아온 환자가 치유되기까지는 많은 시간과 돈과 인내가 필요한 경우가 많기 때문이다. 그렇더라도 물론 일차적인 책임은 환자에게 있을지 모른다. 또 의료인들이 잘해도 환자들이 감당하지 못하는 경우도 있는 것이 사실이다. 그러나 여기서 내가 말하고자 하는 것은 환자의 잘못을 비난하기 전에 의료인의 몫이 무엇이어야 하는가이다. 한편 이 책임이 의료인에게 더 큰 이유는 이에 대한 지식을 의료인이 독점적으로 가지고 있기 때문이다. 따라서 의사의 설명, 즉 환자가 이해하도록 제공해 주는 의료 정보와 계속적 관심에 따라 이 치료를 환자가 감당할 수도, 그렇지 못할 수도 있는 것이다. 물론 이것은 법적인 책임을 말하는 것은 아닐지 모른다. 그러나 의사들에게 이 점이 부족하기 때문에 얼마나 많은 환자들이 치유 가능한 시기를 놓치고 마는지 모른다.

■■■ 토론하기

- 아직도 우리나라의 결핵 유병률(有病率)이 전 국민의 1%를 넘는 사실에 대해 의료인들은 책임이 없는 것일까?
- 투석을 받는 만성신부전 환자의 가장 큰 원인이 당뇨병 합병증이며, 장기간 지속된 고혈압의 합병증으로 발생한 중풍도 부담을 주는 의료 문제이다. 이런 질환들은 의료인들이 책임감을 가지고 교육함으로써 사전에 혈당이나 혈압을 잘 조절한다면 빈도를 줄이거나 발생 시기를 늦출 수 있을 것이다. 진료에 바빠서 이에 대한 설명을 제대로 못해 환자가 치료를 게을리한다면 의사에게 어떤 책임이 있는 것일까?
- 요즘에는 마케팅 차원에서 발달한 SNS를 이용하여 많은 병원들이 환자를 관리하고 있다. 내가 일했던 예수병원에서는 암 환자 등록 사업을 일찍이 1960년대 중반부터 시작해서 환자가 병원에 와야 할 날짜인데도 오지 않으면 집으로 연락을 하고 있었다. 오랫동안 치료를 요하는 질병을 가진 환자들을 이런 방법으로 후속조치해 주는 것은 어떤가?

5. 사마리아인의 비유 요약

사마리아인의 비유를 오늘날의 의료 상황에 적용해 본 바에 의하면, 우리가 의료윤리의 문제로 인식했던 주제들, 이를테면 낙태, 뇌사, 유전자 조작, 복제와 같은 것들은 의료 분야에서 극히 일부분의 특수한 상황에 대한 것이지 일반적인 것은 아니라는 사실을 알 수 있다. 의료윤리는 일상적으로 만나는 환자의 진료 행위에서, 환자에게 의약품을 사용하는 과정에서 또는 어떤 시술을 함에 있어서, 어려운 환자에 대한 의료인이나 병원간의 협조에 있어서, 진료 외적 요소(치료비, 정신적 · 영적 문제, 죽음을 받아들이는 과정 등)와 후속조치의 책임에서 항상 의료인 자신을 되돌아보며 실행으로 옮겨야 할 분야이다. 이런 기본적이고 일반적인 영역을 무시하고 의료윤리를 어떤 특정한 주제에만 초점을 맞추어 논하는 것은 의료윤리를 지나치게 좁은 범주로 한정해 버리는 것이며, 다분히 사변적이고 탁상공론으로 흐를 수 있다. 오히려 이런 일반적인 부분이 확실히 인식되고 행동으로 옮겨질 때 첨단의학이 만들어 낸 특수한 부분의 세부적인 윤리 문제들을 공정하게 다룰 수 있을 것이다.

6. 긴장을 고조시키고 놀람 효과를 일으키는 의료인

오늘날에 와서는 '사마리아인'이라고 하면 성경을 한 번도 읽어보지 않은 사람에게도 선한 사람의 표본으로 잘 알려져 있다. 어떤 자선 기관들은 이 이름을 따서 자선사업을 하는 단체임을 표방하기도 한다. 그러나 앞에서 살펴본 바와 같이 예수께서 이 비유를 말씀하신 2천 년 전 당시 상황은 전혀 그렇지 않았다. 사마리아인은 강도 만난 사람을 치료하기 이전에 이미 깊은 상처를 받은 사람이었다. 유대인들로부터 받은 조롱과 천대와 멸시는 그에게 이미 익숙한 것이었다. 따라서 예수께서 사마리아인을 선한 사람의 표본으로 등장시킨 것은 청중들과 종교지도자들의 긴장감을 고조시키기에 충분했다. 종교지도자들은 천한 사마리아인이 선행을 할 수 있다고 하는 예수의 비유에 대해 놀라움을 금치 못했다. 어떤 종교지도자들은 시체일지도 모르는 강도 만난 사람을 만져서 부정하게 된 사마리아인을 가만둘 수 없다고 생각했을지도 모른다.

이것이 기독의료인에게 시사하는 바가 있는가? 그렇다고 생각한다. 기독의료인들은 존경 받는 제사장이나 레위인의 위치에 서지 못하더라도, 아니 오히려 천대 받는 사마리아인과 같은 입장에 서더라도 괘념치 않을 수 있는 용기가 있어야 한다. 사마리아인이 가지고 있던 '불쌍히 여기는 마음'과 생명을 '하나님의 형상'으로 존귀하게 여기는 기독의료인의 의료를 보여줌으로써, 세속적 세계관으로 의료를 이해하며 우리도 그들과 함께 그리하기를 바라는 의료계 전반의 분위기를 긴장시켜야 한다. 돈이나 명예나 권력이나 호기심 충족을 위해 의료를 수행하지 않는 기독의료인들의 등장이 대중과 동료 의료인들을 긴장시켜야 한다는 말이다.

사마리아인이 선행을 한다는 사실을 받아들이기 어려웠던 청중들이나 종교지도자들의 긴장과 놀람이 곧 시기와 미움으로 연결되었듯이, 사마리아인이 생명을 구하기 위해서는 종족도, 위험도, 시간과 돈도, 율법도 초월하였듯이 기독의료인들은 미움을 받을 수도 있고 초월해야 할 여러 가지 장벽도 있음을 예상할 수 있다. 어떤 의료계의 지도자들은 그들이 명예롭게 생각하는 첨단의술 중에서 우리가 거들떠보지 않는 것이 있다는 이유로 우리를 미워할지도 모른다. 어떤 동료의료인은 의료계의 불의한 돈에 눈을 돌리지 않는 우리를 경계할지 모른다. 어떤 연구실의 동료는 호기심에 따라 방향감각을 상실한 연구를 거부하는 우리의 태도를 비웃을지 모른다. 의료를 행하든 연구를 하든 그들의 종교가 시키는 대로 따라 하지 않고 예수의 가르침을 따라 하나님의 형상인 생명을 우선시하는 의료를 수행하기 원하기 때문이다.

2천 년이라는 세월이 흐른 지금 사마리아인이 선한 사람의 표본으로 알려지는 역설(적어도 유대인들에게는)이 일어났듯이, 오랜 세월이 흐른 뒤에 기독의료인들이 세속적 목표를 위해 의료를 수행하지 않았다는 사실이 드러나고, 진정으로 그분의 가르침대로 산다는 것이 무엇이었는지 알았을 뿐 아니라 실제로 그렇게 살았다는 사실을 세상이 알게 될 때 그들은 또 한 번 놀랄 것이다. 아니, 사마리아인이 자신의 시대에 그런 시절이 오지 않았던 것처럼 우리 시대에 우리를 이해하는 그런 시절이 아예 오지 않는다 해도, 예수께서 걸으신 그 길을 묵묵히 따르는 것이 기독의료인의 본분이다. 이렇게 사는 길이 이 비유에서 사마리아인의 등장으로 고조된 긴장과 놀람 효과가 예수를 따르는 기독의료인들에 의해 오늘날 의료계에도 고조되어 나타나게 하는 길일 것이다.

사마리아인의 비유는 상처 받은 세상에서 기독의료인들이 "상처 받은 치유자들"(wounded healer)[21] 이어야 함을 회화적으로 보여주는 아름다운 한 폭의 그림이다.

제4부
거듭난 의료

11장
의료의 패러다임 전환과 거듭난 의료

우리는 하나님이 하나님 역할을 하시는 것처럼 '하나님 역할'을 해야 한다. 하나님은 하나님이시며 우리와 같지 않다. 그러나 하나님이 인도하시는 대로 따르며, 하나님의 하시는 일을 따라하며, 하나님의 동기에 따라 그를 섬기도록 하시기 위해 하나님은 우리를 부르셨다.
—알렌 버히

"옛 사람과 그 행위를 벗어버리고 새 사람을 입었으니 이는 자기를 창조하신 이의 형상을 따라 지식에까지 새롭게 하심을 입은 자니라."
—골로새서 3장 9–10절

"그러므로 형제들아 내가 하나님의 모든 자비하심으로 너희를 권하노니 너희 몸을 하나님이 기뻐하시는 거룩한 산 제물로 드리라 이는 너희가 드릴 영적 예배니라 너희는 이 세대를 본받지 말고 오직 마음을 새롭게 함으로 변화를 받아 하나님의 선하시고 기뻐하시고 온전하신 뜻이 무엇인지 분별하도록 하라."
—로마서 12장 1–2절

의료(술)의 배후에 있는 전제를 이해하고 의술을 평가하며 이것을 활용함에 있어서 우리의 세계관에 전적인 변화가 필요하다. 이것을 의료(술)에 있어서의 패러다임의 전환(paradigm shift)이라고 표현하고자 한다. 일반적으로 '하나님 노릇'(playing God)이라는 표현은 하나님을 배제하고 인간이 그 역할을 대신한다든지, 하나님의 자리를 인간이 찬탈한다는 뜻으로 많이 쓰여 왔다. 그러나 버히(Allen D. Verhey)는 "우리는 하나님이 하나님 역할을 하시는 것처럼 '하나님 역할'을 해야 한다. 하나님은 하나님이시며 우리와 같지 않다. 그러나 하나님이 인도하시는 대로 따르며, 하나님의 하시는 일을 따라하며, 하나님의 동기에 따라 그를 섬기도록 하시기 위해 하나님은 우리를 부르셨다"[1]라고 한 바 있다. 즉, 인본주의자들이 하나님의 자리를 빼앗아 하나님 노릇을 한다는 의미에서 쓰이고 있는 그 어구를 기독교인이 사용할 수 있도록 역으로 바꾸어 쓰고 있는 것이다. 다시 말해 기독교적 의술은 하나님의 뜻에 따른 '하나님 역할'로의 패러다임 전환이 필요하다는 말이다. 그것은 주인에게 주인의 자리를 내어주고 인간은 그 본연의 위치로 돌아와 하나님을 섬기는 역할로 복귀하는 것을 의미하며, 세속적 세계관에서 성경적 세계관으로 복귀하는 것을 의미한다.

1. 몇 가지 단계

의료에서 하나님의 진리를 드러내기 위한 패러다임 전환을 이루려면 몇 가지 단계가 필요하다. 설대위는 하나님의 진리를 나타내기 위한 과정으로 네 단계가 필요하다고 설명한다.[2] 첫째 단계는, 절대진리가 존재한다는 것을 확신해야 한다. 이것은 창조자이시며 모든 진리의 근원이 되시며 절대진리이신 하나님의 존재를 확신해야 한다는 뜻이다. 둘째 단계는, 신앙과 과학을 통합하는 것이다. 계시된 진리와 과학적 진리는 둘 다 하나님의 진리이다. 모든 진리는 하나님의 진리이며, 어디에서 발견한 진리든지 그것이 진리라면 이들 진리 사이에 아무런 갈등도 없을 것이다. 셋째 단계는, 하나님의 진리를 기초로 삼아 의료에 대한 기독교적 세계관을 정립하는 것이다. 이것은 의학에 중요한 개념인 우주관, 인간관, 악의 문제 등에 대한 성경적 관점을 유지하는 것이다. 특히 하나님의 형상으로 창조된 인간관과 타락 후의 모습에 대한 이해, 악에 대한 영적인 분노에 대한 이해, 그리고 유한한 존재지만 하나님 나라에서 영원히 완성될 모습에 대한 믿음의 정립 등은 의료에서 기독교적 세계관을 세우는 데 중요한 것이다. 마지막 단계는, 의료에서 우선순위를 다시 정립하는 것이다. 물질이나 진화의 산물을 대하는 입장에서 하나님의 형상을 대하는 관점으로의 전환은 우선순위의 변화에 결정적인 영향을 줄 것이다. 인간을 하나님의 형상으로 이해한다면 어떤 목적도, 이를테면 의술의 연구나 의학 교육과 같은 의미 있는 일도 생명보다 우선할 수 있는 목적 가치로 여길 수는 없는 것이다.

이 단계들은 의료의 패러다임 전환을 위해 서로 필요한 것들이다. 즉, 의료에서 철저하게 기독교적 종교성이 표현되도록 의술이 기독교적 세계관과 통합되어 전인 치유의 방향성을 바로잡아 가는 통전적 변화를 의미하는 것이다.

오늘날의 다원적 포스트모던 사회가 잃어버린 것이 무엇인지에 대해 자카리아스(Ravi Zacharias)는 네 가지 단계로 설파한 바 있다. 우선 '영원한 것, 즉 절대적인 권위의 상실'(dimension of eternity)은 상대화를 불러오고 도덕은 기준을 잃어버린다. 따라서 '도덕의 상실'(dimension of morality)이 뒤따른다. 그리고 도덕의 상실은 '책임감의 상실'(dimension of accountability)을 초래하고 책임감의 상실은 곧 '사랑의 상실'(dimension of charity or love)로 이어진다는 것이다.[3] 오늘날의 의료에서도 이런 현상을 볼 수 있다. 하나님의 존재와 창조라는 영원성과 절대성의 원칙과 생명의 가치에 대한 믿음의 상실이 오늘날의 의료에서 비도덕성, 책임감의 상실, 그리고 진정한 사랑의 상실로 이어지고 있는 현실을 우리가 목도하고 있지 않은가?

궁극적으로 "이제는 나 곧 내가 그인 줄 알라 나 외에는 신이 없도다 나는 죽이기도 하며 살리기도 하며 상하게도 하며 낫게도 하나니 내 손에서 능히 빼앗을 자가 없도다"(신 32:39)라는 말씀을 따라 인본주의의 헛된 가르침을 버리고 의술의 영역에도 하나님의 절대 주권이 인정되고 선포되도록 변화하는 것이 의술의 패러다임 전환이다. 즉, 우리의 지식까지 새롭게 하심을 받는 자(골 3:10)로서 의료인이 되는 것이다.

2. 요약

흔히 세속적 의료윤리학자들은 어떤 사례로부터, 즉 일반적이지 않은 희귀한 상황으로부터 출발하여 원리를 도출하려 하지만, 성경적 의료는 성경의 원리로부터 출발하여 각 사례로 접근한다.[4] 그 원리란 성경적 세계관을 말하며 창조, 타락, 구속 그리고 하나님 나라의 완성이라는 세계관의 틀 안에서 이해하는 인간관에 근거하고 있다. 이로부터 도출된 건강과 질병과 치유와 회복의 개념이 현대의학에 적용되어야 한다.

1) 의료의 대상 : 성경적 인간관

① 하나님의 형상: 생명의 기원은 하나님이며, 생명가치의 소중함은 인간이 하나님의 형상(imago Dei, 창 1:27)으로 창조되었고, 하나님

이 부여하신 절대가치를 지닌다는 사실에 있다. 인간은 진화의 산물이 아니다. 생명의 소중함은 상황에 따라 상대화될 수 없으며, 민주적 투표로도 결정해서는 안 되는, 하나님이 주신 절대가치이다. 또 상업적 목적이나 공리적인 이유로 한 생명이 소홀히 여김을 받아서도 안 된다. 하나님의 형상은 태아나 장애인, 노인, 식물인간에 이르기까지 결코 개인의 능력이나 소유에 의해 차등이 있을 수 없다.[5)]

② 생명의 시작은 수태된 때부터이다. 성경의 여러 곳에서 이 입장을 지지하고 있기도 하지만 과학적으로 보아도 이 입장이 더 합리적이다. 수태된 때 형성된 한 개의 세포인 수정란은 약 30억 쌍의 유전자(DNA)를 가지고 있다. 그 이래로 성인이 되어 70-100조 개의 세포를 가지게 되어도 각각의 세포가 가진 30억 쌍의 유전자는 그 배열이 바뀌지 않고 동일하다. 수태부터 성인에 이르기까지 어느 단계를 지정하여 생명의 시작점을 말하는 것은 어떤 목적을 가진 시도일 뿐이다.

③ 전인으로서의 인간: 인간은 육체와 영혼을 지닌 전인으로 이해해야 한다. 따라서 인간은 육체적인 아픔뿐 아니라 정신적·사회적·경제적·영적인 아픔을 가진 존재이다. 현대의 의학 교육이 지나치게 유물론적으로 흐르면서 인간을 보는 시각의 왜곡을 초래했다. 삶의 질은 하나님과의 교제 여부로 판단하여야 한다. 따라서 성경적 입장에서는 질병을 가진 건강함(unhealthy health)의 개념, 즉 장애나 질병을 가지고도 건강한 생명체일 수 있다는 개념이 가능하다.

2) 의료의 동기

성경적 의료는 절대가치로서의 인간 생명에 대한 경외심과 더불어 예수께서 하나님 나라의 징표로 보여주셨던 치유 사역의 동기인 사랑에 그 근거를 두어야 한다. 의료 행위의 동기는 예수께서 말씀하신 사마리아인의 예처럼 약자를 돕는 사랑의 동기이다. 이것은 하나님과 이웃을 섬기는 섬김의 정신(servantship)이기도 하다. 상황윤리에서 말하는 상대적 사랑이 아니며, 업적 지향적인 과학주의나 호기심이 그 주요 동기가 되어서도 안 된다. 이미 상업주의는 의약 산업을 지배하고 21세기를 향해 힘차게 나아가고 있기 때문에 우리는 의료의 동기가 이 상업주의에 물들지 않도록 항상 노력하여야 한다.

3) 질병, 죽음에 대한 견해

죽음, 질병, 고통과 같은 극복하기 어려운 문제는 인간의 타락에서 기원했으며, 하나님 나라의 완성 이후에는 이 문제를 완전히 극복할 수 있으나 이 땅에서는 이 문제로부터 완전히 자유로울 수 없다. 과학주의로 결코 해결할 수 없는 문제가 의료의 영역에는 존재하며, 인간은 유한한 존재인 것을 겸허하게 인정해야 한다. 인본주의자들의 믿음처럼 이 문제를 인간이 언젠가 모두 해결할 수 있다고 믿지 않는다. 이런 문제에 대한 접근은 치유 개념보다는 돌봄 개념을 적용하고, 산전 진단을 통한 낙태나 영아 살해, 안락사와 같은 유기가 아니라 입양, 장애 시설 확충, 호스피스와 같이 사랑으로 감싸며 하나님 나라의 완성에 소망을 두는 방향으로 이루어져야 한다.[6)]

4) 의학 연구 및 의료의 근거와 목표

환자를 치료하기 위한 의료나 의학 기술의 연구와 발전을 위한 노력의 근거는 하나님의 문화 명령에서 찾을 수 있다. 따라서 의료의 시행이나 의학 연구는 문화 명령의 범주 안에서 청지기적인 자세를 견지해야 한다. "모든 진리는 하나님의 진리이다"라는 명제를 남용하는 경우, 예를 들면 심리학에서 인간의 경향성과 당위성을 구별하지 않고 어떤 관찰된 사실을 진리로 인정하여 행동과학에 응용하는 것이나 이를 오용하는 경우, 즉 의학적 발견은 반드시 시행되어야 한다는 것과 같은 의료의 모습을 우리는 경계해야 한다. 새로운 연구 결과를 인체에 시술할 때는 이 시술이 시기적으로 윤리적·기술적으로 적절한지에 대해 판단할 수 있는 충분한 시간과 설득력 있는 논의가 진행된 후에 시행해야 하며, 이 논의에는 의료인뿐 아니라 각계의 전문가와 학자들이 참여하여야 한다. 결코 업적 지향적인 과학주의가 의료를 지배하도록 해서는 안 되며, 하나님께 영광이 될 것인지에 대해 깊이 묵상해야 한다.

한편 의료의 궁극적 목표는 하나님 나라의 완성에 있다. 이 땅에 궁극적 목표를 두지 않고 예수께서 세상에 오셔서 하나님 나라의 모습으로 보여주신 치유의 역사를 통해 완성될 하나님 나라에서 온전한 우리의 모습을 기대하는 것이 의료의 궁극적 소망이다.

5) 의료에서 자율성 존중의 원칙

의료에서 목표하는 개인의 자율성 존중의 원칙은 성경적 세계관이 허용하는 범위 안에서 장려, 존중 또는 제한될 수 있는 것이다. 개인의 권리나 자율성은 성경적 세계관이 허용하는 범위 안에서 존중되어야 한다. 이 자율성은 개인의 책임을 포함한다. 또한 환자의 자율성이 존중되는 만큼 의료인의 자율성도 존중되어야 한다. 예를 들어 낙태 시술을 거부할 자율성이 의사에게는 있다. 한편 현대의학의 난해성을 감안할 때 시술되는 의료에 대한 환자의 이해가 부족하여 판단력을 가지기에 충분하지 못한 경우가 있기 때문에 성경적 세계관을 가진 의료인의 자율성이 시술을 거부할 수도 있어야 한다.

6) 의료에서 선행 또는 악행 금지의 원칙

기독교 세계관적 의료에서의 선행이나 악행에 대한 판단기준도 세속적 현대의학의 기준과는 달라야 한다. 포스트모던 시대의 절대진리 실종은 의료에서의 선행이나 악행의 기준이 되던 생명을 돕는 일마저도 상대화하여 안락사나 장애를 가진 영아의 살해 등 생명을 죽이는 일도 미덕으로 여기고 있다. 의료에서 선행과 악행의 절대기준을 생명에 대한 성경의 절대원리로부터 벗어나지 않도록 해야 한다. 선행의 기준이 실용주의적 · 공리주의적이어서 중국이나 한국 등에서 인구 조절 정책으로 시행되는 낙태 시술처럼 생명을 해하는 악행을 공동의 선이라 부르는 일을 우리는 목도하고 있다.

7) 의료에서 정의의 원칙

비용대비효과(cost-benefit)에 대한 판단이나 형평성 문제도 의료분배 정의의 차원과 더불어 사랑의 나눔 차원에서 고려되어야 하고, 정책에 반영될 수 있도록 해야 한다. 정의 원칙의 적용은 매우 신중함을 요하는데 이 세상의 모든 불공정함과 마찬가지로 의료에서의 불공정함도 인간의 욕심, 즉 타락한 죄성에 의해 발생한 것이기 때문이다. 의료가 어떤 국가나 기득권층의 전유물이 되지 않도록 의료자원의 분배를 고려해야 하며, 연구비의 배정도 치우치지 않도록 공정성을 유지해야 한다. 의료자원의 부족에 대해서는 우선순위의 선정에 성경적 원리의 적용이 필요하다. 가령 정상 태아인데도 낙태되어 죽어가는 아이들은 외면한 채 유전자 이상이 있는 태아의 치료를 위해 수행되는 연구비의 배정은 공정한 것이라 할 수 없다. 더 나아가 이 분배의 정의는 국가를 초월하여 가난한 나라를 고려해야 한다.

8) 유전학적 결정론과 유물론적 환원주의에 대하여

인간은 자유의지를 가진 존재로 창조되었으며, 유전자가 인간의 모든 것을 결정하는 것은 아니다. 오늘날 분자생물학의 발달로 인간을 유전학적 결정론으로 환원하는 심각한 문제가 부각되고 있다. 일반적으로 인간의 어떤 행동이 단일유전자에 의해서 결정되지 않는다는 사실을 유추하기는 그리 어려운 일이 아니다. 인간 게놈이 완전히 밝혀지면서 인간 유전자와 동물의 그것과 큰 차이가 없고 인종간 차이는 더욱 없어서 99.9%의 유전자가 공통임이 알려져 연구자들을 실망시키고 있지만, 윤리적 특허권, 우생학적 차별의 부활, 기업과 과학의 결탁 등은 계속 진행되고 있다.[7] 인간복제나 배아세포를 이용한 실험 조작은 인간의 고귀함을 파괴하고, 하나님을 향하여 과학의 바벨탑을 쌓는 일이다. 인간의 고귀함은 다양성에 있으며 우생학적 목적으로 유전자를 조작하려는 어떤 시도도 용납될 수 없다. 정신과학 영역의 결정론적 의학은 인간의 영적 필요를 무시하여 구원의 문제에 심각한 장벽을 만들 수 있다.

3. 거듭난 의료

이렇게 의료에 성경적 세계관이 도입되면 의료의 패러다임 전환이 일어나게 된다. 인간을 육체와 더불어 영혼으로 구성된 존재로 보는 성경적 인간관은 유물론적 인본주의의 의술이 인간을 단지 육체로만 이해하여 초래한 인간의 비인격화를 극복할 수 있다. 한편 그리스 철학의 이원론적 영향으로 흔히 인간의 육체와 영혼 중 영혼에 더 중요한 비중을 두는 기독교인들이 많이 있으나, 성경은 인간의 몸을 "교회"(고전 12:12, 롬 4:4, 5, 엡 4:15-16)나 "성령이 거하시는 전"(고전 6: 19)으로 비유하기도 한다. 반대로 오늘날 의료인들은 유물론적 인본주의의 인간관에 잘 훈련되어 있어서 현대의학의 기술과 정교함 속에서 기독의사들마저 불멸의 영혼에 대한 관심에 비해 유한한 존재인 육체에만 너무 관심을 두고 있다. 따라서 의료가 전인을 다루기 위해서는 그 전제로서 성경의 균형 있는 인간관은 필수이다.

질병을 바라보는 관점에 영적인 요소를 포함시키면 질병 극복의 접근에 여러 가지 새로운 시야가 열린다. 앞에서 살펴본 아사 왕의 경우 그가 의지한 의사가 하나님을 아는 사람이었고, 그 의사가 아사 왕에게 왕의 문제의 핵심이 육체적 질병, 즉 의료적인 문제가 아니라 영적인 문제이며, 하나님 앞에서 불신앙 때문임을 지적해 주었다면 그 다음 전개될 역사가 달라지지는 않았을까? 아사 왕은 이방 세력에 의지한 그의 죄를 회개하고 영적으로 회복되어 병이 치료되었을지도 모른다. 여기에 의료인이 중립적이 아니라 철저히 종교적이어야 할 이유가 있는 것이다. 아사왕에 대한 이런 해석은 오늘날의 의료 상황에도 적용할 수 있다. 예를 들어보자. 오늘날 세계적으로 에이즈만큼 의료에서 심각한 문제는 없어 보인다. 내가 나이지리아에서 일할 당시 아프리카 대륙에는 부모를 AIDS로 잃고 고아가 된 15세 미만의 아이들이 1,200만 명이나 되었다. 이들에게는 성경의 가치관과 가정의 의미 그리고 부도덕한 성생활의 중단이 궁극적으로 에이즈를 퇴치하는 데 필요한 것이며, 이것이 콘돔보다 먼저 필요한 것이 아닌가? 서구 사회에서도 마찬가지여서 AIDS 환자에게 병의 원인이 의학적인 것이라기보다 동성애나 마약 주사와 관련된 도덕적인 문제이며 영적인 문제라고 지적해 주어야 하지 않겠는가? 비록 AIDS를 완치할 수 있는 약이 개발되지 못해서 죽는다 할지라도 그들을 영원한 죽음으로부터 구원받을 수 있도록 해야 할 책임은 없는가? AIDS를 완치할 수 있는 치료약을 개발한다 하더라도 현재처럼 고가로 공급할 때 얼마나 많은 수의 환자가 치료를 받을 수 있을지에 대해서는 상당히 회의적이다. 또 치료받지 못한 환자는 자신이 도덕적·영적 문제로 죽어가는 것이 아니라 돈이 없기 때문이라고 생각하게 되어 영적인 문제는 방치한 채 죽어가게 될 것이다. 우리가 AIDS 치료제 개발에 쓰는 비용의 일부를 도덕적·영적 각성을 위해 사용한다면 인류에게 돌아오는 AIDS로부터 부담도 훨씬 줄어들지 않겠는가?[8)]

페인이 기독교인은 자신을 진료할 의사를 택할 때 반드시 신실한 기독교인 의사를 선택해야 한다고 했는데, 이 말은 어떤 질병에 영적·정신적·심리적 원인이 더 큰 비중을 차지하는 질환에서만 그렇다는 말은 아니지만, 특히 영적이고 심리적인 문제가 복합되어 있을 때는 더욱 그렇다.[9] 의료선교사인 헤일(Thomas Hale)이 지적한 것처럼 기독교인을 대상으로 하는 심리검사에서도 세속적인 심리검사 방법을 쓰는 것은 옳지 않다.[10] 왜냐하면 자기부정을 가르치는 기독교 정신을 따르는 기독교인이 자기긍정 및 성취(affirm self, self-fulfillment)를 지향하는 세속적 인본주의 정신을 기반으로 하는 심리검사를 받는다면 그 결과는 전혀 반대로 유도될 수 있기 때문이다. 프로이트의 심리학이 자기희생을 통한 사랑의 행위를 일종의 투사(projection)나 2차 이득(secondary gain)을 위한 것으로만 이해한다든지, 니체처럼 기독교를 약자의 논리라고 이해하고 도킨스(R. Dawkins)가 말하는 이기적 유전자를 정당화해 주는 인본주의적 철학 사조는 성경적인 인간관과 비교하면 출발점부터 전혀 다른 전제를 가지고 있는 것이다. 바울은 이에 대해 "육에 속한 사람은 하나님의 성령의 일들을 받지 아니하나니 이는 그것들이 그에게는 어리석게 보임이요, 또 그는 그것들을 알 수도 없나니 그러한 일은 영적으로 분별되기 때문이라"(고전 2:14)고 말하고 있다.

오늘날 흔한 병 중 하나인 우울증의 경우도 죄의 문제와 연관된 경우가 많은데, 죄의 문제를 해결하신 예수와 대면하게 하여 구원의 길을 갈 수 있도록 하고, 정신적 질병을 극복할 수 있도록 안내하는 기독교인 의사가 필요하다. 기독교는 정신과적 또는 심리적 치료에서 보조다리로 필요한 목발이 아니다. 흔히 인본주의적 정신과학에서 죄의 문제를 회피하게 하거나 다른 방향으로 투사시켜 해결하려는 접근은 영적인 문제를 그대로 안고 있을 수밖에 없다. 이것이 정신약물학에만 의존하는 정신과의사들이 해결하지 못하는 문제를 말씀과 교제와 용서를 통해 내적 치유를 이루어내기도 하는 이유일 것이다. 흔히 정신과학은 병도 치료하지 못할 뿐 아니라 치료 방법이 기독교적 구원의 접근을 막아버리는 역할을 하기도 한다. 따라서 기독교적 인간관을 통한 정신과학의 패러다임 전환은 의료적인 문제일 뿐 아니라 예수께서 세상에서 치유 사역을 하셨을 때처럼 구원의 문제와 연관된 대단히 중요한 일이다.

마찬가지로 성경적 의료는 예방적 접근에서도 정신적 · 도덕적 요소를 배제하지 않는다. 너무 많은 질병들이 삶의 방식과 연관된 것들이기 때문이다. 예를 들면 흡연은 폐를 비롯한 각종 암의 주범이며, 난잡한 성생활은 AIDS나 각종 성병뿐 아니라 여러 가지 바이러스성 질환을 매개하며 이 때문에 인유두종 바이러스(human papilloma virus)에 의해 발생하는 자궁경부암을 최근 들어 성병이라고 부르게까지 되었다. 음주는 교통사고뿐 아니라 노인의 폐렴이나 우울증과 같은 정신질환과도 관계가 깊다. 건전한 교제와 용서를 베푸는 생활태도는 정신과적 문제뿐 아니라 소화성 궤양이나 고혈압, 뇌졸중 등을 예방하는 데 중요한 역할을 한다. 이와 같이 질병의 예방에도 기독교적인 건전한 생활방식은 필수적인 것이다. 예수께서는 "내가 비옵는 것은 그들을 세상에서 데려가시기를 위함이 아니요 다만 악에 빠지지 않게 보전하시기를 위함이니이다"(요 17:15)라고 기도하셨다. 이 기도에서 악에 빠진 결과를 예방하시려는 예수님의 의도는 현대의학이 발견한 사실들을 통해 악에 빠지지 않는 생활방식을 통한 질병의 예방이라는 의료적 적용도 가능함을 시사하고 있다.

의료를 바라보는 시각도 달라진다. 생의학 모델의 의료가 의료를 지나치게 개인화하여 의료의 거시적인 측면을 놓치고 있음을 인식하도록 시각를 넓혀줄 수 있다. 반면에 자칫 개인의 가치를 무시할 수 있는 사회주의적 의료의 문제점을 객관적으로 바라볼 수 있게 해주기도 한다. 연구와 예방과 치료를 포함하는 의료 자원의 균형 있는 재분배에 대해서도 안목을 가지게 된다.

의료의 패러다임 전환은 윤리적인 관점도 바꾸어 놓는다. 인간을 균형 있게 바라보고 인간 생명의 신성함과 고귀함의 근원을 알 수 있게 하기 때문이다. 인간의 구성 요소에서 영혼의 문제를 배제하면 여러 가지 의료윤리 문제에서 절대가치인 생명을 너무 가볍게 다룰 수 있다. 낙태 문제나 뇌사, 안락사 문제 등은 실용주의적이고 상대주의적 인간관이 의료의 세계관으로 자리 잡을 때 살인을 시술하고도 그것을 '건전한 의료'라고 미화하는 예들일 뿐이다.

낙태는 입양으로, 안락사는 호스피스로, 뇌사는 자발적 장기 기증으로 대안을 세우려는 안목들은 기독교적 세계관에 근거한 의료가 가야 할 길이라 할 수 있다. 뇌사를 합법화함으로써 필요한 장기를 결코 다 충당할 수도 없고, 복제나 키메라를 통해 필요한 장기를 생산하여 인간의 장기를 대체한다고 해도 인간은 영원히 살도록 창조된 존재가 아니다.

따라서 인간이 불멸하는 존재가 아니라는 너무 단순하고 확실한 사실을 인정하는 겸허함이 오늘날 의료가 거듭나는 데 필요한 전제가 된다. 이 전제는 의료인들이 불임부부에게 아이를 만들어 주지 못할 수도 있음을 인정하는 것이다. 절대적으로 부양이 필요한 노인에게 독립할 수 있는 신체적 능력을 회복시켜 줄 수 없을지도 모른다는 사실을 받아들이는 것이다. 종말 환자에게 고통 없는 죽음을 제공하지 못할 수도 있다는 사실을 인정하는 것일 수 있다. 그러나 이 전제는 우리가 예배해야 할 궁극적 세력이 부정적이고 파괴적인 사탄의 세력이 아니며 이 세력을 정복하시는 예수 그리스도가 진리임을 확신하는 믿음을 요구한다. 의료인은 돌보는 자이지 구원자는 아니다.[11] 우리는 건강에 대한 인간의 책임을 지나치게 강조한 나머지 우리 스스로가 치유자가 되고 우리 스스로가 질병과 건강에 대한 개념 설정에 오류를 범하고 있지는 않은지

살펴볼 일이다.[12)]

의료의 패러다임 전환은 영원과 절대권위를 잃어버림으로써 도덕이 붕괴되고 책임감이 상실되고 사랑이 사라져 버린 오늘날의 다원주의, 포스트모더니즘 사회에서 절대권위와 원론이 되는 절대가치를 인정하는 데서부터 시작된다. 즉, 하나님의 형상으로 창조된 인간 생명의 존엄성과 절대가치를 회복하고 지키는 데서부터 시작되어야 한다.

12장

결론: 의사여, 너를 고쳐라!

우리 의사들의 직업은 목사와 같은 성직이다. 그런 의미에서 나는 교회가 목사를 임명하는 것과 똑같이 의사도 임명했으면 하는 바람을 가지고 있다. 이것은 하나님의 말씀과도 일치한다. 우리가 온 마음과 영혼을 다해 우리의 직업에 몸을 바치는 것도 바로 이 신념 때문이다.
– 폴 투르니에

"의사야 너 자신을 고치라."
– 누가복음 4장 23절

"너희가 어느 때까지 둘 사이에서 머뭇머뭇하려느냐 여호와가 만일 하나님이면 그를 따르고 바알이 만일 하나님이면 그를 따를지니라."
– 열왕기상 18장 21절

1. 의료에서 청지기 정신과 섬김의 정신

인간 삶의 모든 영역은 하나님과 인간의 관계라는 수직적 차원과 인간과 인간의 관계라는 수평적 차원이 불가분하게 조화되어 있다. 의료 영역에서 하나님 나라는 이 두 차원이 조화롭게 최대한 융합됨으로써 확장될 수 있다. 따라서 의료는 하나님과의 관계에서 우리의 주인 되시는 하나님을 섬기는 청지기 정신(stewardship)을 드러내야 하고, 인간과의 관계에서 하나님의 형상을 지닌 동료 인간을 섬기는 자(servantship)의 모습을 드러내야 한다.

월터(James J. Walter)는 "인간이 하나님의 형상을 따라 창조되었다는 말 속에 청지기 정신과 창조동반자정신(cocreatorship)이 내포되어 있다"고 말한 바 있다.[1] 즉, 인간은 하나님 노릇(playing God)을 하는 존재가 아니라는 것이다. 그러나 하나님을 섬기지 않는 자들도 하나님 대신에 피조물, 즉 스스로를 섬기거나 누군가를 또는 무엇인가를 섬기게 되는데, 그 이유를 바울은 하나님이 하나님을 알 만한 것을 이미 저희 속에 보이셨기 때문이라고 한다(롬 1:19). 바울은 "하나님을 알되 하나님으로 영화롭게도 아니하며 감사치도 아니하고 오히려 그 생각이 허망하여지며 미련한 마음이 어두워졌나니 스스로 지혜 있다 하나 우준하게 되어 썩어지지 아니하는 하나님의 영광을 썩어질 사람과 금수와 버러지 형상의 우상으로 바꾸었느니라"(롬 1:21-23)고 하여 인간이 지혜 있는 것 같지만 우상을 섬기는 우준함을 보인다고 했다.

월드 비전의 존 스튜어드(John Steward)는 창조 당시 하나님의 주권이 편만하게 지배하던 에덴동산의 모습과 타락 이후에 소유권과 청지기 정신이 사라진 세상을 대비시켜 다음 그림으로 요약한 바 있다. 의료의 역할을 고려할 때 인간과 하나님과의 관계에서 교제의 자리에 섬김의 정신을 넣으면 의료인에게는 더 적절할 것이다. 의료도 제자리를 찾아 청지기로서 섬기는 자로 이해되고 행해져야 할 것이다.

의료인이 이것을 바로 이해하지 못하면 청지기 정신이나 창조동반자로서 의학을 인도하지 못하고, 현대인들의 "바벨탑 무의식"과 "에덴 무의식"이 현대의학을 주도하게 될 것이다.[2] 즉, 하나님을 부인하면서도 낙원으로 돌아가고자 하는 에덴 무의식을 가진 인간의 종교적 귀향 의식

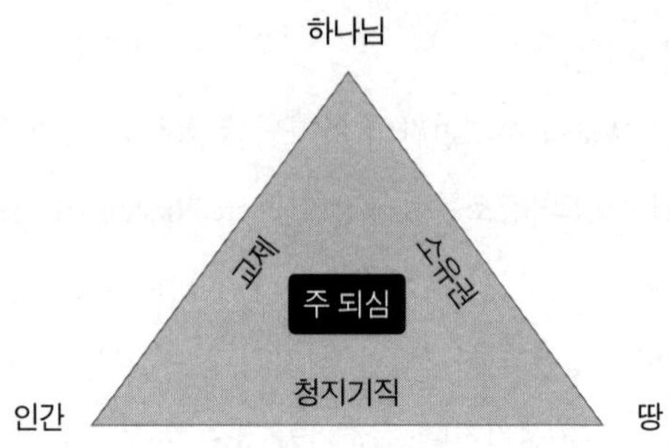

을 충족시키기 위해 의학도 인간 스스로 유토피아를 건설하려는 끊임없는 노력에 적극 앞장서 왔고 또 앞으로도 그럴 것이라는 말이다. 또한 이것이 의학을 포함한 과학기술의 능력으로 가능할 것이라 믿게 되었는데, 이것은 한편으로 바벨탑 무의식이기도 하다. 바벨탑 무의식은 인간 스스로 신이 되려는 인간 숭배 의식이며, 하나님께 도전하기 위해 하늘에 닿도록 성과 대를 쌓아 인간의 이름을 내고 하나님의 영광을 가로채려는 의식(창 11:4)이다. 이 바벨탑 무의식은 창세기 3장 5절에서 사탄이 인간을 유혹할 때 하나님같이 되리라는 거짓말에 넘어가는 인간의 모습에서도 이미 나타나 있다. 인간이 하나님과 같이 되려는 노력은 오늘날의 의학에서도 나타나고 있다.

이런 세계관의 산물인 생의학 모델의 의료가 오늘날 의료의 원칙에 충실하지 않은 모습을 의료윤리의 세 가지 원칙에 근거하여 확인해 보았고, 의료의 원칙으로부터 이탈한 이유를 여러 가지 '주의'로 나누어 고찰해 보았지만, 궁극적으로는 의료의 대상이 되는 인간에 대한 관점을 하나님을 배제한 세계관에 근거하여 세웠기 때문이다. 따라서 의료가 하나님을 섬기고 하나님의 피조물 중 가장 귀한 가치로 그의 형상을 따라 창조된 인간의 생명을 위해 봉사하며 의료의 원칙들에 진정으로 충실한 도구가 되려면, 우상으로 섬기던 '주의'들을 버리고 현대 첨단 의료를 지배하고 있는 유물론적 인본주의 세계관을 성경적 세계관으로 전환하는 결단이 필요하다. 이 결단은 의학에 거는 잘못된 기대가 만들어 내는 허상의 의료 수요를 없애고 의료의 방향성에 대한 감시를 하기 위해서 의료인에게뿐 아니라 비의료인에게도 마찬가지로 필요한 것이라 할 수 있다.

의료 영역에서 우리의 종말론적 세계관은 에덴 무의식과 같은 희미한 동인으로 바벨탑 무의식의 힘을 빌려 이룩하는 유토피아를 소망하는 것이 아니다. 의료 영역에서 우리의 종말론적 세계관은 치유 사역을 통해 하나님 나라의 모습을 보여주신 예수님의 본을 따르는 것이다(마 12:28, 눅 9:11). 즉, 의료 영역에서 치유 사역을 통해 하나님의 뜻에 순종하는 청지기 정신의 본을 보여주셨으며, 하나님의 형상인 인간을 섬기는 자의 모범을 보여주신 예수를 따르는 것이다. 이것이 "하나님을 사랑하고 네 이웃을 사랑하는 것보다 더 큰 계명이 없다"(막 12:28-31)고 하신 예수의 말씀을 의료 영역에서 따르는 길이다. 이 일은 우리의 힘만으로 이루어 갈 수 있는 것이 아니다. 성령님의 인도하심 없이는 불가능하다.

우리의 소망은 의료 영역에서도 섬김의 도를 통해 확장되어 가는 하나님 나라를 바라는 것이며, 궁극적으로 도래할 하나님 나라의 완성에 있다. 이것은 변함없으신 하나님의 은혜에 근거한 것이지 과학기술이나 첨단의학에 의존하여 이루어지는 것이 아니다. 이것이 의료윤리뿐 아니라 의료 자체가 성경적이 될 수 있는 이유이다. 인간의 유전자를 조작하고 복제할 수 있어도 하나님은 조작할 수 없기 때문이다.[3]

2. 남용되는 윤리적인 것의 목적론적 정지: 의사여, 너를 고쳐라!

원래 '윤리적인 것의 목적론적 정지'(teleological suspension of the ethical)라는 예외적 명제는 키에르케고르(S. A. Kierkegaard)가 고뇌에 고뇌를 거듭한 끝에 내어놓은 것이다.[4] 그는 하나님에 대한 절대복종의 신앙을 보이기 위해 자식 이삭을 죽여서 재물로 바치는 아브라함의 비인륜적 행위가 가능한지에 대해 전율적인 고뇌를 한 결과 신앙, 하나님, 즉 절대가치, 절대목적을 위해서라면 윤리적인 것이 잠시 정지할 수 있다는, 합리를 뛰어넘는 신앙적 고백을 했던 것이다. 그의 명제에서 목적이 잘못된 대상이라면, 즉 하나님이 아니라 몰렉이었다면, 그래서 부와 명예와 쾌락을 위해 아들 이삭을 희생제물로 바쳤다면 그래도 아브라함이 오늘날 신앙의 조상으로 남아 있을 수 있을까?

그러나 불행히도 너무 많은 현대인들이 몰렉에게 자녀를 희생제물로 바치고 있음을 본다. 고뇌의 산물인 이 명제가 의술에 의해 함부로 적용되고 남발되는 현실에 우리는 살고 있는 것이다. 윤리적인 것(목적 가치인 생명)이 목적(수단 가치인 부, 쾌락, 명예, 편리함 그리고 기술 등과 같은 우상)을 위해 정지되는 어처구니없는 일들이 건전한 의료라는 이름으로 편만해 있는 세상이 된 것이다.

더 이상 의학(의술)은 가치중립적이지 않다. 의술은 이제 스스로 가치와 세계관과 종교성을 지니고 있어서 어떤 의술을 사용할 것인지 사용하지 말 것인지에 대한 선택은 종교적 선택만큼이나 신중해야 하는 것이다. 그렇게 함으로써 의료에서 사용하는 의술은 철저하게 성경적 인간관과 세계관을 표현할 수 있어야 한다. 위젤(Ellie Wiesel)이 나치 수용소에서 만난 의사들을 회고하며 말한 것이 바로 그것이다.

"의사들은 자신이 인지하고 있든 그렇지 않든 의사로서 어떤 삶을 살아야 하는지에 대한 선택을 피할 수 없다. 즉, 인간의 고통을 만들어 내는 의사들과 인간의 고통에 맞서 투쟁한 의사들로 나눠진다. 우리가 가지고 있는 이 의술은 그의 말처럼 이 두 가지 측면을 동시에 가진 양날의 칼이다."[5)]

위젤의 나치 경험에서 나온 이 말은 다른 기득권자의 생명을 위해 무력한 생명을 희생시키는 첨단의 의학 연구와 의술을 손에 들 것인지 들지 않을 것인지의 선택에서 오늘날의 의료인들에게도 똑같이 적용되어야 할 것이다.

의료인이 날마다 만나는 환자는 하나님의 형상이며 전인적 존재로서 육체를 가진 존재일 뿐 아니라 영적인 존재이기도 하다. 따라서 의료인은 환자들을 전인으로 볼 수 있어야 하며, 유물론적 인본주의에 뿌리를 둔 의술에서처럼 영적인 부분을 무시해서는 안 된다. 그런 의미에서 다음과 같은 투르니에의 말은 권리로서가 아니라 소명으로서 기독의료인의 직무에 대한 의미를 함축적으로 표현하고 있다.

"의사들의 직업은 목사와 같은 성직이다. 그런 의미에서 나는 교회가 목사를 임명하는 것과 똑같이 의사도 임명했으면 하는 바람을 가지고 있다. 이것은 하나님의 말씀과도 일치한다. 우리가 온 마음과 영혼을 다해 우리의 직업에 몸을 바치는 것도 바로 이 신념 때문이다."[6)]

머거리지(Malcom Muggeridge)는 인간 자신이 신의 자리에 앉든지 하나님의 뜻을 따르든지 하는 두 갈래의 세계관적·종교적 결단이 필연적으로 우리의 앞날을 결정한다는 사실에 대해 다음과 같이 말했다.

> "서양의 생활양식은 갈림길에 접어들었다. 영생을 위한 시간의 승계 노력은 돌이킬 수 없는 결정이 내려져야만 하는 시점에 이르게 되었다. 우리는 인간보다 더 높은 어떤 존재에 대한 언급을 하지도 않은 채 우리 자신의 운명을 만들어 나가는 과정을 계속할 수 있다. … 몇 명의 아이를 낳아야 하고, 그 시기는 언제이며, 어떤 품종이며, 어떤 생명이 유지되어야 할 가치가 있으며, 어떤 생명이 밀려나야 하는가? 어떤 사람들로부터 장기—신장, 심장, 생식기, 뇌까지도—를 취하여 어떤 사람들에게 배분해 주어야 하는지를 우리 자신이 결정하는 것이다. … 아니면 우리 자신의 목적을 추구하는 대신 우리의 창조자의 목적을 이해하고 거기에 몰입할 수도 있다. 주님이 가르치고 문명이 우리에게 가르쳐 준 진정으로 겸허한 기도 속으로, 당신의 뜻이 이루어지이다. … 우리는 에너지 위기, 인플레이션, 전쟁, 혁명과 반란들 속에서 살아남을 수 있다. 과거에도 우리가 살아남았던 것처럼. 하지만 우리가 죽을 수밖에 없는 존재라는 기본적인 사실의 한계를 넘어서려고 한다면, 그리하여 우리 자신이 신이 되고 우리 자신이 우주가 된다면 그때 우리는 진정으로 이 땅에서 멸망하게 될 것이다."[7]

그의 말대로 우리는 결단해야 할 시점에 와 있다. 의술의 바벨탑을 쌓음으로써 멸망의 길로 가는 우를 범하지 않으려면, 오늘날의 의술의 방향성과 목표를 수정하려 한다면 우리에게 결단이 필요한 것이다. 현대의술의 변화 속도로 보아 우리에게 결단을 위한 시간이 그리 많이 주어진 것 같아 보이지 않는다. 더구나 우리의 결단 앞에는 '광명의 천사로 가장한 사탄'(고후 11:4)의 세력과 '사람의 유전과 초등학문'(골 2:8)이 우리의 눈을 가리고 있다. 한편으로는 사욕을 좇아 진리를 버리고 허탄한 이야기를 따르는 무리들(딤후 4:1-4)이 우리의 판단을 흐리게 하고 있다. 그래서 우리의 결단에는 성령의 인도하심이 필요하다.

우리의 결단은 의술의 영역도 인간이나 다른 우상들의 것이 아닌 하나님의 것임을 인정하는 패러다임 전환이다. 우리의 결단은 '하나님 노릇'을 하는 데서 '하나님을 섬기는' 제 위치를 찾는 패러다임 전환이다. 우리의 결단은 의술의 바빌론 유수로부터 탈출하여 시온(시 137편)을 향하고자 하는 패러다임 전환이다.[8] 우리의 결단은 의료의 영역에서 이미 도래했으나 아직 완성되지 않은(already-not yet) 하나님 나라를 고대하는 종말론적 패러다임으로의 전환이다.

예수께서 인용하셨던 "의사여, 너를 고쳐라!"(눅 4:23)는 속담은 오늘날의 첨단의술에 어떤 메시지로 다가올 수 있을까? 남의 병을 고친다는 의료인들이 스스로는 걸린 줄도 모르고 앓고 있는 영원히 죽음에 이르는 병, 세속적 인본주의에 근거한 의술지상주의를 고치기 위해 패러다임 전환을 요구하는 경고로서 오늘날의 의료 사회에서도 그 의미를 찾을 수 있지 않겠는가?

서론

1) C. S. Lewis, *Abolition of Man*; 한균 옮김, 『가슴없는 사람들』 (서울: 생명의 말씀사, 1983), p. 72.
2) Charles W. Colson and Nigel M. de. S. Cameron, *Human Digmity in the Biotech Century* (Downers Grove: Infer Varsity Press).
3) 맬더스(T. R. Malthus)가 『인구론』(1798년)에서 말한 인구와 식량의 관계에 관한 학설로, 인구는 기하급수적으로 증가하는 데 비해 식량은 산술급수적인 증가에 그치기 때문에 결국 식량부족을 초래하게 된다는 것이다. 이것이 사회악이나 빈곤의 원인이며 빈곤은 이러한 자연적 조건에 의한 것이지 사회제도에 의한 것이 아니라고 본다. 오늘날 전 세계적으로 벌어지고 있는 가족계획운동이나 산아제한운동은 맬더스 이론에 근거를 두고 있다고 할 수 있다.
4) Gilbert Meilaender, *Bioethics: A Primer for Christans* (Grand Rapids: Eerdmans Publishing Company) p. 90.
5) J. Robert Nelson, *On the New Frontiers of Genetics and Religion* (Grand Rapids: Eerdmans Publishing Company, 1994) p. 71.
6) 'Genetics Engineering; A Modern Tower of Bable', *Christianity Today* (Feb. 7, 1986).

1장

1) David John Seel, *Challenge and Crisis in Missionary Medicine* (Pasadena: William Carey Library, 1979), viii; 김민철 옮김, 『상처 받은 세상, 상처 받은 치유자들』 (서울: IVP, 1998).
2) 다음 두 책을 참조하면, 역사적으로 미국에서 기독교적 영향이 공식적으로 사라지기 시작한 것은 1776년 미국의 헌법과 권리장전이 토마스 제퍼슨에 의해 기초되고 정치와 종교가 분리되면서부터라고 할 수 있다. 교회사적으로는 그 이전에 조나단 에드워즈

(1703–1758년)에 의해 일어난 대각성운동의 열기가 식기 시작하고 에너지가 다른 쪽으로 흐르는 계기가 되었다. 즉, 인본주의자들은 정치와 종교의 분리를 교묘하게 이용하여 미국 사회로부터 기독교적 세계관을 배제시켜 나갔는데 성경을 인본주의의 틀에 맞추어 편집한 토마스 제퍼슨은 미국의 세속화에 상당한 역할을 담당하였다. David Watson, *I believe in the Church* (London, Hodder & Stoughton, 1999), p. 32; 제레미 잭슨, 김재영 옮김, 『현대인을 위한 교회사』 (서울: IVP, 1998), p. 57.

3) Franklin E. Payne, Jr., *Biblical Healing for Modern Medicine* (Augusta: Covenant Books, 1993), p. 13. 『의료의 성경적 접근』 (서울: 한국누가회 출판부)이라는 제목으로 출판되었다. 저자는 조지아 의대의 가정의학과 교수이며, 특히 의료윤리, 성경적 카운셀링 등에 관한 저술과 활동을 하고 있다. 아브라함 카이퍼 연구협회 회원으로 세계관 연구에도 기여하고 있다.

"오늘날 에이즈는 누구에게나 두려움의 대상이 되고 있다. 미국의 부모들은 자녀를 학교에 보내지 않고 가정에서 교육하려 하며, 치과의사들은 마스크와 장갑을 강박적으로 사용해야만 한다. 이런 상황에서 보건행정가들은 에이즈를 콘돔과 안전한 섹스로 막을 수 있다고 안심시키려 하는 반면, 근본주의자들은 에이즈가 하나님의 진노라고 외치고 있다. 과연 에이즈는 도덕적 문제가 아니라 의학적 문제인가? 에이즈에 감염된 사람의 90% 이상이 동성연애나 마약중독자에 속하는 사람들인데도 우리는 도덕적 판단을 해서는 안 되는 것인가? 우리의 책임은 안전한 섹스를 가르치고, 마약 사용자에게는 무료로 소독된 주사기를 제공해 주면 되는 것인가? 낙태 시술 병원의 쓰레기통에서 주운 태아의 시체를 인형처럼 가지고 노는 어린이가 있었던 사실과 낙태 시술 병원에 폭발물이 터지고 항의 시위가 벌어지며 정치가들은 과거 노예 문제 때처럼 낙태 문제가 이 나라를 둘로 분열시킬 것인지에 대해 토론한다. 낙태시술 의사가 살해되고 양쪽의 시위자들은 거칠어지고 있다. 미국의사협회가 대법원에 제출한 공식 문서에서 낙태를 '건전한 의료 행위' (sound medical practice)라고 한 것처럼 과연 그런가? 레이건 대통령을 젊은 청년이 저격한 충격적인 뉴스가 전해졌었지만 그 배후에 그럴 만한 정치적 이유를 가진 정적이 있었던 것이 아니다. 한 청년이 이 일을 저지름으로써 자신이 우상처럼 여기는 영화배우의 관심을 끌어보려 했던 것이다. 그는 과연 범죄를 한 것인가? 아니다! 그는 단지 병을 앓고 있을 뿐이다. 병원에 입원시키면 그만인 것이다. 정신적인 이상이 있는 사람은 도덕적으로 자신의 행위에 책임을 지지 않아도 되는 것인가? 문제는 그들의 신체를 구성하는 어떤 화학물질에 이상이 생겼기 때문이거나 다른 사람들(특히 그를 양육한 그의 부모들에게)에게 잘못이 있는 것인가?"

4) Francis A Schaeffer, *How should we then live? The rise and decline of Western Thought and Culture* (Old Tappan: Fleming H. Revell Company, 1976), p. 19.

5) James K. Hoffmeier ed., *Abortion: A Christian Understanding and Response* (Grand Rapids: Baker Book House, 1987), p. 74.

6) *Time* (Feb. 19, 2001).

7) 캐나다의 밴버에 위치한 트리니티 웨스턴 대학교는 복음주의 세계관을 견지하고 있는 견실한 대학이다. 그러나 이 대학의 사범대학 출신들이 '동성애는 비정상적' 이라는 편견을 가지고 있다는 이유로 브리티시 컬럼비아 주의 교원 연합은 교사 자격을 얻기 위한 인턴 과정을 이 대학에서 받을 수 없도록 제재를 가했다. 오랜 법적 공방 끝에 2001년 5월에 대법원에서 최종적으로 대학 측이 승소하였다. 이는 캐나다에서의 종교의 자유와 관련하여 상징적으로 중요한 의미가 있는 대법원의 판결이다. 판결의 논지는 어떤 사안에 대해 누구나 견해를 가질 수 있지만 이 대학이 그것으로 차별을 하도록 가르치지는 않았다는 것이다. 사실 오히려 이 대학 출신들은 동성애자나 에이즈 환자들을 위한 봉사를 더 활발하게 하고 있다.

8) C. Everett Koop, F. A. Schaeffer, *Whatever Happened To the Human Race?* (Westchester: Crossway Books, 1983), p. 62.

9) Ibid, p. 60에서 재인용; Joseph Fletcher, 'Ethics and Euthanasia,' *American Journal of Nursing*, 73:670 (1973).

10) Joseph Fletcher, *Situation Ethics: The New Morality* (Philadelphia: Westminster Press, 1966), chapter 1. 상황윤리학자인 그는 이 책의 첫 장에서 여기 인용한 두 가지 예를 들고 있다. 1장에서 다분히 율법적인 청교도 윤리에 대한 반감을 표현하고 있으며, 납득이 갈 만한 보편적인 예를 들지 않음으로써 모든 것을 상황으로 풀려는 저자의 의도를 무리하게 전개하고 있다.

11) 1973년에 미국에서 대법원 판결로 낙태를 합법화한 '로 대 웨이드(Roe vs Wade) 사건' 은 제인 로(Jane Roe)로 알려져 있던 당사자 노마 맥코비(Noma McCorvey)의 변론을 맡은 여권운동가인 변호사가 자신의 목적을 위해 이용했던 일은 잘 알려진 사실이다. 이 재판 과정을 통해 로 본인의 진술은 한 번도 이루어지지 않았을 뿐 아니라 본인의 뜻이 반영되지도 않았던 것이다. 그 후 기독교로 회심한 노마 맥코비는 적극적인 생명옹호주의(pro-life) 입장에 서 있다. 그녀는 당시의 판결이 자신의 의사가 반영되지 않은 상태에서 잘못 판결됨으로써 아이들과 여성의 생명을 위태롭게 한다고 주장하며 재심 청구를 한 바 있다. *Christianity Today* (Sept. 11, 1995), 39: 10, p. 70에 세례 받는 기사가 사진

과 함께 소개되어 있다.

12) Gilbert Meilaender, *Bioethics: A Primer for Christians* (Grand Rapids: Eerdmans Publishing Company, 1996), pp. 95–103.

13) 의료윤리는 응용규범윤리학(applied normative ethics)에 속한다(구영모의 『생명의료윤리』에 나오는 윤리학 분류표를 변형함).

<table>
<tr><th></th><th colspan="2">도덕에 관한 철학적 탐구</th><th>도덕에 관한 과학적 탐구</th></tr>
<tr><td>명칭</td><td colspan="2">규범(normative) 윤리학</td><td>기술(descriptive) 윤리학</td></tr>
<tr><td>규제</td><td>이론규범윤리학: 도덕적 의무에 대한 이론적 정당화를 통해 도덕적으로 옳고 그른 것에 대한 하나의 이론을 확립시키는 것</td><td>응용규범윤리학: 특정한 도덕적 문제를 해결하는 것</td><td>현존하는 도덕관들을 기술하고 그것들이 어떻게 생겨났는지를 설명</td></tr>
<tr><td rowspan="4">예</td><td>행위 공리주의
(act utilitarianism)</td><td rowspan="4">임신중절이 도덕적으로 정당화되는가? 된다면 어떤 조건하에서 가능한가?</td><td rowspan="4">한국에서 성 선별적 낙태가 가능할 수 있는 배경은 무엇인가?</td></tr>
<tr><td>규칙 공리주의
(rule utilitarianism)</td></tr>
<tr><td>칸트의 의무론
(Kantian deontology)</td></tr>
<tr><td>로스의 조건부 의무론</td></tr>
</table>

14) Tom L. Beauchamp, 'LeRoy Walters', *Contemporary Issues In Bioethics*(Belmont: Wadsworth Publishing Company, 1989), p. 2.

15) John M. Frame, *Medical Ethics: Principles, Person, and Problems* (New Jersey: Presbyterian and Reformed Publishing Co., 1988), pp. 3–4.

16) 우리의 사랑이 **지식**과 **깊은 통찰력**으로 점점 풍성하여 여러분이 **최선의 것**을 **분별**하고 그리스도께서 오시는 날까지 **순결**하고 **흠 없이** 살며 예수 그리스도를 통해 맺는 **의의 열매**가 가득하여 하나님의 영광과 찬송이 되기를 기도합니다(빌 1:9–11, 현대인의 성경).

17) F. Harron, M. Burnside, and T. Beacham, *Health and Human Value* (New Haven: New Yale University Press, 1984).

18) Gilbert Meilaender, *Bioethics: A Primer for Christians*, p. 20.

2장

1) John Peppin, 'Physician Values and Value Neutrality,' in *Bioethics and the Future of Medicine*, ed. John F. Kilner et al. (Grand Rapids: Eerdmans Publishing Company, 1995), p. 45.

2) *The Zondervan Pictorial Encyclopedia of the Bible*, ed. Merryl C. Tenney (Grand Rapids Michigan: Zondervan Publishing House, 1975), s.v. 'Physician.'

3) Laurence I. Conrad, Michael Neve, Vivian Nutton, Roy Porter, Andrew Wear, *The Western Medical Tradition* (Cambridge: Cambridge University Press, 1995), p. 37.

4) John Scaborough, *Roman Medicine* 38(London and Southampton: The Camelot Press Ltd., 1969), pp. 142-148.

5) Colin J. Hemer, 'Medicine in the New Testament World,' in *Medicine and The Bible,* ed. Bernard Palmer (Devon: Pater Noster Press, 1986), p. 43.

6) David C. Lindberg ed., *Science in the Middle Ages* (Chicago: University of Chicago Press, 1978), p. 401.

7) Faye Getz, *Medicine in the English Middle Ages* (Princeton: Princeton University Press, 1998); 재인용 *Journal of American Medical Associatio*n 282(5), August 4, 1999, p. 493. "중세 영국에서는 상인들이나 성직자들이 의사 역할이나 외과 수술을 주로 했다. 영국의 성직자들도 유능한 의사들을 배출하였지만 프랑스나 이탈리아, 유대인들은 의사로서뿐 아니라 은행업이나 무역과 같은 사업에서도 더 두드러진 활약을 했다."

8) Laurence I. Conrad, Michael Neve, Vivian Nutton, Roy Porter, Andrew Wear, *The Western Medical Tradition* (Cambridge: Cambridge University Press, 1995), pp. 146-152.

9) Natalia Berger, *Jews and Medicine: Religion, Culture, Science* (Philadelphia: Jewish Publication, 1995).

10) Laurence I Conrad, et al. *The Western Medical Tradition*, p. 243.

11) John Middleton, ed., John Beattie, *Magic, Witchcraft, and Curing* (New York: The Natural History Press, 1967), pp. 212-213.

12) Paula M. Warner, 'African healer vs. missionary physician,' *Evangelical Missions Quarterly* 26(4) (October 1990) p. 403: 'While admitting the time constraints on our doctors, we believe that our medical care needs to be as holistic as that offered by the traditional healers'.

13) Mariana G. Hewson, 'Traditional Healers in Southern Africa,' *Annals of Internal Medicine* 128 (June 1998): pp. 1029–1034.

14) David J. Seel, *For Whom No Labor of Love Is Ever Lost* (Franklin: ProvidenceHouse Publisher, 1999), pp. 12–13; 오용, 김민철 옮김, 『꺼지지 않는 사랑의 불씨』 (전주: 예수병원, 1998), pp. 33–34.

15) Ibid.

16) Raelian religion은 성경을 자의적으로 이용하고 여기에 진화론, UFO 등을 믿으며 인간의 영원불멸을 과학을 통해 이룩한다는 믿음을 가진 사이비 집단인데 우리나라에서도 강연을 한 바 있다. 첫 인간복제 회사라는 제목의 홈페이지 http://www.clonaid.com를 운영하고 있으며, 2002년 여름 우리나라 사람에게 복제인간을 시도하여 임신이 진행 중이라고 발표하여 혼란을 야기하고 있기도 하다.

17) 뉴에이지 의학과 대체의학의 종교성에 대해서는 다음 책들을 참고하라. Paul C. Reisser, Dale Mabe, Robert Velarde, *Examining Alternative Medicine* (Downers Grove: IVP, 2001); Paul C. Reisser, Teri K. Reisser, John Weldon, *New Age Medicine: A Christian Perspective on Holistic Health* (Chattanooga: Global Publishing Inc., 1988).

18) Averell S. Daring, 'The Levitical Code: Hygiene or Holiness,' in *Medicine and The Bible*, ed. Bernard Palmer (Devon: Pater Noster Press, 1986), p. 98.

19) Richard R. Landers, *Man's Place in the Dybosphere* (Englewood Cliffs: Prentice–Hall, 1966), p. 207, quoted in Stephan V. Monsma, *Responsible Technology* (Grand Rapids: William B. Eerdmans Publishing Company, 1986), p. 24.

20) Stephan V. Monsma, *Responsible Technology*, p. 31.

21) Christopher B. Kaiser, *Creation and the History of Science* (Grand Rapids: William B. Eerdmans Publishing Co., 1991), pp. 1–52. 이 책에서 저자는 바실리우스(AD 370, 가이사랴 감독)가 기독교적 과학의 이론적 기반 확립에 공헌한 바를 높이 평가하고 있다. 즉, 바실리우스는 당시의 아리스토텔레스의 이원론적 자연철학을 비판하고 이와 대립되는 기독교적 입장을 정리하였다. 즉, 세 가지 이론적인 측면인 세계의 이해 가능성, 하늘과 땅의 통일성, 자연의 상대적 자율성을 창조론적 전통으로 주장하였으며, 이것은 그 후 16세기 동안 내려오면서 현대과학과 기술을 낳게 했다는 것이다. 바실리우스는 여기에 한 가지를 덧붙여 의료의 시행을 기독교의 창조론적 전통의 실천적인 측면으로 강조하였다.

22) John R. Catan, Aristotle, *The Collected Papers of Joseph Owens* (State University of New York Press: Albany, 1981), pp. 170–171. 이 글에 의하면 아리스토텔레스는 의학

교육을 받았으며 의학을 가르치기도 했다. 특히 윤리가 어떻게 의학에 도움을 줄 수 있는지에 관심이 많았다. 따라서 그의 이원론적 인간관은 그의 의학에 영향을 주었을 것이다. *The Zondervan Pictorial Encyclopedia of the Bible*, ed. Merryl C. Tenney (Grand Rapids Michigan: Zondervan Publishing House, 1975), s.v. 'Physician'.

23) Aldous Huxley, *Brave New World* (San Francisco: Harper and Row, 1946).

24) Ibid.

25) Philip Elmer-Dewitt, 'Cloning: Where Do We Draw the Line?,' *Time* 142(19) (November 1993), pp. 64-70.

26) David Gelman, 'How Will the Clone Feel?,' *Newsweek* 122(19) (November 1993), pp. 65-66.

27) Stephan V. Monsma, *Responsible Technology*, pp. 24-25.

28) Alan Verhey, Society's Toolbox, 'Genetic Engineering: Promise & Threat,' *Christianity Today* (February 1986) p. 27. '…although technologies are introduced as options, they can quickly become socially enforced.'

29) Dennis Chamberland. 'Genetic Engineering: Promise & Threat,' *Christianity Today* (February 7, 1986), p. 28. 'There is only one certainty: The river that is the knowledge of life has been crossed, and we cannot go back again.'

30) J. Robert Nelson, *On the New Frontiers of Genetics and Religion* (Grand Rapids: Eerdmans Publishing Company, 1994), pp. 71-72.

31) 기술의 유가치성에 대해서는 다음 책의 3장을 참고하라. Stephan V. Monsma, *Responsible Technology* (Grand Rapids: William B. Eerdmans Publishing Company, 1986); 김석환 옮김, 『기술 사회와 인류의 책임』 (서울: 기독지혜사, 1992).

32) John Peppin, 'Physician Values and Value Neutrality,' in *Bioethics and the Future of Medicine*, p. 45.

33) Ibid, p. 46.

34) Kevorkian, Jack, 'The last Fearsome Taboo: Medical Aspect of Planned Death,' *Medicine and Law* 7:1-14(1988), p. 12; 재인용 John Peppin, 'Physician Values and Value Neutrality,' in *Bioethics and the Future of Medicine*, p. 41.

35) American Psychiatric Association Committee on Religion and Psychiatry, 'Guidelines Regarding Possible Conflict between Psychiatrists, Religious Committments and Psychiatric Practice,' *American Journal of Psychiatry* 147:542 (1990); 재인용 John Peppin,

'Physician Values and Value Neutrality,' in *Bioethics and the Future of Medicine*, p. 44.

36) 눅 10:33, 요 11:38.

3장

1) Arthur F. Holmes, *Contours of a World View* (Grand Rapids: William B. Eerdmans Publishing Company, 1983), p. 33.
Abraham Kuyper, *Lectures on Calvinism* (Grand Rapids: William B. Eerdman, 1970), pp. 41-77.

2) John Scarborough, *Roman Medicine* (London and Southhamton: Thames and Hudson, 1969), p. 25.

3) Ibid., pp. 77, 116.

4) Michael J. Gorman, *Abortion and the Early Church: Christian, Jewish and Pagan Attitudes in the Greco-Roman World* (Downers Grove: Inter Varsity Press, 1982), pp. 19-32.

5) Jeremy C. Jackson, *No Other Foundation: The Church Through Twenty Centuries* (Syracuse: Crossway Books, 1980); 김재영 옮김, 『현대인을 위한 교회사』 (서울: IVP, 1998), p. 47에서 인용. 에드워드 기번(Edward Gibbon, 1737-1794)은 영국의 역사학자로 그의 유명한 저서 *The Decline and the Fall of the Roman Empire*를 통해 인본주의적 입장에서 은근히 기독교를 비판하였다. 여기 인용한 잭슨의 말은 기번의 이 저서에 근거하고 있는 듯하다.

6) Lawrence I. Conrad, Michael Neve, Vivian Nutton, Roy Porter, and Andrew Wear, *The Western Medical Tradition 800 BC to AD 1800* (Cambridge: Cambridge University Press, 1995), p. 11.

7) J. Scarborough, *Roman Medicine*, p. 25.

8) John R. Catan, Aristotle, *The Collected Papers of Joseph Owens* (State University of New York Press: Albany, 1981), pp. 170-171. *The Zondervan Pictorial Encyclopedia of the Bible*, ed. Merryl C. Tenney (Grand Rapids Michigan: Zondervan Publishing House, 1975), s.v. 'Physician'.

9) David C. Lindberg ed., *Science in the Middle Ages* (Chicago: University of Chicago

Press, 1978), p. 401.

10) Ibid., p. 125.

11) Christopher B. Kaiser, *Creation and the History of Science* (Grand Rapids: William B. Eerdmans Publishing Co. 1991), p. 3.

12) Ibid.

13) Tertullian, De Praescripio 7, available from http://www.ccel.org/fathers2/ANF-03/anf03-24.htm#P3208_1148660; Internet; accessed on Sept. 27, 2000).

14) Christopher B. Kaiser, *Creation and the History of Science* (Grand Rapids: William B. Eerdmans Publishing Co. 1991), pp. 1-52; David C. Lindberg and Ronald L. Numbers ed., *God and Nature: Historical Essays on the encounter between Christianity and science* (Berkeley: University of California Press, 1986), p. 33.

15) Ibid.

16) David C. Lindberg, *The Beginnings of Western Science* (Chicago: University of Chicago Press, 1992), p. 321.

17) Arthur G. Holder, 'Saint Basil The Great On Secular Education and Christian Virtue,' *Religious Education* 87:3(Summer 1992), pp. 395-416.

18) D. C. Lindberg, *The Beginnings of Western Science*, p. 150.

19) D. C. Lindberg and Ronald L. Numbers ed., *God and Nature*, p. 33.

20) J. Scarborough, *Roman Medicine*, p. 116.

21) P. G. Maxwell-Stuart, 'The Emergence of the Christian Witch,' *History Today* 50:11(Nov. 2000), pp.38-44.

22) J. Scaborough, *Roman Medicine* 38, pp. 142-148.

23) P. G. Maxwell-Stuart, 'The Emergence of the Christian Witch,' *History Today* 50:11(Nov 2000), pp.38-44.

24) J. Scarborough, *Roman Medicine*, p. 116.

25) Ibid., p. 51.

26) Ibid., p. 77.

27) Justin Martyr, 'Apology,' I. chapter LXVII.: Weekly Worship of the Christians, available from http://www.ccel.org/fathers2/ANF-01/anf01-46.htm#P3593 _620967; Internet; accessed on Sept. 30, 2000.

28) James J. Walsh, 'Hospitals,' in *The Catholic Encyclopedia*, ed. Herbermann, Charles

George (New York: Gilmary Society, 1910).

29) L. I. Conrad et al., *The Western Medical Tradition 800 BC to AD 1800*, p. 77.

30) Gabriel Meier, 'Sts. Cosmas and Damian,' in *The Catholic Encyclopedia*. "They are regarded as the patrons of physicians and surgeons and are sometimes represented with medical emblems."

31) Justo L. Gonzalez, *The Story of Christianity* (Peobody: Prince Press, 1999), pp. 170–172; Julian, 'Letters,' XXII, 430(lCL, III, 68–9), in Lawrence I. Conrad et al., *The Western Medical Tradition*, p. 77.

32) John H. Newman, *The Idea of University,* ed. Martin J. Svaglic (Notredam: Uni. of Notre Dame Press, 1982), p. 161; in Gilbert Meilaender, *Bioethics: A Primer for Christians* (Carlisle: Paternoster Press, 1996), p. 45.

33) Gask and Todd, 'The Origin of Hospital,' quoted in J. Scarborough, *Roman Medicine*.

34) J. J. Walsh, 'Hospitals,' in *The Catholic Encyclopedia*.

35) C. B. Kaiser, *Creation and the History of Science*, p. 43.

36) J. J. Walsh, 'Hospitals,' in *The Catholic Encyclopedia*.

37) Gregory of Nazianzus, 'Oratio,' XLIII, Funeral Oration on the Great S. Basil, available from http://www.ccel.org/fathers2/NPNF2-07/Npnf2-07-55.htm#TopOfPage; Internet; accessed Sept. 30, 2000.

38) C. B. Kaiser, *Creation and the History of Science*, pp. 42–43.

39) Clark H. Kee, *Medicine, Miracle, and Magic in New Testament Times* (Cambridge, New York: Cambridge University Press, 1986), p. 126.

40) M. J. Gorman, *Abortion and the Early Church*, pp. 19–32.

41) Hippolytus, 'The Refutation of All Heresies,' IX. 7, available from http://www.ccel.org/fathers2/ ANF-05/TOC.htm; Internet; accessed Sept. 29, 2000.

42) St. John Chrysostom, 'Homily,' XXIV on the Epistle of St. Paul to the Romans, available from http://www.ccel.org/fathers2/NPNF1-11/npnf1-11-88.htm#P3114_2910132; Inetrnet; accessed Sept. 29, 2000.

43) Ibid., 15.

44) Stephen E. Lammers and Allen Verhey ed., *On Moral Medicine: Theological Perspectives in Medical Ethics* (Grand Rapids: William B. Eerdmans Pubblishing Company, 1987), p. 73.

45) Nigel M. de S. Cameron, *The New Medicine: Life and Death After Hippocrates* (Wheaton: Cross-way Book, 1991), p. 37.

46) James K. Hoffmeier ed., *Abortion: A Christian Understanding and Response* (Grand Rapids: Baker Book House, 1987), p. 74.

47) S. E. Lammers et al. ed., *On Moral Medicine*, p. 73.

48) Ibid.

49) J. K. Hoffmeier ed., *Abortion: A Christian Understanding and Response*, p. 84.

50) Charles F. McKenna, 'Orphan and Orphanages,' in *The Catholic Encyclopedia*.

51) J. J. Walsh, 'Hospitals,' in *The Catholic Encyclopedia*.

52) 'Didache,' 2.2 and also 5.2, in *Ancient Christian writers*, James A. Kleist (New York: Paulist Press, 1948), pp. 15, 18.

53) 'Epistle of Barnabas,' XIX, in *Ancient Christian writers*, James A. Kleist (New York: Paulist Press, 1948), p. 62.

54) Athenagoras, 'A Plea for the Christians,' XXXV in *Ante-Nicene Fathers*, ed. Alexander Roberts (Buffalo: The Christian Literature Publishing Company, 1885), p. 147.

55) Minucius Felix 'The Octavius', XXX, available from http://www.ccel.org/fathers2/ANF-04/anf04-34.htm#P5530_808394; Internet accessed Sept. 29, 2000. "And I see that you at one time expose your begotten children to wild beasts and to birds; at another, that you crush them when strangled with a miserable kind of death. There are some women who, by drinking medical preparations, extinguish the source of the future man in their very bowels, and thus commit a parricide before they bring forth."

56) Tertullian, 'Apology,' IX,. VII., available from http://www.ccel.org/fathers2/ANF-03/anf03-05.htm#P284_84874; Internet; accessed Sept. 29, 2000.

57) Hippolytus, 'Refutation of All Heresies,' (Philosophumena) 9.7, available from http://www.ccel. org/ fathers2/ANF-05/anf05-13.htm#P2130_666422; Internet; accessed Sept. 29, 2000.

58) Cyprian, 'Letter,' 52, available from http://www.ccel.org/fathers2/ANF-05/anf05-73.htm#P5521_1683141; Internet; accessed Sept. 29, 2000.

59) James J. Walsh, 'Infanticide,' in *The Catholic Encyclopedia* available from http://www.newadvent.org/cathen/08001b.htm; Internet; accessed Sept. 30, 2000.

60) M. J. Gorman, *Abortion and the Early Church*, p. 63.

61) Jerome, 'Letter,' XXII to Eustochium, available from http://www.ccel.org /fathers2/NPNF2-06/Npnf2-06-03.htm accessed Oct. 1, 2000. "You may see many women widows before wedded, who try to conceal their miserable fall by a lying garb. Unless they are betrayed by swelling wombs or by the crying of their infants, they walk abroad with tripping feet and heads in the air. Some go so far as to take potions, that they may insure barrenness, and thus murder human beings almost before their conception. Some, when they find themselves with child through their sin, use drugs to procure abortion, and when (as often happens) they die with their offspring, they enter the lower world laden with the guilt not only of adultery against Christ but also of suicide and child murder."

62) Charles R. Webb and Jr., Paul B. Schaeffer, *Western Civilization* (D. Van Nostrand Company, 1958), vol. I, p. 112.

63) M. J. Gorman, *Abortion and the Early Church*, p. 65; Francis A. Schaeffer, *How should we then live?: The rise and decline of Weatern Thought and Culture* (Old Tappan: Fleming H. Revell Company, 1976), p. 222.

64) Francis A. Schaeffer, Ibid.

65) Ibid., p. 66.

66) Jeremy C. Jackson, *No Other Foundation*, p. 55 (김재영 옮김, 『현대인을 위한 교회사』, 〈서울: IVP, 1998〉 p. 79에서 인용).

67) A. E. Crawley, 'Foeticide' in the *Encyclopedia of Religion and Ethics*, ed. James Hastings (New York: Charles Scribner' s Sons, 1908).

68) N. M. deS. Cameron, *The New Medicine*, pp. 41-43; S. E. Lammers A. Verhey, ed., *On Moral Medicine*, p. 76.

69) Jeremy C. Jackson, *No Other Foundation*, p. 56 (김재영 옮김, 『현대인을 위한 교회사』, p. 80에서 인용)

4장

1) James W. Sire, *The Universe Next Door* (Downers Grove: Inter Varsity Press, 1988), p. 17.

2) Brian J. Walsh, Richard Middleton, *The transforming Vision* (Downers Grove: Inter

Varsity Press, 1984), pp. 34–35.

3) Arthur F. Holmes, *Contours of a World View* (Grand Rapids: William B. Eerdmans Publishing Company, 1983), p. 33.

4) Ibid., 32.

5) Abraham Kuyper, *Lectures on Calvinism* (William B. Eerdman: Grand Rapids, 1970), pp. 41–77.

6) Francis A. Schaeffer, *Christian Manifesto* (Westchester: Crossway Books, 1982), p. 53.

7) Francis A. Schaeffer, *Whatever Happened to the Human Race?* (Westchester: Crossway Books, 1983), p. 78.

8) Francis A. Schaeffer, *Christian Manifesto* (Westchester, Ill.: Crossway Books, 1982), pp. 53–62. "Religion touches all of thought and all of life. And these two religions, Christianity and humanism, stand over against each other as totalities."(54)

9) Arthur F. Holmes, *Contours of a World View*, p. 17.

10) Ibid.

11) Ibid.

12) J. P. Sartre, 'Existentialism is Humanism' in *Existentialism from Dostoevsky to Sartre,* ed. Kaufmann, Walter (Cleveland: Meridian Books of The world Publication Company, 1956), pp. 287–311의 마지막 부분에서 발췌 번역함.

13) Paul Kurtz, Edwin H. Wilson, American Humanist Association, 'Humanist Manifesto II' available from http://www.infidels.org/org/apha/documents/manifesto2.html: Internet; accessed Sept. 25, 1999.

14) Ibid.

15) Ibid., "But views that merely reject theism are not equivalent to humanism. They lack commitment to the positive belief in the possibilities of human progress and to the values central to it."

16) Y. H. Krikorian, *Naturalism and the Human Spirit* (New York: Columbia University Press, 1944), pp. 358, 382; Arthur F. Holmes, Contours of a World View (Grand Papids: William B. Eerdmans Publishing Company, 1983), p. 20에서 재인용.

17) Bob Goudzwaard, *Idols of Our Time* (Downers Grove: Inter–Varsity press, 1984), pp. 21–22.

18) Patric Dixon, http://www.globalchange.com/clonech.htm: Internet; accessed Septem-

ber 28, 1999.

19) Jacques Ellul, *The Technological System* (New York: Continuum, 1980), p. 209.

20) Bob Goudzwaard, *Idols of our time*, p. 13.

21) Egbert Schuurman, *Christians In Babel* (Jordan Station: Paideia Press Ltd., 1987), p. 8.

22) Arthur F. Holmes, *Contours of a World View*, p. 33.

23) 로마서 1장 19-20절에 하나님이 인간을 창조하실 때 보편적으로 하나님의 개념을 지닌 존재로 창조하셨음을 밝히고 있다. 종교는 신개념의 보편성으로부터 기원하게 되는데, 종교가 없는 종족이 없다는 인류학적 증거와 일치하는 것이다. 그러나 이 일반계시만으로는 타락한 인간이 올바른 종교와 예배의 대상을 찾을 수 없기 때문에 하나님이 직접 특별계시를 통해 자신을 계시해 주신 것이다. "이는 하나님을 알 만한 것이 그들 속에 보임이라 하나님께서 이를 그들에게 보이셨느니라 창세로부터 그의 보이지 아니하는 것들 곧 그의 영원하신 능력과 신성이 그가 만드신 만물에 분명히 보여 알려졌나니 그러므로 그들이 핑계하지 못할지니라"(롬 1:19-20).

24) H. Jochemsen, 'The Medical Profession in Modern Society: The Importance of Defining Limits' in John Kilner etc. ed., *Bioethics and the Future of Medicine* (Grand Rapids: Eerdmans Publishing Company, 1995), pp. 17, 27. 이 글에서 '과학과 의학의 유사종교성'에 대해 쓰면서 여기에 재인용한 몇 사람의 글을 인용하고 있다.

25) *Time* (June 17, 1991).

26) 몰렉은 암몬 족속의 이방 신으로 어린아이를 희생제물로 "불을 통과시켜서"(레 18:21, 렘 32:35) 바침으로써 이방 신들에게 이방 신의 환심을 사고 부와 쾌락과 힘을 얻을 수 있다고 믿었다. 하나님은 이에 대해 "이스라엘 자손이든지 이스라엘에 거류하는 거류민이든지 그의 자식을 몰렉에게 주면 반드시 죽이되 그 지방 사람이 돌로 칠 것이요"(레 20:2)라고 가르치셨다.

27) Bob Goudzwaard, *Idols of our time* (Downers Grove, Inter-Varsity Press, 1984), p. 13.

28) Paul Kurtz, Edwin H. Wilson, American Humanist Association, 'Humanist Manifesto II'.

29) See their home page, http://www.humancloning.org. Patric Dixon, http://www.globalchange.com/clonech.htm: Internet; accessed September 28, 1999. "Clinton announced in May 1997 that human clones should not be born. He was warmly applauded. However what he went on to say was that the proposed ban was only for 5 years, and that nuclear transfer experiments could continue, though not with government money. In

other words 'Clones may be made, but not born for the next five years'. As a result I predict that human cloning will be made in commercial laboratories in the US or using US technology, but will be born elsewhere."

30) J. Kluger, 'Will we follow the sheep?,' *Time* (Mar. 10, 1997), pp. 67–72.

31) Woodward, K. L., 'Today the sheep··· Tomorrow the shepherds?,' *Newsweek* (Mar. 10, 1997).

32) Jeffrey Kluger, 'Good bye, Dolly? Think you might like to get cloned? Think again,' *Time* 153(22)(June 7, 1999). 이 기사에서 염색체의 양끝에 위치한 텔로미어가 짧아짐으로써 염색체의 수명이 다하고 세포가 죽게 된다는 사실을 설명하고 복제 양 돌리를 연구한 영국의 학자들이 자신들이 복제한 돌리의 염색체에서 이것이 다른 비슷한 나이의 양들보다 더 짧아져 있는 것을 확인했고 이것이 돌리의 수명이 짧은 원인이라고 설명하였다. Harley C., Futcher A, Greider C., 'Telomeres shorten during aging of human fibroblasts,' *Nature* 1990: 345: 458.

33) Philip Elmer–Dewitt, 'Cloning: Where Do We Draw the Line?,' *Time* 142(19) (Nov. 1993), pp. 64–70. 여기서 63%가 복제는 하나님의 뜻에 어긋난다고 대답했으며, 의료적(실용적) 사용 가능성에 대해서는 거부하는 태도가 이보다 훨씬 많았다. 한편 *Time* 157(7) (Feb. 19, 2001), 51에 발표된 Time/CNN 여론조사의 결과는 오히려 이 비율이 더 증가하여 하나님의 뜻에 어긋난다는 대답이 69%이었다. 의료적 사용에 대해서도 68%가 반대했으며 찬성은 28%에 불과했다.

34) *Time* (March 22, 1999), p. 42.

35) Daniel M. Fox, *review of Inside the New Temple*: *The High Cost of Mistaking Medicine for Religion*, by James Stacey, *The New England Journal of Medicine* 329 (September 1993), p. 894.

36) Carol Cooper, *review of Inside the New temple*, by James Stacey, *Lance*t 342(8863) (July 1993), pp. 101–102.

37) Daniel M. Fox, *The New England Journal of Medicine*, 329 (September 1993) No. 12, p. 894. "종합적으로 볼 때 비록 이 책이 일반인을 대상으로 하고 있다고 하지만, 전문가들의 도움을 얻어가며 조심스럽게 읽혀야 할 것이며, 전문가들이 이 책에서 특별히 배울 만한 것은 없을 것 같다"고 혹평하였다.

38) Carol Cooper, *Lancet 342*, issue 8863 (July 1993), pp. 101–102.

39) Everett C. Koop, *The Right to live, The Right to Die* (Wheaton, Illinois, Tyndale

House, 1976), p. 38

40) Franklin E. Payne, Jr., *Biblical Healing for Modern Medicine* (Augusta: Covenant Books, 1993), pp. 13–14

41) Ibid., p. 14, 'Medicine is inherently religious' 재인용, 페인이 Jay E. Adams, *The Christian Counselor's Manual* (Grand Rapids: Baker Book House, 1975)에서 인용한 것임.

42) Ibid., pp. 105–117.

43) Art of the Covenant의 홈페이지 참조 http://www.artcov.com

44) Franklin E. Payne, Jr., *Biblical Healing for Modern Medicine* 16.

5장

1) Norman L. Geisler, *Christian Ethics: Options and Issues* (Grand Rapids: Baker Book House Company, 1990), p. 174.

2) Karl Marx and Frederick Engels, in a letter to Lassalle dated Jan. 16, 1861, *Selected Correspondence* (New York: International Publishers, 1942), p. 125., D. A. Noebel, *The Battle For Truth*에서 재인용.

3) Colin Brown, *Christianity and Western Thought; A History of Philosophers, Ideas and Movements* (Downers Grove: InterVarsity Press, 1990), pp. 21–22.

4) Philadelphia Chromosome, 염색체 G22의 Long arm이 C9로 Translocation 된 것

5) 파스칼은 『팡세』에서 신이 있는 쪽에 걸든지 없는 쪽에 걸든지 두 선택 사이에서 확률 계산과 이익을 계산해 보여준다. "신이 존재한다는 쪽에 도박을 했을 때 이익과 손해를 따져보자. 당신이 이겼다면 모든 것을 얻게 될 것이다. 그러나 졌다고 해도 아무것도 잃을 것은 없다. 그렇다면 신이 존재한다는 쪽에 주저 없이 도박을 해야 하지 않겠는가?"

6) John Dewey, *Liberalism and Social Action* (New York: G. P. Putnam's Sons, 1935), p. 90, D. A. Noebel, *The Battle For Truth*에서 재인용.

7) 공리주의와 실용주의에 대한 개념 정리는 Colin Brown, *Philosophy and the Christian Faith* (Downers Grove: IVP, 1968), *Encyclopedia Britannica* 그리고 *The American Peoples Encyclopedia*를 참조하였다.

8) Nigel M. de S. Cameron, *The New Medicine*, chapter 3 나치가 장애자와 정신병환자를

어떻게 살해했는지 소상히 기술하고 있다.

9) Richard L. Rubinstein, *The Cunning of History* (New York: Harper & Row, 1975), pp 34f; 재인용, Nigel Cameron, *New Medicine*, p. 81.

10) Nigel Cameron, *The New Medicine*, pp. 74–75. 여기에서는 Leo Alexander가 *New England Journal of Medicine* 241:2(1949)에 발표한 'Medical Science under Dictatorship'에서 나치가 어떻게 안락사 계획을 선전했는지를 인용, 소개하고 있다.

11) *Time* (June 17, 1991). 각각 판코니 빈혈과 만성 골수성 백혈병을 앓고 있는 딸을 둔 부모들이 이들에게 골수를 제공하기 위해 아이를 가진 일이 소개되어 있다. 아울러 함께 시행한 여론조사에서 "임신된 아이가 이식에 적합하지 않을 때 낙태시키겠는가"라는 질문에 11%가 "예"라고 대답한 사실도 보도되었다.

12) 성비의 불균형은 지방에 따라 기독교인 구성비와 반비례하는 경향을 단순통계에서 볼 수 있다. 즉, 기독교인이 전체 인구의 24% 이상인 전라북도의 경우 성비 파괴가 가장 적어서 자연 비에 가까우나 가장 성비 파괴가 심한 대구 경북 지역의 경우 기독교인 인구는 12% 내외인 반면 성비 불균형은 가장 심한 것을 볼 수 있다. 후자의 경우 우리나라 전체 향교의 65%를 갖고 있다고 알려져 있다. 중국의 경우는 우리나라보다 더 심한 성비 불균형을 초래한 지역도 있으며, 이로써 사회윤리적으로 그리고 경제적으로 심각한 문제를 야기하고 있다.

13) C. S. Lewis, *Abolition of Man*; 한균 옮김, 『가슴 없는 사람들』 (서울: 생명의 말씀사, 1983), p. 72.

14) 다음 자료들을 참고하라. 1994.7.2 보건사회부와 대한가족계획협회가 공동으로 마련한 '세계 인구의 날' 기념 보도자료 available from http://www.welfare.or.kr/library/library02/text/127.txt accessed 8 October, 1999. "인위적인 힘이 가해지지 않은 상태에서 출생하는 사람들의 남녀성비는 여아 100명당 남아가 102명에서 106명 정도 태어나는 것이 보편적인 현상이다. 그러나 우리나라의 경우 1980년대 초반부터 서서히 높아지기 시작한 출생 시 남녀의 성비가 1988년에 112를 나타내었고 1990년에는 115 그리고 1993년에는 118을 상회함으로써 전문가들뿐만 아니라 일반 시민들마저 성비의 지나친 불균형으로 야기될 수 있는 사회적 문제에 관하여 깊은 관심과 더불어 우려를 나타내고 있는 실정이다. 특히 출생 시 성비를 보다 주의 깊게 들여다보면 지역에 따라 상당한 차이가 있는데, 즉 1980년대 말 이후 1993년까지의 출생 시 성비를 광역행정구역 별로 분석해 보면 대부분의 지역이 113에서 117을 나타내고 있는데 반해 대구와 경북지역은 125를 상회하고 있음을 알 수 있다." Nicholas Eberstat, 'Asia Tomorrow, Gray and

Male,' *The National Interest*, 53(Fall 1998), pp. 56–65.

15) 헨리 조지, *Progress and Poverty*; 김윤상 옮김, 『진보와 빈곤』 (서울: 비봉출판사, 1997), pp. 85–144.

16) 결정론적 사고에 대한 이해를 위해서 다음 두 권의 책을 권한다. Steven Rose, Lewontin R. C., Kamin Leon J., *Not in Our Gene: Biology, Ideology and Human Nature* (New York: Pantheon Books, 1984); 이상원 옮김, 『우리 유전자 안에 없다』 (서울: 한울아카데미, 2009); 서유헌, 홍욱희, 이병훈, 황상익 공저, 『인간은 유전자로 결정되는가?』 (서울: 명경, 1995).

17) B. F. Skinner, *Science and Human Behavior* (New York: Macmillan, 1953), p. 96; D. A. Noebel, *The Battle For Truth*에서 재인용.

18) Richard Dawkins, *The Selfish Gene* (Oxford University Press, 1976); 홍영남 옮김, 『이기적 유전자』 (서울: 을유문화사, 1993) 참조.

19) Ibid.

20) Ted Peters, *Playing God: Genetic Determinism and Human Freedom* (New York: Routledge, 1997), p. 28.

21) Donald M. MacKay, *The Clockwork Image: A Christian Perspective on Science* (London: IVP, 1974); 이창우 옮김, 『현대과학의 기독교적 이해』 (서울: 현대과학신서, 1993), pp. 11–31.

22) Howard L. Kaye, *The Social Meaning of Modern Biology: From Social Darwinism to Sociobiology* (New Haven: Yale University Press, 1986), pp. 55–56; 'From Metaphysics to Molecular Biology.'

23) 이병훈, '사회생물학과 생물학적 결정론', 서유헌 외, 『인간은 유전자로 결정되는가』 (서울: 명경, 1995), p. 111에서 재인용.

24) Donald M. MacKay, *The Clockwork Image: A christian Perspective on Science*; 이창우 옮김, 『현대과학의 기독교적 이해』, pp. 11–31.

25) Cho KR, Vogelstein B., 'Genetic alterations in the adenoma–carcinoma sequence.' *Cancer* 70(6 Suppl) (Sept. 1992), pp. 1727–31.

26) D. H. Hamer et al., 'A Linkage between DNA Markers on the X–chromosome and Male Sexual Orientation,' *Science*, 261(1993), pp. 321–327.

27) George Rice, Carol Anderson, Neil Risch, and George Ebers, 'Male Homosexuality: Absence of Linkage to Microsatellite Markers at Xq28,' *Science* 284(1999), pp. 665–

667.

28) Stanton L. Jones, 'My genes made me do it: Evolutionary psychology may explain why we commit adultery but not why we don't,' *Christianity Today* 39(5)(1995), pp. 14–18.

29) Donald M. MacKay, *The Clockwork Image*; 이창우 옮김, 『현대과학의 기독교적 이해』, p. 77.

30) Robert Williamson, 'What's new about genetics?,' *Journal of Medical Ethics* 25(1999), pp. 75–76.

31) Victor E. Frankl, *Man's Search for Meaning* (New York: Pocket Books, 1963), p. 213.

32) Victor J. Stenger, *Not By Design* (Buffalo: Prometheus, 1988), pp. 188–189., D. A. Noebel, *The Battle For Truth*에서 재인용.

33) J. P. Moreland, *The Creation Hypothesis: Scientific Evidence for an Intelligent Designer* (Downers Grove: IVP, 1994), p. 14.

34) Ibid.

35) R. Hooykaas, *Religion and the Rise of Modern Science*; 이훈영 옮김, 『종교개혁과 과학 혁명』 (서울: 도서출판 솔로몬, 1992), pp. 135–207. 호이카스는 이 책의 제5장 '과학과 종교개혁'에서 개신교 신자들의 비율이 월등하게 높았음을 보여주고 있다. 즉, 프랑스를 제외한 서유럽 인구에서 카톨릭 신자와 개신교 신자의 비가 6 대 4였지만 프랑스 아카데미 회원들 중 외국인 아카데미 회원의 비는 6 대 27로 개신교도가 훨씬 많았다.

36) 전광식, 『학문의 숲을 걷는 기쁨』 (서울: CUP, 1998), p. 91.

37) R. *Religion and the Rise of Modern Science*; 이훈영 옮김, 『종교개혁과 과학 혁명』, pp. 65–69.

38) Ibid., pp. 102–104.

39) Nancy Gibbs, 'The I.Q. Gene?: If We Have It, Do We Use It?', *Time* 154(11) (Sept. 13, 1999). 이 글에서 기자는 윤리학자들의 입을 빌려 I.Q. Gene 사용을 가정하였을 때의 여러 가지 상황들을 설명하고 있다. 예를 들면 공평성의 문제와 새로운 형태의 차별이 생길 수 있음을 다음과 같이 기록하고 있다. "The broader concern is one of fairness. Will such enhancement be available to everyone or only to those who can afford it? 'Every parent in the world is going to want this,' says Rifkin. 'But who will have access to it? It will create a new form of discrimination. How will we look at those who are not enhanced, the child with the low IQ?' Who would have the right to know whether your

smarts were natural or turbo-charged?"

40) 스코틀랜드의 에든버러에 있는 Roslin Institute의 Ian Wilmut는 CNN과의 인터뷰에서 "I think now to contemplate using our present technique with humans would be quite inhuman. It need not happen, and I hope it will not"이라고 말해 인간복제를 비인간적인 것으로 규정한 바 있다.

41) 수많은 논문들이 조작된 결과로 쓰인다는 사실은 잘 알려진 사실이며, 인터넷에는 많은 홈페이지들이 의학 연구의 사기를 막기 위한 캠페인을 하고 있다. 예를 들면 호주의 Campaign Against Fraudulent Medical Research는 We are all victims of fraud in medical research라는 제목으로 홈페이지를 운영하며 다양하고 방대한 자료들을 소개하고 있다. available from http://www.pnc.com.au/~cafmr/index.html accessed 8 October 1999.

42) Fauci, A. S., Braunwald E. etc. ed., *Harrison's Principles of Internal Medicine* 14th ed. McGraw-Hill 1998, p. 1424.

43) Everret C. Koop, Francis A. Schaeffer, *Whatever Happened To the Hman Race?* (Wheaton: Crossway Books, 1979), pp. 56-58.

44) Edgar J. Schoen, G. Enderson, C. Bohon et al., 'Report of the Task Force on Circumcision,' *Pediatrics* 84(1989):390. 1971년 미국 소아과 학회의 '태아 및 신생아 위원회'는 신생아의 포경수술이 무용지물이라고 공식 입장을 밝혔으나 1989년에 와서 입장을 완전히 바꾸어서 신생아 포경수술이 득이 많음을 천명한 바 있다.

45) Ted Peters, *Playing God: Genetic Determinism and Human Freedom*, pp. 63-93.

46) 서유헌 외, 『인간은 유전자로 결정되는가』(서울: 명경, 1995), p. 128.

47) Bulkley, ed., *Why Christians Can't Trust Psychology* (Eugene: Harvest House Publishers, 1993).

48) *Christianity Today*, 39:10(Sept. 11, 1995), p. 70에 세례 받는 기사가 사진과 함께 소개된 바 있다.

49) David Watson, *I believe in the Church* (London, Hodder & stoughton: 1999), p. 32.

50) Francis A. Schaeffer, *The Church at the End of the 20 Century* (Downers Grove: Inter-Varsity Press, 1970), pp. 33-34

51) 여기서는 간단한 개요만을 소개하지만 포스트모더니즘에 대해 좀더 깊이 있는 연구를 원한다면 다음 책들로부터 시작하기를 권한다. 여기 요약된 내용은 이 책들로부터 온 것이다. 전광식, '포스트모더니즘에 대한 기독교 세계관적 비판', 『학문의 숲을 걷는 기쁨』(서울: CUP, 1998), pp. 82-127; James W. Sire, *The Universe Next Door*, 3rd ed.

(Downers Grove: IVP, 1997), 제9장, 한국 IVP 소책자 시리즈 71 『포스트모더니즘』, 송태현 옮김; 대체의학과 포스트모더니즘의 연관성에 대해서는 다음 책을 참조하기 바란다. Paul C. Reisser, Dale Mabe, Robert Velarde, *Examining Alternative Medicine* (Downers Grove: IVP, 2001); 신국원, 『포스트모더니즘』(IVP).

52) Erich Fromm, *Man for Himself* (New York: Holt, Rinehart and Winston, 1964), p. 17; D. A. Noebel, *The Battle For Truth*에서 재인용.

53) Joseph F. Fletcher, *Situation ethics: the new morality* (Philadelphia: Westminster Press, 1966). 이 책에서 플레처가 주장하는 Agapeism은 상황이 절대가 되는 윤리를 가르치고 있다. 이 책을 쓴 이후에 대두된 의료윤리 문제들에 대해서도 그는 이 원리를 따랐으며, 뇌사 문제, 유전자 조작 문제 등에 철저히 상대주의적이고 개인주의적인 입장으로 이어지는 것을 볼 수 있다.

54) 신전수, '첨단의학과 태아조작', 『생명윤리』(서울: 한국누가회 출판부, 1999), 박상은 엮음.

55) Available from http://www.cwfa.org/library/life/2001-03-23_bioethics1.shtml accesed June 5, 2001. 여기에서 릭은 N. E. J. M 2001; 344: 710-719(Mar 8, 2001)에 실린 논문 'Transplantation of Embryonic Dopamine Neurons for Severe Parkinson's Disease'를 인용하고 있다.

56) 최금희, '태아의 인권에 대한 성경적 조명', 『복제인간』, 김기태 외 공저(기독교대학설립동역회, 1994). 몰렉은 자녀를 제물로 요구하는 암몬 족속의 신이었다. 암몬 사람들은 그들의 원하는 것과 재물, 향락, 권력을 얻기 위해 그들의 자녀를 불 가운데 지나게 해 몰렉에게 바쳤다(레 20:1-5).

57) 포스트모더니즘은 패스워드로 'whatever'를 사용한다고 표현한 것은 Lael Arrington, *Worldproofing Your Kids* (Wheaton: Crossways Books, 1997)에서였다(재인용, Paul C. Reisser, Dale Mabe, Robert Velarde, *Examining Alternative Medicine* (Downers Grove: IVP, 2001), p. 199).

58) Paul C. Reisser, Dale Mabe, Robert Velarde, *Examining Alternative Medicine* (Downers Grove: IVP, 2001), pp. 60-78.

59) 최금희, '태아의 인권에 대한 성경적 조명', 『복제인간』, 김기태 외 공저 (기독교대학설립동역회, 1994).

60) Jose Miguez-Bonino, *Christian and Marxists* (Grand Rapids: Eerdmans, 1976), 115; David K. Clark, R. V. Rakestraw, *Readings in Christian Ethics*, vol. 2 (Grand Rapids:

Baker Books, 1998), p. 345에서 재인용.

61) Bob Goudzwaard, *Idols of our time* (Downers Grove: Inter-Varsity Press, 1984) 제5장.

62) 김신곤, '한국의료의 현실과 CMF의 진로-구조적 현실과 대책을 중심으로' (강의안, 한국누가회 학생수련회 2000년 1월)에서 미국 콜롬비아 대학 에반스 교수의 말을 재인용.

63) '거품이 예고되는 바이오 벤처' (대한매일, 2001년 3월 28일자).

64) 이메일로 들어오는 허위 광고의 한 예

- 각종 질병에… '게놈 지도' (MAP)
- 다이어트, 비만, 고혈압, 당뇨, 중풍, 허약 체질, 살찌기, 발기 부전, 조루, 정력 감퇴, 류마티스 관절염, 전립선, 기침, 가래, 비염. 알코올 중독, 금연, 도박 중독, 모든 암, 간, 위장병, 우울증, 정신병, 마약, 치매, 간질, 신경쇠약, 노이로제, 기타 각종 불치병(에이즈 포함), 고질병, 희귀병, 각종 포기 직전의 병에 [게놈 지도]를… ,
- '게놈 지도' (MAP)란?… 질병의 비밀과 몸의 비밀을 밝힌 지도
- '게놈 지도' (MAP) 보급 및 리셀러에 관심 있는 분.

65) 밥 하웃즈바르트, *Idols of our Time*; 김재영 옮김, 『현대 우상 이데올로기』 (IVP, 1999).

6장

1) D. Gareth Jones, *Brave New People* (Grand Rapids: Williams B. Eerdman Publishing Company, 1985), pp. 30-31.

2) Richard T. Wright, *Biology Through the Eyes of Faith* (San Francisco: Harper & Row Publisher, 1989), pp. 186-187.

3) Walter Isaacson, The Biotech Century, *Time* 153 (Jan. 11, 1999), No. 1, pp. 42-43.

4) Marsh WA, Rascati KL, 'Meta-analyses of the effectiveness of erythropoietin for end-stage renal disease and cancer,' *Clin Ther* 21 (Sept. 1999(9)), pp. 1443-1455.

5) Vincent T. DeVita, Samuel Hellman, Steeven A. Rosenberg, *Principles and Practice of Oncology* (Philadelhpia: Lippincott Raven Publishers, 1997), chapter 19, Section 9 참조.

6) Onodera M, Nelson DM, Sakiyama Y, Candotti F, Blaese RM, 'Gene therapy for severe combined immunodeficiency caused by adenosine deaminase deficiency: improved retroviral vectors for clinical trials,' *Acta Haematol*, 101(2) (1999), pp. 89-96.

7) D. Gareth Jones, *Brave New People* (Grand Rapids: Williams B. Eerdman Publishing Company, 1985), p. 7.

8) Aldous Huxley, *Brave New World* (New York: Harper & Row, Publisher: 1968).

9) C. Anderson, 'Genomic project goes commercial,' *Science*, 259 (1993), pp. 300–302; Opinion 'A Challenge to Genetic Transparency,' *Nature* 393(6682)(May 21, 1998), p. 195.

10) Philip Elmer-Dewitt, 'Cloning: Where Do We Draw the Line?,' *Time* 142(19) (November 1993), pp. 64–70. 인간복제에 대한 사람들의 태도에 대한 여론조사 결과가 실려 있다. 여기서 63%가 복제는 하나님의 뜻에 어긋난다고 대답했으며, 의료적(실용적) 사용 가능성에 대해서도 거부하는 태도가 훨씬 많았다. David Gelman, 'How Will the Clone Feel?,' *Newsweek* 122(19) (November 1993), pp. 65–66.

11) Steven Rose, R. C. Lewontin, Leon J. Kamin, *Not in Our Gene: Biology, Ideology and Human Nature* (New York: Pantheon Books, 1984).

12) Richard T. Wright, *Biology Through the Eyes of Faith* (San Francisco: Harper & Row Publisher, 1989), p. 183.

13) Franklin E. Payne, Jr., *Biblicak/Medical Ethics: The Christian and the Practice of Medicine* (Milford: Mott Media, 1985), pp. 33–49.

14) Ted Peters의 다음 책은 분자생물학과 관련된 과학자와 의료인들에게 유전학적 결정론이 가지는 위험성을 잘 지적하고 방향을 제시해 주고 있다. Ted Peters, *Playing God?: Genetic Determinism and Human Freedom* (New York: Routledge, 1997

15) T. L. Beauchamp, J. F. Childress, *Principles of Biomedical Ethics* (New York: Oxford University Press, 1979).

16) Carol Levine ed., *Taking Sides: Clashing Views on Controversial Bio-Ethical Issues* (Guilford: Dishkin Publishing Group, 1991), Introduction, xviii–xx.

17) Ibid., xix

18) Leon R. Kass, 'Organ for Sale? Propriety, Property and the Price of Progress,' *The Public Interest* (Spring 1992), p. 73; in *Gilbert Meilaender Bioethics: A Primer for Christians* (Carlisle: Paternoster Press,1997), pp. 114–115.

19) Jane E. Brody, 'Personal Health,' *The New York times* (Novmber 16, 1994), p. B8; in *Gilbert Meilaender Bioethics*, pp. 114–115.

20) Fauci, A. S., Braunwald E. etc. ed., *Harrison's Principles of Internal Medicine*, 14th

ed. (McGraw−Hill 1998), p. 1562.

21) *Time* (March 22, 1999), p. 46.

22) Morrow M. 'Identification and Management of the Woman at Increased Risk for Breast Cancer Development,' *Breast Cancer Res Treat* 31 (1994), p. 53.

23) http://www.nytimes.com/2013/05/14/opinion/my−medical−choice.html

24) Margaret Lock, 'Breast Cancer: Reading the Omen,' *Anthropology Today* 14(4) (August 1998), pp. 7−16.

25) Vincent T. DeVita, Samuel Hellman, Steeven A. Rosenberg, 'Breast Cancer', *Principles and Practice of Oncology* (Philadelphia: Lippincott Raven Publishers, 1997), chapter 36.

26) *Time* (March 22, 1999), p. 38.

27) J. Robert Nelson, *On the New Frontiers of Genetics and Religion* (Grand Rapids: EerdmansPublishing Company, 1994), p. 83에 소개된 John C. Fletcher, Dorothy Wertz, Ethics and Medical Genetics: After Human Genom Is Mapped, *Emory Law Journal* 39. 3 (Summer 1990), pp. 747−809의 논문. 이들은 12개국에 걸쳐서 25군데의 연구소에서 일하는 학자 1천 명 이상을 설문 조사한 결과를 1990년 제1차 휴스턴 컨퍼런스에서 발표하였다.

28) John M. Frame, *Medical Ethics: Principles, Persons, and Problems* (Phillipsburg: Presbyterian and Reformed Publishing Company, 1988), p. 38. 여기서 그는 '자율성'이라는 말보다는 '개인의 책임'이라는 말이 적절하다고 했다.

29) C. Everret Koop, Francis A. Schaeffer, *Whatever Happened to the Human Race?* (Westchester: Crossway Books, 1983), p. 61.

30) Final Report of the Royal Commission on New Reproductive Technologies, *Proceed with Care* (Ottawa, Canada: Minister of Government Services, 1993).

31) Patrick Ferreira, 'Moral Issues in Genetic Counselling,' available from http://www.ethics.ubc.ca/brynw/genlit.html#cloning accessed October 8, 1999.

32) J. Robert Nelson, *On the New Frontiers of Genetics and Religion*, p. 117.

33) CMDS Ethical Statement available from http://www.cmds.org

34) Hippocratic Oath, 재인용 Nigel M. de S. Cameron, *The New Medicine: Life and Death After Hippocrates* (Wheaton: Crossway Books, 1991), p. 25.

35) Vincent T. DeVita, Samuel Hellman, Steeven A. Rosenberg, *Principles and Practice*

of Oncology (Philadelphia: Lippincott Raven Publishers, 1997), chapter 60, Gene Therapy 참조.

36) Boris-Lowrie K., Temin H.M., 'The retroviral vector: replication cycle and safety considerations for retrovirus-mediated genetherapy,' *Ann NY Acad Sci* 716(1994), p. 59.

37) Everett C. Koop, *The Right to live, The Right to Die* (Wheaton, Illinois, Tyndale House, 1976), pp. 37-38에서 참조.

38) David Neff, 'What Really Died in Oregon,' *Christianity Today* 42 (Jan. 12, 1998), pp. 16-17, See also CT News, *Christianity Today* (Nov. 17, 1997), p. 64.

39) Nigel M. de S. Cameron, *The New Medicine* (Wheaton: Crossway Books, 1992) 이 책에서 저자는 의료에서 히포크라테스적 전통과 유대-기독교적 전통을 동일 선상에 두고 있으며 안락사와 낙태를 승인함으로써 이 전통이 무너졌다고 주장한다.

40) F. G. Cunningham et. al., *Williams Obstetrics* (MacGraw Hill: Interactive ed.) 21st ed., p. 989.

41) Lennart Bogg, 'Family Planning in China: Out of Control?', *American Journal of Public Health* 88 (April 1998), p. 649.

42) 1994. 7. 2 보건사회부와 대한가족계획협회가 공동으로 마련한 '세계 인구의 날 기념 보도자료'. available from http://www.welfare.or.kr/library/library02/text/127.txt accessed October 8, 1999.

43) C. Everret Koop, Francis A. Schaeffer, *Whatever Happened to the Human Race?*, preface, x.에서 재인용.

44) William Brennan, *The Abortion Holocaust* (St. Louis, Landma가 Press, 1983), p. 52; 재인용, Suzanne M. Rini, *Beyond Abortion: A Chronicle of Fetal Experimentation* (Avon: Magnificat Press, 1988), pp. 12-13.

45) Suzanne M. Rini, *Beyond Abortion: A Chronicle of Fetal Experimentation*, (Avon: Magnificat Press, 1988), pp. 26-27, 31.

46) Ibid, 30.

47) Franklin E. Payne, Jr., *Biblical/ Medical Ethics; The Christian and the Practice of Medicine*, p. 59

48) Nigel M. de S. Cameron, *The New Medicine: Life and Death After Hippocrates*, p. 37. 여기에서 저자는 에델스타인(Edelstein)의 저서 *Hippocratic Oath*를 인용하여 고대 그리

스와 로마 시대부터 아우구스티누스 시대에 이르기까지 보편화되어 있던 낙태의 시술에 대해 소개하고 히포크라테스가 비록 이교도이지만 기독교 전통과 합하는 서약을 했음을 강조한다.

49) C. Everret Koop, Francis A. Schaeffer, *Whatever Happened to the Human Race?* (Westchester: Crossway Books, 1983), pp. 54–77. '저칼로리 식이' 또는 '후향적 출산 조절' 이라는 말은 장애를 가진 아이가 태어났을 때 영아 살해를 미화하기 위해 쓴 말이다.

50) 미국의사협회의 입장: Franklin E. Payne, Jr., *Biblical Healing for Modern Medicine*, p. 14에서 재인용, pp. 69–91 참조. 미국의사협회는 대법원에서 정식으로 브리핑하는 자리에서 낙태를 '건전한 의료' 라고 표현하였다.

51) David J. Seel, *Challenge and Crisis in Missionary Medicine* (Pasadena: William Carey Library, 1979), p. 10에서 재인용; 'Position Paper on Health Care and Justice', Contact 16, Christian Medical Commission, World Council of Churches, Geneva (August, 1973), pp. 3–4.

52) Ibid, pp. 9–10. "Speaking at the the 29th Congress of the International Hospital Federation, in Tokyo in 1977, Sir Gustav Nossal, Director of the Walter and Eliza Hall Institute of Medical Research in Melbourne, australia, warned of the *four dangers of the bioscientific revolution: increasing cost, depersonalization, overspecialization, and spectacularization*."

53) 1992년 제2차 휴스턴 컨퍼런스에서 엔더슨(F. Anderson)이 중증 면역결핍증(SCIDS) 환자에 대한 유전자 치료의 성공을 발표한 뒤, 이에 대한 응답으로 빌링스(Paul Billings)가 한 말을 재인용. J. Robert Nelson, *On the New Frontiers of Genetics and Religion*, p. 70.

54) 이 말은 암을 단번에 정복할 수 있는 획기적인 치료법을 말함.

55) Robert Sharpe, *The Cruel Deception* (Wellingborough, U.K.: Thorsons Publishing Group, 1988), p. 47. Robert Ryan, 'Cancer Research—A Super Fraud?: The Orthodox 'War on Cancer' Has Failed' 에서 재인용; "A 1986 report in the New England Journal of Medicine assessed progress against cancer in the United States during the years 1950 to 1982. Despite progress against some rare forms of cancer, which account for 1 to 2 per cent of total deaths caused by the disease, the report found that the overall death rate had increased substantially since 1950: 'The main conclusion we draw is that some 35 years of intense effort focussed largely on improving treatment must be

judged a qualified failure.' The report further concluded that '…we are losing the war against cancer' and argued for a shift in emphasis towards prevention if there is to be substantial progress."

56) Peter Barry Chowka, *Cancer and Politics: The War Goes On*, "The war on cancer was officially declared by the medical establishment and the federal government in 1971, and enthusiastically signed into law by President Richard Nixon. The strategy of the cancer war presents a stark case history of the politics and economics, as well as the failure, of modern medicine. Now in its 26th year, the cancer war has in reality become a *'medical Vietnam'—a no-win war-without-end*. It is a consistently profitable part of a de facto domestic "permanent war economy'—the medical-industrial complex—the fortunes of which, as in the Vietnam war itself, are tied to the perpetuation of a tragic and largely unnecessary conflict."

57) Ibid.

58) 세계 최초로 샴(sham) 쌍둥이의 분리 수술을 시행한 소아 외과의사로 잘 알려진 에버렛 쿠프는 미국 보건성 장관 재임 기간 동안에 미국 내에서 대대적인 금연운동을 펼침으로써 미국 사회에 금연이 보편화되는 데 결정적 역할을 했다. 그는 보건성 장관으로서 쉐퍼와 함께 반낙태운동에 앞장서기도 해 기독의료인의 표상이 되었다.

59) Franklin E. Payne, Jr., *Biblical Healing for Modern Medicine* (Augusta: Covenant Books, 1993), p. 68.

60) WHO Information Fact sheet http://www.who.int/mediacentre/factsheets/fs094/en/index.html

61) WHO Information Fact sheet http://www.who.int/mediacentre/factsheets/fs999/en/index.html

62) David J. Seel, *Challenge and Crisis in Missionary Medicine* (Pasadena: William Carey Library, 1979), p. 10; 김민철 옮김, 『상처 받은 세상 상처 받은 치유자들』 (IVP).

63) '비타민 A 결핍을 치료하는 마법의 캡슐', *UNICEF News*.

64) http://www.who.int/nutrition/topics/vad/en/

65) *Tufts University Diet and Nutrition Letter* (Oct. 1994), p. 3; in Ronald J. Sider, *Rich Christians in an Age of Hunger* (Nashiville: Word Publishing, 1997), p. 11.

66) 김영걸, '현대 기술과 그리스도인의 대응', 『통합연구』 20(Dec. 1993), p. 128.

67) Allen D. Verhey, 'Luther's 'Freedom and a Patient's Autonomy,' in *Bioethics and*

the Future, ed. J. Kilner etc., pp. 81–92.

68) Leo Alexander, 'Medical Science Under Dictatorship,' in *New England Journal of Medicine*, 241 (July 14, 1949), pp. 39–47; 재인용, C. Everret Koop, Francis A. Schaeffer, *Whatever Happened to the Human Race?*, p. 68.

69) J. p. Sartre 'Existentialism is Humanism,' in *Existentialism from Dostoevsky to Sartre*, ed. Kaufmann, Walter (Cleveland: Meridian Books of The world Publication Company, 1956), pp. 287–311.

70) F. Nitzsche, *The Twilight of the Idols*; 재인용, Stephen Williams, 'Bioethics in the Shadow of Nietzsche,' in *Bioethics and the Future*, p. 116.

71) F. Nitzsche, *The Geneolgy of Morals*; 재인용, Ibid., p. 115.

72) Stephen Williams, 'Bioethics in the Shadow of Nietzsche,' in *Bioethics and the Future*, p. 115.

73) A. Schopenhaur, *On the Basis of Morality* (New York: Bobs-Merril, 1965); 재인용, Ibid., p. 117.

74) Norman L. Geisler, *Christian Ethics: Options and Issues* (Grand Rapids: Baker Book House, 1989), p. 176.

75) 이 글의 상당 부분은 다음 논문을 참고한 것임을 밝혀둔다. Allen D. Verhey, 'Luther' s 'Freedom and a Patient' s Autonomy,' in *Bioethics and the Future*, ed. J. Kilner etc. pp. 81–92.

76) Robert M. Veatch, ed., *Medical Ethics* (Boston: Jones and Bartlett Publisher, 1989) pp. 1-26; 재인용, Allen D. Verhey, 'Luther' s 'Freedom and a Patient' s Autonomy,' in *Bioethics and the Future*, ed. J. Kilner etc. pp. 81–92.

77) Martin Luther, 'The Freedom of a Christian,' in *Three Treatises* (Philadelphia: Fortress, 1960), p. 277; 재인용 , Ibid., p. 85.

78) 같은 논문에서 인간의 자유를 최대화한 경우가 오히려 자유를 속박하는 예로 안락사 선택의 자유를 들었다. 안락사를 수용하고서 이제 죽을 수 있는 자유를 얻었다고 주장한다면 병자나 약한 자들은 죽지 않고 살아 있어야 할 이유를 설명할 수 있어야 한다는 것이다. 안락사의 선택이라는 자유 때문에 의당 생존하고 있도록 되어 있는 존재가 생존해야 할 이유를 설명해야 하는 압력을 받는 아이러니가 발생하면서 자유를 속박 받게 된다는 말이다.

7장

1) 김경천, '미래의 테크놀로지에 대한 기독교적 관점,', 『통합연구』 12(Oct. 1991), p. 36.

2) C. Everret Koop, Francis A. Schaeffer, *Whatever Happened to the Human Race?* (Westchester: Crossway Books, 1983), pp. 111–113.

3) 창 3:17–19.

4) Franklin E. Payne Jr., *Biblical/ Medical Ethics; The Christian and the Practice of Medicine* (Milford, Michigan, Mott Media, 1985), p. 81.

5) Richard Dawkins, *The Selfish Gene* (Oxford University Press, 1976). 범죄 유전자(crime gene)라고 잘못 분류되었던 염색체가 XYY인 남자에 대해서는 다음 책을 참조하기 바란다. Ted Peters, *Playing God: Genetic Determinism and Human Freedom* (New York: Routledge, 1997), chapter 3 'Crime Gene, Stigma, and Original Sin.'

6) David J. Seel, *Challenge and Crisis in Missionary Medicine* (Pasadena: William Carey Library, 1979), p. 58; 김민철 옮김, 『상처 받은 세상 상처 받은 치유자들』 (IVP).

7) Ibid.

8) David John Seel, *Does My Father Know I'm Hurt?* (Tyndale House, Wheaton, Ill., 1971), p. 36; 이귀철 옮김, 『아버지는 내 아픔을 아시는가?』 (서울: 생명의 말씀사, 1975).

9) 막 12:28–31.

10) David John Seel, *Challenge and Crisis in Missionary Medicine*, p. 126; 김민철 옮김, 『상처 받은 세상 상처 받은 치유자들』 (IVP).

11) Ibid.

12) Norman L. Geisler, *Christian Ethics: Options and Issues* (Grandd Rapids, Michigan, Baker Book House Company, 1990), p. 174, Table 10.1.

13) Ibid., p. 179, Table 10.2.

14) Gareth D. Johns, *Brave New People* (Grand Rapids, Michigan, Eerdmans, 1985), p. 30.

15) Ibid., p. 34.

16) David J. Seel, *Challenge and Crisis in Missionary Medicine*, pp. 9–10; 김민철 옮김, 『상처 받은 세상 상처 받은 치유자들』 (IVP).

17) Everett C. Koop, *The Right to live, The Right to Die* (Wheaton, Illinois, Tyndale House, 1976), pp. 37–38에서 참조.

8장

1) 성경에 나타난 의료와 연관된 기록에 대해 깊이 있는 연구를 원하는 분은 다음 책들을 참조하기 바란다. 모두 의사가 쓴 책들이다. A. Randle Short M. D., *The Bible and Modern Medicine* (Chicago, Moody Press, 1967); Russel Thomsen, M. D., *Medical Wisdom from The Bible* (Old Tappan: Fleming H. Revell Company, 1974); S. I. McMillen M. D., David E. Stern M. D., *None of These Diseases* (Grand Rapids: Fleming H. Revell, 2000), 2nd ed.
2) A. Randle Short, *The Bible and Modern Medicine*, p. 32.
3) Russel Thomsen, M. D., *Medical Wisdom from The Bible* (Old Tappan: Fleming H. Revell Company, 1974), p. 33.
4) Edgar J. Schoen, G. Enderson, C. Bohon et al., 'Report of the Task Force on Circumcision,' *Pediatrics* 84(1989), p. 390. 1971년 미국 소아과학회의 '태아 및 신생아 위원회'는 신생아의 포경수술이 무용지물이라고 공식 입장을 밝혔으나, 1989년에 와서 입장을 완전히 바꾸어서 신생아 포경수술이 득이 많음을 천명한 바 있다.
5) S. I. McMillen, David E. Stern, *None of These Diseases* (Grand Rapids: Fleming H. Revell, 2000), 2nd ed. 이 책의 8장에서 저자들은 이를 뒷받침하는 문헌으로 유수한 의학 전문학술지를 인용하고 있다. 이 자료들에 의하면 할례를 받지 않은 경우 8배나 높은 AIDS 감염률을 보인다고 보고하고 있고, 남성 성기의 암에 걸린 사람들 521명 중 포경수술을 받은 사람은 하나도 없었다고 보고하고 있다. 다음은 이 책으로부터 재인용하는 자료들이다. J. N. Simonsen et al., 'Human Immunodeficiency Virus Infection among Men with Sexually Transmitted Diseases,' *New England Journal of Medicine* 319 (August 4, 1988), p. 277; Jean L. Marx, 'Circumcision May Protect against the AIDS Virus,' *Science* 245(1989), pp. 470–471; Stephen Moses et al., 'Geographical Patterns of Male Circumcision Practices in Africa: Association with HIV Seroprevalance,' *International Journal of Epidemiology* 19(1990), pp. 693–97; Agher, Sezler, and Lapides, 'Carcinoma of Penis,' *Archives of Surgery* 85(1962), pp. 79–80; M. Riveros and R. Gorostiaga, 'Cancer of Penis,' *Archives of Surgery* 85(1962), pp. 377–82; G. J. Hardener et al., 'Carcinoma of the Penis: Analysis of Therapy in 100 Consecutive Cases,' *Journal of Uorology* 108(1972), pp. 428–430.
6) Ibid., pp. 80-85; Russel Thomsen, M. D., *Medical Wisdom from The Bible*, pp. 15–18.

7) Ibid, p. 79. 저자는 다음 논문으로부터 이 내용을 인용하고 있다. Robert Dozor, 'Routine Neonatal Circumcision: Boundary of Ritual and Science,' *American Family Physician* 41 (1990), p. 822.

8) Russel Thomsen, M. D., *Medical Wisdom from The Bible* (Old Tappan: Fleming H. Revell Company, 1974), p. 20.

9) Available from http://oilib.uchicago.edu/books/bryan_the_papyrus_ ebers_1930.pdf; S. I. McMillen, David E. Stern, *None of These Diseases*, pp. 9-11. 안질이 낫지 않으면 오줌을 제공한 부인은 자신의 정경을 설명해야 하는 난처함에 빠지고, 이와 같은 기름을 대머리에 바른다고 머리가 나지는 않지만 훨씬 반짝거리기는 했을 것이다.

10) 쉽게 이해하려면 영어 성경(*New International Version*)으로 이 부분을 읽기 바란다.

11) 레 19:14.

12) Averell S. Daring, 'The Levitical Code: Hygiene or Holiness,' in *Medicine and The Bible*, ed. Bernard Palmer (Devon: Pater Noster Press, 1986), p. 98.

13) A. Randle Short, *The Bible and Modern Medicine*, p. 32

14) Ibid., George A. Buttrick, *The Interpreter's Bible* III (Nashiville: Abingdon, 1951), p. 487.

15) F. B. Huey, 'Oil,' in *The Zondervan Pictorial Encyclopedia of the Bible* 참조, 사 1:6, 막 10:34, 약 5:14. A. C. Schultz, 'Wine' in *The Zondervan Pictorial Encyclopedia of the Bible*.

16) Norman Geilser, *Signs and Wonders* (Wheaton: Tyndale House Publisher, 1988), pp. 23-32.

17) C. Samuel Storms, *Healing and Holiness: A Biblical Response to the Faith-Healing Phenomenon* (Philipsburg: Presbyterian and Reformed Publishing Company, 1990), pp. 59-65.

18) 눅 10:25-37.

9장

1) Gilbert Meilaender, *Bioethics: A primer of Christians* (Carlisle: Paternoster Press, 1997), pp. 3-4.

2) 레날드 맥컬리, 제람 바즈, 홍치모 옮김, 『인간, 하나님의 형상』(서울: IVP, 1992), p. 19.

3) Charles Sherlock, *The doctrine of Humanity* (Downers Grove: IVP, 1996), p. 35.

4) '살려는 의지' (Leben Will, Will to live)라는 개념은 원래 슈바이처가 그의 '생명 외경' 사상에 도입한 것이다. 슈바이처의 철학은 인간의 생명이든 동물의 생명이든 차이가 없다고 주장하여 인간이 하나님의 형상으로 창조되었음을 인정하지 않으며, '해를 끼치지 말라' 는 교리를 극단적으로 지키는 힌두교의 한 지류인 자이나교(Jainism)의 영향을 받았다. 그러나 성경적으로 볼 때, 생기를 불어넣으신 하나님의 존재를 인정하지 않으면 그 기원을 알 수 없으므로 여기서는 '하나님이 불어넣으신 생기' 라는 개념으로 사용한다.

5) 다음과 같은 책들을 참조하라. Michael. J. Behe, *Darwin's Blackbox* (New York: Touchstone Book, 1996). The Biochemical Challenge to Evolution이라는 부제가 말하듯이 이 책의 저자는 분자생물학적 발견들이 진화론으로 생명의 기원을 설명할 수 없게 만들었고 생명 기원과 창조에 있어서 지적 설계의 존재와 그 필연성을 뒷받침한다는 사실을 잘 설명하고 있다. J. P, Moreland, ed., *The Creation Hypothesis: Scientific Evidence for an Intelligent Designer* (Downers Grove: InterVarsity Press, 1994).

6) 창 4:13-15.

7) Scott B. Rae, 'View of Human at the Edges of Life: Personhood and Medical Ethics,' from *Christian Perspective on Being Human*, ed. J. p. Moreland, *David M. Ciocchi* (Grand Rapids: Baker Books, 1993), p. 255.

8) 리처드 윈터, 성인경 옮김, 『사람입니까』, (서울: 일지각, 1993), pp. 76, 79에서 재인용.

9) Ibid., 79.

10) 창 2:7, 시 104:30, 욥 33:4.

11) 최금희, '낙태와 생명윤리', 『생명윤리』, 박상은 엮음 (서울: 한국누가회 출판부, 1999)

12) Ronald J. Sider, *Completely Pro-life* (Downers Grove: IVP, 1987), p. 38

13) Norman L. Geisler, *Christian Ethics; Options and Issues* (Grand Rapids: Baker Book House Co. 1989), p. 135.

14) 박상은, '수정14일 인간배아 실험 허용', 「동아일보」(토요쟁점토론, 2001. 1. 12).

15) 최금희, '태아의 인권에 대한 성경적 조명', 『복제인간』, 김기태 외 공저 (기독교대학설립동역회, 1994).

16) 낙태에 관한 기독교 생명윤리 선언: 우리는 새 천년을 맞이하며 겸허한 신앙고백을 통하여 하나님의 생명 주권을 다시 한 번 확인하고 과학기술의 시대에 심각하게 위협받고 있는 인간생명 존엄의 가치를 함양하기 위하여 낙태에 관한 기독인의 입장을 다음과 같

이 천명하는 바이다.

1. 우리는 생명의 주권이 궁극적으로 하나님께 있음을 기본적인 신앙명제로 받아들이며, 나아가 생명의 가치는 그것이 하나님께로부터 부여된 것이라는 점에서 신성하게 존중되어야 함을 우리의 기본 관점으로 채택한다.
2. 인간은 하나님의 형상을 따라 창조되었으며 인간 생명의 시작은 수태로부터 시작된다고 믿는다.
3. 우리는 의료행위가 근본적으로 생명을 지키기 위한 하나님의 소명임을 고백하며, 낙태시술은 하나님의 생명 주권에 대한 도전이며 인간존엄의 가치에 반하는 행위로 규정한다.
4. 우리는 생명의 가치가 삶의 질보다 우선한다는 관점에서 육체적, 정신적 장애가 예상되는 태아에 대한 낙태시술을 원칙적으로 반대하며, 예상되는 장애아의 출산까지도 사회적 책임의 범주에 넣어 그 복지를 위한 제도적 대안이 구체적으로 강구되기를 촉구한다.
5. 우리는 임신의 지속이 산모의 생명을 위협하는 경우에 한 해 낙태시술을 고려할 수 있다고 본다. 이는 생명의 가치에 있어서 산모의 것이 태아의 것과 같거나 그 이상이라고 보기 때문이다.
6. 우리는 낙태시술의 방지를 위해 올바른 생명윤리교육에 힘쓰며 책임과 사랑이 동반되는 건전한 성문화의 정립을 위한 노력을 기울이고 청소년과 미혼 여성에 의한 낙태가 방지되도록 교계 및 생명운동 단체들과의 연대를 통하여 생명존엄의 가치 함양에 노력할 것을 선언한다.
7. 태아는 임산부의 아기만이 아니라 '우리의 아기' 이며 사회가 함께 양육의 책임을 나누어야 한다는 것을 통감하고 미혼모에 대한 사회복지 및 전문 상담 시설의 확충을 위하여 정부 및 유관 기관과 적극 협력할 것을 선언한다.

1999년 12월 4일
성산 생명의료윤리 연구소와 한국기독교사회윤리학회 공동학술대회에서
채택된 낙태에 대한 생명윤리 선언임.

17) 맹용길, '생식의료에 관련된 신학적 윤리의 견해', 『생명윤리』, 박상은 엮음 (서울: 한국누가회 출판부, 1999).

18) 최금희, 'ART(Assisted Reproductive Technology)의 의학적 문제점', 『생명윤리』, 박상은 엮음 (서울: 한국누가회 출판부, 1999).

19) 레날드 맥컬리, 제람 바즈, 홍치모 옮김, 『인간, 하나님의 형상』, p. 47 (pp. 33-67, 제2장 성경적, 유물론적, 플라톤적 세계관 참조).

20) J. Robert Nelson, *Human Life, A Biblical Perspective for Bioethics* (Philadelphia: Fortress Press, 1984), p. 62. 헬라 철학의 이원론은 당시 가장 큰 문제가 되었던 이단인 아리우스(Arius)뿐 아니라 클레멘스(Clemens), 오리게네스(Origenes) 등의 헬라 교부들이나 아우구스티누스(Augustinus)를 비롯한 북아프리카의 신학자들에게 많은 영향을 미쳐서 세속과 육체는 곧 죄악이라는 등식을 기독교의 교리로 왜곡시켜 왔다.

21) J. Robert Nelson, *Human Life, A Biblical Perspective for Bioethics*, p. 84; 제레미 잭슨, 김재영 옮김, 『현대인을 위한 교회사』 (서울: IVP, 1998), pp. 45-61, 제3장 기독교의 확장과 이단의 발생 참조.

22) 롬 12장, 고전 12장, 엡 4장 등.

23) 눅 9:1-2.

24) 레날드 맥컬리, 제람 바즈, 홍치모 옮김, 『인간, 하나님의 형상』, pp. 55-60. 저자는 융(Carl Gustav Jung)이나 켈제이(Morton Kelsey) 그리고 워치만 니(Watchman Nee)를 예로 들고 있다. 그가 쓴 책의 각주를 참조하라.

25) S. I. McMillen & David E. Stern, *None Of These Diseases* (Grand Rapids: Fleming H. Revell, 2000), p. 9. BC 1500년 전 모세가 살던 당시, 이집트의 의학 교과서로 알려진 *Papyrus Elbers*에 나타나 있는 유행성 결막염을 치료하기 위한 처방전으로 병을 악화시킬 것이 틀림없는 근거 없는 처방이다.

26) 구약의 정결법 참조. 민 19:11-22, 신 23:12-13, 레 13:46, 민 5:2-3.

27) *Encyclopedia Britannica*의 고통에 대한 정의: "a complex experience consisting of a physiological (bodily) response to a noxious stimulus followed by an affective (emotional) response to that event. Pain is a warning mechanism that helps to protect an organism by influencing it to withdraw from harmful stimuli; it is primarily associated with injury, or the threat of injury, to bodily tissues."
다른 한편 국제통증학회에서는 다음과 같이 정의하고 있다. "Pain is 'an unpleasant sensory and emotional experience associated with actual or potential tissue damage, or described in terms of such damage."

28) 손봉호, 『고통 받는 인간』 (서울: 서울대학교 출판부, 1995). 이 책의 저자는 이 책을 '사람에게 고통의 경험이 없었다면 어떻게 될까?' 를 가정해서 가능한 상황을 상상해 보는 사유 실험이라고 했는데, 고통의 개념에 대한 이해의 폭이 좁은 의료인들에게 고통의

문제에 대한 포괄적인 이해를 위해 매우 중요한 책이다. 저자는 고통에 대한 사고가 철학에서 무시되어 왔거나 의외로 부족하다고 지적하며, 공리주의적 윤리 이론에서 쾌락의 반대, 즉 부정적 경험의 대표적인 것으로 이해하는 관점이나, 불교에서 해탈로 고통을 극복하려는 시도 등을 소개하는 등 경험, 철학, 역사, 종교, 노동 등과의 관계를 포함하여 폭 넓게 고통의 문제를 다루고 있다. 저자는 현대의학이 신체적 고통에 대한 이해는 물론 전인적 고통을 이해하는 데 실패했음을 지적하기도 하고, 의료인들이 자신들의 직업의 소중함과 인간적 의의에 대한 충분한 이해와 자존심을 갖지 못한 것을 안타까워하기도 한다.

29) Ibid., p. 178.

30) Phillip Yancey, *Where Is God When It Hurts?* (New York: HarperPaperbacks, Nov. 1990); 이영희 옮김, 『내가 고통당할 때 하나님 어디 계십니까?』 (서울: 생명의 말씀사, 2010). 존더반 출판사에서 출간한 초판은 1977년의 가장 감동적인 책으로 선정된 바 있다. 이 책은 인도에서 오랫동안 나환자를 대상으로 선교 활동을 한 바 있는 의사 폴 프랜드(Paul Prand)가 그의 경험과 연구를 토대로 진술한 것을 달필로 알려진 필립 얀시(Phillip Yancey)가 쓴 것이다.

31) Franklin E. Payne, Jr., *Biblical Healing for Modern Medicine* (Augusta: Covenant Books, 1993), p. 31.

32) Victor E. Frankl, *Man's Search For Meaning* (New York: Pocket Books, 1963). 1부는 유대인 정신과의사로서 아우슈비츠 가스실이 있는 수용소에 갇혀 지내는 동안 관찰한 경험들을 기록한 글로, 놀랍게도 "우선은 살고 볼 것이다. 그리고 난 후에 철학을 논하자"라는 교훈이 수용소에서는 통하지 않고, 오히려 정반대로 "철학을 갖고 그리고 죽는다"라는 고등한 심리를 발견한다. 2부에서는 자신이 주창한 로고테라피(Logotherapy)의 기본개념을 설명하고 있는데 어려운 개념이나 단어들이 아닌 경험을 근거로 한 감동적인 심리학이다. 『죽음의 수용소에서』, 『인간이란 무엇인가?』 등의 제목으로 우리나라에서도 이미 번역되어 있다.

33) Ibid.

34) C. S. Lewis, *The Problem of Pain* (New York: Collier Books, Macmillan Publishing Company, 1962).

35) 다른 공관복음에는 각각 마태복음 16장 21절, 마가복음 8장 31절에 여기 인용한 누가복음의 말씀과 거의 같은 말씀이 기록되어 있고, 요한복음에는 같은 의미이나 표현이 다른 말씀이 기록되어 있다. "모세가 광야에서 뱀을 든 것같이 인자도 들려야 하리니 이는

그를 믿는 자마다 영생을 얻게 하려 하심이니라"(요 3:14-15).

36) 원어 성경의 'dei' 는 '반드시 의무적으로 해야 한다' 는 뜻이다.

37) Franklin E. Payne, Jr. Biblical healing for modern medicine, C. Samuel Storms, *Healing and Holiness: A Biblical Response to the Faith-Healing Phenomenon* (Philipsburg: Presbyterian and Reformed Publishing Company, 1990); Norman Geilser, *Signs and Wonders* (Wheaton: Tyndale House Publisher, 1988).

38) 다음을 참조하였다.

① J. Claude Bennett, Fred Plum, *Cecil Text book of Internal Med*, 20th ed. Philadelphia, (W.B.Saunders Company. 1995).

② W.R.Hazzard, *Principles of Geriatric Medicine and Gerontology*, 3rd ed. (New York: McGraw-Hill, 1994).

③ Geokas M, et.al. *The aging process, Ann Int Med* 1990:113, pp. 455-466.

④ Hallman J., *New Issues in Medical Ethics* (Christian Medical and Dental Society, Bristol, 1995).

⑤ Harley C., Futcher A, Greider C., Telomeres shorten during aging of human fibroblasts., *Nature* 1990:345:458.

39) Vincent T. DeVita, Samuel Hellman, Steeven A. Rosenberg, *Principles and Practice of Oncology*, 5th ed. (Lippincott Raven Publishers), chapter 4, 'Molecular Biology of Cancer; Apoptosis.'

40) 예를 들면 제이홀맨(Jay Hollman)이 엮고, 박재형 외 13인이 번역한 『의료윤리의 새로운 문제들』 (서울: 예영커뮤니케이션, 1997), pp. 337-338에는 노화지연을 위한 수단으로 홀맨은 ① 성경적인 성관계, ② 금연, ③ 저지방, 고섬유질식, ④ 최소한의 체지방 유지와 체중 유지, ⑤ 채소 많이 먹기와 항산화 비타민 제재 투약, ⑥ 하루 한 알의 아스피린, ⑦ 정기검진: 고혈압, 당뇨병, 고콜레스테롤 혈증, 암 등에 대한 주기적 검진 등을 들고 있다.

41) Free internet access available at http://thelawdictionary.org/death

42) 이영균, 『죽음의 정의』 (서울: 고려의학, 1992), p. 27.

43) Gilbert Meilaender, *Bioethics: A Primer for Christians*, p. 102.

44) Millard J. Erickson, *Christian Theology* (Grand Rapids: Baker Books, 1998), p. 1175.

45) Michael Wilson, 'Attitude and Value,' *Hospital in Society Christian Medical Mission* (Geneva: Christian Medical Mission, WCC, 1975). 오늘날의 병원은 잘못된 전제들이 지배하고 있는데 이를 다음과 같이 말하고 있다.

Three assumptions powerfully conveyed to the life of a hospital

1. The cure of disease is more important than the care of people
2. The provision of health is the task of experts
3. Death is the worst thing that can happen to a person.

10장

1) 'Genetic Engineering ; A Modem Tower of Babel?,' *Christianity Today* (Feb. 7, 1986).
2) 'Do modem medical technologies merely prolong dying?,' *Christianity Today*, (Mar. 7, 1987).
3) 'Must We always use CPR (Cardiopulmonary resuscitation)?,' *NEJM* 317 (Nov. 12, 1987), No. 20.
4) John Nolland, *Word Biblical Commentary* (Dallas: Word book, 1993), vol. 35B, p. 580.
5) 민 5:2 참조.
6) Joseph A. Fitzmyer, *The Gospel According to Luke: The Anchor Bible* (Garden City: Doubleday, 1981), p. 883.
7) Walter A. Elwell, Robert W. Yarbrough, *Encountering the New Testament* (Grand Rapids: Baker Book House Co., 1998), p. 61.
8) Ibid.
9) William W. Klein, et. al., *Introduction to Biblical Interpretation* (Dallas, London, Vancouver, Melbourne: Word Publishing, 1993), p. 340.
10) Michel Gourgues, The Priest, the Levite, and the Samaritan Revisited. A critical note on the Luke 10:31-35, *Journal of Biblical Literature* 117(Winter 1998), p. 712.
11) 레 19:33-34.
12) Craig A. Evans, *Luke: New International Biblical Commentary* (Peabody: Hendrickson Publisher, 1990), vol. 3, p. 176.
13) Joyce Huggett, *Praying the Parables* (Downers Grove: InterVarsity Press, 1996), p. 77.
14) Craig S. Keener, *The IVP Bible Background Commentary: New Testament*, p. 217.
15) Darrell L. Bock, *Luke in Baker Exegetical Commentary on the New Testament* (Grand

Rapids: Baker Books, 1996) vol. 1, p. 1029.

16) Denis p. Burkitt, *Our Priorities* (London: CMF Publications, 1976), pp. 4–5. 버킷(Burkitt)은 아프리카 의료 선교사였는데 의료인들에게는 버킷 임파선암(Burkitt Lymphoma)로 더 잘 알려져 있다.

17) 필자가 수련의 때 보던 예전 교과서에는 다음과 같은 문장이 나왔으나 최근 판에서는 아쉽게도 삭제되었다. "This interest cannot be that of the unusual 'case' of the carcinoid syndrome or of hairy cell leukemia: The center of interest must be the patient as a person."

18) H. Wayne House, 'The Parable of The Good Samaritan: Implications For The Euthanasia Debate,' Issues in *Law & Medicine*, 11:2 (Fall 1995), p. 159.

19) F. B. Huey, 'Oil,' in *The Zondervan Pictorial Encyclopedia of the Bible*, Isaiah 1:6, Mark 10:34, James 5:14.

20) A. C. Schultz, 'Wine,' in *The Zondervan Pictorial Encyclopedia of the Bible*

21) H. J. M. Nouwen의 책제목에서 가져옴. Henri J. M. Nouwen, *The Wounded Healer: Ministry in Contemporary Society* (Garden City, New York: Doubleday & Company, Inc., 1972).

11장

1) Allen D. Verhey, 'Playing God,' in *Genetic Ethics*, ed. John F. Kilner, Rebecca D. Pentz, Frank E. Young (Grand Rapids: William B. Eerdman Publishing Company, 1997), pp. 60–72.

2) David J. Seel, *Challenge and Crisis in Missionary Medicine*, pp. 49–58.

3) Ravi Zacharias, 캐나다 토론토의 The Peoples Church에서 행한 메시지.

4) 다음 책을 참조하라. John M. Frame, *Medical Ethics: Principles, Persons, and Problems* (New Jersey: Presbyterian and Reformed Publishing Co., 1988). 이 책에서 저자는 오직 성경(sola scriptura)에 모든 원리의 기반을 두고, 성경을 모든 권위의 유일한 근거로 삼는 입장에서 의료윤리의 문제를 조명하고 있다.

5) John M. Frame, Ibid., pp. 34–35. 성경은 결코 어떤 가치나 능력에 따라 하나님의 형상을 규정하고 있지 않다. 반면에 플레처는 IQ가 20 이하이면 인간이 아니라고 말한 바 있다.

6) Beth Spring, Ed Larson, *Euthanasia: Spiritual, Medical & Legal Issues in Terminal Health Care* (Portland, Oregon: Multnomah Press, 1988). 이 책에서 저자는 호스피스가 단순히 안락사를 반대하기 위한 대안으로서 운동이 아니라 인간이 어떤 상태에 있든지 그 고귀함을 지켜주어야 한다는 적극적인 입장에서 중요한 교회 사역의 하나임을 강조하고 있다.

7) 매완 호, '인간 게놈 지도, 유전자 결정론의 죽음과 그 이후', 『녹색평론』 (서울: 녹색평론사, 2001), 57권, pp. 157-164.

8) *Christianity Today* (April 4, 1994), p. 70. 실제로 서구 사회의 에이즈 환자 대부분은 동성애적 섹스(homosex)로 인해 퍼지게 되었고, 이제는 양성(bisex) 또는 이성(heterosex)과의 섹스를 통해 퍼져가고 있다. 러시아에서 에이즈 환자의 폭발적 증가는 많은 부분이 마약과 관련되어 있다고 알려져 있다. 에이즈를 콘돔으로 해결하거나 안전한 섹스를 교육함으로써 해결하려는 시도가 실패했음을 솔직히 인정하는 것이 세계적 분위기이다. 이런 분위기에서 아프리카의 사하라 이남의 여러 나라들에서 평균 예상 수명이 30대로 떨어졌으며, 어느 나라도 회복될 기미를 보이지 않았다. 그러나 오직 우간다만은 회복되기 시작했는데 그 이유는 AIDS를 의학적으로 접근(해결책으로 콘돔 사용을 장려하는 정도)하지 않고 교회 중심으로 도덕적이고 영적인 문제로 파악하여 접근하기 시작한 때문이라고 한다.

9) Franklin E. Payne, Jr., *Biblical Healing for Modern Medicine*, p. 31.

10) Thomas Hale, *On Being A Missionary* (Pasadena: William Carey Library, 1995), p. 45-46. 헤일이 여기서 지적하는 점은 선교사 지원자의 심리적 적합성 판정을 위해 시행하는 심리검사에 관한 것이다. 그러나 이것은 모든 그리스도인에게 마찬가지로 적용될 수 있는 말이다.

11) Gilbert Meilaender Bioethics, *A Primer for Christians* (Carlisle: Paternoster Press, 1997), p. 8.

12) Ibid., p. 116.

12장

1) James J. Walter, 'Theological Issues in Genetics,' *Theological Studies* 60(1999), pp. 124-134.

2) 전광식, '생태학적 철학과 윤리학', 『통합연구』 4(3) (Oct. 1991), p. 116

3) James Gustafson, *Ethics from a Theocentric perspective*; 재인용 Allen Verhey, Stephen E. Lammers, *Theological Voices in Medical Ethics* (Grand Papids: William B. Eerdmans Publishing Company, 1993), p. 54. 구스타프슨(J. Gustafson)은 하나님의 불변하심에 근거해서 의료윤리는 기독교적이 될 수 있다고 말한다. 그러나 의료윤리만이 아니라 의료 그 자체가 성경적이 되어야 한다.

4) S. Kierkegaard, *Fear and Trembling and the Sickness unto Death* (Princeton: Princeton University Press, 1969), Problem II, pp. 64–77. 그는 이 저서에서 아브라함의 이야기는 윤리적인 것의 목적론적 정지(teleological suspension of the ethical)를 내포한다고 말한다.

5) 전우택 외, 『의료의 문화사회학』 (서울: 몸과 마음, 2002).

6) Paul Tournier, *A Doctor's Case Book in the Light of the Bible* (SCM Press Ltd.: London, 1966), p. 216.

7) Malcom Muggeridge의 말, Everett C. Koop, *The Right to live, The Right to Die* (Wheaton, Illinois, Tyndale House, 1976), p. 80에서 재인용.

8) Egbert Schuurman, *Christians in Babel*, p. 8.

Bayles, Michael D. *Reproductive Ethics*. New Jersey: Prentice-Hall., Inc., 1984.

Beth, Michael J. *Darwin's Black Box*. New York: Touch Stone Books, 1998.

Beauchamp, T. L., J. F. Childress. *Principles of Biomedical Ethics*. New York : Oxford University Press, 1979.

———, LeRoy Walters. *Contemporary Issues In Bioethics*. Belmont: Wadsworth Publishing Company, 1989.

———, F. Harron, M. Burnside. *Health and Human Value*. New Haven: New Yale University Press, 1984.

Brand, Paul, and Phillip Yancey. *Fearfully and Wonderfully Made*. Grand Rapids: Zondervan Publishing House, 1980.

———. *Pain, The Gift Nobody Wants*. Grand Rapids: Zondervan Publishing House, 1988.

———. *In His Image*. Grand Rapids: Zondervan Publishing House, 1984.

Brown, Colin. *Christianity and Western Thought; A History of Philosophers, Ideas and Movements*. Downers Grove: InterVarsity Press, 1990.

Bulkley, ed., *Why Christians Can't Trust Psychology*. Eugene: Harvest House Publishers, 1993.

Burkitt, Denis P. *Our Priorities*. London: CMF Publications, 1976.

Cameron Nigel M. De S. *The New Medicine; Life and Death after Hippocrates*. Wheaton: Crossway Books, 1991.

Catan, John R. *Aristotle, The Collected Papers of Joseph Owens*. Albany: State University of New York Press: 1981.

———. Pamela F. Sims. *Abortion : the Crisis in Morals and Medicine*. Leicester: Inter Varsity Press, 1986.

———. *Embryos and Ethics: The Warnock Report in Debate*. Edinburgh: Rutherford House Books, 1987.

Childress, James F. *Prioroties in Biomedical Ethics*. Philladelphia: Westminster Press,

1981.

Clark, D. K., Rakestraw R. V. *Readings in Christian Ethics*. vol. 2. Grand Rapids: Baker Books, 1996.

Colsen, Charles W. *Cameron, Nigel M. De S. Human dignity in the Biotech Century*. Downer Grove: InterVarsity Press, 2004.

Conrad, Laurence I., Michael Neve, Vivian Nutton, Roy Porter, Andrew Wear. *The Western Medical Tradition*. Cambridge: Cambridge University Press, 1995.

Davis, J. Jefferson. *Evangelcall Ethics: Issues Facing the Church Today*. New Jersey: Presbyterian and Reformed Publishing Co., 1985.

DeVita, Vincent T., Samuel Hellman, Steeven A. Rosenberg. *Principles and Practice of Oncology*. Philadelhpia : Lippincott Raven Publishers,1997.

Dixon, Patrick. *The Genetic Revolution: Today's dream …or Tomorrow's nightmare*. Eastbourne: Kingsway Publications Ltd.

Ellul, Jacques. *The Technological System*, New York: Continuum, 1980.

Elwell, Walter A. Robert W. Yarbrough. *Encountering the New Testament*. Grand Rapids: Baker Book House Co., 1998.

Erickson, Millard J. *Christian Theology*. Grand Rapids: Baker Books, 1998.

Evans, Craig A. *New International Biblical Commentary*. Peabody: Hendrickson Publisher, 1990.

Fauci, Anthony S., Eugene Brownbald, Kent J. Isselbacher, Joseph B. Martin, ed., *Harrison's Principles of Internal Medicine*. New York: McGraw Hill, 1997.

Frame, John M. *Medical Ethics: Principles, Person, and Problems*. New Jersey: Presbyterian and Reformed Publishing Co., 1988.

Frankl, Victor E., Jr. *Man's Search for Meaning*. New York: Pocket Books, 1963.

Fletcher, Joseph F. *Situation ethics : the new morality*. Philadelphia : Westminster Press, 1966.

Geisler, Norman L. *Christian Ethics : Options and Issues*. Grand Rapids: Baker Book House Company, 1990.

———. *Signs and Wonders, Wheaton*. Tyndale House Publisher, 1988.

Gorman, Michael J. *Abortion and the Early Church: Christian, Jewish and Pagan Attitudes in the Greco-Roman World*. Downers Grove: Inter Varsity Press, 1982.

Goudzwaard, Bob. *Idols of our time*. Downers Grove: Inter-Varsity Press, 1984.

Gustafson, James M. *Can Ethics be Christian?*. Chicago: University of Chicago Press, 1975.

———. *Intersections : Science, Theology, and Ethics*. Cleveland: Pilgrim Press, 1996.

Hale, Thomas. *On Being A Missionary*. Pasadena: William Carey Library, 1995.

Hoffmeier, James K. *Abortion: A Christian Understanding and Response*. Grand Rapids: Baker Book House Company, 1987.

Holmes, Arthur F. *Contours of a World View*. Grand Rapids: William B. Eerdmans Publishing Company, 1983.

———. *The Idea of a Christian College*. Grand Rapids: William B. Eerdmans Publishing Co., 1987.

——— . *Ethics: Approaching Moral Decisions*. Downers Grove: Inter-Varsity Press, 1984.

Huggett, Joyce. *Praying the Parables*. Downers Grove: Intervarsity Press, 1996.

Huxley, Aldous. *Brave New World*. San Francisco: Harper and Row, 1946.

Jackson, Jeremy C. *No Other Foundation: The Church Through Twenty Centuries*. Syracuse: Crossway Books, 1980.

Jeeves, Malcolm A. *Mind Fields: Reflections on the Science of Mind and Brain*. Grand Rapids: Baker Book House Company, 1993.

———. *The Scientific Enterprise & Christian Faith*. Downers Grove: Inter-Varsity Press, 1971.

———. Berry, R. J. Science. *Life and Christian Belief*. Grand Rapids: Baker, 1998.

Johns, Gareth D. *Brave New People*. Grand Rapids: Eerdmans, 1985.

——— . *Manufacturing Humans: The Challenge of the New Reproductive Technologies*. Downers Grove: Inter-Varsity Press, 1987.

Kaiser, Christopher B. *Creation and the History of Science*. Grand Rapids: William B. Eerdmans Publishing Co. 1991.

Kaufmann, Walter ed., *Existentialism from Dostoevsky to Sartre*. Cleveland: Meridian Books of The world Publication Company, 1956.

Kaye, Howard L. *The Social Meaning of Modern Biology: From Social Darwinism to Sociobiology*. New Haven: Yale University Press, 1986.

Kee, Clark H. *Medicine, Miracle, and Magic in New Testament Times*. Cambridge, New York : Cambridge University Press, 1986.

Kilner, John F., Rebecca D. Pentz, Frank E. Young, ed., *Genetic Ethics*. Grand Rapids: William B. Eerdman Publishing Company, 1997.

———. et al ed., *Dignity and Dying: A Christian Appraisal*. Grand Rapids: William B. Eerdman Publishing Company, 1996.

———. et al ed., *Bioethics and the Future of Medicine*. Grand Rapids: William B. Eerdman Publishing Company, 1995.

Klasen, Thomas G. *A Pro-life Manifesto*. Westminster: Crossway Books, 1988.

Klein, William W. et. al. *Introduction to Biblical Interpretation*. Dallas, London, Vancouver, Melbourne: Word Publishing, 1993.

Koop, Everett C. *The Right to live, The Right to Die*. Wheaton: Tyndale House, 1976.

Kuyper, Abraham. *Lectures on Calvinism*. William B. Eerdman: Grand Rapids, 1970.

Lammers, Stephen E. *Verhey Allen,* ed. On Moral Medicine: Theological Perspectives in Medical Ethics. Grand Rapids: Eerdmans, 1987.

Levine Carol ed., *Taking Sides: Clashing Views on Controversial Bio-Ethical Issues*. Guilford: Dishkin Publishing Group, 1991.

Lewis, C. S. *The Problem of Pain*. New York: Macmillan Publishing Company, 1962.

———. *The Abolition of Man*. San Francisco: HarperOne, 2009.

Lindberg, David C. and Ronald L. Numbers ed., *God and Nature*. Historical Essays on the Encounter between Christianity and Science, Berkeley: University of California Press, 1986.

———. *The Beginnings of Western Science*. Chicago:University of Chicago Press, 1992.

MacKay, Donald M. *The Clockwork Image; A Christian Perspective on Science*. London: IVP, 1974.

McMillen, S. I. David E. Stern. *None of These Diseases*. Grand Rapids: Fleming H. Revell, 2000.

Meilaender, Gilbert. *Bioethics: A Primer for Christians*. Grand Rapids: Eerdmans Publishing Company, 2005.

Middleton, John ed., *Magic, Witchcraft, and Curing*. New York: The Natural History Press, 1967.

Monsma, Stephan V. *Responsible Technology*. Grand Rapids: William B. Eerdmans Publishing Company, 1986.

Moorland, J. R. et al ed., *Christian Perspectives on Being Human*. Grand Rapids: Baker Book House Company, 1993.

———. *The Creation Hypothesis: Scientific Evidence for an Intelligent Designer*. Downers Grove: InterVarsity Press, 1994.

Nelson, J. Robert. *On the New Frontiers of Genetics and Religion*. Grand Rapids: William B. Eerdmans Publishing Company, 1994.

———. *Human Life: A Biblical Perspective for Bioethics*. Philladelphia: Fortress Press, 1984.

Noebel, D. A. *The Battle For Truth*. Eugene: Harvest House, 2001.

Nolland, John. *Word Biblical Commentary*. Dallas: Word book, 1993.

Palmer, Bernard, ed., *Medicine and The Bible*. Devon: Pater Noster Press, 1986.

Payne, Franklin E. Jr., *Biblical Healing for Modern Medicine*. Augusta: Covenant Books, 1993.

———. *Biblical/ Medical Ethics; The Christian and the Practice of Medicine*. Milford: Mott Media, 1985.

Pence, Gregory E. *Classic Cases in Medical ethics*. New York, McGraw-Hill, 2004.

Peters, Ted. *Playing God?*. New York: Routledge, 1997.

Rae, Scott B. Cox Paul M. Bioethics. *A Christian Approach in a Pluralistic Age*. Grand Rapids: William B. Eerdmans Publishing Company, 1999.

Ramsey, Paul. *Fabricated Man*. New Haven and London: Yale University press, 1970.

———. *The Patient as Person*. New Heaven and London: Yale University Press, 2002.

Reisser, Paul C., Dale Mabe, Robert Velarde. *Examining Alternative Medicine*. Downers Grove: IVP, 2001.

———, Teri K. Reisser, John Weldon. *New Age Medicine: A Christian Perspective on Holistic Health*. Chattanooga: Global Publishing Inc., 1988.

Rewontin, R. C. *Biology As Ideology: The Doctrine of DNA*.

Rini, Suzanne M. *Beyond Abortion: A Chronicle of Fetal Experimentation*. New Jersey: Magnificat Press, 1988.

Rogers, John. *Medical Ethics, Human choices: A Christian Perspective*. Scottdale: Herald

Press, 1988.

Rose, Steven, R. C. Lewontin, Leon J. Kamin. *Not in Our Gene: Biology, Ideology and Human Nature*. New York : Pantheon Books, 1984.

Scaborough, John. *Roman Medicine*. London and Southampton: The Camelot Press Ltd. 1969.

Schaeffer, Francis A. *Christian Manifesto*. Westchester: Crossway Books, 1982.

———. *Whatever Happened to the Human Race?* Westchester: Crossway Books, 1983.

———. *The Church at the End of the 20 Century*. Downers Grove: Inter Varsity Press, 1970.

Schuurman Egbert. *Christians In Babel*. Jordan Station: Paideia Press LTD, 1987.

Seel, David John. *Challenge and Crisis in Missionary Medicine*. Pasadena: William Carey Library, 1979.

Shannon, Thomas A. ed. *Bioethics*. New Jersey: Paulist Press, 1987.

Sherlock, Charles. *The doctrine of Humanity*. Downers Grove: IVP, 1996.

Short, A. Randle. *The Bible and Modern Medicine*. Chicago: Moody Press, 1967.

Sider, Ronald J. *Completely Por-life*. Downers Grove: Inter Varsity Press, 1987.

Sire, James W. *The Universe Next Door*. Downers Grove: Inter Varsity Press, 1988.

Spring, Beth et al. *Euthanasia*. Portland, Oregon: Multnomah Press.

Storms, C. Samuel. *Healing and Holiness: A Biblical Response to the Faith-Healing Phenomenon*. Philipsburg: Presbyterian and Reformed Publishing Company, 1990.

Szasz, Thomas. *The Theology of Medicine*. Syracuse, New York: Syracuse University Press, 1977.

Tada Joni E. *When Is Right To Die?: Suicide, Euthanasia, Suffering, Mercy*. Grand Rapids: Zondervan Publishing House, 1992.

Thomsen, Russel. *Medical Wisdom from The Bible*. Old Tappan: Fleming H. Revell Company, 1974.

Tournier, Paul. *A Doctor's Case Book in the Light of the Bible*. London: SCM Press Ltd, 1966.

Verhey, Allen., Stephen E. Lammers. *Theological Voices in Medical Ethics*. Grand Papids: William B. Eerdmans Publishing Company, 1993.

Verhey, Allen et al ed. *Christian Faith, Health, and Medical Practice*. Grand Papids:

William B. Eerdmans Publishing Company, 1989.
Walsh, Brian J., J. Richard Middleton. *The transforming Vision*. Downers Grove: Inter Varsity Press, 1984.
Walters, Albert M. *Creation Regained*. Grand Papids: William B. Eerdmans Publishing Company, 1985.
Watson, David. *I believe in the Church*. London, Hodder & stoughton, 1999.
Wennberg, Robert N. *Terminal Choices: Euthanasia, Suicide, and the Right to Die*. Grand Rapids: William B. Eerdmans Publishing Company, 1989.
Wright, Richard T. *Biology through the Eyes of Faith*. San Francisco: Harper & Row Publishers, 1989.
Yancey, Phillip. *Where Is God When It Hurts*. Grand Rapids: Zondervan Publishing House, 1988.

김상득. 『생명의료윤리학』. 서울: 철학과 현실사, 2000.
맥케이 D. M, 이창우 옮김. 『현대과학의 기독교적 이해』. 서울: 현대과학신서, 1981.
와다나배 마사오, 오진곤 · 손영수 옮김. 『과학자와 기독교』. 서울: 전파과학사, 1988.
맹용길. 『생명윤리』. 서울:장신대 출판부, 1987.
제이 홀맨 등 저, 박재형 등 옮김. 『의료 윤리의 새로운 문제들』. 서울: 예영커뮤니케이션, 1997.
노먼 대니얼스 저, 정혁인 · 양승일 공역. 『분배정의와 의료보장』. 서울: 나눔의 집, 2008.
리처드 윌킨스, 김홍수영 옮김. 『평등해야 건강하다』. 서울:후마니타스, 2008.
래난 길론, 박상혁 옮김. 『의료윤리』. 서울: 아카넷, 2005.
에드워드 골럽, 이병일 외 옮김. 『의학의 과학적 한계』. 서울: 몸과 마음, 2001.
CMF 학원사역부 엮음. 『성경적 관점에서 본 생명의료윤리』. 서울: CMP, 1997.
에릭 카셀, 강신익 옮김. 『고통받는 환자와 인간에게서 멀어진 의사를 위하여』. 파주: 코기토, 2002.
게르트루트 바써쥬크, 이현주 옮김. 『성경은 병고침에 대하여 어떻게 말하는가?』 서울: 성서신학서원, 1992.
마이클 샌델, 강명신 옮김. 『생명의 윤리를 말한다』. 파주: 도서출판 동녘, 2010.
스미스, H. L., 김중기 옮김. 『현대의학과 윤리』. 서울: 대한기독교 출판사, 1983.
서유헌 · 홍욱희 · 이병훈 · 황상익. 『인간은 유전자로 결정되는가?』. 서울: 명경, 1995.

손봉호. 『고통받는 인간』. 서울: 서울대학교 출판부, 1995.
이동익 엮음. 『생명의 관리자』. 서울:가톨릭출판부, 1994.
이상목 외. 『줄기세포 연구와 생명의료윤리』. 서울: 아카넷, 2012.
이상원. 『기독교윤리학』. 서울: 총신대학교 출판부, 2010.
전광식. 『학문의 숲을 걷는 기쁨』. 서울: CUP, 1998.
포션, N., 김일순 옮김. 『의료윤리』. 서울: 연세대학교 출판부, 1982.
김영균, 인폼드 컨센트. 『설명과 동의』. 서울: 수석문화재단. 1997.
리차드 윈터, 성인경 옮김. 『사람입니까?』. 서울: 일지각, 1993.
레날드, M.., 바즈, J., 홍치모 옮김. 『인간 하나님의 형상』. 서울: 한국기독학생회출판부, 1992.
윌키부부, 정길용 옮김. 『낙태』. 서울: 한국기독학생회출판부/낙태반대운동연합, 1997.
로날드 사이더, 한화룡역. 『가난한 시대를 사는 부유한 그리스도인』. 서울: IVP, 1998.
한국의료윤리교육학회. 『의료윤리학』, 서울: 계축문화사, 2001.
한국가톨릭의사협회. 『의학윤리』. 서울: 수문사. 1984.
후이카스. R., Religion and the Rise of Modern Science; 이훈영 옮김. 『종교개혁과 과학 혁명』. 서울: 도서출판 솔로몬, 1992.

성경의 눈으로 본 첨단의학과 의료

초판 1쇄 인쇄 2014년 4월 7일
초판 1쇄 발행 2014년 4월 14일

지은이 | 김민철
펴낸이 | 정선숙
만든이 | 홍병룡 · 최규식 · 정선숙 · 이혜성

펴낸곳 | 도서출판 아바서원
등록 | 제 110-91-30401(2005년 2월 21일)
주소 | 서울특별시 은평구 중산로 19길 19(신사동, 2층)
전화 | 02-388-7944 팩스 | 02-389-7944
이메일 | abbabooks@hanmail.net

ISBN 979-11-85066-18-9 03230